# 曲青山论文精选

## 下卷

曲青山　著

中央文献出版社

# 目　录

## 2014 年



## 2013 年



## 2012 年

## 2011 年



## 2010 年



## 2009 年



## 2008 年

## 2007 年



## 2003 年



## 1998 年



## 1997 年



## 1996 年



## 1994 年

## 1992 年



## 1991 年



## 1990 年



## 1989 年



## 1988 年



## 1987 年

## 1986 年



## 1985 年

# 2014年

# 宪法、党章及相互关系*

## ——全面推进依法治国必须明确的一个重大理论问题

党的十八届四中全会审议通过了《中共中央关于全面推进依法治国若干重大问题的决定》(以下简称《决定》),对新形势下全面推进依法治国作出全面部署。《决定》展示的一个突出亮点是提出形成完善的党内法规体系,将其纳入中国特色社会主义法治体系建设之中,作为依法治国总目标的重要内容之一。这是一个重大的理论创新,为中国特色社会主义法学增添了新内容。如何正确认识和把握这一理论创新的科学内涵?一个重要问题,就是必须说清楚、说明白国家法律法规与党内法规制度的关系,进而说清楚、说明白宪法与党章的关系。只有从历史的渊源和理论的逻辑关系上阐述清楚这个问题,我们才能更深刻、更准确、更全面地认识、理解和把握党的十八届四中全会《决定》的精神实质和重大的历史意义、现实意义。

---

* 本文发表于《中国纪检监察报》2014 年 11 月 11 日。

## 宪法以国家根本大法的形式确定了中国共产党的领导地位

宪法是我们国家的根本大法。它是我国最高国家权力机关——全国人民代表大会通过法定程序制定和颁布的。宪法一经正式颁布，就成为国家的意志，具有至高无上的权威，拥有最高法律效力，任何组织和个人必须无条件地遵守和服从，任何违宪的言行都是不允许的。以宪法为根本和基础繁衍、派生出国家的其他法律法规，宪法与国家其他法律法规的关系是母子关系、源流关系，为其他法律法规的提出和制定提供依据、确定原则、划定范围。

回顾历史，我们党的制宪实践可以追溯到上世纪30年代初。早在1931年11月中华苏维埃共和国成立的时候，第一次苏维埃全国代表大会就通过和颁布了《中华苏维埃共和国宪法大纲》，这是我们党领导制定的最早的一部人民宪法。1949年9月新中国成立前夕，由中国人民政治协商会议第一届全体会议讨论和通过的《中国人民政治协商会议共同纲领》，作为新中国的人民大宪章，在一个时期发挥了临时宪法的作用。1954年9月，第一届全国人民代表大会第一次会议审议通过的《中华人民共和国宪法》，是中国共产党在全国执政以后，领导人民制定的第一部完整意义上的人民宪法。此后，全国人民代表大会又通过了1975年、1978年、1982年三部宪法。现行宪法是1982年12月第五届全国人民代表大会第五次会议通过的《中华人民共和国宪法》，后又经1988年、1993年、1999年、2004年四次修订。一般来讲，宪法最主要的功能是确认和规定一个国家的政权性质、政权组织形式、政党制度、国家结构形式等，即主要解决国体和政体问题。我国宪法的一个突出优点和特点是，在宪法中设立了序言，将中国共产党带领全国各族人民在革命建设改革的历史过程中所取得的奋斗成果写入宪法，以法律的形式加以确认，并规定了国家的根本制度和根本任务。我国宪法还确定了中国共产党在中国的领导地位。

在中国，宪法是在中国共产党的领导下，通过立法机构按照立法程序制定的，它与西方资本主义国家的宪法有着本质区别，与其他社会主义国家宪法在形式和内容上也有显著不同。它是中国人民的宪法，是中华民族的宪法，是中国特色社会主义的宪法。因此，它在国家和社会事务中具有至高无上的权威性。依法治国，首先是依宪治国；依法执政，关键是依宪执政。

## 党章以党的总章程的形式规定了党必须在宪法和法律的范围内活动

党章是我们党的根本大法和总章程。它是党的最高领导机关——党的全国代表大会审议通过的。党章是中国共产党的纲领和旗帜。恩格斯曾经指出："一个新的纲领毕竟总是一面公开树立起来的旗帜，而外界就根据它来判断这个党。"我们党的党章规定了党的性质、宗旨、指导思想、奋斗目标，确定了党的最低纲领、最高纲领，提出了党的理论路线方针政策和重要政治主张，规定了党的重要制度和体制机制等。承认和接受党章是每个入党申请人必备的前提条件，严格遵守和贯彻党章是对每个党员的基本要求。以党章为根本和基础繁衍派生出党内其他的法规和制度，党章与党内其他法规和制度的关系也是母子关系、源流关系。党章为党内其他法规和制度的制定提供指导思想和理论依据。

我们党的党内法规制度，除党章外，还有准则、条例、规定、办法、细则等。1921年7月，我们党成立时还没有提出和制定自己的党章，而是在党的一大上审议通过了第一个纲领，带有党章的性质。我们党制定和颁布的第一部党章，即第一部《中国共产党章程》，是1922年7月党的二大通过的。二大以后，我们党的每一次全国代表大会（五大除外），基本上都要根据形势和任务的发展变化，及时提出修订党章。其中，二大至四大称《中国共产党章程》，六大、七大称《中国共产党党章》，八大以后又称《中国共产党章程》。最新的党章是2012年11月党的十八大修订通过的。

党的二大到六大的党章没有总纲部分，七大以后在党章的前面增设了总纲的内容。总纲部分就是一部高度凝练萃取的简明党史，它将我们党在革命建设改革历史过程中所取得的思想理论成果、基本经验以及优良传统和作风总结出来，在党章中加以明确。改革开放以来，十二大以后的党章明确规定了党与宪法和法律的关系。现行党章指出："党必须在宪法和法律的范围内活动。党必须保证国家的立法、司法、行政机关，经济、文化组织和人民团体积极主动地、独立负责地、协调一致地工作。"党章对党员来说是至高无上的，这个规定要求广大党员特别是"关键的少数"的领导干部，要以上率下，率先垂范，不以言代法，不以权压法，不徇私枉法，而要带头学法、尊法、用法、守法。党要带领人民科学立法、严格执法、公正司法、带头守法。否则，党将不党，国将不国，社会就会出现混乱，党就会走向衰落。

## 我们党的性质、宗旨和我国的国体、政体决定了宪法与党章思想理论的一致性、本质属性的同一性

公民或法人违反宪法、法律法规是由司法部门来惩处和约束的。党的组织和党员违反党章及党内法规制度是由党的纪律检查机关来约束和处置的。宪法、法律法规与党章、党内法规制度都具有强制性和约束力。但是，主体对象和范围不同，宪法及法律法规实施和覆盖的对象、范围是全体公民和整个社会。现行宪法规定："一切国家机关和武装力量、各政党和各社会团体、各企业事业组织都必须遵守宪法和法律。""任何组织或者个人都不得有超越宪法和法律的特权。"党章及党内法规制度实施和覆盖对象、范围则是全党。党是人民的一部分，党员是人民中的一分子。所以，对各级党组织和全体党员来讲，他们是党章、宪法的双重实施对象。作为党组织和党员，要遵守党章及党内法规制度；作为公民和法人，要遵守宪法及法律法规。中国共产党是中国工人阶级的政党，它的先锋队性质和先进性要求决定了，党章、党内法规制度的强制性和约束力要比宪法、法律法规的强制性和约束力更严，要求和标准更高。对党员来说，有些违反党章、党内法规制度的言行并不一定都违反宪法、法律法规。但只要违反了宪法和法律法规，它也一定违反了党章及党内法规制度。对涉嫌违纪违法的党员，首先要追究党内纪律责任，对违法的问题还要移送司法机关，追究其法律责任。

党章及党内法规制度，是我们党在民主集中制原则的基础上，按照一定的组织程序制定出来的。宪法及法律法规则是在党的领导下，立法机构按照一定的法定程序制定出来的。从

宪法、党章的起草、讨论、酝酿、征求意见、修改完善、审议批准等一整套程序来看，都要坚持走群众路线，坚持民主集中制，集中全党和全国人民的智慧；都要坚持党的领导、人民（党员）主体地位、法律（纪律）面前人人平等、从中国实际出发等原则。中华人民共和国的国体是人民民主专政即无产阶级专政，政体是人民代表大会制度。中国共产党的性质是工人阶级的政党，宗旨是全心全意为人民服务。党除了代表最广大人民的根本利益外，没有自己的特殊利益和私利。由于这样一个决定性的因素和根本性的原因，党章是不能取代宪法的，国家法律法规是不能代替党内法规制度的。各有各的地位，各有各的功能，各有各的作用，各有各的意义。但是，党章与宪法、党内法规制度与国家法律法规相互之间是不冲突的、不矛盾的，从思想理论上来说是一致的，从本质属性上来说是同一的，从规定内容上来说则是相互衔接和共融的。这就是党的十八届四中全会《决定》将形成完善的党内法规体系纳入中国特色社会主义法治体系建设的重要依据和原因。

实际上，从党的历史来看，尤其是从新中国的历史来看，中国共产党从来就是与社会主义分不开的，自然而然也就与社会主义制度和社会主义法治体系分不开。同时，党与国家和人民不可分离。从党与国家和人民的命运看，从党章和党内法规制度与宪法和法律法规的实施历史看，二者从来就是一荣俱荣、一损俱损的。在“文化大革命”中，国家法制遭到破坏，1975年《宪法》将具有严重缺点和错误的东西写入文本，宪法事实上被弃置了，党的民主集中制也破坏了；而党章中一些好的东西也被修改了，九大修订的党章中，党的群众观点、群众路线不提了，党员的权利也被取消了。新形势下，党要执政，就要依据宪法治国理政；党要管党，就要依据党章从严治党。只有这样，党才能有资格、有能力治好国、理好政，才能真正获得广大人民群众的衷心拥护和支持，我们党才能巩固执政基础，完成执政使命。

由此来看，全面推进依法治国意义极其重大，它不仅是为全面建成小康社会和全面深化改革提供法治保障，更涉及中国共产党的长期执政和国家、民族的长治久安。以上所述的显著特点就是社会主义法治的中国特色。中国的历史、文化、传统、国情和实际，决定了我们必须尊重历史和人民的选择，坚定不移走中国特色社会主义法治道路，建设中国特色社会主义法治体系，建设社会主义法治国家。我们长期以来法治实践的基本经验集中到一点，就是必须坚持中国共产党的领导、人民当家作主、依法治国的有机统一。这是我们在全面推进依法治国中必须牢牢把握的一个最根本、最关键的问题，也是我国社会主义民主政治和中国特色社会主义法治与西方资本主义国家的一个最本质的区别。

# 邓小平改革思想及其现实意义*

“坚持改革开放是决定中国命运的一招。”邓小平同志作为中国社会主义改革开放和现代化建设的总设计师，以巨大的政治勇气和理论勇气，对中国改革作出了一系列精辟论述，形成一个完整思想体系，成为邓小平理论的重要组成部分，为开创中国特色社会主义作出了重大贡献。在纪念邓小平同志诞辰110周年之际，学习他关于改革的重要论述和光辉思想，不仅是对他的深切缅怀和最好纪念，而且对我们当前全面深化改革具有重要意义。

## 邓小平改革思想在历史反思、实践探索中萌发和产生

邓小平改革思想是在什么样的历史背景下萌发和产生的呢？习近平同志在十八届中央政治局第二次集体学习时回顾我国改革开放历程说，上世纪70年代末，我们党和国家作出改革开放的历史性决策，有三个主要原因：一是对“文化大革命”的深刻反思；二是对中国发展落后的深刻反思；三是对国

* 本文发表于《人民日报》2014年8月19日。

际形势的深刻反思。邓小平改革思想就是在这三个深刻反思中萌发、形成和发展起来的。

对“文化大革命”的深刻反思。“文化大革命”使党、国家和人民遭受严重的挫折和损失，这一切为什么会发生？1977年7月邓小平同志第三次复出后，对这个问题进行了深刻思考，并由此引发他对我国政治、经济体制和相关具体制度的反思。他从汲取经验教训的角度，从坏事在一定的条件下可以转化为好事的角度，谈了“文化大革命”作为反面教材的作用。1986年9月，邓小平同志在接受美国哥伦比亚广播公司迈克·华莱士采访时指出：“善于总结‘文化大革命’的经验，提出一些改革措施，从政治上、经济上改变我们的面貌，这样坏事就变成了好事。”1988年9月，他在会见捷克斯洛伐克总统胡萨克时说：“没有‘文化大革命’的教训，就不可能制定十一届三中全会以来的思想、政治、组织路线和一系列政策。”

对中国发展落后的深刻反思。邓小平同志重新回到领导岗位后，用了很大精力研究我国的国情，不断思考通过什么样的途径和方法改变我国发展落后的问题。在党的十一届三中全会前后，对这个问题邓小平同志经常挂在嘴边，在多次讲话和谈话中说起。1978年10月，他在会见德意志联邦共和国新闻代表团时说，我们“同发达国家相比较，经济上的差距不止是十年了，可能是二十年、三十年，有的方面甚至可能是五十年”。他认为：“承认落后就有希望，道理很简单，起码有个好的愿望，就是要干，想出好方针、政策和办法来干。”邓小平同志不仅在反思中国发展落后中寻求改革的办法，而且将此与体现社会主义制度的优越性联系在一起。1987年10月，他在会见匈牙利客人时指出，“我们现在真正要做的就是通过改革加快发展生产力，坚持社会主义道路，用我们的实践来证明社会主义的优越性。”

对国际形势的深刻反思。20世纪七八十年代，世界形势发生重大变化，邓小平改革思想就是在对这一形势的准确把握中产生的。这个时候，随着东西方关系逐渐缓和以及战争危险减弱，许多国家都在抢占战略制高点，加快本国经济和科技的发展。邓小平同志及时洞察到这一变化，提出了和平与发展是当今时代主题的重大论断。1983年3月，邓小平同志在同几位中央负责同志谈话时指出:“大战打不起来，不要怕，不存在什么冒险的问题。”“我看至少十年打不起来。”邓小平同志这个论断为我们党作出改革开放决策奠定了重要基础。正如他所说的:“一九七八年我们制定一心一意搞建设的方针，就是建立在这样一个判断上的。”

邓小平改革思想就是在这样一个历史反思、实践探索中萌发和产生的，并随着我国改革开放实践的逐步深入而不断发展。回溯和探寻邓小平改革思想发展的脉络和轨迹，其思想的逻辑和历史的逻辑是一致的。邓小平改革思想与我国改革开放实践同步而行，两者相互促进，大致经过了以下几个阶段:1975年全面整顿的酝酿阶段；从党的十一届三中全会到十二大的逐步形成阶段；从党的十二大到十三大的进一步发展阶段；从党的十三大到1992年南方谈话和十四大的完善和成熟阶段。党的十四大对邓小平建设有中国特色社会主义理论的主要内容作了科学提炼，十五大又作了高度概括，这个理论形成了比较完整的科学体系。而邓小平改革思想也内含其中，成为重要组成部分。

## 邓小平改革思想内涵丰富、博大精深

邓小平同志在领导我国改革开放和社会主义现代化建设实践中，集中全党和广大人民群众的智慧，形成了改革思想。这个思想内涵丰富、博大精深，是从当代中国国情和时代特征出发对马克思列宁主义、毛泽东思想的继承和发展，为马克思主义理论宝库增添了新内容，开拓了马克思主义发展新境界。那么，邓小平改革思想主要有哪些内涵呢？

“改革也是解放生产力”，邓小平同志深刻阐述了我国改革的目的。邓小平同志认为，社会主义的优越性归根到底要体现在它的生产力比资本主义发展得更快一些、更高一些。他强调，革命是解放生产力，改革也是解放生产力。“改革的性质同过去的革命一样，也是为了扫除发展社会生产力的障碍，使中国摆脱贫穷落后的状态。”

“改革是社会主义制度的自我完善”，邓小平同志深刻阐述了我国改革的性质。邓小平同志认为：“改革是社会主义制度的自我完善，在一定的范围内也发生了某种程度的革命性变革。”改革总的目的是要有利于巩固社会主义制度，有利于巩固党的领导，有利于在党的领导和社会主义制度下发展生产力。邓小平同志强调：“在改革中坚持社会主义方向，这是一个很重要的问题。”

“改革是全面的改革”，邓小平同志深刻阐述了我国改革的内容和范围。邓小平同志指出：“改革是全面的改革，包括经济体制改革、政治体制改革和相应的其他各个领域的改革。”他认为，政治体制改革同经济体制改革应该相互依赖、相互配合。只搞经济体制改革，不搞政治体制改革，经济体制改革也搞不通。

“四个坚持是‘成套设备’”，邓小平同志深刻阐述了我国改革的政治保障。邓小平同志指出，中国要实现四个现代化，必须在思想上政治上坚持四项基本原则，决不允许在这个根本立场上有丝毫动摇。他强调，“四个坚持”和改革开放是相互依存的。“四个坚持是‘成套设备’”，“如果动摇了这四项基本原则中的任何一项，那就动摇了整个社会主义事业，整个现代化建设事业。”

“由共产党领导”，邓小平同志深刻阐述了我国改革的领导力量。邓小平同志指出，中国共产党是社会主义现代化事业的领导核心。中国社会主义事业由共产党领导，这个原则是不能动摇的。“如果没有共产党的领导，不搞社会主义，不搞改革开放，就呜呼哀哉了，哪里能有现在的中国？”“共产党的领导就是我们的优越性。”

“紧紧地依靠群众”，邓小平同志深刻阐述了我国改革的依靠力量。邓小平同志指出：“群众是我们力量的源泉，群众路线和群众观点是我们的传家宝”。改革开放中许许多多的东西，都是由群众在实践中提出来的，是群众发明的。“党只有紧紧地依靠群众，密切地联系群众，随时听取群众的呼声，了解群众的情绪，代表群众的利益，才能形成强大的力量，顺利地完成自己的各项任务。”

“胆子要大，步子要稳”，邓小平同志深刻阐述了我国改革的方法和步骤。邓小平同志认为，改革开放要大胆地试、大胆地闯。要善于摸着石头过河，“要总结经验，对的就坚持，不对的赶快改，新问题出来抓紧解决。”“要克服一个怕字，要有勇气。”同时他强调，改革涉及群众的切身利益问题，每一步都会影响成亿的人，改革“不能蛮干”“要慎重”，要“走一步，看一步”。改革总的方针是胆子要大，步子要稳。

“三个有利于”，邓小平同志深刻阐述了我国改革的得失成败评价标准。邓小平同志提出判断改革得失成败的标准，应该主要看是否有利于发展社会主义社会的生产力，是否有利于增强社会主义国家的综合国力，是否有利于提高人民的生活水平。

“对外开放也是改革的内容之一”，邓小平同志深刻阐述了我国改革与开放的关系。邓小平同志指出，任何一个国家要发展，孤立起来、闭关自守是不可能的。“改革就是搞活，对内搞活也就是对内开放，实际上都叫开放政策。”“对外开放也是改革的内容之一，总的来说，都叫改革。”

邓小平改革思想是由改革的目的、改革的性质、改革的内容和范围、改革的政治保障、改革的领导力量、改革的依靠力量、改革的方法和步骤、改革的得失成败评价标准、改革与开放的关系等构成的完整思想体系，是全面系统的改革观，最终回答了“什么是我国的社会主义改革、怎样进行我国的社会主义改革”等重大理论和实践问题。

## 邓小平改革思想成功指导了我国改革开放的伟大实践

邓小平改革思想指导着我国改革开放和社会主义现代化建设事业，并且在实践中取得了巨大成功。改革开放是我们党在新的历史条件下的伟大实践和探索，具有鲜明的中国特色。可以说，如果没有邓小平改革思想，中国人民就不可能有今天的新生活，中国就不可能有今天改革开放的新局面和社会主义现代化的光明前景。

“文化大革命”结束后，我国在前进的道路上面临着向何处去的严峻考验。当时摆在党和人民面前的有三条路：一条是封闭僵化的老路；一条是改旗易帜的邪路；一条是重新开辟和寻找的新路。在这个重大历史关头，邓小平同志勇敢地面对现实，总结经验，纠正错误，领导我们党从困难中重新奋起，为中国社会主义发展开辟了新路。

党的十一届三中全会确定把党和国家工作的中心转移到经济建设上来，作出实行改革开放的历史性决策，开始形成以邓小平同志为核心的党的第二代中央领导集体。改革开放从这次全会揭开序幕，中国特色社会主义道路以这次全会为起点正式开辟。改革首先从农村开始，亿万农民进行了新的实践。实行家庭联产承包和发展乡镇企业，是中国农民的伟大创造。在农村改革的推动下，城市经济体制改革开始试点和启动。党的十二届三中全会后，经济体制改革的重点由农村转向城市，科技体制和教育体制的改革相继进行，政治体制改革也逐渐提上日程。在全面推进城乡改革的同时，经济特区—沿海开放城市—沿海经济开放区—内地这样一个全方位、多层次、宽领域、有重点、立体式的对外开放格局逐步形成。

党的十三大提出加快和深化改革的任务后，在国际国内形势复杂艰难的情况下，我们党团结和带领全国各族人民，克服种种困难，实现了社会稳定、政治稳定和经济发展。我国经济经历了一个加速发展的飞跃时期，整个国民经济提高到一个新的水平。

上世纪 80 年代末 90 年代初，国内政治风波和国际复杂形势又一次使我们党经历了严峻考验。在这个重大历史关头，又是邓小平同志坚定地坚持以经济建设为中心不动摇，旗帜鲜明地坚持四项基本原则、坚持改革开放，使我们党和国家经受住了险风恶浪的考验，继续沿着中国特色社会主义的正确航向破浪前进。

在邓小平改革思想指引下，改革开放给中国带来翻天覆地的变化。我国经济建设、科技实力、综合国力大幅跃升，经济建设、政治建设、文化建设、社会建设、生态文明建设以及党的建设稳步推进，国际地位日益提升。中国的发展不仅使中国人民大踏步地赶上了时代的潮流，而且为世界经济发展和人类文明进步作出了重大贡献。

我国改革开放的伟大实践雄辩地证明，改革开放是决定当代中国命运的关键抉择，是坚持和发展中国特色社会主义、实现中华民族伟大复兴中国梦的必由之路；只有社会主义才能救中国，只有改革开放才能发展中国、发展社会主义、发展马克思主义。

## 邓小平改革思想对全面深化改革的现实意义

习近平同志在党的十八届三中全会上的讲话指出："面对未来，要破解发展面临的各种难题，化解来自各方面的风险和挑战，更好发挥中国特色社会主义制度优势，推动经济社会持续健康发展，除了深化改革开放，别无他途。"今天，我国全面深化改革所面临的形势和任务，与上世纪七八十年代相比已有很大不同，但改革的历史进程是连续的，邓小平改革思想对于当前更加深刻地认识改革的历史必然性，更加自觉地把握改革的规律，更加坚定地肩负起全面深化改革的重大责任，具有重要的现实意义。

改革必须坚持正确的方向，沿着正确的道路前进。我们的改革是有方向、有立场、有原则的。改什么不改什么，我们要心中有数。我们改革的方向就是不断推动社会主义制度的自我完善和发展。世界在发展，社会在进步，不搞改革只能是死路一条。但是，搞否定社会主义的所谓"改革"也是死路一条。

我们要毫不动摇地坚持党的基本路线，保持清醒头脑，排除各种干扰，坚持和完善党的领导，坚定不移走中国特色社会主义道路。

改革必须坚持正确的方法论，在不断探索中推进。改革是前无古人的崭新事业。在中国这样一个拥有13亿多人口的国家进行改革，绝非易事。中国是一个大国，决不能在根本性问题上出现颠覆性错误，一旦出现就无法挽回、无法弥补。中国改革已进入攻坚期和深水区，面临种种躲不开、绕不过的难题。改革一定要坚持正确的方法论，既要解放思想、大胆探索，又要稳妥审慎、三思而后行；既要摸着石头过河，又要加强顶层设计，要注重改革的系统性、整体性、协同性。

改革必须处理好改革发展稳定的关系，坚持在三者的统一中不断前进。改革发展稳定是我国社会主义现代化建设的三个重要支点，也是全局中的三枚关键棋子。改革是经济社会发展的强大动力，发展是解决一切经济社会问题的关键，稳定是改革发展的前提。新形势下，我们要坚持把改革的力度、发展的速度和社会可承受的程度统一起来，把改善人民生活作为正确处理改革发展稳定关系的结合点，在保持社会稳定中推进改革和发展，通过改革和发展促进社会稳定。

改革必须坚持尊重人民的首创精神，坚持在党的领导下进行。我国是社会主义国家，人民是国家的主人，是改革开放的实践主体，是决定我国前途和命运的根本力量。新形势下全面深化改革，要认真贯彻党的群众路线，最大程度地吸纳人民群众广泛参与，保证改革始终有众志成城的民意支撑，始终有破浪前行的民众动力。改革发展稳定任务越繁重，我们越要加强和改善党的领导，善于通过提出和贯彻正确的路线方针政策带领人民前进，善于根据人民的实践创造和发展要求完善政策主张，使改革发展成果更多更公平惠及全体人民，不断为深化改革夯实群众基础。

1985 年 9 月，邓小平同志在中国共产党全国代表会议上强调:“到下世纪中叶，能够接近世界发达国家的水平，那才是大变化。到那时，社会主义中国的分量和作用就不同了，我们就可以对人类有较大的贡献。”现在我们比历史上任何时候都更加接近这个目标，都更加有条件实现这个目标。中国要发展起来、强大起来，要“对人类有较大的贡献”，必须毫不动摇地坚持改革。我们坚信，在以习近平同志为核心的党中央坚强领导下，只要我们按照党的十八届三中全会的战略部署，坚定不移地全面深化改革，我们的目标就一定会实现，邓小平同志的期盼就一定会成为现实。

# 《邓小平时代》若干史实及文字考订*

生活·读书·新知三联书店于2013年1月出版了由美国哈佛大学教授傅高义先生撰著，冯克利教授翻译，香港中文大学出版社编辑部和生活·读书·新知三联书店编辑部译校的《邓小平时代》。该书的出版在我国学术界和社会上产生了很大反响，中央有关媒体刊发了出版消息，对作者进行了专访，有的报刊发表了书评，有关方面还召开出版座谈会。相关评论和报道，都对该书给予很高评价。据出版者介绍和媒体报道，该书英文版获得好评，入围美国国家图书奖终选名单，荣获2012年莱昂内尔·盖尔伯奖，《经济学人》《华尔街日报》《华盛顿邮报》《金融时报》2011年最佳图书和《纽约时报书评》2011年编辑推荐书目。

美国一些前政要纷纷发表评论。美国前总统吉米·卡特说：该书“是一部重要的邓小平传记，读之难忘”。美国前国

* 本文发表于《中共党史研究》2014年第1期。

家安全事务助理布兰特·斯考克罗夫特说:“我们最优秀的中国问题专家之一傅高义先生以这部独特的研究性传记，把邓小平描画得栩栩如生。”美国前国家安全顾问兹比格涅夫·布热津斯基说:“本书不仅是一部论述世界一流领导人的扛鼎之作，而且为1978年美中两国秘密进行的战略性和解，及其如何推动了中国国内的变革，提供了极为权威并引人入胜的解读。”中文出版者在该书提要栏中介绍说:“本书是对邓小平跌宕起伏的政治生涯和中国风云变幻的改革开放进程的全景式描述。”“全书史料丰富，奠基于国内外重要的研究成果、档案资料和为数众多的独家访谈。”“全书持论严谨、脉络清晰、观点鲜明、叙述生动”。被评论者称为是一部研究邓小平的“纪念碑式”著作。

傅高义先生是美国哈佛大学资深教授，美国人文社会科学院院士，曾担任费正清东亚研究中心主任，研究成果颇丰。他长期从事中国、日本问题研究，被认为是美国唯一精通中日两国事务的学者，有哈佛的“中国先生”之称。2013年8月，傅高义先生凭借《邓小平时代》一书获得第七届中华图书特殊贡献奖。

笔者认真拜读了傅高义先生倾注十年心力所完成的这部著作，获益匪浅。笔者以为，正如有的书评所说的那样，该书是一部反映中国改革开放和邓小平生平事迹有分量、可读性强的著作。但是，可能由于多种原因，或是作者对原始材料的理解问题，或是翻译问题，抑或是校对问题，该书中文版（生活·读书·新知三联书店版）存在着诸多史实错误和文字的不准确表达。下面，笔者将阅读当中所发现的错讹之处，按照该书的目录和页码顺序一一标出，就此作一探讨和交流，供该书今后修订再版时参考。

## 一、对《导言 这个人和他的使命》若干史实及文字考订

1. 第 18 页，书中写到：“（1978 年改革开放前——引者注，下同）大学在过去 10 年里基本上被关闭。”这个说法是不准确的。中国的大学招生是在 1966 年停止的。这一年 7 月 23 日中共中央、国务院发出通知，决定改革大学招生办法。但由于“文化大革命”开始，各大学当年均未招生。[①]1970 年 6 月 27 日中央批准北京大学、清华大学关于招生（试点）的请示报告，开始试招生。以后全国各大学陆续开始招生。

2. 第 19 页，书中写到：“简言之，邓小平面对的是一项苛刻的、史无前例的任务：当时还没有哪个共产党国家成功完成了经济体制改革，走上持续发展的道路，更不用说这个有着十亿人口、处于混乱状态的国家。”据国家有关部门统计，1978 年底我国全国总人口是 96259 万人，1979 年底是 97542 万人。书中应该使用“近十亿人口”的说法才比较准确。[②]

3. 第 24 页，书中写到：“他（邓小平）曾 3 次受到错误批判：先是在江西苏区，然后在 1966 年‘文革’中受到猛烈批判，1976 年又一次挨批。”据史料记载，1975 年 11 月 24 日，中共中央在北京召开有 130 多名党政军领导干部参加的打招呼会议，宣读了毛泽东审阅批准的《打招呼的讲话要点》。此后，所谓“反击右倾翻案风”运动便从北京逐渐扩大到全国。[③] 邓

① 顾洪章：《中国知识青年上山下乡大事记》，中国检察出版社 1997 年版，第 65 页。

②《当代中国的人口》，中国社会科学出版社 1988 年版，第 465 页。

③《中国共产党历史》第 2 卷下册，中共党史出版社 2011 年版，第 946 页。

小平第三次受批判的时间应是从1975年年底开始。

## 二、对第一部分《邓小平的人生经历》若干史实及文字考订

4.第37—38页，书中写到："1921年底，就在这些留法中国青年开始在工厂打工时，传来了中国共产党在当年7月1日成立的消息。这个党最初很小，1921年它在国内只有大约50名党员，1922年时也不超过200人。"据中共党史专家研究考证，中国共产党成立的时间是1921年7月23日，7月1日是党的诞生纪念日，二者不可混淆[①]。中共一大召开时，全国党员为50多人。次年7月中共二大召开时，全国党员共有195人。[②]书中所说中国共产党在当年（1921年）7月1日成立时国内党员只有大约50名的说法是不准确的，应该是50多名。

5.第43页，书中写到："1927年8月7日，中共21名领导人在武汉召开紧急会议，商讨如何对付国民党的剿共。22岁的邓小平并不是正式成员，他担任书记员并负责处理会议文件。"邓小平是1904年8月22日出生的，这一年他的年龄应该是23岁。[③]按照中国人（非组织人事部门）通常的年龄计算方法，一般是以跨年增加一岁来计算当年的年龄。所以，《邓小平年谱》在每一年的一月便列出他该年的岁数。其他许多党和国家领导人的年谱也大多是如此。

① 邵维正：《"七一"的由来》，《党史研究》1980年第1期。

②《中国共产党历史大事记（1921年7月—2011年6月）》，人民出版社2011年版，第3、4页。

③《邓小平年谱（1904—1974）》（上），中央文献出版社2009年版，第32页。

6. 第47页，书中写到：“（中央红军）1935年10月到达陕甘宁边区时只剩下不足10000人”。“长征开始几周后的1935年1月，在贵州遵义召开了一次重要会议”。“邓小平不是遵义会议的正式成员，但他作为书记员得以出席会议。”第391页写到：“邓小平完全支持这个方案。他对习仲勋说，‘还是叫特区好，陕甘宁（延安时期对陕西、甘肃、宁夏的简称）开始就叫特区嘛……’”这里出现三处错误：一是根据地名称的错误；二是邓小平参加遵义会议身份的错误；三是红军长征时间的错误。（1）据中共党史资料表明，当时，中央红军长征到达的根据地叫陕甘革命根据地，后来由于根据地面积扩大，涵盖了宁夏一部分后，才开始改名叫陕甘宁革命根据地。陕甘宁边区的概念是后来出现的。1937年9月，原陕甘宁革命根据地的苏维埃政府（即中华苏维埃人民共和国临时中央政府西北办事处），正式改称陕甘宁边区政府（11月至翌年1月曾称陕甘宁特区政府）[①]。（2）在遵义会议上，邓小平是以中央秘书长的身份参加会议的。据史料记载，1934年12月，邓小平被调离《红星》报，接替生病的邓颖超担任中央秘书长[②]。（3）中央红军长征是1934年10月出发的，到1935年1月的时候，时间已经过去几个月了，而不是书中所说的“几周后”[③]。

7. 第51页，书中写到：“此外（淮海战役期间）中共还动员了100多万农民为部队运送粮草军需”。“邓小平在淮海

① 《中国共产党历史大事记（1921年7月—2011年6月）》，人民出版社2011年版，第34—35页。

② 《邓小平年谱（1904—1974）》（上），中央文献出版社2009年版，第115页。

③ 《中国共产党陕西省组织史资料》，陕西人民出版社1994年版，第239页。

战役期间与延安保持着密切联系”。据有关军事资料记载，淮海战役支前民工达到543万人[1]，“100多万农民”的数字说少了，当时的支前民工主要是农民。另外，淮海战役进行的时间是1948年11月6日至1949年1月10日，而毛泽东率领的中共中央机关和解放军总部部分人员已于1948年3月23日东渡黄河与中央后方委员会会合[2]。书中在这里所指的是邓小平与中共中央和毛泽东保持密切联系，即用延安代指中共中央和毛泽东，但由于时间的问题，所用概念是不准确的。

8. 第54页，书中写到：“1956年，邓小平被任命为党的总书记。”邓小平是在中共八届一中全会上通过预选和正式选举被选为中央委员会总书记的，而不是任命的[3]。

9. 第56页，书中写到：“（中共八大在提出远景规划时指出）资产阶级和地主阶级已不复存在，阶级斗争已经结束。”事实上，中共八大指出，由于社会主义改造已经取得决定性胜利，我国无产阶级同资产阶级之间的矛盾已经基本上解决，几千年的阶级剥削制度的历史已经基本上结束，社会主义制度已经基本上建立。尽管我国人民还必须为解放台湾，为彻底完成社会主义改造、最后消灭剥削制度，为继续肃清反革命残余势力而斗争，但是，我们国内的主要矛盾已经发生了变化。[4] 大规模的急风暴雨式的阶级斗争已经结束，但阶级斗争还存在。书中使用“阶级斗争已经结束”的说法是不准确的。

---

① 《中国人民解放军八十年大事记》，军事科学出版社2007年版，第261页。

② 《中国共产党历史大事记（1921年7月—2011年6月）》，人民出版社2011年版，第60、58页。

③ 《邓小平年谱（1904—1974）》（中），中央文献出版社2009年版，第1317—1318页。

④ 《中国共产党历史》第2卷上册，中共党史出版社2011年版，第396页。

10. 第56页，书中写到：“（反右派斗争）把大约55万名知识分子划为右派。”1957年在反右派斗争中，全国共划右派55万人，其中绝大多数是知识分子，但是，不是所有的右派都是知识分子。所以，不能用全称判断的概念来下结论。

## 三、对第二部分《曲折的登顶之路1969—1977》若干史实及文字考订

11. 第69页，书中写到：“亚洲其他一些地区的经济在1969年时也已开始起飞，当中不仅有韩国，还有同样以华人为主的地区——台湾、香港和新加坡。”对台湾、香港两地应该用地区之称，但是，对新加坡则应该用国家之称，因为新加坡是一个独立的国家。

12. 第70页，书中写到：“邓小平的另外一些想法来自于孩子们的经历。除了瘫痪的邓朴方，邓小平的4个孩子都被下放农村参加劳动，接受再教育。”邓小平共有5个孩子，在表述中应加“其他”二字，否则，语句表述就出现了语病。

13. 第73页，书中写到：“（1971年9月12日）林立果调来飞行机组和一架飞机，载着林彪夫妻、他自己和几个追随者连夜逃往苏联。”对这一事件不能笼统说除林立果、林彪夫妇之外的其余人都是“追随者”。据中共党史研究最新材料表明，机组人员是在不明真相的情况下执行任务上的飞机，并不都是追随者。对飞行员潘景寅，中国人民解放军总政治部已于1981年12月22日，向其家属颁发了《革命军人病故证明书》。①

14. 第75页，书中写到：“在1970年8月组成政治局常委

① 《百年潮》2000年第8期。

的5个人中，林彪已死，其同党陈伯达也锒铛入狱，康生因患癌症失去了工作能力，剩下的只有毛泽东和周恩来了。”中共九届一中全会是1969年4月28日召开的[①]，所以，中央政治局常委会组成应是1969年而不是1970年。如果是为了表述1970年8月政治局5个常委发生了变化，那么，在政治局常委前就不能使用“组成”二字，否则，会使人产生误解。

15. 第79页，书中写到：“直到1973年2月，即林彪死亡16个月以后，毛泽东仍没有让邓小平回京。”林彪是在1971年9月13日死亡的，那么，到1973年2月就应该是17个月而不是16个月。如果不包括1973年2月，文字应表述为“1973年2月之前”，即不含2月。

16. 第83页，书中写到：“邓小平在1973年逐渐成为地位更加显赫的领导人，先是获准出席最高层的会议，接着成了周恩来的助手，然后在1973年8月10日的中共十大上当选中央委员。”中共十大是1973年8月24日至28日召开的，从会议的议程来看，邓小平是在8月28日当选中央委员的[②]。

17. 第83页，书中写到：“从1971年到1972年9月，他（毛泽东）把3个有前途的省级年轻干部调到北京在党中央工作：先是华国锋，然后是王洪文和吴德。”从华、王、吴的履历看，吴德是1966年从吉林调到北京工作的。所以，此时被毛泽东从地方调到中央工作的3位省级干部应该是纪登奎、华国锋、王洪文。

---

① 《中国共产党历史大事记（1921年7月—2011年6月）》，人民出版社2011年版，第108页。

② 《中国共产党历史》第2卷下册，中共党史出版社2011年版，第877页；《邓小平年谱（1904—1974）》（下），中央文献出版社2009年版，第1978页。

18. 第 87 页，书中写到："基辛格在 1973 年 2 月第一次见到毛泽东时发现，毛对美国以损害中国的利益为代价同苏联合作很不高兴。"从有关史料来看，基辛格第一次见到毛泽东应该是 1972 年 2 月 21 日，也就是他在陪同美国总统尼克松访华时见到的毛泽东①。所以，书中关于基辛格第一次见到毛泽东的时间有误。

19. 第 92 页，书中写到："在 1974 年 7 月 17 日的政治局会议上，毛泽东警告江青、王洪文、张春桥和姚文元不要搞'四人帮'。这是他第一次用这个词来称呼政治局常委中的 4 个激进派。"在中共十届一中全会上，王洪文、张春桥当选为中央政治局委员、政治局常委，而江青和姚文元只当选为中央政治局委员②。书中说他们 4 人是"政治局常委中的 4 个激进派"是不准确的。

20. 第 100 页，书中写到："1974 年 12 月，周恩来离开病床飞往长沙去见毛泽东，两人要商定北京关键领导岗位的人选"。这里应该用"国家领导岗位"，因为他们商谈的是四届全国人大的人选。如果说"北京关键领导岗位"，容易与北京市的领导岗位相混淆。与此类似，第 223 页写到："1954 年他（谷牧）从上海调到北京担任建委副主任后，一直是经济工作的最高领导人之一。"在"建委"前须加"国家"二字，这里也有国家建委和北京建委之别。③

21. 第 103 页，书中写到："将近一年以前，从 1974 年 5 月邓小平赴美参加联大会议时起，他就主持接待外宾，替周恩

① 《毛泽东传（1949—1976）》（下），中央文献出版社 2003 年版，第 1635—1636 页。
② 《中国共产党历史》第 2 卷下册，中共党史出版社 2011 年版，第 877—878 页。
③ 《中国共产党组织史资料》附卷 1（上），中共党史出版社 2000 年版，第 106 页。

来做一些其他的工作。”当时邓小平率中国政府代表团乘专机离开北京前往美国纽约出席联合国大会第六届特别会议，出发的时间是1974年4月6日，回到北京的时间是4月19日[①]。书中的时间表述有误。

22. 第120页，书中写到:“要求各省市党委履行对钢铁厂的领导责任，确保它们完成指标。”应在“省市”之间加“区”，因为中国省一级的建制是省区市。当时在内蒙古自治区有包头钢铁厂，这是我国当时比较大的钢铁企业。

23. 第122页，书中写到:“实际上，王洪文曾做过一系列的努力以承担起主持党的日常工作的职责；有些了解他的人觉得，他并没有参与‘四人帮’犯下的罪行。”当时毛泽东在讲话中所指的“四人帮”是：江青、王洪文、张春桥、姚文元。王洪文本身就是“四人帮”的一员，书中的这种表述是自相矛盾的。

24. 第127页，书中写到:“为了加强党的团结，邓小平采用了毛在1945年抗战结束时召开的中共七大上的做法。”书中第354页还写到:“1945年第二次世界大战结束后，在中共即将进入新阶段时召开的第七次代表大会上，中共领导层根据新时期的需要总结了过去25年的党史。”中共七大是1945年4月23日至6月11日在延安召开的。日本天皇裕仁以广播“终战诏书”的形式宣布接受波茨坦公告，无条件投降是1945年8月15日。日本投降签字仪式是在9月2日举行的。[②] 所以，书中所说中共七大召开的时间为“抗战结束时”“第二次世

① 《邓小平年谱(1904—1974)》(下)，中央文献出版社2009年版，第2010、2015页。

② 《中国共产党历史大事记(1921年7月—2011年6月)》，人民出版社2011年版，第49、50、51页。

界大战结束后”都是不对的。而且从1921年7月中共一大到1945年4月至6月中共七大，时间应该是24年而不是25年。

25. 第128页，书中写到：“1975年5月5日，毛泽东主持了他的最后一次政治局会议后不久，邓小平又去医院看望了周恩来。”据史料记载，毛泽东是在1975年5月3日深夜主持召开中央政治局会议的。5月4日上午，邓小平前往三〇五医院同周恩来谈话，就贯彻落实毛泽东在会议上的讲话精神交换意见。①

26. 第129页，书中写到：“在正式担任了第一副总理后的第二天，1975年1月6日，邓小平把胡乔木叫来，提议由他和吴冷西、胡绳、李鑫等人成立一个研究理论问题的写作小组。”据史料记载，1月5日，根据毛泽东的提议，中共中央发出1975年一号文件，任命邓小平为中共中央军事委员会副主席兼中国人民解放军总参谋长。1月17日，在第四届全国人民代表大会第一次会议上，邓小平被决定任副总理，在副总理的排序中名列第一。② 书中所说邓小平正式担任第一副总理的时间有误。

27. 第136页，书中写到：“他（胡耀邦）宣布，中国的目标是在20世纪末实现包括科学现代化在内的四个现代化。”在第三届全国人民代表大会第一次会议上，周恩来在《政府工作报告》中提出，要在不长的历史时期内，把我国建设成为一个具有现代农业、现代工业、现代国防和现代科学技术的社会主义强国。第四届全国人民代表大会第一次会议对四个现代化

① 《邓小平年谱（1975—1997）》（上），中央文献出版社2004年版，第40—41页。
② 《邓小平年谱（1975—1997）》（上），中央文献出版社2004年版，第2、5页。

作了重申。在以后中共所讲的四个现代化中，其中之一就是科学技术现代化。所以，为了准确表述，应在“科学”之后加上“技术”二字。

28. 第143页，书中写到：“邓小平领导着《人民文学》与‘四人帮’的斗争，但他在（1975年）10月上旬开始受到批评后，保守的文化部又占了上风。”根据毛泽东的意见，1975年10月23日邓小平主持召开六人会议，传达毛泽东对清华大学刘冰等来信的批评[①]。所以，“10月上旬”应改为“10月下旬”。

29. 第149页，书中写到：“根据毛的指示，邓小平在（1975年）10月23日主持召开政治局扩大会议传达了毛的指示。”第161页写到：“毛泽东的侄子毛远新在10月25日向政治局传达了毛对邓小平的批评”。据史料记载，邓小平主持召开的这次会议不是政治局扩大会议，而是有邓小平、李先念、汪东兴、吴德、谢静宜、迟群参加的六人会议。这次会议的情况由邓小平、李先念、吴德、汪东兴联名于10月27日向毛泽东书面报告。他们在报告中还建议将毛泽东的指示原原本本地向中央政治局传达，毛泽东表示同意。[②] 所以，书中所说的会议名称是不对的。另外，从时间上说，在毛泽东还没有同意的情况下，也就不可能召开政治局会议传达他对邓小平的批评，“10月25日”的开会时间也有误。

30. 第150页，书中写到：“毛泽东的新联络员毛远新，1975年10月—1976年4月”。据有关史料考证，毛远新做毛泽东的联络员，时间应该是从1975年9月到1976年9月，即

---

①《邓小平年谱（1975—1997）》（上），中央文献出版社2004年版，第121页。

②《邓小平年谱（1975—1997）》（上），中央文献出版社2004年版，第121—122页；《毛泽东年谱（1949—1976）》第6卷，中央文献出版社2013年版，第617页。

毛泽东逝世后结束。这里书中表述的时间有误。

31. 第 164 页，书中写到："周恩来去世的当天（1976 年 1 月 8 日）下午 4 点，邓小平向毛汇报说，很多外国代表请求前来表达他们的敬意。"而第 161 页写到："毛泽东于 1975 年 12 月 2 日会见了福特总统，这是邓小平最后一次陪同毛泽东会见外宾，也是他最后一次见到毛。"这样，书中的表述就出现了前后矛盾。第 161 页讲邓小平最后一次见到毛泽东是 1975 年 12 月 2 日；第 164 页又讲在 1976 年 1 月 8 日邓小平向毛汇报，而对此次汇报是当面汇报还是书面汇报，书中语焉不详。据史料记载，邓小平最后一次见到毛泽东是 1975 年 12 月 2 日。而 1976 年 1 月 8 日的汇报是书面汇报，即下午 6:30 时将同日下午中央政治局会议就周恩来丧事问题的讨论情况致信毛泽东。[①] 书中应将这一情况详细交代清楚后，才能清除和避免读者的误解。

32. 第 183 页，书中写到："（1976 年 10 月 6 日晚）叶剑英在西山自己家中召开了一次没有'四人帮'的政治局会议。"有关史料表明，10 月 6 日这天晚上，叶剑英在玉泉山 9 号楼他的住处召开了中共中央政治局会议。书中所述会议地点不确切。

33. 第 196 页，书中写到："1977 年 3 月 10 日至 22 日，在为筹备 8 月的中共十一大而召开的中央工作会议上，反对'两个凡是'的人也开始大声疾呼。"这次中央工作会议召开的时间是 1977 年 3 月 10 日至 20 日[②]，而不是至 22 日。

34. 第 202 页，书中写到："（1977 年）7 月 17 日，十届三

① 《邓小平年谱（1975—1997）》（上），中央文献出版社 2004 年版，第 141 页。
② 《邓小平年谱（1975—1997）》（上），中央文献出版社 2004 年版，第 156 页。

中全会通过了《关于恢复邓小平同志职务的决议》。决议需要得到一个月后召开的党代表大会的正式批准，但邓小平在全会上已正式恢复了他在1975年4月5日以前的全部职务：中央委员、政治局常委、党的副主席、中央军委副主席、副总理和解放军总参谋长。”书中在叙述恢复的邓小平职务中，丢掉了“中央政治局委员”一职[①]。恢复的职务应该是“1976年4月7日以前”的全部职务。

35. 第203页，书中写到：“（邓小平在中共十届三中全会上讲话说）必须准确完整地理解毛泽东，把他的教导正确运用于每一种实际情况。”这里丢掉了“思想”二字，因为邓小平在讲话中强调的是要完整地准确地理解“毛泽东思想”[②]。

36. 第205页，书中写到：“他（邓小平）的5个孩子中有3个上了大学，一个在北大学物理，一个学医，还有一个女儿因病不胜课业繁重的理科转而学了艺术。”事实上，有关资料表明，邓小平的5个孩子都上了大学，邓林毕业于中央美术学院，邓朴方毕业于北京大学，邓楠毕业于北京大学，邓榕毕业于北京医学院，邓质方毕业于北京大学。

37. 第213页，书中写到：“1977年7月邓小平恢复了中央军委副主席的职务后，他的正式排名在华国锋主席之后”。事实上，当时中央军委共有5个副主席，邓小平排名在叶剑英副主席之后，在5个副主席中排名第二，而叶剑英排名在华国锋之后。

38. 第213页，书中写到：（中央党校恢复后）“中央党校

---

① 《邓小平年谱（1975—1997）》（上），中央文献出版社2004年版，第162页。

② 《邓小平文选》第2卷，人民出版社1994年版，第42页。

的名义校长是华国锋，第一副校长是汪东兴”。据有关资料，当时，华国锋兼任的是中共中央党校校长而不是名义校长，时间是从 1977 年 3 月至 1982 年 4 月[①]。

## 四、对第三部分《开创邓小平时代 1978—1980》若干史实及文字考订

39. 第 229 页，书中写到："邓小平去东北时，三个月前发表的《实践是检验真理的唯一标准》一文和'两个凡是'之间的争论刚刚热起来。"这里的时间表述应该是"四个月前"。因为，邓小平在东北的视察是 1978 年 9 月 13 日至 18 日[②]，而《实践是检验真理的唯一标准》一文在《光明日报》正式公开发表，时间是 5 月 11 日。两件事情的间隔时间是 4 个月。

40. 第 236 页，书中写到："接着，出席中央工作会议的 3 位媒体干部——新华社社长曾涛、《人民日报》总编胡绩伟和《光明日报》总编杨西光，他们还同时兼任中宣部副部长——大胆地决定在各自的媒体上报道《北京日报》的文章内容。"从曾涛、胡绩伟、杨西光 3 人的履历看，他们都从未兼任过中央宣传部副部长。对他们 3 人的兼任职务表述有误。

41. 第 251 页，书中写到："1978 年 11 月 19 日，即中央工作会议召开不到一周后"。这里的时间概念是错误的。因为，中央工作会议是 1978 年 11 月 10 日召开的，到 11 月 19 日就不是不到一周，而是已经 9 天了。

---

① 《中国共产党组织史资料》第 7 卷（上），中共党史出版社 2000 年版，第 253 页。
② 《邓小平年谱（1975—1997）》（上），中央文献出版社 2004 年版，第 373—385 页。

42. 第 254 页，书中写到：“中央工作会议结束前夕的 12 月 13 日，邓小平把他的政治研究室成员、也是为他写三中全会讲话稿的笔杆子之一于光远叫到一边，让他草拟一篇支持西单‘民主墙’的讲话。”第 355 页写到：“邓小平在 1978 年三中全会上的简短讲话是改革开放的集合号”。事实上，邓小平在中共十一届三中全会上没有发表讲话，他在中央工作会议上作的题为《解放思想，实事求是，团结一致向前看》的讲话，由于意义重大，后来被认为实际上成为中共十一届三中全会的主题报告[①]。因此，书中这两处表述是不准确的。

43. 第 256 页，书中写到：“（1978 年）12 月 13 日中央工作会议结束时”。这里的时间表述有误。中央工作会议是 12 月 15 日结束的。按照会议原定的议程是 13 日结束，但由于邓小平于当天发表了重要讲话，与会代表要求进行学习讨论，于是中央决定会期延长两天。

44. 第 263 页，书中写到：“在 1979 年 10 月底的第四届全国文学艺术大会上”。书中对大会名称的表述不准确，规范的表述应该是“中国文学艺术工作者第四次代表大会”。

45. 第 278 页，书中写到：“在东南亚寻求盟友，1978 年 10 月 5—15 日”。第 279 页写到：“邓小平担心这些东南亚国家——马来西亚、泰国和新加坡——感到只能向苏越强权让步，从而损害中国的长远利益，因此他认为，努力让南亚各国疏远越南至关重要。”邓小平对东南亚几国的访问是 1978 年 11 月 5 日出发的，第一站访问的国家是泰国。于 11 月 14 日

---

① 《中国共产党历史大事记（1921 年 7 月—2011 年 6 月）》，人民出版社 2011 年版，第 121 页。

晚结束对几国的访问后回到北京。[①] 书中对邓小平出访的时间表述有误。另外，“南亚各国”应该是“东南亚各国”，在此处丢字了。

46. 第 307 页，书中写到：“1977 年 8 月 24 日下午，邓小平作为政治局常委正式恢复工作一个星期以后，就会见了美国国务卿万斯。”邓小平是在 1977 年 7 月 17 日中共十届三中全会上恢复中央政治局常委职务的，从恢复常委职务到会见万斯，相隔时间不是一周而是一个多月。如果这里指的是在中共十一届一中全会上邓小平再次当选中央政治局常委（8 月 19 日），那么，相隔时间不到一周，应该是 5 天。[②]

47. 第 324 页，书中写到：“邓小平在（1978 年）12 月 13 日星期二的上午会见了伍德科克，地点是人民大会堂的江苏厅。”1978 年 12 月 13 日是星期三，不是星期二。

48. 第 329 页，书中写到：“（中美建交公报公布）6 个星期之后，邓小平和妻子卓琳、伍德科克和妻子莎朗以及邓小平的随行人员登上了飞往美国的波音 707 飞机。”第 331 页写到：“邓小平的访美安排进行得极快。他在 1 月 28 日抵达华盛顿，离 12 月 15 日两国达成协议只有不到 6 周的时间。”这里前后表述的时间是相互矛盾的，一个是 6 周之后，一个是不到 6 周。实际上从 1978 年 12 月 15 日至 1979 年 1 月 28 日计算时间，共计 44 天，“6 个星期之后”的说法比较准确。

49. 第 346 页，书中写到：“虽然华国锋主席的权力已被削弱，他还是在（1979 年）5 月 18 日开幕的五届全国人大第二

---

① 《邓小平年谱（1975—1997）》（上），中央文献出版社 2004 年版，第 419、430 页。
② 《邓小平年谱（1975—1997）》（上），中央文献出版社 2004 年版，第 162、185 页。

次会议上作了政府工作报告。”第五届全国人民代表大会第二次会议是1979年6月18日至7月1日召开的，有关资料表明，华国锋在这次人代会上作政府工作报告的时间是1979年6月18日[①]。

50. 第349页，书中写到：“邓小平与陈云、李先念属于同一代人（分别出生于1904年、1905年和1907年）。”李先念出生于1909年6月23日，书中所述的出生时间有误[②]。

51. 第351页，书中写到：“叶帅的国庆30周年讲话，1979年10月1日”。叶剑英在中华人民共和国成立30周年大会上发表讲话，时间是1979年9月29日，不是10月1日[③]。

52. 第352页，书中写到：“叶帅是宣读这篇讲话（国庆30周年讲话）的理想人选。他是有监督政府工作之责的全国人大的委员长”。叶剑英在全国人大职务的表述应该是“全国人民代表大会常务委员会委员长”，简称“全国人大常委会委员长”。同理，第501页“他可以担任全国人大副委员长或政协副主席”一句中，“全国人大”后应加“常委会”字样。

53. 第355页，书中写到：“1980年1月16日，邓小平发表了重要讲话《关于目前的形势和任务》”。书中对讲话标题多加了字。邓小平讲话的标题应该是《目前的形势和任务》[④]。

54. 第356页，书中写到：“（邓小平在1980年1月16日发表讲话）他说，‘经济上的发展也要比台湾有一定程度的优越，没有这一点不行……’”书中对讲话的原文引述有

---

① 《中国共产党历史大事记（1921年7月—2011年6月）》，人民出版社2011年版，第124页。

② 《李先念年谱》第1卷，中央文献出版社2011年版，第1页。

③ 《人民日报》1979年9月30日。

④ 《邓小平文选》第2卷，人民出版社1994年版，第239页。

误。邓小平讲话的原文是“经济发展上”，而不是“经济上的发展”。书中还写到：“实现经济现代化需要做些什么呢？邓小平提出了4个要求”。实际上，邓小平在讲话中提出的是实现四个现代化所必须解决的四个问题或者说必须具备的四个前提。①

55. 第364页，书中写到：“1981年3月19日（第二个历史决议）起草工作接近尾声时，邓小平对有关‘文革’期间毛泽东作用的讨论表示满意。”据史料记载，1981年3月18日，邓小平听取了邓力群、吴冷西汇报胡乔木对历史决议稿的修改意见②。书中所述时间比史料记载时间晚了一天。

## 五、对第四部分《邓小平时代1978—1989》若干史实及文字考订

56. 第377页，书中写到：“作为有12年戎马生涯的军事领导人，邓小平很看重权威与纪律。”从邓小平的履历看，1929年12月11日，他与张云逸等人领导了百色起义，成立红七军，他任前委书记③。从这个时候起，邓小平经过长征、抗日战争、解放战争，一直在军队中任职，到1952年7月，调任政务院副总理后暂时离开军队。所以，书中说邓小平“有12年戎马生涯”，是不准确的。另外，书中第382页写到：“陈云和在军队中与邓小平共事13年的刘伯承相似，以办事慎重而闻名，属于‘举轻若重’的人。”此处已否定了“12年”之说。

---

①《邓小平文选》第2卷，人民出版社1994年版，第240、248页。
②《邓小平年谱（1975—1997）》（下），中央文献出版社2004年版，第721页。
③《邓小平年谱（1904—1974）》（上），中央文献出版社2009年版，第56—58页。

57. 第 380 页，书中写到：“他（邓小平）经历过无数变故，他领导的国家有两千多年的历史，他自然会对国力的盛衰持一种长远眼光。”据我国考古发掘证明，中国是一个历史悠久的文明古国。本世纪初，“中华文明探源工程”取得的研究成果显示，距今 6000 年前，中国文明进程加速；距今 4500 年前后，中国进入古国文明阶段；夏代后期，中国进入王国文明新阶段。以往我们经常所说的中国具有 5000 年文明史的说法是有科学依据的。[①] 书中说中国有 2000 多年的历史是不正确的。

58. 第 381 页，书中写到：“1981 年‘文革’后的第一批中国大学生毕业时，邓小平继续实行毕业生分配制度”。恢复高考后的第一批大学生叫 77 级，由于当年招生的时间推迟了半年，所以，这一届大学生毕业的时间也相应推迟了半年，他们的毕业时间是 1982 年年初。

59. 第 404 页，书中写到：“副省长王全国同时兼任广东省计委主任，他来自河北，之前在提拔省长时没能如愿。按照常规，当选省长的人应是像王这样的中央委员，但任仲夷为了获得当地大批干部的全力支持，选择了早年在当地打过游击、本人不是中央委员的副省长刘田夫。”从历史资料来看，他们两人之间谁当省长与是不是中央委员没有必然的联系，因为王全国是在 1982 年中共十二大上当选中央委员的，刘田夫是在 1981 年当省长的。刘田夫当省长在前，王全国当中央委员在后。另外，从刘田夫任广东省委书记、副省长的时间看也早于王全国。刘田夫 1977 年 9 月任广东省委书记、副省长。王全

---

① 杨雪梅、蔡华伟：《五千年文明并非虚言》，《人民日报》2012 年 7 月 13 日。

国 1978 年 4 月任广东省委书记，1979 年 12 月任广东省委书记、副省长。

60. 第 424 页，书中写到：“一胎化政策在城市地区无条件执行，但是由于政府没有钱为农村提供养老福利，因此允许第一胎为女孩的农村家庭生第二胎，以便父母上了年纪后能有一个儿子照顾。”书中对中国实行计划生育政策的解读是不完全和不准确的。2001 年 12 月 29 日，第九届全国人民代表大会常务委员会第 25 次会议通过了《中华人民共和国人口与计划生育法》。该法规定：“符合法律、法规规定条件的，可以要求安排生育第二个子女。具体办法由省、自治区、直辖市人民代表大会或者其常务委员会规定”。我国各省区市的人代会或人大常委会根据这个法律和本地的实际情况制定了自己的具体规定。北京、天津、上海、江苏、四川、重庆 6 省市的农村居民基本都实行生育一孩政策。河北、山东、陕西、内蒙古等 19 个省区实行一孩半的政策，即农村夫妇生育第一个孩子为女孩的，可以再生育一个孩子。青海、新疆等 5 省区实行二孩政策，即农村居民普遍可生育两个孩子。辽宁、安徽等 7 省市规定，一方为独生子女的农民夫妇可以生育两个孩子。青海、宁夏等省区的少数民族地区实行三孩政策，即少数民族农牧民可以生育三个孩子。西藏自治区实行特殊政策，藏族城镇居民可以生育两个孩子，藏族及人口较少的少数民族农牧民不限制生育数量。[①] 所以，不能一概而论地说，中国农村家庭如果生育的第一胎是女孩，都允许生育第二胎，这个政策并不是在中国所有的农村都这样实行。

---

①《中华人民共和国人口与计划生育法》，中国民主法制出版社 2002 年版，第 5 页。

61. 第 431 页，书中写到："1987 年的中共十三大对宪法做了修改，确保农户享有无限期的承包权。"中共党的代表大会对宪法修改有建议权，但不能直接修改。修宪的职权是属于全国人民代表大会的。

62. 第 431 页，书中写到："这些文件（关于农业、农村的中央文件）每年 1 月初作为中央政府一号文件公布。"当时下发的这些文件不是以中央政府文件形式下发的，而是以中共中央文件形式下发的。但有时是以"中共中央、国务院"的名义下发的，如 1985 年、1986 年的一号文件。

63. 第 436 页，书中写到："1955 年至 1956 年实行了集体化之后，城市私有企业被消灭。"20 世纪 50 年代中国进行社会主义改造的时间是，从 1953 年开始到 1956 年基本完成，书中表述的时间不完整。

64. 第 439 页，书中写到："在 1981 年 12 月的全国人大四次会议上讨论'六五'计划（1981—1985）和 1982 年的年度计划时"。这里应在"全国人大"之前加上"第五届"的字样，不然，会使读者产生混乱。

65. 第 455 页，书中写到："经邓小平同意后，赵紫阳在 1987 年十三大上的重要讲话中使用了'社会主义初级阶段'这个说法。"第 632 页又写到："（中共十四大）大会的主要发言，即江泽民所作的政治报告"。这里使用的"重要讲话"和"主要发言"应改为"报告"。因为在中共历史上，党的主要领导人在党的代表大会上代表上届中央委员会所作的是"报告"，这已经是约定俗成的概念。另外，从中共六大至十一大，大会的报告称政治报告，从十二大开始，以后党的历次党代会报告都不再称政治报告，而称报告。

66. 第474页，书中写到："1978年11月，尽管邓小平正忙于出访东南亚以及为成为头号领导人做准备，他还是抽空接见了香港船王即当时香港最有名大概也是最有钱的商人包玉刚。""邓小平和包玉刚专门讨论了香港商人在中国现代化中能够发挥的作用。"据史料记载，1978年11月，应廖承志的邀请，包玉刚等人到达北京，华国锋、叶剑英会见了他。邓小平第一次会见包玉刚是1981年7月6日在人民大会堂福建厅[①]。这里书中引用的材料有误。

67. 第484页，书中写到："许家屯在香港的正式身份是新华社香港分社社长。他以这一身份出席公开场合，但他的权力却来自他的中共港澳事务委员会书记一职，这也是公开的秘密。"这里对许家屯党内职务的表述不准确，准确表述应该是中共港澳工作委员会书记。

68. 第494页，书中写到："毛泽东在1950年代曾与藏民建立了相对良好的关系，他在1951年让刚满16岁的达赖喇嘛在统治西藏上享有相当大程度的自由。和汉人聚居的中国其他地方相比，在只占人口7%的少数民族地区，毛泽东愿意暂缓对控制权的掌握。而与对待其他少数民族相比，他也愿意给藏人更多的耐心"。书中所述20世纪50年代中国少数民族人口占全国人口的比例不准确。据1953年中国全国人口普查统计资料显示，当时全国少数民族人口为3532万多人，占全国人口总数的6.06%[②]。

69. 第495页，书中写到："大约400万藏人中有一半居

---

①《邓小平年谱（1975—1997）》（下），中央文献出版社2004年版，第755页。
②《中国人口统计年鉴（1988）》，中国展望出版社1988年版，第273页。

住在这里（西藏）。”“西藏本土以外的200万藏人大多居住在四川、云南、青海和甘肃等地。”第500页写到：“据1950年代末期的数字，在西藏自治区的全部200万人口中有15万僧人。”书中两次直接讲到西藏20世纪50年代的人口数字，一次间接讲到。有关统计数据显示，1951年西藏和平解放时总人口是105万人，1959年西藏总人口是120.62万人，1969年是148.05万人，1974年是166.12万人，到1988年末是212.31万人①。书中所述西藏在20世纪50年代末的人口数字是不准确的。

70. 第503页，书中写到：“（十世班禅大师圆寂后）达赖喇嘛接到了以宗教领袖身份前往北京参加葬礼的邀请。”1989年初在北京举行的是班禅大师的追悼大会。当时经中共中央批准在北京和拉萨各召开一个追悼大会。班禅大师的葬礼按照藏传佛教仪轨进行，经历了较长的时间和较复杂的程序。所以，书中使用“葬礼”的表述不准确。

71. 第522页，书中写到：“华国锋（1980年12月）正式卸去中央军委主席一职后”，“1980年12月华国锋靠边站后，邓小平成了中央军委主席”。华国锋是1981年6月在中共十一届六中全会上正式辞去这一职务的。当时，中央全会同意华国锋辞去中央委员会主席和中央军事委员会主席职务的请求，决定邓小平为中央军事委员会主席。书中表述的时间不准确。

72. 第535页，书中写到：“（1980年）12月25日，在为

---

①《西藏人口》，五洲传播出版社2007年版，第5页；《当代中国的西藏》（上），当代中国出版社1991年版，第24页；《当代中国的西藏》（下），当代中国出版社1991年版，第494页。

筹备六中全会和十一大而召开的一次为期10天的会议结束时……”中共十一大是1977年召开的，这里所筹备的会议应该是中共十二大。而且，中共十届中央委员会只开了三次全会。

73. 第560页，书中写到：“大会（中共十三大）还批准了一些程序上的改革。为了能更及时地了解情况，中央委员会全会将从一年一次改为一年两次。”中共党的组织如何设置，如何召开会议和开展活动，党的章程会作出明确规定。中央全会召开会议的次数要变动，首先会对党的章程作出修改。中共十三大修改后的党章规定：“中央委员会全体会议由中央政治局召集，每年至少举行一次。”这个规定沿用了十二大党章的表述。十二大党章是从十一大党章修改而来。十一大党章的表述是：“党的中央委员会全体会议由中央政治局召开”，会议召开几次没有规定。十二大党章规定的中央全会“每年至少举行一次”与书中所说的“一年两次”含义是不同的。①

## 六、对第五部分《邓小平时代的挑战1989—1992》若干史实及文字考订

74. 第567—568页，书中写到：“他（胡耀邦）曾长期担任团中央总书记，能够与他所培养和提携的年轻人打成一片。”新中国成立后，在共青团中央委员会（新民主主义青年团中央委员会）的职务设置中，从来没有设置过团中央总书记的职务。胡耀邦在1952年至1957年任中国新民主主义青年团中央书记处书记，1957年至1966年任中国共产主义青年团中央书

① 《中国共产党章程汇编——从一大到十七大》，中共党史出版社2007年版，第144、115、102页。

记处第一书记[①]。书中关于胡耀邦曾长期担任“团中央总书记”的说法不准确。

75. 第584页，书中写到：“（八九政治风波后）邓小平、陈云和李先念还在考虑新的政治局常委成员。……宋平既有经验，人缘也好，善于处理困难的组织问题，根据陈云的建议将进政治局。”书中对宋平“将进政治局”的表述有误，应该是“将进中央政治局常委会”。因为宋平在中共十三届一中全会上已经当选中央政治局委员。在后来召开的中共十三届四中全会上当选为中央政治局常委。

76. 第591页，书中写到：“（1989年）6月4日之后，有关中国已处在内战边缘的说法，仍然频频出现在西方媒体上，甚至直到6月9日邓小平会见各大军区领导人时仍是如此。”1989年6月9日，邓小平在中南海怀仁堂接见首都戒严部队军以上干部[②]，这是规范准确的表述。

77. 第615页，书中写到：“（1965年11月12日至1966年7月18日）71岁的毛泽东乘专列去了南方的杭州、韶山和武汉等几个城市，为1966年发动的‘文化大革命’点火。”“（1992年）他（邓小平）以87岁高龄，乘专列南下，先去武汉，然后是深圳、珠海和上海，他在这些地方成功点燃了扩大市场开放和加快发展的大火。”按照毛泽东的出生年月，依照书中所说的时间，他的年龄应该是72岁和73岁。按照邓小平的出生年月，依照书中所说的时间，他的年龄应该是88岁。

78. 第620页，书中写到：“列车于当天下午抵达长沙火

① 《中国共产党历届中央委员大辞典（1921—2003）》，中共党史出版社2004年版，第225页。

② 《邓小平年谱（1975—1997）》（下），中央文献出版社2004年版，第1279页。

车站，邓小平花10分钟时间接见了湖南省委第一书记熊清泉等省级干部。”第623页写到：“邓小平的下一站是珠海，该市市委第一书记梁广大来到深圳，陪同邓小平一家人和省里的官员”。在熊清泉的个人履历中没有任过湖南省委第一书记，1992年他陪同邓小平的时候，任职是湖南省委书记。在梁广大的个人履历中也没有任过珠海市委第一书记，1992年他陪同邓小平的时候，任职是珠海市委书记。书中对他们两人职务的称呼是不准确的。当时从中国各地党委领导人的任职情况看，已经取消了党委第一书记的职务。

79. 第627页，书中写到：“确实，从（1992年）2月20日邓小平离沪回京到3月6日，《深圳日报》的人对邓小平会取得最后的胜利相当乐观，大胆发表了8篇详细报道邓小平南行的系列文章。”“郑必坚整理出的邓小平特区讲话概要完成后，江泽民经政治局批准，把稿子发给了人数有限的最高层干部。”书中把《深圳特区报》误写成了《深圳日报》。对邓小平南方谈话的表述也不准确，因为这个“讲话”不仅有邓小平在深圳、珠海经济特区的谈话内容，还有在长沙、武汉、上海的谈话内容，所以，不能使用“特区讲话”的概念。中共党史学界对这一讲话通常表述为“南方谈话”，这一概念比较准确和规范。

80. 第628页，书中写到：“在（1992年）3月9日至10日的政治局会议上，全部15名政治局委员讨论二号文件时，形成了一致支持文件的意见。”这里准确规范的表述应该是政治局14名委员、1名候补委员形成一致意见。因为在中共十三届一中全会上，共选出政治局委员17名，政治局候补委员1名。由于胡耀邦逝世，中共十三届四中全会将赵紫阳、胡启立的政治局委员职务撤销，这时的中央政治局就还有委员 14 名、候补委员 1 名。

81. 第 633 页，书中写到：“中共十五大上，江泽民再次当选为新一届领导人，他干完了 10 年任期，外加赵紫阳留给他的两年。”这里“两年”的时间表述不准确。从 1989 年 6 月中共十三届四中全会至 1992 年 10 月中共十四大召开，时间计算应该是三年多。

82. 第 634 页，书中写到：“朱镕基在 1997 年中共十五大上成为国务院总理。”书中的这个表述是错误的。朱镕基是 1998 年 3 月在第九届全国人民代表大会第一次会议上被决定为国务院总理的。

## 七、对第六部分《邓小平的历史地位》若干史实及文字考订

83. 第 644 页，书中写到：“邓小平在 1978 年成为头号领导人时……”这里应在“1978 年”后加个“底”字，因为中共十一届三中全会是 1978 年 12 月召开的，邓小平是在这次全会上实际上成为中共第二代中央领导集体核心的。

84. 第 651 页，书中写到：“预计到 2015 年，即邓小平退休 20 年后，估计将有 7 亿人，即一半人口将成为城市居民。”按照书中所讲的邓小平 1992 年退休，那么，到 2015 年计算，他退休时间应该是 23 年。如果我们按照 1989 年 11 月邓小平在中共十三届五中全会辞去中央军事委员会主席的时间算起，那么，他的退休时间就应该是 26 年。

85. 第 655 页，书中写到：“中国的城市和公共场所的建设步伐要远远快于其他大多数国家。例如，在广州或兰州这样的

城市，沿江十几公里的区域，政府在几年内就能拆掉全部老建筑，将其改造为公园。”这里对广州、兰州都用“沿江”的说法是不准确的。应该在“沿江”之后加上“沿河”两字，因为穿越广州的是珠江，穿越兰州的则是黄河，对广州可用“沿江”的说法，对兰州就不能用“沿江”的说法了。

# 2013年

# 党的群众路线的形成与发展 *

什么是党的群众路线？党的群众路线是怎样形成和发展起来的？它大致经历了怎样一个历史过程？搞清楚这些问题，对于提高广大党员和干部的思想认识，开展好党的群众路线教育实践活动具有重要意义。

## 建党之初和大革命时期：群众路线思想萌芽

从历史文献看，1921 年党的一大通过的两个文件（第一个纲领和第一个决议）都没有提出和使用“群众”概念，更没有提出和使用“群众路线”。但是，第一个纲领明确提出了“把工农劳动者和士兵组织起来”的要求。1922 年党的二大通过的《关于共产党的组织章程决议案》明确提出，我们共产党应当是无产阶级中最有革命精神的大群众组织起来为无产阶级之利益而奋斗的政党，为无产阶级做革命运动的急先锋。“我们既然是为无产群众奋斗的政党，我们便要‘到群众中去’要组成

* 本文发表于《前线》2013 年第 10 期。

一个大的‘群众党’；我们既然要组成一个做革命运动的并且一个大的群众党，我们就不能忘了两个重大的律:（一）党的一切运动都必须深入到广大的群众里面去。（二）党的内部必须有适应于革命的组织与训练。”所以，“我们的活动必须是不离开群众的。”这是目前找到的最早使用“群众”概念、最早阐述如何做群众工作的党的决议。

党的二大至六大通过的《中国共产党章程》都没有设总纲部分，都没有关于党的群众工作和群众路线的任何表述。但是，这几次大会通过的许多决议案都有发动群众、组织群众、宣传群众、争取群众等方面的工作部署和要求。比如二大通过的关于工会运动与共产党的议决案、三大通过的农民问题决议案、四大通过的对于农民运动之议决案、五大通过的对于共产主义青年团工作决议案等，都有所涉及。

概言之，在建党之初和大革命时期，我们党注意到了做群众工作的问题，看到了群众工作的重要性，也明确了工作的重点对象，但对于党的群众路线的形成和发展，仅仅是思想的萌芽。

## 土地革命战争时期：群众路线孕育产生

党的群众路线的真正孕育和产生是在土地革命战争的初期。为什么在这个时期会提出这个问题，会孕育和产生群众路线的思想呢？因为形势、任务以及现实提出了要求。

1927 年 10 月，毛泽东同志率领秋收起义部队上了井冈山，创建了中国第一块农村革命根据地。第二年 4 月，朱德同志率领南昌起义部队的余部与毛泽东同志率领的部队在井冈山会师，组建了中国工农红军第四军。不久，这支部队又开创了赣南、闽西革命根据地。这时，根据地如何建设、如何巩固和发展的问题十分迫切地提到了党的面前。其中涉及一系列重大问题，比如党和红军与人民群众的关系如何处理、群众工作在党和红军工作中处于怎样的地位、红军是一个什么性质的军队、红军应该采取什么样的战略战术等。这些问题关系到党和红军生存和发展。回答和解决这些问题，为党的群众路线思想的产生创造了前提、提供了条件。

在我们党的历史上，最早使用“群众路线”概念的是李立三同志。1928 年 11 月，他在同江浙地区党的负责人谈话时提出:“在总的争取群众路线之下，需要竭最大的努力到下层群众中去。”第二个使用“群众路线”概念的是周恩来同志。1929 年 9 月，由陈毅同志根据周恩来同志的谈话和中央会议精神起草并经周恩来同志审定的《中央给红四军前委的指示信》，强调筹款工作、没收地主豪绅财产要“经过群众路线”，红军给养和需用品问题也要“渐次做到由群众路线去找出路”。第三个使用“群众路线”概念的是毛泽东同志。他在一系列文章、讲话和指示中比较多地阐述和强调了深入群众、动员群众、组织群众、相信群众、宣传群众、教育群众、依靠群众、尊重群众、关心群众的问题。正是在说明、回答和解决上述关于根据地建设和发展的一系列重大问题中，毛泽东同志提出和阐发了党的群众路线的思想。可以说，毛泽东同志是我们党在理论与实践相结合的基础上，深刻思考和阐发党的群众路线的第一人。

1929 年 12 月，红军第四军第九次代表大会在福建上杭古田召开，毛泽东同志在会上作了报告。毛泽东同志在会议报告和为会议起草的决议案中指出，红军与白军不同，因为“红军是一个执行革命的政治任务的武装集团”，“决不是单纯地打仗的，它除了打仗消灭敌人军事力量之外，还要负担宣传群众、组织群众、武装群众、帮助群众建立革命政权以至于建立共产党的组织等项重大的任务。”如果离开了这些，“就是失去了打仗的意义，也就是失去了红军存在的意义。”我们的战术是游击战，“分兵以发动群众，集中以应付敌人”。他还认为，党的工作要“在党的讨论和决议之后，再经过群众去执行”。

群众路线这个“为了谁、依靠谁”的问题，就这样历史地在这个时候、在这样的背景下提出和产生。

## 抗日战争时期：群众路线正式形成

卢沟桥事变发生，全国全面抗战爆发。抗日战争使我们党从狭小的圈子里走了出来，变成了全国性的大党。由此，建设“全国范围的、广大群众性的、思想上政治上组织上完全巩固的布尔什维克化的中国共产党”这个重大历史性任务被提到了全党面前。

如何建设中国共产党，是中国革命取得胜利的一个至关重要问题。1943 年 6 月，毛泽东同志为中共中央起草《关于领导方法的若干问题》的决定。在这个决定中，他提出了我们党在做任何工作时，必须采用两种方法，即一般和个别相结合、领导和群众相结合。在论述领导和群众相结合的方法时，毛泽东同志第一次比较系统地对党的群众路线进行了阐述。他说：“在我党的一切实际工作中，凡属正确的领导，必须是从群众中来，到群众中去。这就是说，将群众的意见（分散的无系统的意见）集中起来（经过研究，化为集中的系统的意见），又到群众中去作宣传解释，化为群众的意见，使群众坚持下去，见之于行动，并在群众行动中考验这些意见是否正确。然后再从群众中集中起来，再到群众中坚持下去。如此无限循环，一次比一次地更正确、更生动、更丰富。这就是马克思主义的认识论。”这一思想和论述具有重大的、标志性的意义。它把党的群众工作如何去做、党的群众路线如何实行、为什么必须这样做和这样实行等进行了比较系统、科学、完整的阐述。

1945 年，党的七大在延安召开。七大对党的群众路线进行了一次全面、系统、深刻的总结。这是党的群众路线形成的又一个重要事件，也是又一个重要标志。七大前，党召开了扩大的六届七中全会，原则通过了《关于若干历史问题的决议》。这个决议系统总结了我们党成立以来特别是六大以来与第三次“左”倾错误路线作斗争的历史，总结了党的群众路线的思想。在七大上，毛泽东同志作《论联合政府》书面政治报告和《愚公移山》闭幕词讲话，着重阐述群众路线。他说：“人民，只有人民，才是创造世界历史的动力。”“我们共产党人区别于其他任何政党的又一个显著的标志，就是和最广大的人民群众取得最密切的联系。全心全意地为人民服务，一刻也不脱离群众；一切从人民的利益出发，而不是从个人或小集团的利益出发；向人民负责和向党的领导机关负责的一致性；这些就是我们的出发点”。他主张，“应该使每个同志明了，共产党人的一切言论行动，必须以合乎最广大人民群众的最大利益，为最广大人民群众所拥护为最高标准。应该使每一个同志懂得，只要我们依靠人民，坚决地相信人民群众的创造力是无穷无尽的，因而信任人民，和人民打成一片，那就任何困难也能克服，任何敌人也不能压倒我们，而只会被我们所压倒”。

刘少奇同志在七大上作关于修改党章的报告，专门论述了毛泽东同志关于群众路线的思想。他指出，我们党之所以获得伟大的成就，就“在于坚持地实行了为人民服务的基本原则”。党的群众路线“是我们党的根本的政治路线，也是我们党的根本的组织路线”。把群众路线放在如此高度上定位和强调，这在我们党的历史上还是第一次。刘少奇同志在报告中把毛泽东同志的群众路线思想作了四个方面的梳理和系统概括，即：一切为了人民群众的观点，一切向人民群众负责的观点，相信群众自己解放自己的观点，向人民群众学习的观点。他说：“有了坚固的明确的这些群众观点，才能有明确的工作中的群众路线，才能实行正确的领导。”这里，刘少奇同志把党的群众观点的重要性、群众观点与群众路线的关系作了清晰而明确的阐发。

以上关于群众路线的基本精神，集中体现和反映在七大通过的党章中。七大通过的党章第一次设“总纲”，并在其中阐述党的群众路线。从党的群众路线的组成要素看，党的群众观点、党领导群众工作的方式方法已全都提出来了，虽然还没有进行高度提炼和概括，但可以说，党的群众路线在这个时候已经正式形成。

## 社会主义革命和建设时期：群众路线进一步完善

1949 年 10 月，新中国成立。以此为标志，新民主主义革命在全国取得胜利，我们党成为一个在几亿人口的大国执政的党。新中国成立后，党面临的国际国内形势和所处的历史方位都发生了深刻变化。在这样的历史条件下，如何继续贯彻执行党的群众路线这个问题比历史上任何时候都紧迫而现实地摆到了全党面前。

1956年召开的党的八大，是我们党在新中国成立后召开的第一次全国代表大会。八大对党的群众路线又进行了完善，集中体现在八大通过的党章和邓小平同志在八大上所作的关于修改党章的报告中。邓小平同志指出："从第七次大会到现在的十一年间，党的实际斗争的经验，给了这一路线以更深刻更丰富的内容，因而在党章草案中，这一路线也得到了进一步的反映。党章草案的总纲，着重地指出了党必须不断地发扬党的工作中的群众路线的传统，并且指出了这个任务由于党成了执政的党而有更加重大的意义。"党的八大通过的党章根据执政后党的状况发生的变化，要求全党继续坚持群众路线，"特别应当注意谦虚谨慎，戒骄戒躁"，"同脱离群众、脱离实际生活的官僚主义现象进行斗争。"八大通过的党章第一次使用和写入了"群众路线"的概念，要求全党"必须不断地发扬党的工作中的群众路线的传统"。

根据毛泽东同志的论述，邓小平同志对党的群众路线理论作了进一步阐发，提出要通过建立制度和加强监督来保证群众路线的贯彻，使党不脱离群众。他所做的一个重要理论工作，就是概括了群众路线的内涵。这与刘少奇同志在七大上对群众观点内涵的概括一样重要，反映了我们党对这一理论的认识不断深化。邓小平同志说："什么是党的工作中的群众路线呢？简单地说来，它包含两方面的意义：在一方面，它认为人民群众必须自己解放自己；党的全部任务就是全心全意地为人民群众服务；党对于人民群众的领导作用，就是正确地给人民群众指出斗争的方向，帮助人民群众自己动手，争取和创造自己的幸福生活。因此，党必须密切联系群众和依靠群众，而不能脱离群众，不能站在群众之上；每一个党员必须养成为人民服务、向群众负责、遇事同群众商量和同群众共甘苦的工作作风。在另一方面，它认为党的领导工作能否保持正确，决定于它能否采取‘从群众中来，到群众中去’的方法”。这个论述用群众路线这个总的概念和大的范畴，把党的群众观点和党领导群众工作的方法两个方面进行了统一，使群众路线的内涵更明确、内容更丰富、表述更完整。

## 改革开放和社会主义现代化建设新时期：群众路线不断丰富和发展

以党的十一届三中全会为标志，我们党进入了改革开放和社会主义现代化建设新时期。在这个新时期，我们党拨乱反正，实现了工作重点的转移，实行了改革开放。根据新形势、新任务、新实践、新要求，我们党对群众路线予以了丰富和发展。

1981年6月，党的十一届六中全会审议通过了《关于建国以来党的若干历史问题的决议》，对毛泽东同志和毛泽东思想进行了科学评价。这个决议对毛泽东思想三个“活的灵魂”之一的群众路线进行了高度提炼和概括，即“一切为了群众，一切依靠群众，从群众中来，到群众中去”。

第二年9月，党召开十二大。这是我们党在改革开放和社会主义现代化建设新时期召开的第一次全国代表大会。十二大通过的党章恢复和发扬了七大、八大通过的党章的许多好思想和好传统。十二大通过的党章指出：“党坚持用共产主义思想教育群众，并在自己的工作中实行群众路线，一切为了群众，一切依靠群众，把党的正确主张变为群众的自觉行动。”

党的十四大在修订党章时，将党的十一届六中全会通过的历史决议中的两句话（“从群众中来，到群众中去”）补充进去。至此，形成了从党的十四大通过的党章到党的十八大通过的党章一直使用的有关党的群众路线的经典表述："党在自己的工作中实行群众路线，一切为了群众，一切依靠群众，从群众中来，到群众中去，把党的正确主张变为群众的自觉行动。"在这五句话的经典表述中，"两个一切"是党的最根本的群众观点，"一来一去"是党领导群众工作的途径和方法，二者构成了党的群众路线的主要内容。

那么，从地位和作用上怎样给党的群众路线作一个定位、下一个定义呢？笔者以为，群众路线是中国共产党把马克思主义基本原理与我们党领导群众工作实际相结合，在革命、建设和改革的长期实践中创造和发展起来的、被实践证明正确的、行之有效的实现党的思想路线、政治路线、组织路线的根本工作路线。它是我们党的领导经验的深刻总结，是我们党的集体智慧的结晶，是我们党的优良传统和政治优势。

改革开放和社会主义现代化建设新时期，我们党除了对党的群众路线不断进行提炼和概括，还对党的群众观点进行了继承创新和丰富发展。1990 年，党的十三届六中全会召开，审议通过了《关于加强党同人民群众联系的决定》。这个决定提出了六个对广大党员、干部进行教育的群众观点，即牢固树立人民群众是历史创造者的观点，向人民群众学习的观点，全心全意为人民服务的观点，干部的权力是人民赋予的观点，对党负责与对人民负责相一致的观点，党要依靠群众又要教育和引导群众前进的观点。

2010 年，党中央除了重申以上群众观点，又提出和增加了树立立党为公、执政为民的观点，群众利益无小事的观点，等等。这些观点是"两个一切"根本观点的拓延和展开。

在党的文献中，我们还可以看到，改革开放和社会主义现代化建设新时期以来，我们党不断重申：共产党员如何对待群众，是一个根本立场问题、世界观问题、党性问题。党的全部任务和责任，党的一切工作的出发点和落脚点，都是为人民谋利益。同时，在新时期的各个历史阶段，我们党反复强调党的群众工作和党的群众路线的极端重要性。

# 群众路线永远是党的生命线*

为了保持党的先进性和纯洁性，提高党的执政能力，夯实党的执政基础，巩固党的执政地位，按照党的十八大部署，党中央决定，从今年下半年开始，用一年左右的时间，在全党自上而下分批开展以为民务实清廉为主要内容的党的群众路线教育实践活动，着力解决人民群众反映强烈的突出问题，提高做好新形势下群众工作的能力。在开展这一活动中，全党同志学习和重温党的群众路线，深刻认识和把握群众路线的精神实质，并身体力行地去贯彻执行，显得十分重要。

## 一、群众路线是中国共产党人的伟大创造

群众路线是中国共产党在革命、建设和改革的长期实践中创造和发展起来的、被实践证明是正确的、行之有效的实现党的思想路线、政治路线、组织路线的根本工作路线，是党的领导经验的深刻总结，是党的集体智慧的结晶，是党的优良传统

---

* 本文发表于《光明日报》2013 年 6 月 17 日。

和政治优势。

中国共产党是马克思列宁主义同中国工人运动相结合的产物，是中国工人阶级的先锋队，党从一诞生起，就投入到轰轰烈烈的大革命之中。党是人民中的一部分，党的生存、发展和壮大离不开人民。早在土地革命战争初期，毛泽东、周恩来、李立三同志等人在总结中国革命斗争的经验中，就使用了群众路线的概念。后来，在一系列的文章中，毛泽东同志反复阐述和强调了深入群众、动员群众、组织群众、相信群众、宣传群众、教育群众、依靠群众、尊重群众、关心群众的重要性。1943 年 6 月，他在为中共中央起草《关于领导方法的若干问题》的决定时，第一次较为系统地对党的群众路线进行了阐述。1945 年 4 月，毛泽东同志在党的七大上所作的政治报告中，强调了依靠群众的重要性。5 月，刘少奇同志在党的七大上作关于修改党章的报告时，专门讲了党的群众路线问题。他在阐述党的群众路线时，提出和增加了党要坚持的群众观点。1956 年 9 月，邓小平同志在党的八大上作关于修改党章的报告时，再次从群众观点和群众路线两个方面对党的群众路线进行了重申和强调。他对群众路线的阐述，与 1943 年毛泽东同志和 1945 年刘少奇同志的阐述完全相同，还对群众观点进行了提炼，使之更加突出和集中。1981 年 6 月，党的十一届六中全会审议通过的《中共中央关于建国以来党的若干历史问题的决议》，对毛泽东思想活的灵魂的三个基本方面之一的群众路线进行了高度概括，形成了至今一直在使用的党对群众路线的权威规范表述。这就是："一切为了群众，一切依靠群众，从群众中来，到群众中去"。"两个一切"是群众观点，"一来一去"是群众路线（狭义），二者构成了党的群众路线的主要内容。1990 年 3 月，党的十三届六中全会通过的《中共中央关于加强党同人民群众联系的决定》，提出了六个要对广大党员、干部进行教育的群众观点，即牢固树立人民群众是历史创造者的观点，向人民群众学习的观点，全心全意为人民服务的观点，干部的权力是人民赋予的观点，对党负责与对人民负责相一致的观点，党要依靠群众又要教育和引导群众前进的观点。2010 年中央又提出和增加了树立立党为公、执政为民的观点，群众利益无小事的观点。这些观点是“两个一切”根本观点的拓延和展开，是对党的群众观点的继承和发展。在改革开放和社会主义现代化建设新时期，以邓小平同志为核心的党的第二代中央领导集体，以江泽民同志为核心的党的第三代中央领导集体，以胡锦涛同志为总书记的党中央，以习近平同志为核心的党中央，都对党的群众路线有新的阐发和论述，都为党的群众路线的丰富和发展，增添了新思想、新观点、新内容。

## 二、群众路线最核心的问题是“为了谁”

一切为了群众，这是由我们党的性质和宗旨所决定的。我们党是工人阶级政党，党是为人民的利益而存在和奋斗的，全心全意为人民服务是我们党的根本宗旨。离开人民，党的一切斗争和理想不但都会落空，而且都要变得毫无意义。在民主革命时期，毛泽东同志反复教育全党：“我们共产党人区别于其他任何政党的又一个显著的标志，就是和最广大的人民群众取得最密切的联系。全心全意地为人民服务，一刻也不脱离群众；一切从人民的利益出发，而不是从个人或小集团的利益出发；向人民负责和向党的领导机关负责的一致性；这些就是我们的出发点。”“应该使每个同志明了，共产党人的一切言论行动，必须以合乎最广大人民群众的最大利益，为最广大人民群众所拥护为最高标准。”新中国成立后，针对党员干部队伍中存在的问题，他强调指出：“共产党就是要奋斗，就是要全心全意为人民服务，不要半心半意或者三分之二的心三分之二的意为人民服务。”他要求党员特别是党员领导干部，在我们党执政后，要端正为人民服务的思想和态度。改革开放后，我们党反复强调：共产党员如何对待群众，是一个根本立场问题、世界观问题、党性问题。党的全部任务和责任，党的一切工作的出发点和落脚点，都是为人民谋利益。人民，只有人民，才是我们工作价值的最高裁决者。以人为本、执政为民是检验我们党一切执政活动的最高标准。任何时候都要把人民利益放在第一位。把群众呼声作为第一信号，把群众需要作为第一选择，把群众满意作为第一标准。要权为民所用、情为民所系、利为民所谋，实现好、维护好、发展好最广大人民的根本利益。人民对美好生活的向往，就是我们的奋斗目标。我们党正是一切为了人民，确定了争取民族独立、人民解放和国家富强、人民幸福两大历史任务。革命战争年代，我们党带领人民浴血奋战，建立了新中国。我们党在全国执政后，60多年来尽管经历过这样那样的曲折，但我们党坚持自己的宗旨不变，与人民同甘共苦，克服困难，纠正失误，继续前进，一直走到了今天。现在我们党正在带领全国各族人民，为全面建成小康社会，实现中华民族伟大复兴的中国梦而努力奋斗。

## 三、群众路线最本质的问题是“依靠谁”

一切依靠群众，是由人民群众的历史地位和作用所决定的。马克思主义认为，人民群众是实践和认识的主体，是历史的创造者，是社会前进的动力；人民群众是社会物质财富的创造者、社会精神财富的创造者，也是社会变革的决定力量。毛泽东同志曾说过一段经典名言:“人民，只有人民，才是创造世界历史的动力。”在革命战争年代，他经常强调:“革命战争是群众的战争，只有动员群众才能进行战争，只有依靠群众才能进行战争。”动员了全国的老百姓，就造成了陷敌人于灭顶之灾的汪洋大海。“战争的伟力之最深厚的根源，存在于民众之中。”“依靠民众则一切困难能够克服，任何强敌能够战胜，离开民众则将一事无成。”在社会主义革命和建设时期，他仍然强调:“人民群众有无限的创造力。”可以将群众组织起来，向一切发挥自己力量的地方和部门进军，向生产的深度和广度进军。“共产党基本的一条，就是直接依靠广大革命人民群众。”在改革开放中，我们党特别指出：我们的改革和建设，只有得到人民群众的理解、支持和参与，相信和依靠群众，才能获得成功。

依靠群众的问题，实际上是一个如何看待人民群众，如何处理好党与人民群众的关系问题。我们党来自人民群众，始终以人民群众为靠山。回顾党的历史，每当党的事业面临重大挑战，每当中国的前途命运面临向何处去的重大关头，我们党总是依靠人民群众的力量推动历史车轮前进。充分相信群众，紧紧依靠群众，紧密团结群众，这是党的事业成功的根本保证。在长期的实践中，我们党对这一关系的认识不断深化，形成了许多生动和形象化的比喻。如鱼水关系、血肉关系、瓜秧关系、舟水关系、树干树根关系、土地种子关系、主人公仆关系、先生学生关系、父母儿女关系、大地与安泰关系、工具与工具使用者关系等等。这些深刻认识阐述了党与人民的不可分离性。鱼儿离不开水，瓜儿离不开秧。血肉密不可分。树不能断根，安泰不能脱离大地。水可载舟，亦可覆舟。种子撒进土地才能生根、开花。领导干部是人民的公仆。人民是我们的衣食、精神父母。先做群众的学生，后做群众的先生。我们党正是一切依靠人民，取得了抗日战争、解放战争和新民主主义革命的胜利，取得了社会主义革命和建设的成功，更是取得了改革开放和社会主义现代化建设举世瞩目的伟大成就。当年，陈毅同志就曾动情地说："淮海战役的胜利，是人民群众用小车推出来的。"邓小平同志也曾自豪地说：三年解放战争打胜了，不是靠别的，正是靠长期的群众工作集中了一切力量才实现的。历史事实充分证明，人民群众是我们党最深厚的力量源泉。

## 四、群众路线最关键的问题是"如何实行"

从群众中来，到群众中去，是贯彻党的群众路线的正确途径和有效方法。群众路线"如何实行"？毛泽东同志指出："在我党的一切实际工作中，凡属正确的领导，必须是从群众中来，到群众中去。这就是说，将群众的意见（分散的无系统的意见）集中起来（经过研究，化为集中的系统的意见），又到群众中去作宣传解释，化为群众的意见，使群众坚持下去，见之于行动，并在群众行动中考验这些意见是否正确。然后再从群众中集中起来，再到群众中坚持下去。如此无限循环，一次比一次地更正确、更生动、更丰富。这就是马克思主义的认识论。"而我们党实行的根本组织制度和领导制度——民主集中制，就是群众路线在党内生活中的体现和应用。

马克思主义的认识论认为：人的认识来源于人民群众的实

践，认识的过程也离不开人民群众的实践，认识的正确与否也要由人民群众的实践来检验。如何坚持这个路线？1964年9月，毛泽东同志对党的领导干部提出要求："下决心长期下去蹲点，就能听到群众的呼声，就能从实践中逐步地认识客观真理，变为主观真理，然后再回到实践中去，看是不是行得通。如果行不通，则必须重新向群众的实践请教。这样就可以解决框框问题，即教条主义问题了，就可以不信迷信了。"改革开放以来，面对出现的新情况新问题，我们党反复强调：党的根基在人民，血脉在人民，力量在人民。正确的认识只能来源于群众的实践，正确的决策只有变成群众的自觉行动才能实现。领导干部要深入基层，深入群众，深入实际，尊重人民群众的创造，倾听人民群众的呼声，反映人民群众的意愿，集中人民群众的智慧和力量去发展我们的事业。带着感情，带着责任，去体察民情，体验民生，体会民意，问政于民，问需于民，问计于民。以人民群众拥护不拥护，赞成不赞成，高兴不高兴，答应不答应作为我们想问题、作决策的主要依据。在改革开放中，我们实行家庭联产承包责任制，建立经济特区，实施沿海开放战略，发展社会主义市场经济，全方位、多层次、宽领域对外开放等等，都是坚持党的群众路线的结果。群众路线蕴含着党攻坚克难、克敌制胜的全部秘密。

## 五、群众路线贯彻中最重要的问题是"怎样去做"

群众路线是我们党的传家宝。历史经验反复证明，什么时候党的群众路线贯彻执行得好，党群关系密切，我们的事业就胜利发展；什么时候党的群众路线贯彻执行得不好，党群关系受到损害，我们的事业就遭受挫折。从我们党90多年的历史看，其主题主线是党群关系密切，党的群众路线贯彻执行得好。但也有个别时期和个别方面贯彻执行得不好。从当前党的现状看，党的队伍的总的状况也是好的，绝大多数党员和领导干部是能够密切联系群众的，也是能够贯彻执行党的群众路线的。但是，毋庸讳言，由于党所处的历史方位发生了深刻变化，由于党的队伍特别是干部队伍的结构发生了深刻变化，内因外因的相互交织并发生作用，使执政条件下党的群众路线的贯彻执行出现了新情况新问题。当前，在少数党组织和部分党员领导干部中存在着官僚主义、形式主义、享乐主义和奢靡之风的问题。其具体的表现是：这些人脱离群众，高高在上；精神懈怠，养尊处优；不讲效率，推诿扯皮；哗众取宠，好大喜功；铺张浪费，大吃大喝；虚报浮夸，弄虚作假；搞“形象工程”“政绩工程”，讲排场，图形式，摆花架子等等，更有甚者贪污腐化，消极腐败，跌进了违法犯罪的深渊，由人民的公仆变成人民的罪人，走上了党和人民群众的对立面。这些现象严重地侵蚀着党的肌体，败坏着党的作风，破坏着党的形象，影响着党同人民群众的血肉联系。

群众路线是党的生命线。我们党的最大政治优势是密切联系群众，党执政后的最大危险是脱离群众。由于我们党长期执政，脱离人民群众的危险比以前大大地增加了，而脱离人民群众对于人民群众可能产生的危害，也比以前大大地增加了。新形势下，我们党正在经受着执政考验、改革开放考验、市场经济考验、外部环境考验。我们党面临着精神懈怠的危险、能力不足的危险、脱离群众的危险、消极腐败的危险。1949 年 3 月，毛泽东同志把党中央迁移北平比喻为“进京赶考”。实际上在我们党的历史上，各种各样的大考、中考、小考，从来都没有中断过。我们党走到了今天，过去考试合格。那么，今后，我们要全面建成小康社会，实现中华民族伟大复兴的中国梦，也要考试合格。否则，我们的目标就难以实现。这里，最重要的问题就是贯彻执行党的群众路线“怎样去做”的问题。这次全党开展党的群众路线教育实践活动，党中央提出了以为民务实清廉为主要内容。这是时代的呼唤，是人民的要求，是党心民心之所向。为民，是党的群众路线的核心问题，更是新的历史方位对党进行的深刻检验。务实，是党的群众路线的本质特征，更是新的历史条件下改进作风的紧迫任务。清廉，是党的群众路线的基本要求，更是在新的考验面前党要解决的严峻课题。为民，才能体现党的政治本色。务实，才能发扬党的优良传统和作风。清廉，才能“打铁还需自身硬”，取信于民，赢得人心。而要做到为民务实清廉，对我们每个党员领导干部来讲，就是要按照中央的要求，注重解决好认识问题、感情问题、能力问题、作风问题、机制问题。坚持群众是真正英雄的唯物史观和人民至上的价值观，敬畏人民群众；深刻认识人民群众是我们衣食父母、精神父母，感恩人民群众；深入实际，深入基层，锻炼品质，净化心灵，亲近人民群众；刻苦学习，增强党性，提高本领，干好工作，报答人民群众；建立制度，完善机制，兢兢业业，勤勤恳恳，服务人民群众。

# 从党章看群众路线的形成和发展*

当前，全党正在开展党的群众路线教育实践活动，广大党员干部正在学习马克思主义群众观点和党的群众路线。那么，什么是党的群众路线？其科学内涵的准确、完整、规范、权威表述是什么？这种表述到哪里去找？笔者以为，要到《中国共产党章程》（以下简称党章）里去找。党的十八大修正后的党章指出："党在自己的工作中实行群众路线，一切为了群众，一切依靠群众，从群众中来，到群众中去，把党的正确主张变为群众的自觉行动。"概括地说，群众路线的最主要内容就是"两个一切""一来一去"。可以说，这个表述是迄今为止我们党对党的群众路线作出的最准确、最完整、最规范、最权威的表述。深入理解和把握这个表述，有必要考察一下这个表述的由来。

## "为了谁、依靠谁"：群众路线问题的最早提出

翻阅党的一大的纲领和党的二大至六大的党章可以发现，

---

* 本文发表于《北京日报》2013年7月8日。

其中都没有关于群众工作和群众路线的明确表述。但从党领导的革命实践来看，党对群众工作在1922年就有要求。群众路线的问题在土地革命战争时期红军初创的时候就已经提出，并开始孕育和产生。为什么在这个时候会提出这个问题呢？这是因为，大革命失败后，毛泽东同志于1927年10月率领秋收起义的部队上了井冈山，创建了中国第一块较为完整的农村革命根据地。这时，根据地如何建设、如何巩固和发展的问题就提出来了，其中就涉及到党和红军与人民群众的关系问题。

1928年11月，李立三同志在与江浙地区党的负责同志的谈话中首先使用了“群众路线”这个概念。紧接着，毛泽东同志、周恩来同志也使用了这个概念。由于毛泽东同志十分重视群众工作，所以他使用了这个概念以后，更多的是在一系列文章、指示、报告和讲话中阐述和强调深入群众、动员群众、组织群众、相信群众、宣传群众、教育群众、依靠群众、尊重群众、关心群众的问题。当时，关于红军是否要做群众工作，群众工作在党和红军工作中处于怎样的地位等问题，在党内和红军中有不同的认识，思想并不统一。而这方面问题又直接涉及到红军的性质，涉及到军事和政治的关系如何处理，以及红军应该采取什么样的战略战术等重要问题。毛泽东同志正是在说明和解决这些问题的过程中提出和阐发了党的群众观点的思想。他强调：“红军决不是单纯地打仗的，它除了打仗消灭敌人军事力量之外，还要负担宣传群众、组织群众、武装群众、帮助群众建立革命政权以至于建立共产党的组织等项重大的任务。”他认为，政治观点即群众观点。他批评了红四军中一些同志存在的单纯军事观点。“为了谁、依靠谁”的问题，就这样历史地、不可回避地提出来了。

## “这就是马克思主义的认识论”：群众路线的初步阐述

党的群众路线实现的途径和方法是什么？怎样实行？以毛泽东同志为主要代表的中国共产党人在实践中不断探索和总结。1943 年 6 月，他在为中共中央起草的《关于领导方法的若干问题》决定中第一次较为系统地初步阐述了党的群众路线，指出：“在我党的一切实际工作中，凡属正确的领导，必须是从群众中来，到群众中去。这就是说，将群众的意见（分散的无系统的意见）集中起来（经过研究，化为集中的系统的意见），又到群众中去作宣传解释，化为群众的意见，使群众坚持下去，见之于行动，并在群众行动中考验这些意见是否正确。然后再从群众中集中起来，再到群众中坚持下去。如此无限循环，一次比一次地更正确、更生动、更丰富。这就是马克思主义的认识论。”这段论述是对党的群众路线即党对群众的基本领导方式和基本工作方法进行的总结和概括。虽然这时还没有在表述中明确强调党的群众观点，但是党的群众工作如何去做，怎样实行党的群众路线，已经科学地阐述清楚了。

1945 年党的七大召开前，中共中央作出了《关于若干历史问题的决议》，系统总结了党成立以来特别是党的六大以来与“左”倾错误进行斗争的历史，总结了党的群众路线思想。1945 年 4 月至 6 月，毛泽东同志在党的七大上所作的《论联合政府》的书面政治报告和《愚公移山》的闭幕词讲话，都着重强调了党的群众路线问题。这些关于党的群众路线的基本精神，集中反映和体现在党的七大的党章中，其中指出：“每一个党员都必须理解党的利益与人民利益的一致性，对党负责与对人民负责的一致性。每一个党员都必须用心倾听人民群众的呼声和了解他们的迫切需要，并帮助他们组织起来，为实现他们的需要而斗争。每一个党员都必须决心向人民群众学习，同时以革命精神不疲倦地去教育人民群众，启发与提高人民群众的觉悟。中国共产党必须经常警戒自己脱离人民群众的危险性，必须经常注意防止和清洗自己内部的尾巴主义、命令主义、关门主义、官僚主义与军阀主义等脱离群众的错误倾向。”党的七大党章虽然没有正式使用党的“群众路线”这个概念，但却第一次系统地阐述了党的群众路线问题，并概括了建党以来特别是土地革命战争时期和抗日战争时期关于群众路线的理论和实践。

刘少奇同志在党的七大上作的关于修改党章的报告中专门用了一个专题论述了毛泽东同志关于群众路线的思想。他指出：党的群众路线“是我们党的根本的政治路线，也是我们党的根本的组织路线”。“我们党的一切组织与一切工作必须密切地与群众相结合。”把群众路线放在这样的高度予以定位，这在党的历史上还是第一次。他还重点阐述了什么是党的群众观点的问题，并把毛泽东同志在这个问题上的思想观点系统地进行了梳理，作了四个方面的概括，即：“一切为了人民群众的观点，一切向人民群众负责的观点，相信群众自己解放自己的观点，向人民群众学习的观点。”他强调：“有了坚固的明确的这些群众观点，才能有明确的工作中的群众路线，才能实行正确的领导。”这里，他把党的群众观点的重要性，群众观点与党的群众路线的关系，阐述得非常清楚和深刻。

## 把群众观点和群众工作方法统领起来：群众路线的进一步发展和完善

1956年9月，在党的八大上，我们党对党的群众路线有进一步的发展和完善。这集中体现在党的八大党章和邓小平同志所作的关于修改党章的报告中。

党的八大党章的总纲中第一次写入了“群众路线”，并对党的群众观点和党的群众路线进行了阐述，其中指出：“中国共产党的一切主张的实现，都要通过党的组织和党员在人民群众中间的活动，都要通过人民群众在党的领导下的自觉的努力。因此，必须不断地发扬党的工作中的群众路线的传统。”但是，对什么是党的群众路线，八大党章没有给出定义，也没有进行概括和提炼。

邓小平同志在关于修改党章的报告中指出：“党章草案的总纲，着重地指出了党必须不断地发扬党的工作中的群众路线的传统，并且指出了这个任务由于党成了执政的党而有更加重大的意义。”八大党章根据党执政后的状况发生的深刻变化，要求全党继续坚持群众路线，并同脱离群众、脱离实际生活的官僚主义现象进行斗争。邓小平同志还根据毛泽东同志的论述，对党的群众路线理论作了进一步阐发，提出要通过建立制度和加强监督来保证群众路线的贯彻，使党不脱离群众。他所做的一个重要理论工作，就是概括了群众路线的内涵。他指出：“什么是党的工作中的群众路线呢？简单地说来，它包含两方面的意义：在一方面，它认为人民群众必须自己解放自己；党的全部任务就是全心全意地为人民群众服务；党对于人民群众的领导作用，就是正确地给人民群众指出斗争的方向，帮助人民群众自己动手，争取和创造自己的幸福生活。”“每一个党员必须养成为人民服务、向群众负责、遇事同群众商量和同群众共甘苦的工作作风。”“在另一方面，它认为党的领导工作能否保持正确，决定于它能否采取‘从群众中来，到群众中去’的方法。”这样进行表述，就用群众路线这个大的范畴和总的概念，把党的群众观点和群众工作方法都统领了起来，使党的群众路线的内涵更加明确了，内容更加丰富了，表述上也更加完整了。

## “两个一切”和“一来一去”：群众路线的高度提炼和概括

翻阅党的文献资料可以看到，党的九大党章、十大党章在总纲中都取消了对群众路线的表述。党的十大党章只保留了党的三大作风的表述。党的十一大党章讲到了全党必须保持和发扬群众路线、实事求是的优良传统和党的三大作风问题，但对什么是党的群众路线？没有论述，更没有具体地展开。

1981 年 6 月，党的十一届六中全会审议通过的《关于建国以来党的若干历史问题的决议》(以下简称《决议》)，对群众路线进行了高度概括，这就是：“一切为了群众，一切依靠群众，从群众中来，到群众中去”。这是党的文献中第一次从定义的角度对党的群众路线进行的阐述和概括。

1982 年 9 月，党的十二大党章恢复了党的七大党章、八大党章的许多内容，还增加了许多新的内容。其中对党的群众路线是这样表述的：“党坚持用共产主义思想教育群众，并在自己的工作中实行群众路线，一切为了群众，一切依靠群众，把党的正确主张变为群众的自觉行动。”这个表述是在《决议》

基础上，减少了两句话即“从群众中来，到群众中去”，又增加了一句话“把党的正确主张变为群众的自觉行动”。

1992 年 10 月，党的十四大党章恢复了《决议》中的两句话，并对党的群众路线作了这样的表述：“党在自己的工作中实行群众路线，一切为了群众，一切依靠群众，从群众中来，到群众中去，把党的正确主张变为群众的自觉行动。”这样五句话的经典表述，一直沿用到党的十五大至十八大的党章中，形成了我们党关于党的群众路线的准确、完整、规范、权威的表述。党的十四大党章、十六大党章、十七大党章，在总纲阐述党的群众工作和党与人民群众的关系时，还与时俱进地充实和增加了其他许多新内容。

综上所述，党章对党的群众路线的表述中，“两个一切”强调的是党的最根本的群众观点，“一来一去”强调的是党的群众工作的主要领导途径和工作方式方法，它们二者集中到一起，构成了党的群众路线的最主要内容。而关于党的群众观点，我们党在改革开放以来的新时期又有进一步的丰富和发展，例如提出和总结概括提炼了牢固树立人民群众是历史创造者的观点、干部的权力是人民赋予的观点、对党负责与对人民负责相一致的观点、立党为公、执政为民的观点、群众利益无小事的观点等等，这些都是“两个一切”根本观点的拓展、延伸和丰富、完善，是对党的群众观点和党的群众路线的继承、创新和发展。

# 2012年

# “文化大革命”时期整党建党“五十字纲领”考析 *

在“文化大革命”（以下简称“文革”）时期，整党建党“五十字纲领”曾十分流行和有名，[①] 这个“纲领”对我们党的建设产生了消极作用和影响。那么，这个“纲领”是谁提出的？是什么时候提出的？在什么背景下提出的？与“文革”条件下党的组织的恢复和建设有什么关系？本文拟对这些问题作一简要梳理。

“文革”时期整党建党“五十字纲领”是毛泽东在《对青海省关于恢复党的组织生活问题请示报告的批语和中央复电稿的修改》中提出和强调的。正如人们所知，“文革”是1966年5月发动的，到1967年10月已经一年多。在这一年中，经过1967年上半年群众组织的大联合和各级领导班子建设的“三

---

* 本文发表于《当代中国史研究》2012年第4期。

① 具体可参见中共中央党史研究室所著《中国共产党历史》第2卷（中共党史出版社2011年版）以及中共中央党史研究室编《中国共产党历史大事记（1921年7月—2011年6月）》（人民出版社2011年版）相关内容。

结合”，许多地方和单位按照中央的要求，成立了革命委员会或革命委员会筹备小组，但是，各级党组织都还没有恢复，组织生活更是无从谈起。然而，革命委员会或革命委员会筹备小组与党的组织是一个什么关系？这个问题亟须明确。1967年10月19日，中共青海省核心小组给中共中央、中央文革小组发去《关于恢复党的组织生活问题请示报告》的电报，中共中央、中央文革小组给予了答复，毛泽东在请示报告的批语和中共中央复电稿的修改中提出和回答了这个问题。[①] 青海省核心小组在给中共中央、中央文革小组的电报中说：“我省基层单位的革命委员会已陆续建立，但党的组织均未恢复。工作中经常遇到需要党组织处理的一些问题，如过去作了组织处理的党团员，有的要求重新复查处理；造反派中不少人要求入党入团等。为了加强党的领导，已经成立了革命委员会的单位，可否恢复党的组织生活。”[②] 毛泽东10月24日在这个电报上批示：“中央文革各同志：此件应讨论一下，给以答复，同时转发各地照办。”[③] 在电报“可否恢复党的组织生活”下面画了横线，并写了“应当这样做”的批语。10月27日，周恩来、陈伯达、康生、江青联合署名给毛泽东并林彪报送了一个报告，报告是由陈伯达起草的。报告说：“主席批示小组应该讨论青海核心小组关于恢复党的组织生活。小组在二十六日讨论了，但没有很好理解主席的批示，不是直接清楚地按照主席思想，拟出通报，而竟节外生枝，搞烦琐主义，向青海通一个电话，又不先向主席请示，完全擅作主张。这个错误，完全

①《建国以来毛泽东文稿》第12册，中央文献出版社1998年版，第427页。
②《建国以来毛泽东文稿》第12册，中央文献出版社1998年版，第427页。
③《建国以来毛泽东文稿》第12册，中央文献出版社1998年版，第425页。

是由我们负责的。类似这种错误，已有好几次。谨此请主席严厉批评或处分。”“附电话原稿。这个电话已经按照主席指示通知撤销。”这个电话是由中共中央文化革命小组副组长张春桥于10月26日3时打给中共青海省核心小组组长刘贤权的。张春桥在电话中说：“中央认为，已经成立了革命委员会的单位，可以照你们来电，过党的组织生活。但是，这是件大事，涉及许多问题，如怎样‘恢复’？是否原有党员都过组织生活？是先整顿领导机关的党组织再整顿下级组织，还是同时进行？支部同革命委员会的关系怎样？还有很重要的，是如何吸收新党员，输进新的血液，等等。请你们讨论一下，根据不同意见，整理出一个简要的材料，送给中央，并由你或派负责同志到北京同我们一起讨论，报中央决定后再正式答复你们。”① 毛泽东当天在这个报告上批示：“林彪、恩来、中央文革各同志：电报改了一下，请你们再开一次会，如能通过，即可发出。”② 同时，毛泽东还对陈伯达10月27日送审的中共中央、中央文革小组复电稿进行了修改。毛泽东在复电稿的“中共青海省核心小组十月十九日来电请示，已经成立了革命委员会的单位，可否恢复党的组织生活”这句话之后，加写了这样一段话：“中央认为各地都应当这样做。但党组织内不应当再容许查明有据的叛徒、特务和在文化大革命中表现极坏而又死不改悔的那些人，再过组织生活。党组织应是无产阶级先进分子所组成，应能领导阶级和群众对于阶级敌人进行战斗的朝气蓬勃的先锋队组织。”③ 从毛泽东的批示中我们可以看到，后来在中国共产党

①《建国以来毛泽东文稿》第12册，中央文献出版社1998年版，第427—428页。
②《建国以来毛泽东文稿》第12册，中央文献出版社1998年版，第426页。
③《建国以来毛泽东文稿》第12册，中央文献出版社1998年版，第426页。

“文革”这段历史上所讲的整党建党“五十字纲领”就是从这里来的，这是整党建党“五十字纲领”的最早来源和出处。

但是，细心人会发现，毛泽东在这里对整党建党讲的不是50个字，而是46个字。查找历史文献我们发现，后来的4个字是在《人民日报》、《红旗》杂志、《解放军报》1968年元旦社论上加上的。“两报一刊”1968年元旦社论的标题是《迎接无产阶级文化大革命的全面胜利》，社论中公开发表了毛泽东的指示：“党组织应是无产阶级先进分子所组成，应能领导无产阶级和革命群众对于阶级敌人进行战斗的朝气蓬勃的先锋队组织。”在这个指示中增加了4个字，即在阶级之前增加了“无产”两字，在群众之前增加了“革命”两字，这样整党建党纲领的表述就从46个字增加到了50个字。[①] 那么，这个社论发表前毛泽东看没看过呢？档案材料显示，发表前毛泽东审阅和批准了这个社论。当时负责起草社论的是姚文元，时任中共中央文化革命小组组员。1967年12月28日，他将社论送审稿呈毛泽东审阅，并在呈送件上写道：“元旦社论，已经碰头会讨论通过（谈了两次），现送上，是否妥当，请审阅批示！”毛泽东于29日上午4时审阅完后作了批示：“姚文元同志：看了一遍，觉得可用。去掉了几个浮夸的形容词，请你们酌定。”[②] 这篇社论在1968年1月1日的“两报一刊”上同时发表。从此，整党建党“五十字纲领”就被正式提出和广泛使用。

1968年8月25日出版的《红旗》杂志第2期发表了姚文

---

①《迎接无产阶级文化大革命的全面胜利 〈人民日报〉、〈红旗〉杂志、〈解放军报〉一九六八年元旦社论》，《人民日报》1968年1月1日。

②《建国以来毛泽东文稿》第12册，中央文献出版社1998年版，第460页。

元的署名文章《工人阶级必须领导一切》，讲到了这50个字，将这50个字作为毛泽东指出的伟大建党目标来阐述。毛泽东审改了这篇文章，对这个表述给予了肯定。[①]到1969年4月1日，林彪在中国共产党第九次全国代表大会上作报告时，使用了这段话，并将这50个字写入报告。报告认为：“无产阶级文化大革命的胜利，为我们在无产阶级专政条件下如何进行党的建设，提供了宝贵的经验。”毛泽东这50个字的指示，“确定了我们整党建党的政治方向”。[②]而4月14日在中共九大上通过的《中国共产党章程》中，也将这段话的内容和思想写入了《党章》的总纲。写入《党章》总纲的这段话是这样表述的：“中国共产党是由无产阶级先进分子所组成，领导无产阶级和革命群众对于阶级敌人进行战斗的朝气蓬勃的先锋队组织。”由于行文的需要，《党章》总纲对原来的50字进行了个别改动，但主要精神和思想则是完全一致的。这里虽然也是50个字，而“文革”期间在实际工作中所说的整党建党“五十字纲领”所指的还是“两报一刊”社论讲的那50字。

整党建党“五十字纲领”的提出，对中国共产党的建设产生了十分消极的作用和影响。首先，这个“纲领”搞错了社会主义建设阶段所要完成的任务。在社会主义基本制度已经建立、阶级斗争只在一定范围内存在的条件下，把“对于阶级敌人进行战斗”作为党的首要任务，而对领导国家的经济、政治和文化建设只字不提，这就搞错了社会主义社会的主要矛盾，搞错了我们要完成的历史任务。其次，这个“纲领”搞错了社

① 《建国以来毛泽东文稿》第12册，中央文献出版社1998年版，第526—534页。
② 《在中国共产党第九次全国代表大会上的报告》，《人民日报》1969年4月28日。

会主义革命的斗争对象。“纲领”当时所说的“阶级敌人”，主要指所谓以刘少奇为代表的“资产阶级司令部”及其在各地的“代理人”，这就搞错了社会主义革命的斗争对象，把党内的矛盾和斗争搞成了阶级斗争，人为制造了矛盾和混乱。后来的历史事实证明了这一点。由于这一整党建党“纲领”的错误，“文革”期间，一部分符合条件的党员不能恢复组织生活，或者被错误地开除党籍；而接纳的新党员则有一部分不符合党员条件，许多人是一些参与过打砸抢的帮派分子。在“文革”中严重发展起来的个人崇拜、无政府主义、破坏党的组织纪律、争权夺利、大闹派性等恶劣的思想作风，对党的肌体产生了严重的侵蚀和损害。

# 改革开放以来六次党的全国代表大会报告的主题、结构和创新 *

中国共产党是执政党，是中国特色社会主义事业的领导核心。按照《中国共产党章程》规定，党的全国代表大会每五年召开一次。开好党的全国代表大会，全党全国人民关心，世界瞩目。而要开好党的全国代表大会，一件紧要的事情就是起草、修改、讨论、审议、通过一个好的大会报告，它是党在其后五年乃至更长一个时期的政治宣言和行动纲领。改革开放以来，我们党已经召开过六次全国代表大会，这六个党的全国代表大会报告的特点和创新值得研究。

## 一、关于报告的主题

党的全国代表大会报告的主题是报告的眼睛，也是报告的灵魂。它犹如一面前进的旗帜，具有巨大的凝聚力、号召力、向心力，事关党的方向、生命和形象。报告的主题也是大会的

---

* 本文发表于《党的文献》2012 年第 3 期。

主题。从六个大会报告来看，有时在报告中点明主题，有时在报告中不点明主题，无论点与不点，大会报告的标题都是对主题的提炼，是对主题最突出的表达和最集中的凝缩。十二大报告标题是《全面开创社会主义现代化建设的新局面》；十三大报告标题是《沿着有中国特色的社会主义道路前进》；十四大报告标题是《加快改革开放和现代化建设步伐，夺取有中国特色社会主义事业的更大胜利》；十五大报告标题是《高举邓小平理论伟大旗帜，把建设有中国特色社会主义事业全面推向二十一世纪》；十六大报告标题是《全面建设小康社会，开创中国特色社会主义事业新局面》；十七大报告标题是《高举中国特色社会主义伟大旗帜，为夺取全面建设小康社会新胜利而奋斗》。

这六个大会报告对大会的主题又是怎样表述的呢？十二大报告没有明确讲大会的主题，使用的表述是“大会的使命”。报告指出：“这次代表大会的使命，就是要通过对过去六年历史性胜利的总结，为进一步肃清十年内乱所遗留的消极后果，全面开创社会主义现代化建设的新局面，确定继续前进的正确道路、战略步骤和方针政策。”[1] 从中我们可以看到，报告所讲大会的使命即全面开创社会主义现代化建设的新局面，就是报告的主题。十三大报告也没有明确讲大会的主题，使用的表述是“大会的中心任务”。报告指出：“这次大会的中心任务是加快和深化改革。改革是振兴中国的唯一出路，是人心所向，大势所趋，不可逆转。我们要总结经验，坚持和发展十一届三中全会以来的路线，进一步确定今后经济建设、经济体制改革和政治体制改革的基本方针，确定在改革开放中加强党的建设的基本方针。”[2]

①《改革开放三十年重要文献选编》（上），中央文献出版社 2008 年版，第 262 页。
②《改革开放三十年重要文献选编》（上），中央文献出版社 2008 年版，第 474 页。

这里所讲的“中心任务”也就是大会的主题。十四大报告减少了“中心”二字，使用的表述是“大会的任务”。报告指出：“这次代表大会的任务是：以邓小平同志建设有中国特色社会主义的理论为指导，认真总结十一届三中全会以来十四年的实践经验，确定今后一个时期的战略部署，动员全党同志和全国各族人民，进一步解放思想，把握有利时机，加快改革开放和现代化建设步伐，夺取有中国特色社会主义事业的更大胜利。”[①] 十五大报告则开门见山、直截了当地点明主题。报告指出：“大会的主题是：高举邓小平理论伟大旗帜，把建设有中国特色社会主义事业全面推向二十一世纪。”[②] 十五大报告除点明主题外，还对为什么要确定这个主题进行了阐述。报告强调：“旗帜问题至关紧要。旗帜就是方向，旗帜就是形象。坚持十一届三中全会以来的路线不动摇，就是高举邓小平理论的旗帜不动摇。邓小平同志逝世后，全党在这个问题上尤其要有高度的自觉性和坚定性。”“把我们的事业全面推向二十一世纪，就是要抓住机遇而不可丧失机遇，开拓进取而不可因循守旧，围绕经济建设这个中心，经济体制改革要有新的突破，政治体制改革要继续深入，精神文明建设要切实加强，各个方面相互配合，实现经济发展和社会全面进步。”“确定这样的主题，是时代的要求，人民的愿望。”[③] 十五大报告中点明的大会主题与报告标题是完全一致的。十六大报告也开宗明义点明了主题，报告指出：“大会的主题是：高举邓小平理论伟大旗帜，全面贯彻‘三个代表’重要思想，继往开来，与时俱进，全面建设小康社会，加快推进社

① 《改革开放三十年重要文献选编》(上)，中央文献出版社 2008 年版，第 650 页。
② 《改革开放三十年重要文献选编》(下)，中央文献出版社 2008 年版，第 889 页。
③ 《改革开放三十年重要文献选编》(下)，中央文献出版社 2008 年版，第 889 页。

会主义现代化，为开创中国特色社会主义事业新局面而奋斗。”①十七大报告也是如此，一开始就强调：“大会的主题是：高举中国特色社会主义伟大旗帜，以邓小平理论和‘三个代表’重要思想为指导，深入贯彻落实科学发展观，继续解放思想，坚持改革开放，推动科学发展，促进社会和谐，为夺取全面建设小康社会新胜利而奋斗。”报告紧接着对主题的内涵进行了阐释：“中国特色社会主义伟大旗帜，是当代中国发展进步的旗帜，是全党全国各族人民团结奋斗的旗帜。解放思想是发展中国特色社会主义的一大法宝，改革开放是发展中国特色社会主义的强大动力，科学发展、社会和谐是发展中国特色社会主义的基本要求，全面建设小康社会是党和国家到二〇二〇年的奋斗目标，是全国各族人民的根本利益所在。”②

综上所述，我们可以得出以下结论：一是改革开放以来我们党召开的六次全国代表大会，大会报告都有一个主题，不论是叫使命、任务也好，还是叫中心任务、主题也好，其内涵和意义都是相同的。二是这六次全国代表大会所确定的大会主题就是大会报告的主题，大会报告的主题也就是大会主题。大会报告的标题是大会主题和报告主题的关键词，是对大会主题和大会报告主题的提炼和凝练。三是这六个报告的主题，都是从涉及党和国家前途命运的高度提出的，都是从关系党和人民重大利益的角度概括的，每一次党的全国代表大会报告所提出的问题和所概括的主题都是大问题。四是这六个报告的主题，体现和反映了党的事业的继往开来和承前启后，体现和反映了党

① 《改革开放三十年重要文献选编》（下），中央文献出版社 2008 年版，第 1240 页。
② 《改革开放三十年重要文献选编》（下），中央文献出版社 2008 年版，第 1712 页。

的思想理论的开拓创新和与时俱进。

## 二、关于报告的框架结构

党的这六次全国代表大会报告的框架结构及谋篇布局有相同的方面，也有不同的地方。

在问题的设置即二级标题上，十二大报告设置六个问题，十三大报告设置七个问题，十四大报告设置四个问题，设置最少，十五大报告和十六大报告均设置十个问题，十七大报告设置十二个问题，设置最多。

十二大报告设置的六个问题是：一、历史性的转变和新的伟大任务；二、促进社会主义经济的全面高涨；三、努力建设高度的社会主义精神文明；四、努力建设高度的社会主义民主；五、坚持独立自主的对外政策；六、把党建设成为领导社会主义现代化事业的坚强核心。

十三大报告设置的七个问题是：一、历史性成就和这次大会的任务；二、社会主义初级阶段和党的基本路线；三、关于经济发展战略；四、关于经济体制改革；五、关于政治体制改革；六、在改革开放中加强党的建设；七、争取马克思主义在中国的新胜利。

十四大报告设置的四个问题是：一、十四年伟大实践的基本总结；二、九十年代改革和建设的主要任务；三、国际形势和我们的对外政策；四、加强党的建设和改善党的领导。

十五大报告设置的十个问题是：一、世纪之交的回顾和展望；二、过去五年的工作；三、邓小平理论的历史地位和指导意义；四、社会主义初级阶段的基本路线和纲领；五、经济体制改革和经济发展战略；六、政治体制改革和民主法制建设；

七、有中国特色社会主义的文化建设；八、推进祖国和平统一；九、国际形势和对外政策；十、面向新世纪的中国共产党。

十六大报告设置的十个问题是：一、过去五年的工作和十三年的基本经验；二、全面贯彻“三个代表”重要思想；三、全面建设小康社会的奋斗目标；四、经济建设和经济体制改革；五、政治建设和政治体制改革；六、文化建设和文化体制改革；七、国防和军队建设；八、“一国两制”和实现祖国的完全统一；九、国际形势和对外工作；十、加强和改进党的建设。

十七大报告设置的十二个问题是：一、过去五年的工作；二、改革开放的伟大历史进程；三、深入贯彻落实科学发展观；四、实现全面建设小康社会奋斗目标的新要求；五、促进国民经济又好又快发展；六、坚定不移发展社会主义民主政治；七、推动社会主义文化大发展大繁荣；八、加快推进以改善民生为重点的社会建设；九、开创国防和军队现代化建设新局面；十、推进“一国两制”实践和祖国和平统一大业；十一、始终不渝走和平发展道路；十二、以改革创新精神全面推进党的建设新的伟大工程。

十四大报告虽然只设置了四个问题，但许多改革和发展的重大问题，报告作为第二个问题的三级标题进行了设置和论述。第二个问题论述了必须努力实现的十个方面的主要任务：第一，围绕社会主义市场经济体制的建立，加快经济改革步伐；第二，进一步扩大对外开放，更多更好地利用国外资金、资源、技术和管理经验；第三，调整和优化产业结构，高度重视农业，加快发展基础工业、基础设施和第三产业；第四，加速科技进步，大力发展教育，充分发挥知识分子的作用；第五，充分发挥各地优势，加快地区经济发展，促进全国经济布局合理化；第六，积极推进政治体制改革，使社会主义民主和法制建设有一个较大的发展；第七，下决心进行行政管理体制和机构改革，切实做到转变职能、理顺关系、精兵简政、提高效率；第八，坚持两手抓，两手都要硬，把社会主义精神文明建设提高到新水平；第九，不断改善人民生活，严格控制人口增长，加强环境保护；第十，加强军队建设，增强国防实力，保障改革开放和经济建设顺利进行。

从以上所述我们可以看出，尽管改革开放以来六次党的全国代表大会报告所列问题的数目不同，但是，报告的框架结构和谋篇布局的主要内容是一致的，报告的基本要素是相同的。比如，报告都对过去五年的工作和我们党在改革开放和社会主义现代化建设中的基本经验进行了总结；都阐述了在改革开放的实践中我们党领导人民所取得的伟大成就；都阐述和判断了当前及今后一个时期的国际国内形势；都对今后的经济和社会发展指明了方向，提出了奋斗目标。此外，报告都对创新的重大理论成果进行了全面而深刻的论述；都对经济、政治、文化等改革和发展的各项任务进行了部署；都对国防和军队建设、祖国和平统一、外交工作和对外政策予以阐明；都对加强和改进党的建设提出了明确要求。

## 三、关于报告的创新内容

党的这六次全国代表大会的报告各自凸显了什么特点，蕴含了哪些具有创新意义的内容呢?

十二大报告是改革开放后我们党第一个全国代表大会的报告，报告的很多内容都具有开拓和奠基的性质。十二大报告的特点和创新主要体现在：一是以七个方面的标志阐述表明我们党实现了历史性的伟大转变；二是阐述了我们党在新的历史时期的总任务；三是确定了我国经济建设的战略目标、战略重点、战略步骤和一系列方针政策，提出了我国经济建设从 1981 年到 20 世纪末，在经济效益不断提高的前提下，力争使全国工农业年总产值翻两番的总目标；提出了坚持国营经济主导地位和发展多种经济形式以及正确贯彻计划经济为主、市场调节为辅的原则问题；四是提出了在建设高度物质文明的同时，一定要努力建设高度的社会主义精神文明，并将此确定为建设社会主义的一个战略方针；五是提出了建设高度的社会主义民主，并将此确定为我们的根本目标和根本任务之一；六是提出了努力把党建设成领导社会主义现代化事业的坚强核心，对党的建设从健全民主集中制，改革领导机构和干部制度、实现干部队伍的“四化”，加强党在工人、农民、知识分子中的工作、密切党同群众的联系，有计划有步骤地进行整党、使党风根本好转等方面作出了部署，提出了要求。

十三大报告的特点和创新主要体现在：一是深刻阐述了党在社会主义初级阶段的理论和基本路线，提出了六个具有长远意义的指导方针，即必须集中力量进行现代化建设；必须坚持全面改革；必须坚持对外开放；必须以公有制为主体，大力发展有计划的商品经济；必须以安定团结为前提，努力建设民主政治；必须以马克思主义为指导，努力建设精神文明；二是深刻阐述了我国经济建设三步走的发展战略，强调了解决好科技教育事业发展、保持经济总量基本平衡、进一步扩大对外开放三个重点问题；三是深刻阐述了经济体制改革，提出了当前深化改革的任务，确定了改革的目标是逐步建立起有计划商品经济新体制的基本框架；四是深刻阐述了政治体制改革，提出了政治体制改革的目的和近期目标，提出了要解决好实行党政分开、进一步下放权力、改革政府工作机构、改革干部人事制度、加强社会主义法制建设等七个问题；五是提出了建设有中国特色社会主义理论的十二个观点，初步回答了我国社会主义建设的阶段、任务、动力、条件、布局和国际环境等基本问题。

十四大报告的特点和创新主要体现在：一是强调了抓住机遇，加快发展的问题。二是对有中国特色社会主义理论，从发展道路、发展阶段、根本任务、发展动力、外部条件、政治保证、战略步骤、领导力量和依靠力量、祖国统一等方面进行了提炼和概括。确定邓小平建设有中国特色社会主义理论在全党的指导地位，提出了全党认真学习建设有中国特色社会主义理论的战略任务。三是明确提出了我国经济体制改革的目标是建立社会主义市场经济体制，并对推动经济发展和社会全面进步关系全局的十项任务进行了阐述。

十五大报告的特点和创新主要体现在：一是回顾了过去一个世纪三次历史性巨变和产生的走在时代潮流前列的三个伟人——孙中山、毛泽东、邓小平；展望了未来的新世纪，提出了中国共产党建党 100 年和中华人民共和国建国 100 年的两个奋斗目标；二是深刻阐述了邓小平理论的历史地位和指导意义；三是深刻阐述了社会主义初级阶段的基本纲领；四是明确提出了公有制为主体、多种所有制经济共同发展，是我国社会主义初级阶段的一项基本经济制度；五是强调我们坚持的是按劳分配为主体、多种分配方式并存的分配制度；六是强调了依法治国，建设社会主义法治国家；七是提出了有中国特色社会主义的文化建设；八是提出了党的建设新的伟大工程。

十六大报告的特点和创新主要体现在：一是总结了党的十三届四中全会以来的十三年我们党领导人民建设中国特色社会主义必须坚持的十条基本经验；二是对全面贯彻“三个代表”重要思想提出了明确要求；三是提出了全面建设小康社会的奋斗目标；四是提出了走新型工业化道路，实施西部大开发战略，坚持和完善基本经济制度等相关问题；五是提出了积极发展文化事业和文化产业，继续深化文化体制改革的任务；六是提出了坚持党要管党、从严治党的方针，进一步解决提高党的领导水平和执政水平、提高拒腐防变和抵御风险能力这两大历史性课题，加强党的执政能力建设问题；七是提出了党的建设四位一体的工作布局，即把党的思想建设、组织建设和作风建设有机结合起来，把制度建设贯穿其中。

十七大报告的特点和创新主要体现在：一是深刻总结了改革开放30年的伟大历史进程，对我们党的创新理论进行了整合，用中国特色社会主义理论体系进行了新的高度概括，强调了要坚定不移地高举中国特色社会主义伟大旗帜，坚持中国特色社会主义道路和中国特色社会主义理论体系；二是全面阐述了科学发展观的科学内涵和精神实质，对深入贯彻落实科学发展观提出了明确要求；三是对实现全面建设小康社会奋斗目标提出了新要求；四是提出了促进国民经济又好又快发展；五是提出了推动社会主义文化大发展大繁荣，使用了提高国家文化软实力的概念；六是提出了加快推进以改善民生为重点的社会建设；七是提出了以改革创新精神全面推进党的建设新的伟大工程，以“一条主线”“一个坚持”“一个要求”“五个重点”，全面加强党的思想建设、组织建设、作风建设、制度建设和反腐倡廉建设，从而形成了党的建设五位一体的工作布局。

从以上六个党的全国代表大会的报告可以看出，六次大会和六个报告是我们党改革开放以来历史前进和发展的坐标点，生动展现了我们党是如何举起中国特色社会主义旗帜，如何探寻中国特色社会主义道路，如何完善中国特色社会主义制度，如何建构中国特色社会主义理论体系的。胡锦涛同志在党的十七大报告中指出，新时期最鲜明的特点是改革开放，最显著的成就是快速发展，最突出的标志是与时俱进。[①] 六个报告都坚持和发展了马克思主义，高扬了中国共产党人前进的旗帜；都贯彻了党的解放思想、实事求是、与时俱进的思想路线，不断研究新情况、解决新问题；都立足于亿万人民进行改革开放和现代化建设的伟大实践，推进中国特色社会主义的伟大事业；都显现了中国共产党人以改革创新精神加强和改进自身建设的良好精神状态。这是一个实践的过程，是一个积累的过程，也是一个渐进和发展的过程，还是一个飞跃和突变的过程。

学习和研究这六个报告，我们可以得到以下启示：每次党的全国代表大会的报告都有一个鲜明的主题，这是大会和报告的灵魂；每个报告都要对党的理论创新进行及时的概括和总结，这是指引我们前进的旗帜；每个报告都要明确提出其后五年乃至更长一个时期党和国家的奋斗目标，这是我们为之努力的奋斗方向；每个报告都要对改革和发展中的重大问题进行研究和部署，这是我们的时间表、路线图和施工图；每个报告都要对党的自身建设提出要求，这是我们取得胜利的关键和根本保证。

---

① 参见《十七大以来重要文献选编》(上)，中央文献出版社 2009 年版，第 7 页。

# 新中国成立后中国共产党若干重大历史事件时间考辨 *

## 一、问题的提出

改革开放以来，全国党史学界出版了一大批有影响、有质量的党史专著，尤以中共中央党史研究室编写出版的党史基本著作最为突出和显著。1991 年，在中国共产党成立 70 周年的时候，由胡绳主编、中共中央党史研究室编著的《中国共产党的七十年》（以下简称《七十年》）出版发行。这一年，中央组织部、中央宣传部联合发出了关于在广大党员干部中开展中共党史和马克思主义党的建设理论学习的通知，通知将该书指定为学习中共党史的参考书。因此，这本书在全国发行量达 700 多万册，产生了极大的作用和影响。2001 年在中国共产党成立 80 周年的时候，由中共中央党史研究室编著的《中国共产党简史》（以下简称《简史》）出版发行，这是一本面向广大党员

---

* 本文发表于《毛泽东邓小平理论研究》2012 年第 3 期。

和干部群众的党史通俗读物，文字量只有十几万字，在全国的发行量达 100 多万册。2011 年在中国共产党成立 90 周年的时候，由中共中央党史研究室编著的《中国共产党历史》第二卷（1949—1978）（以下简称《党史二卷》）出版发行，中央组织部、中央宣传部、中央党史研究室联合发出了学习宣传通知，截至 2011 年底，《党史二卷》发行 116 万套（上下册），这本书被确定为全国县处级以上领导干部学习党史的基本教材。与此同时，中共中央党史研究室编著的《中国共产党历史大事记（1921 年 7 月—2011 年 6 月）》（以下简称《大事记》）也出版发行，并由新华社发通稿，中央和地方主要新闻媒体予以刊登和转载。这一系列党史著作的出版发行，对广大党员和干部群众学习党史，对广大党史工作者开展党史教学和进行党史研究发挥了重要作用。

然而，仔细阅读这些党史著作可以发现，对新中国成立后中共党史上发生的一些重大历史事件的时间记述还有一些不尽相同的地方，为了搞清楚这些时间差异，弄清楚它们相互之间的关联，本文特就此作一考辨。

## 二、关于镇压反革命运动

镇压反革命运动是新中国成立之初，党和国家开展的一个重要政治运动，也是中共党史上的一个重要历史事件。那么，这一运动是什么时候开始的，又是什么时候结束的呢？上述几本党史著作的记述不完全一致。《七十年》记述：“1950 年广大新解放区，有近四万名干部和群众被反革命分子杀害，其中仅广西就达七千多人。针对这种情况，1950 年 10 月 10 日，中共中央发出《关于镇压反革命活动的指示》”；“从 12 月开始，在全国范围内大张旗鼓地开展了一场镇压反革命运动”；“全国规模的镇压反革命运动，到1951年10月基本结束”。①《简史》记述：“朝鲜战争爆发后，国民党遗留在大陆的一批反革命分子一时气焰嚣张，大肆散布谣言，进行种种破坏和捣乱活动，甚至袭击政府机关，残害干部和群众。针对这种情况，党中央作出决定，从1950年10月开始，在全国范围大张旗鼓地开展了镇压反革命运动。历时三年的镇反运动，基本上扫除了国民党反动派遗留在大陆的反革命残余势力，曾经猖獗一时的特务、地下军、反动会道门等黑社会组织及旧中国历代政府都未能肃清的湘西、广西匪患基本上被肃清”。②这里，《简史》与《七十年》记述不同的是，开始的时间早2个月，结束的时间晚2年。《党史二卷》是如何记述的呢？《党史二卷》写道：“1950年10月10日，中共中央发出《关于镇压反革命活动的指示》”；“根据中共中央指示的精神，政务院和最高人民法院、公安部对开展大规模镇反斗争作了具体部署。从1950年12月开始，在全国大张旗鼓地开展了镇压反革命运动”；③“到10月底（1951年），全国绝大多数地区完成了清查处理工作，全国规模的群众性镇反运动基本结束。少数镇反不彻底地区的扫尾工作到1953年秋全部完成”。④《党史二卷》的记述与《七十年》相同，决定的时间与开展的时间相差2个月，结束的时间都在第二年的10月。而这里所说的整个工作的扫尾时间与《简史》所说的历时3年也是一致的。由此推断，《简史》所说的时间

---

①《中国共产党的七十年》，中共党史出版社1991年版，第247页。
②《中国共产党简史》，中共党史出版社2001年版，第103—104页。
③《中国共产党历史》第2卷上册，中共党史出版社2011年版，第47页。
④《中国共产党历史》第2卷上册，中共党史出版社2011年版，第49页。

不是指全国规模的镇反运动的结束时间。《大事记》记述了大规模开始和结束的时间，《大事记》写道："（1950年）10月10日，中共中央发出《关于镇压反革命活动的指示》。各地开始进行大规模的镇压反革命运动，到1952年10月基本结束"。[①]这里，《大事记》记述了决定的时间，没有明确记述开始的时间。记述的基本结束的时间比《七十年》《党史二卷》都晚一年。中共中央文献研究室编著的《刘少奇传》记述的决定时间和开始时间是连在一起的，记述的决定时间与基本结束时间，则与《七十年》《党史二卷》完全相同。该书说："一九五〇年三月十八日，刘少奇为中共中央起草关于镇压反革命活动的指示"；"一九五〇年七月和十月，中央人民政府政务院和中共中央再次发出关于镇压反革命活动的指示。一场大规模的镇压反革命运动迅速在全国范围内展开"；[②]"到一九五一年十月，镇压反革命斗争作为全国性的运动基本结束"。[③]

## 三、关于土地改革运动

新中国成立初的土地改革运动，虽然只在新解放区进行，但也是一项涉及全局性的工作，也是中共历史上的一个重要事件。对这一历史事件，《七十年》是这样记述的："党根据七届三中全会的部署，从1950年冬到1953年春，在新解放区占全国人口一多半的农村领导农民完成了土地制度的改革"；[④]"到1953年春，全国除一部分少数民族地区外，土地改革都已完

---

① 《中国共产党历史大事记（1921年7月—2011年6月）》，人民出版社2011年版，第68页。
② 《刘少奇传（1898—1969）》（下），中央文献出版社2008年版，第620—621页。
③ 《刘少奇传（1898—1969）》（下），中央文献出版社2008年版，第622页。
④ 《中国共产党的七十年》，中共党史出版社1991年版，第244页。

成。全国有三亿多无地少地的农民（包括老解放区农民在内）无偿地获得了约七亿亩土地和大量生产资料”。[①]《简史》记述道：“1950年6月，中央人民政府委员会颁布了由中共中央提出的《中华人民共和国土地改革法》，在占全国人口大多数的新解放区农村开展轰轰烈烈的土地改革运动。从1950年冬到1952年底，全国除一部分少数民族地区外，土地改革基本完成”。[②]在这里，《简史》记述土地改革的开始时间与《七十年》是一样的，结束时间比《七十年》早几个月。《党史二卷》的记述是：“从1950年冬季起，一场历史上空前规模的土地改革运动，在新解放区有领导、有步骤、分阶段地展开”；[③]“到1952年底，除一部分少数民族地区及台湾省外，广大新解放区的土地改革基本完成”。[④]这里，《党史二卷》的记述与《简史》相同，《党史二卷》在记述未进行土地改革的地域范围时，比《七十年》和《简史》多了台湾省，这个表述是十分准确的。《大事记》是如何记述的呢？《大事记》的记述是：“（1950年）6月30日《中华人民共和国土地改革法》公布施行。土地改革在新解放区全面展开。到1952年底，除部分少数民族地区外，土改在全国大陆基本完成，3亿多无地少地农民（包括新老解放区在内）无偿获得7亿亩土地和其他生产资料，封建土地所有制被彻底摧毁”。[⑤]《大事记》的记述也与上述《简史》《党史二卷》的记述基本相同，明确记述了《中华人民共和国土地改革法》颁布的时间，但没有记述全面展开土地改革的时间。在表

---

①《中国共产党的七十年》，中共党史出版社1991年版，第245页。

②《中国共产党简史》，中共党史出版社2001年版，第104页。

③《中国共产党历史》第2卷上册，中共党史出版社2011年版，第95页。

④《中国共产党历史》第2卷上册，中共党史出版社2011年版，第100页。

⑤《中国共产党历史大事记（1921年7月—2011年6月）》，人民出版社2011年版，第68页。

述未进行土地改革的地域范围时，虽然未说台湾省，但在讲到土地改革基本完成时，用了除少数民族地区外，全国大陆基本完成的提法，这种提法也是比较准确的。那么，其他党史著作是如何记述的呢？笔者翻阅了薄一波撰写的《若干重大决策与事件的回顾》（以下简称《若干回顾》）和中共中央文献研究室编著的《毛泽东传》与《刘少奇传》。《若干回顾》是这样记述的："从1950年冬季开始，全国新解放区分三批发动群众改革土地制度。到1953年春为止，除了约有700万人口的少数民族聚居的地区以外，土改已全部完成"[①]。《毛泽东传》的记述是："《中华人民共和国土地改革法》于（1950年）六月二十八日经中央人民政府委员会第八次会议通过，六月三十日由毛泽东主席发布命令公布实施"[②]；"到一九五三年春，全国除若干少数民族聚居的地区，彻底废除了在中国延续数千年之久的封建土地所有制，三亿多无地少地的农民（包括老解放区的农民在内）无偿得到了约七亿亩土地和大量生产资料"[③]。《刘少奇传》的记述是："（1950年）六月三十日，《中华人民共和国土地改革法》经中央人民政府委员会第八次会议通过后公布施行，成为指导新解放区土地改革的基本法律依据。这样，从一九五〇年秋后开始，土地改革运动在新解放区分批分期陆续展开"[④]。《刘少奇传》没有记述土地改革结束的时间，显然，在这里该书也没有记述《中华人民共和国土地改革法》通过的时间，而仅仅记述了公布实施的时间。《若干回顾》记述土地改革时间是1950

① 薄一波：《若干重大决策与事件的回顾》（上），中共党史出版社2008年版，第79页。
② 《毛泽东传（1949—1976）》（上），中央文献出版社2003年版，第92页。
③ 《毛泽东传（1949—1976）》（上），中央文献出版社2003年版，第93页。
④ 《刘少奇传（1898—1969）》（下），中央文献出版社2008年版，第618页。

年冬季，《刘少奇传》记述的时间是秋后，稍有差别。土地改革结束的时间，《若干回顾》《毛泽东传》都记述的是1953年春，与《简史》《党史二卷》《大事记》记述的1952年底，有几个月的差异。另外，《若干回顾》和《毛泽东传》在记述未进行土地改革的地域时都未讲到台湾省。那么，土地改革基本完成的时间到底是1952年底还是1953年春呢？这两个时间哪个时间更准确呢？笔者曾参与《党史二卷》的修改工作，当时，我们注意到了这个问题，经过考证和中央档案馆的同志对书中引文的核实，我们采用了“1952年底基本完成”的说法。

## 四、关于“三反”和“五反”运动

“三反”和“五反”运动也是新中国成立之初，中共历史上的两个重要运动。“三反”运动主要在党和国家机关中进行，“五反”运动主要在工商界中进行，两个运动都是新中国成立之初的重大历史事件。《七十年》对这两个历史事件是这样记述的：“干部贪污案件，在新中国成立后即时有发现并作过处理。1951年11月东北局给中央的报告揭露出一些干部严重贪污、浪费的事实后，引起中央高度重视。党中央随即作出《关于实行精兵简政、增产节约、反对贪污、反对浪费和反对官僚主义的决定》”；“历时半年多的‘三反’斗争的实质，是在执政的情况下保持共产党人和国家干部的廉洁，是反腐败这一长期斗争的胜利的初战”。“1952年1月，中央发出指示，要求依靠工人阶级，团结守法的资产阶级及其他市民，向着违法的资产阶级开展一个大规模的‘五反’斗争”；[1]“全国范围

①《中国共产党的七十年》，中共党史出版社1991年版，第253页。

的‘五反’运动半年结束。它打击了不法资本家严重的‘五毒’行为，在工商业者中普遍进行了一次守法经营的教育，推动了在私营企业中建立工人监督和实行民主改革，使我们党在对资产阶级的限制和反限制斗争中取得又一个回合的胜利”。[①]《简史》记述道：“根据增产节约运动中暴露出来的贪污腐化问题，1951年12月中央决定在党政机关人员中开展一场反对贪污、反对浪费、反对官僚主义的‘三反’运动”；“历时半年的‘三反’运动，消除了党和国家干部队伍中的腐化分子，有力地抵制了旧社会遗留的恶习和资产阶级的腐蚀。随着‘三反’运动的深入，揭露出许多资本家的行贿偷税等严重违法行为。于是，在私营工商业者中开展了一场反对行贿、反对偷税漏税、反对偷工减料、反对盗骗国家财产、反对盗窃国家经济情报的‘五反’运动”。[②]《七十年》没有明确说“三反”运动开始的时间，但讲了中央作出开展“三反”运动的决定，所以，《七十年》和《简史》所说的开始时间应该是一致的，即1951年12月，而结束的时间都讲的是历时半年。“五反”运动开始的时间，《七十年》讲的是1952年1月，《简史》没有讲开始的时间，用了随后的时间观念。《党史二卷》的记述是：“1951年12月1日，中共中央作出《关于实行精兵简政、增产节约、反对贪污、反对浪费和反对官僚主义的决定》”；[③]“（1952年）1月4日，党中央下达限期发动‘三反’运动的指示……一场群众性的‘三反’运动很快在全国形成高潮”；“‘三反’运动

---

①《中国共产党的七十年》，中共党史出版社1991年版，第254页。

②《中国共产党简史》，中共党史出版社2001年版，第107—108页。

③《中国共产党历史》第2卷上册，中共党史出版社2011年版，第159页。

于1952年10月结束”。[①]《党史二卷》没有明确说明“三反”运动的开始时间，但显然是以1951年12月1日中央的决定为标志的，结束的时间说得很明确。关于“五反”运动，《党史二卷》说：“1952年1月5日，中央在转发北京市委关于‘三反’斗争报告的批语中，要求大力发动‘五反’斗争，对资产阶级三年来在此问题上的猖狂进攻给予一个坚决的反攻和重大的打击。1月26日，中央发出《关于首先在大中城市开展“五反”斗争的指示》”；[②]“全国范围的‘五反’运动于1952年10月结束”。[③]《党史二卷》关于“三反”“五反”运动开始的时间与上述著作所述大致相同。《七十年》在记述“三反”运动的开展时，讲了作出决定的文件名称，没有讲时间。《简史》则讲了中央作出决定的时间，而没有讲作出决定的文件名称。《党史二卷》既讲了时间，又讲了文件名称，并对“五反”运动是怎样开展的，也讲了中央发出指示的时间和名称，记述比较详细。在记述“三反”“五反”运动的结束时间时，《七十年》和《简史》都说是历时半年，这样推算下来大约是1952年6月—7月，而《党史二卷》明确讲两个运动于1952年10月结束，在两个运动的结束时间上向后推迟了数月。《大事记》记述的开始与结束的时间完全与《党史二卷》相同。[④]《若干回顾》《毛泽东传》与《刘少奇传》所述的开始的时间大体与上述著作相同，只不过《若干回顾》使用的是1951年底和1952

① 《中国共产党历史》第2卷上册，中共党史出版社2011年版，第160、162页。

② 《中国共产党历史》第2卷上册，中共党史出版社2011年版，第163页。

③ 《中国共产党历史》第2卷上册，中共党史出版社2011年版，第165页。

④ 《中国共产党历史大事记（1921年7月—2011年6月）》，人民出版社2011年版，第71—72页。

年初的说法,[①]《毛泽东传》使用的是中央作出决定和毛泽东作出批示的时间,[②]《刘少奇传》使用的是1951年底和接着进行的说法,《毛泽东传》没有说结束的时间,《刘少奇传》也没有直接说结束的时间，但间接地说到了结束的时间。《刘少奇传》说:“一九五二年九月二十四日，也就是‘三反’、‘五反’运动将要结束时，中共中央书记处会议听取刚刚从苏联回国的周恩来汇报关于第一个五年计划同苏联商谈的情况。”[③] 由此看来，经过考证和中央档案馆核实过的《党史二卷》和《大事记》所记述的结束时间应该是比较准确的。

## 五、关于整风和整党运动

新中国成立后，中国共产党开展了在全国执政后的第一次整风和整党运动，这也是中共历史上的一个重大事件。对这一历史事件,《七十年》是这样记述的:“1950年，针对在全国革命胜利的形势下党内一部分人中滋长的以功臣自居的骄傲自满情绪和官僚主义、命令主义作风，党中央发出一系列关于党的建设的指示，在全党进行了一次着重整顿党的干部的整风学习。1951年春天，中共中央召开第一次全国组织工作会议，决定对全党的基层组织进行一次普遍的整顿，……整党从1951年下半年开始，分期分批进行，在进行‘三反’的单位结合‘三反’进行，到1954年春基本结束”。[④] 对这一历史事件,《简史》是这样记述的:“由于党已经在全国范围内执

① 薄一波:《若干重大决策与事件的回顾》(上)，中共党史出版社2008年版，第98、114页。

②《毛泽东传(1949—1976)》(上)，中央文献出版社2003年版，第207、222、235页。

③《刘少奇传(1898—1969)》(下)，中央文献出版社2008年版，第658页。

④《中国共产党的七十年》，中共党史出版社1991年版，第274页。

掌政权，担负着多方面全新的任务，党的队伍也面临新的考验。这样于 1950 年 5 月 1 日发出指示，要求在全党范围进行一次大规模的整风运动”；“1953 年中央决定进行整党，重点解决党内思想不纯和组织不纯等方面的问题”。[①] 这里，《简史》与《七十年》对全党开展整风运动时间的记述是一致的，年份相同，《简史》详细讲了月日。但对整党开展的时间记述不同。《七十年》认为，1951 年春在第一次全国组织工作会议上作出了决定，从 1951 年下半年分期分批开始。《简史》则说，决定整党是 1953 年，这样时间上就相差了 2 年。整党是什么时候基本结束的？《七十年》记述是 1954 年春，《简史》没有记述。《党史二卷》的记述是：“中共中央于 1950 年 5 月 1 日发出《关于在全党全军开展整风运动的指示》，要求在全党全军进行一次整风运动，严格地整顿全党作风，首先是整顿干部作风”；“全党整风运动，从 1950 年下半年开始，经分批整训，于年底结束”。[②] 这里，《党史二卷》与《七十年》和《简史》所不同的是，明确记述了整风开始的时间、中央发出的指示以及整风结束的时间。关于整党运动，《党史二卷》记述道：“1951 年 2 月，中央发出《中共中央政治局扩大会议决议要点》，提出以三年的时间进行一次整党的任务”；“1951 年 3 月 28 日至 4 月 9 日，中国共产党第一次全国组织工作会议在北京召开”[③]；“根据中央批准的全国组织工作会议作出的各项决议，整党运动有步骤地在全党展开”。[④]《大事记》也是这样记

①《中国共产党简史》，中共党史出版社 2001 年版，第 107 页。
②《中国共产党历史》第 2 卷上册，中共党史出版社 2011 年版，第 168、169 页。
③《中国共产党历史》第 2 卷上册，中共党史出版社 2011 年版，第 169 页。
④《中国共产党历史》第 2 卷上册，中共党史出版社 2011 年版，第 170 页。

述的:“(1951年)3月28日—4月9日,中共中央召开第一次全国组织工作会议。刘少奇作《共产党员标准的八项条件》的报告和《为更高的共产党员的条件而斗争》的总结。会议通过《关于整顿党的基层组织的决议》。整党工作逐步展开,到1954年春基本结束”。[1]这里,《党史二卷》记述了整党决定的时间,至于开始的时间用了第一次全国组织工作会议后有步骤地展开的说法,没有像《七十年》那样明确说明时间。整党什么时候结束也没有明确记述,但书中提到了中央政治局扩大会议决议的要点,用三年时间进行一次整党,这样推算下来时间应该是1954年。《大事记》没有记述整风运动的历史事件。对整党运动记述的决定时间完全与《党史二卷》相同。所不同的是,《大事记》明确记述了整党结束的时间即1954年春基本结束。对这一历史事件,《刘少奇传》是怎样记述的呢?《刘少奇传》记述,中共中央1950年“于五月一日发出《关于在全党全军开展整风运动的指示》,决定在一九五〇年夏秋冬三季,结合各项工作,在全党全军中开展一次大规模的整风运动,……这次整风到同年冬季基本结束。……一九五一年二月,中共中央召开有各中央局负责人参加的政治局扩大会议,对整党建党问题也进行了讨论。会议决定从一九五一年下半年起,用三年时间有领导、有步骤地进行一次整党运动”。[2]该书指出:1952年中共中央发动“三反”运动后,整党工作和“三反”运动结合进行。对整风运动的记述,《刘少奇传》与《党史二卷》基本相同,只不过《刘少奇传》用了季节的概念。对

① 《中国共产党历史大事记(1921年7月—2011年6月)》,人民出版社2011年版,第70页。
② 《刘少奇传(1898—1969)》(下),中央文献出版社2008年版,第624—625页。

于整党运动，《刘少奇传》的记述与《党史二卷》大致相同，《党史二卷》记述说，1951 年 2 月中央政治局扩大会议要点提出用三年时间进行和完成一次整党任务，而《刘少奇传》对“提出”的表述进行了改动，改为“决定”，对全国第一次组织工作会议及会议作出的关于整顿党的基层组织的决议等没有提及。

## 六、关于“大跃进”和人民公社化运动

“大跃进”和人民公社化运动是我们党在 20 世纪 50 年代末所犯的一个全局性的“左”倾错误，给党和人民带来了重大灾难和严重损失。对于中共历史上的这一重要历史事件，上述几本党史著作又是如何记述的呢？《七十年》记述道：“（1957 年）这年冬季，各省、市、自治区纷纷召开党的代表大会，以‘大鸣大放大辩论大字报’形式批判右倾保守思想，同时发动和组织广大农民日夜奋战，掀起了一个以兴修水利、养猪积肥和改良土壤为中心的冬季农业生产高潮，揭开了大跃进的序幕”；“（1958 年）八大二次会议以后，大跃进运动在全国范围内从各方面开展起来，主要标志是片面追求工农业生产和建设的高速度，不断地大幅度地提高和修改计划指标”；“7、8 月间，《红旗》杂志、《人民日报》公开宣传毛泽东关于把工、农、商、学、兵组成一个大公社，从而构成为我国社会的基本单位的思想。河南、山东等许多地方闻风而动，人民公社开始在农村建立”；“1958 年 8 月，中央政治局在北戴河举行扩大会议。……会议作出《关于在农村建立人民公社问题的决议》，……这次会议把大跃进和人民公社化运动迅速

推向高潮”。[①]《简史》记述道:“大跃进运动从1957年底开始发动,1958年全面展开。(八届三中)全会决定在农村开展关于农业生产建设的大辩论,以推动农业的迅速发展。这年冬季,全国范围掀起以兴修水利为中心的冬季农业生产高潮,实际上拉开了‘大跃进’运动的序幕。1958年1月和3月,中央先后在南宁和成都召开会议,对‘大跃进’作了进一步准备。1958年5月召开的八大二次会议,正式提出‘鼓足干劲、力争上游、多快好省地建设社会主义’的总路线……会后,以片面追求工农业生产和建设的高速度,大幅度地提高和修改计划为标志的‘大跃进’运动在全国范围内开展起来”;“1958年8月,中央政治局在北戴河举行扩大会议,正式决定当年钢产量比上年翻一番,作出《关于在农村建立人民公社问题的决议》。这次会议把‘大跃进’和人民公社运动迅速推向高潮”。[②]这里,《七十年》与《简史》的记述是基本一致的。《党史二卷》的记述是:“‘大跃进’运动,是在批评反冒进和酝酿、制定社会主义建设总路线的过程中发动起来的”;[③]“它(南宁会议)又是发动‘大跃进’过程中的一次重要会议”;[④]“成都会议是发动‘大跃进’过程中的又一次重要会议”;[⑤]“经过1958年上半年几次中央会议的酝酿和准备,党的八大二次会议于5月5日至23日召开,推动了‘大跃进’运动的全面展开”;[⑥]“人民公社化运动最初是由高级农业生产合作社的小社并大社引起

①《中国共产党的七十年》,中共党史出版社1991年版,第312、314、315页。
②《中国共产党简史》,中共党史出版社2001年版,第127—129页。
③《中国共产党历史》第2卷上册,中共党史出版社2011年版,第473页。
④《中国共产党历史》第2卷上册,中共党史出版社2011年版,第476页。
⑤《中国共产党历史》第2卷上册,中共党史出版社2011年版,第479页。
⑥《中国共产党历史》第2卷上册,中共党史出版社2011年版,第480页。

的”，[①] 从1958年6月至8月，一些地方开始试办，“在各地争先恐后建立人民公社的形势下，1958年8月召开的北戴河会议正式决定在全国农村中建立人民公社。”“8月29日，会议通过了《中共中央关于在农村建立人民公社问题的决议》”。[②] 这里，我们可以看到，《党史二卷》对“大跃进”和人民公社化运动的记述，条理比较清晰，表述也比较准确，读后使人一目了然。《大事记》记述道：“（1958年）5月5日—23日，中共八大二次会议举行，正式通过‘鼓足干劲、力争上游、多快好省地建设社会主义’的总路线。会后，‘大跃进’运动在全国展开”；“8月17日—30日，中共中央政治局在北戴河召开扩大会议，确定一批工农业生产的高指标，宣布1958年生产钢1070万吨，比上年钢产量翻一番；通过《关于在农村建立人民公社问题的决议》。全国很快形成全民炼钢和人民公社化运动的高潮，以高指标、瞎指挥、浮夸风和‘共产’风为主要标志的‘左’倾错误严重地泛滥开来”。[③]《大事记》的记述与《党史二卷》基本相同，只不过因为文字所限，进行了概括。《若干回顾》记述道：“1958年到1960年，在我国历史上习惯称为‘大跃进’的年代”；“1958年发动‘大跃进’，是从农业开始的。1957年九十月间召开的党的八届三中全会，不仅揭开了批评‘反冒进’的序幕，同时也揭开了发动农业‘大跃进’的序幕”；[④]“1958年开始的工业‘大跃进’，最具典型性的是全党全民大办钢铁”；[⑤]“1957年冬到1958年春，全国出动几千万

---

①《中国共产党历史》第2卷上册，中共党史出版社2011年版，第492页。

②《中国共产党历史》第2卷上册，中共党史出版社2011年版，第495页。

③《中国共产党历史大事记（1921年7月—2011年6月）》，人民出版社2011年版，第87页。

④ 薄一波：《若干重大决策与事件的回顾》（下），中共党史出版社2008年版，第478页。

⑤ 薄一波：《若干重大决策与事件的回顾》（下），中共党史出版社2008年版，第486页。

到上亿的劳动力，大搞农田水利基本建设，从而揭开了‘大跃进’的序幕”；“（1958年）7月间，（河南省）在并大社的基础上，迅速掀起了人民公社化热潮”，“毛泽东（8月）视察三省的消息，特别是8月13日报纸发表关于‘还是办人民公社好’谈话的消息后，全国各地迅速掀起了办人民公社的热潮”；[①] 8月29日，北戴河政治局扩大会议通过《中共中央关于在农村建立人民公社问题的决议》。“9月10日，《关于在农村建立人民公社问题的决议》公开发表。《人民日报》同日发表社论：《先把人民公社的架子搭起来》。……这时，一个大办人民公社的全民运动，迅速在全国农村广泛开展起来”。[②] 这里，《若干回顾》提供和讲述了许多历史的细节。《刘少奇传》也记述道，“大跃进”的发动，起端于对“反冒进”的错误批判。[③] 其说法和判断大体与上述党史著作基本相同。

综上所述，我们可以看到，“大跃进”和人民公社化运动的发动有一个过程，大致持续和进行的时间是3年左右，如果要十分准确或精确地下个定论说，“大跃进”和人民公社化运动从哪一年哪一月哪一日正式开始，又是到哪一年哪一月哪一日正式结束，是非常困难的。实际上，这个运动从1957年底在农业领域和部分地区就已经开始进行、已经在酝酿和发动，并拉开了序幕。后来还有一个层层发动、逐步推进和形成高潮的问题，南宁会议、成都会议都起了这个作用，到八大二次会议和8月的北戴河政治局扩大会议作出决议，则应该是“大跃

① 薄一波：《若干重大决策与事件的回顾》（下），中共党史出版社2008年版，第511、519、520页。

② 薄一波：《若干重大决策与事件的回顾》（下），中共党史出版社2008年版，第525—526页。

③《刘少奇传（1898—1969）》（下），中央文献出版社2008年版，第759页。

进”和人民公社化运动开始的标志。至于“大跃进”和人民公社化运动什么时候结束，以上党史著作都没有明确的记述和表述，按照第二个历史决议和党史学界通常的说法应该是持续和进行到 1960 年后逐渐终止。

从以上中共党史若干重大历史事件时间考辨中，我们可以看到，对历史的记述越细越好，这有利于人们搞清楚历史事件发生的来龙去脉，知其然，又知其所以然。如果在反映和记述历史事件受到文字和篇幅限制不能展开时，则应该下功夫对历史事件进行认真细致的反复考证，努力作一个精准的判断，下一个准确的结论。这样，才能使读者在学习党史著作时，一事一学习，一事一掌握。对有质量、有影响、权威性的党史基本著作尤其应该提出这样的高标准和严要求。

# 2011 年

# 关于中国共产党对十一届三中全会的评价研究 *

1978年12月召开的中国共产党第十一届中央委员会第三次全体会议（以下简称十一届三中全会），至今已经30多年了。这次会议在中国共产党90年的历史上是一个重大界标，具有划时代影响和里程碑意义。本文根据所收集到的材料，就党对十一届三中全会的评价，作些归纳整理，并进行比较分析和初步研究。

## 一、中国共产党对十一届三中全会评价的文献通考

十一届三中全会作为中国共产党历史的一个重大转折标志和新的历史时期的起点，从会议闭幕后，就在党的各种会议、文件和党的主要领导人的报告、讲话和谈话中被广泛使用。从一定意义上可以说，它是改革开放以来，使用频率最高、使用范围最广、使用次数最多的名称和概念之一。同时，随着实践

---

* 本文发表于《中共党史研究》2011年第4期。

发展和时间推移，党对这次会议，在不同历史时期和历史阶段，在不同重要会议和重大场合，又不断提及、反复论述和多次评价。这一方面反映了会议的价值、作用及影响在实践中的不断显现，另一方面又说明党对这次会议的历史地位和重大意义的认识在不断深化。

从笔者查阅到的文献资料看，中国共产党对十一届三中全会的论述和评价主要集中和体现在党的各种会议、文件以及党的主要领导人的报告、讲话和谈话之中。其中党的第二代中央领导核心邓小平同志，第三代中央领导核心江泽民同志，以及中共十六大以来党的总书记胡锦涛同志对此论述最多。

从十一届三中全会召开到 1992 年南方谈话，邓小平同志的有关论述如下：1979 年 1 月 1 日在全国政协举行的座谈讨论《全国人民代表大会常务委员会告台湾同胞书》的会议上发表的讲话，3 月 30 日在党的理论工作务虚会上的讲话；1980 年 1 月 16 日在中央召集的干部会议上的讲话，2 月 29 日在十一届五中全会上的讲话，12 月 25 日在中央工作会议上的讲话；1982 年 9 月 18 日陪同朝鲜劳动党中央委员会总书记金日成去四川访问途中的谈话；1983 年 4 月 29 日会见印度共产党（马克思主义）中央代表团时的谈话，10 月 12 日在十二届二中全会上的讲话；1984 年 6 月 30 日会见第二次中日民间人士会议日方委员会代表团时的谈话，10 月 1 日在中华人民共和国成立 35 周年庆祝典礼时的讲话，10 月 10 日会见联邦德国总理科尔时的谈话；1985 年 4 月 15 日会见坦桑尼亚联合共和国副总统姆维尼时的谈话，5 月 20 日同陈鼓应教授的谈话，6 月 4 日在军委扩大会议上的讲话，6 月 6 日同“大陆与台湾”学术研讨会主席团全体成员的谈话，8 月 21 日会见坦桑尼亚联合共和国总统尼雷尔时的谈话，9月23日在中国共产党全国代表会议上的讲话；1986年4月4日会见南斯拉夫社会主义联邦共和国主席团主席弗拉伊科维奇时的谈话；1987年1月20日会见津巴布韦总理穆加贝时的谈话，4月26日会见捷克斯洛伐克总理什特劳加尔时的谈话，4月30日会见西班牙工人社会党副书记、政府副首相格拉时的谈话，5月12日会见荷兰首相吕贝尔斯时的谈话，6月12日会见南斯拉夫共产主义者联盟中央主席团委员科罗舍茨时的谈话，6月29日会见美国前总统卡特时的谈话，10月13日会见匈牙利社会主义工人党总书记卡达尔时的谈话，11月16日会见日本社会党委员长土井多贺子时的谈话；1988年5月18日会见莫桑比克总统希萨诺时的谈话，5月25日会见捷克斯洛伐克共产党中央总书记雅克什时的谈话，6月3日会见“九十年代的中国与世界”国际会议全体与会者时的谈话，6月22日会见埃塞俄比亚总统门格斯图时的谈话，9月5日会见捷克斯洛伐克总统胡萨克时的谈话；1989年3月23日会见乌干达共和国总统穆塞韦尼时的谈话；1992年1月18日至2月21日在视察南方时的谈话等等。据初步统计，邓小平同志在14年间有关论述达32次之多，其中最多的1987年达8次。

从20世纪90年代到2002年党的十六大，江泽民同志的有关论述主要有：1991年7月1日在庆祝中国共产党成立70周年大会上的讲话；1992年10月12日在党的第十四次全国代表大会上所作的《加快改革开放和现代化建设步伐，夺取有中国特色社会主义事业的更大胜利》的报告；1993年3月31日在八届全国人大一次会议上的讲话，12月26日在毛泽东同志诞辰100周年纪念大会上的讲话；1996年3月3日在参加八届全国人大四次会议、全国政协八届四次会议的党员负责同志会议上的讲话，10月10日在十四届六中全会上的讲话；1997年2月25日在邓小平同志追悼大会上所致的悼词，9月12日在党的第十五次全国代表大会上所作的《高举邓小平理论伟大旗帜，把建设有中国特色社会主义事业全面推向二十一世纪》的报告；1998年7月21日会见日本共产党中央政治局委员长不破哲三率领的日本共产党代表团时的谈话，9月25日在安徽考察工作时的讲话，12月18日在纪念党的十一届三中全会召开20周年大会上的讲话；1999年6月28日在纪念中国共产党成立78周年座谈会上的讲话；2001年7月1日在庆祝中国共产党成立80周年大会上的讲话，8月31日在国防大学军队高级干部理论研讨班上的讲话；2002年11月8日在党的第十六次全国代表大会上所作的《全面建设小康社会，开创中国特色社会主义事业新局面》的报告；等等。据初步统计，江泽民同志在12年间，有关论述或专门论述共有14次。

胡锦涛同志的有关论述主要集中在新世纪的最近几年间。如2004年8月22日在邓小平同志诞辰100周年纪念大会上的讲话，9月15日在首都各界纪念全国人民代表大会成立50周年大会上的讲话；2006年2月14日在省部级主要领导干部建设社会主义新农村专题研讨班上的讲话；2007年10月15日在党的第十七次全国代表大会上所作的《高举中国特色社会主义伟大旗帜，为夺取全面建设小康社会新胜利而奋斗》的报告，12月17日在新进中央委员会的委员、候补委员学习贯彻党的十七大精神研讨班上的讲话；2008年5月8日在日本早稻田大学的演讲，6月23日在中国科学院第十四次院士大会和中国工程院第九次院士大会上的讲话，10月9日在十七届三中全会第一次全体会议上的讲话，12月18日在纪念党的十一届三中全会召开30周年大会上的讲话，12月31日在纪念《告台湾同胞书》发表30周年座谈会上的讲话等等。据初步统计，胡锦涛同志在5年间，有关论述或专门论述共有10次。

其他有关评述十一届三中全会的文献资料有：1978年12月22日十一届三中全会闭幕时的公报，这是最早见之于党对十一届三中全会评价的文献；1981年6月27日党的十一届六中全会审议通过的《关于建国以来党的若干历史问题的决议》(以下简称《历史决议》)；胡耀邦同志1981年7月1日在庆祝中国共产党成立60周年大会上的讲话，1982年9月1日在党的第十二次全国代表大会上所作的《全面开创社会主义现代化建设的新局面》的报告；赵紫阳1987年10月25日在党的第十三次全国代表大会上所作的《沿着有中国特色的社会主义道路前进》的报告；2008年10月12日党的十七届三中全会通过的《中共中央关于推进农村改革发展若干重大问题的决定》等等。

以上叙述的是有关党的代表大会、全会，党的主要领导人阐述十一届三中全会的文献资料，至于党的其他会议，党的其他领导人的有关论述多不胜数，此不罗列。通过对以上文献作些归纳和整理，我们发现，中国共产党自1978年12月以来，对十一届三中全会的论述和评价，可分为两种类型：一种是对十一届三中全会的专门论述和评价，即专评；一种是对十一届三中全会的附带论述和评价，即附评。专评的目标和内容指向十分明确和专一；附评与专评则大不相同，一般是在提及和论述别的问题时涉及或连带的论述和评价，附评又有系统附评和非系统附评。以上所列党对十一届三中全会专评的文献是：十一届六中全会审议通过的《历史决议》，江泽民同志在纪念十一届三中全会召开20周年大会上的讲话，胡锦涛同志在纪念十一届三中全会召开30周年大会上的讲话。之所以将《历史决议》和这两个讲话归入专评的范围，是因为《历史决议》在对新中国成立以来若干重大历史问题作结论时，单列“历史的伟大转折”的专题来论述和评价十一届三中全会。两个讲话，则是党中央为纪念十一届三中全会召开20周年、30周年而发表的重要文献。除此之外，上述所列党的主要领导人的其他报告、讲话、谈话，应列入对十一届三中全会的附评。附评中属于系统附评的文献是：邓小平同志1980年12月25日在中央工作会议上的讲话；胡耀邦同志1981年7月1日在庆祝中国共产党成立60周年大会上的讲话，1982年9月1日在党的第十二次全国代表大会上所作的《全面开创社会主义现代化建设的新局面》的报告；江泽民同志1992年10月12日在党的第十四次全国代表大会上所作的《加快改革开放和现代化建设步伐，夺取有中国特色社会主义事业的更大胜利》的报告，1993年12月26日在毛泽东同志诞辰100周年纪念大会上的讲话，1997年2月25日在邓小平同志追悼大会上所致的悼词；胡锦涛同志2004年8月22日在邓小平同志诞辰100周年纪念大会上的讲话，2007年12月17日在新进中央委员会的委员、候补委员学习贯彻党的十七大精神研讨班上的讲话等。其他报告、讲话和谈话等都属于非系统的附评。

对十一届三中全会的专评和附评作进一步的考证与分析，可以发现，不管是专评还是附评，都有内涵丰富、意义重大的共性。三次专评是中共中央在不同历史时期和历史阶段，代表党的中央领导集体对十一届三中全会所作的专门评价。十一届六中全会审议通过的《历史决议》，是20世纪80年代初，以邓小平同志为核心的党的第二代中央领导集体对十一届三中全会作的评价和结论；江泽民同志在纪念十一届三中全会召开20周年大会上的讲话，是20世纪90年代末，以江泽民同志为核心的党的第三代中央领导集体对十一届三中全会作的评价和结论；胡锦涛同志在纪念十一届三中全会召开30周年大会上的讲话，则是在本世纪初，以胡锦涛同志为总书记的党中央领导集体对十一届三中全会作的评价和结论。所有附评，因为都是党的主要领导人的报告、讲话和谈话，所以，仍然具有权威性，这些附评与专评，互为佐证，相互补充，都是我们研究中国共产党对十一届三中全会评价的重要材料来源和依据。

## 二、中国共产党对十一届三中全会的评价探析

自十一届三中全会以来，中国共产党对十一届三中全会的评价主要集中在以下两个方面。

### （一）对十一届三中全会重大意义和历史地位的评价

从党的文献看，最早对十一届三中全会给予评价的是十一届三中全会发布的公报。公报说："全会认为，这次会议和以前的中央工作会议，在党的历史上具有重大的意义。"[①]那么，这两次会议的重大意义体现在哪些方面呢？公报并没有详细的阐述。1979年3月30日，邓小平同志在党的理论工作务虚会上发表讲话，讲到十一届三中全会和中央工作会议时说："这两次会议在党的历史上是有重大意义的。"[②]这个评价与十一届三中全会公报一致，但对意义没有展开阐述。1981年6月27日十一届六中全会审议通过的《历史决议》，第一次对十一届

①《人民日报》1978年12月24日。
②《邓小平文选》第2卷，人民出版社1994年版，第158页。

三中全会进行了全面评价，也是第一次作出专门评价。《历史决议》指出：十一届三中全会“是建国以来我党历史上具有深远意义的伟大转折”[①]。从此，“伟大转折”的评价被广泛使用。1982年9月1日，胡耀邦同志在十二大报告中，用“历史性的伟大转变”来评价十一届三中全会[②]。从中我们可以发现，胡耀邦同志在十二大报告中的提法与《历史决议》的提法是不一样的。前者使用的是“伟大转折”，后者使用的是“伟大转变”，尽管文字的表述有差别，但是两种表述所反映的本质内容则是相同的。1993年12月26日，江泽民同志在毛泽东同志诞辰100周年纪念大会上的讲话中对十一届三中全会给予了评价。他指出：十一届三中全会“实现在党的历史上具有深远意义的伟大转折”[③]。这个评价沿用了《历史决议》的提法，但是，在时间限定上与前者有所区别。前者指的是“建国以来”，后者是党的整个历史。1996年10月10日江泽民同志在党的十四届六中全会的讲话中，使用了“开创了我国社会主义事业的新时期”的提法[④]。1997年2月25日，江泽民同志在邓小平同志追悼大会上所致的悼词中，使用了“标志着建国以来党和国家历史的伟大转折，开辟了改革开放和集中力量进行社会主义现代化建设的历史新时期”的提法[⑤]。这里，江泽民同志在“伟大转折”的定语中，增加了“国家”的概念。对新时期内涵的表述与前略有不同。前者的内涵是指我国社会主义事业，后者的内涵是指改革开放和社会主义现代化建设。1998年9月25日，

①《关于建国以来党的若干历史问题的决议注释本》，人民出版社1983年版，第41页。
②《十二大以来重要文献选编》（上），人民出版社1986年版，第6、13页。
③《江泽民文选》第1卷，人民出版社2006年版，第347页。
④《江泽民文选》第1卷，人民出版社2006年版，第570页。
⑤《江泽民文选》第1卷，人民出版社2006年版，第631页。

江泽民同志在安徽省考察工作发表讲话时，使用了“中国进入了一个波澜壮阔的改革开放的新时期”的提法[①]。这个提法，与以前的提法相同，但是，没有提社会主义现代化建设的内容。只是在“改革开放”前增加了“波澜壮阔”的形容词。从1996年以来，江泽民同志多次使用了新时期的提法，其定语的内涵略有差异，但表达的本质完全一致。1998年12月18日，江泽民同志在纪念党的十一届三中全会召开20周年大会上发表讲话，又一次代表中国共产党对十一届三中全会作出全面评价，也是党对十一届三中全会第二次作出专门评价。他说:“一九七八年十二月召开的十一届三中全会，是一次很不寻常的会议。”“十一届三中全会，是建国以来我党历史上具有深远意义的伟大转折。党在思想、政治、组织等领域的全面拨乱反正，是从这次全会开始的。伟大的社会主义改革开放，是由这次全会揭开序幕的。建设有中国特色社会主义的新道路，是以这次全会为起点开辟的。当代中国的马克思主义——邓小平理论，是在这次全会前后开始逐步形成和发展起来的。十一届三中全会是一个光辉的标志，它表明中国从此进入了社会主义事业发展的新时期。”[②]这里，江泽民同志除重申以往所讲的“具有深远意义的伟大转折”外，对为什么说这是一次伟大转折，作了精辟的阐述和回答，并在继续强调新时期提法的基础上，提出了“是一个光辉的标志”的说法。2001年8月31日，江泽民同志在国防大学军队高级干部理论研讨班上的讲话中，

---

① 《江泽民文选》第2卷，人民出版社2006年版，第207—208页。
② 《十五大以来重要文献选编》(上)，人民出版社2000年版，第672、673页。

对20世纪70年代末，面对百业待举的严峻形势，我们党如何领导全党全国人民进行拨乱反正时，讲到了“在邓小平同志支持和推动下，我们党停止使用‘以阶级斗争为纲’的口号，在全国范围内开展关于真理标准问题的大讨论，冲破‘两个凡是’的禁锢，重新确立了实事求是的思想路线，决定实行改革开放的新政策，实现党和国家工作重心的转移。这是全党思想的一次大解放，也是党的理论的一次重要创新，为开辟社会主义事业发展的新时期起到了至关重要的作用。”[①]江泽民同志在这次讲话中，虽然没有讲到十一届三中全会，但是，从所述内容来看，涉及的正是十一届三中全会，因此，他所讲的“全党思想的一次大解放”，“党的理论的一次重要创新”，应该被视为是对十一届三中全会的评价。2004年8月22日，胡锦涛同志在邓小平同志诞辰100周年纪念大会上的讲话，对十一届三中全会的评价与江泽民同志在邓小平同志追悼大会上的评价完全一致[②]。2004年9月15日，他在首都各界纪念全国人民代表大会成立50周年大会上的讲话，2006年2月14日在省部级主要领导干部建设社会主义新农村专题研讨班上的讲话，2007年10月15日在党的十七大上所作的报告[③]，对十一届三中全会的评价，与在邓小平同志诞辰100周年纪念大会上的讲话的表述基本相同，只是个别措辞和用字略有不同。2007年12月17日，胡锦涛同志在新进中央委员会的委员、候补委员学习贯彻党的十七大精神研讨班上的讲话，使用了十一届三中全会是一

---

①《江泽民文选》第3卷，人民出版社2006年版，第334页。

②《改革开放三十年重要文献选编》（下），中央文献出版社2008年版，第1412页。

③《改革开放三十年重要文献选编》（下），中央文献出版社2008年版，第1426、1560、1715页。

个“转折点”的提法[①]。2008年5月8日，胡锦涛同志在日本早稻田大学演讲时，使用了从1978年到现在，中国人民毅然决然地踏上“改革开放的伟大征程”，“开始了新的历史条件下新的伟大革命”的提法[②]。2008年6月23日，他在中国科学院第十四次院士大会和中国工程院第九次院士大会上的讲话，除继续重申以往的提法外，又增加了“也迎来了科学的春天”的提法[③]。2008年12月18日，胡锦涛同志在纪念党的十一届三中全会召开30周年大会上发表讲话，这是党对十一届三中全会作出的第三次全面专门评价。他在讲话中指出：“党的十一届三中全会是在党和国家面临向何处去的重大历史关头召开的。”“这次会议，实现了新中国成立以来我们党历史上具有深远意义的伟大转折，开启了我国改革开放历史新时期。从此，党领导全国各族人民在新的历史条件下开始了新的伟大革命。”“党的十一届三中全会标志着我们党重新确立了马克思主义的思想路线、政治路线、组织路线，标志着中国共产党人在新的时代条件下的伟大觉醒，显示了我们党顺应时代潮流和人民愿望、勇敢开辟建设社会主义新路的坚强决心。”从十一届三中全会开始，“党和国家又充满希望、充满活力地踏上了实现社会主义现代化的伟大征程”。[④]

从以上所述我们可以看到，对十一届三中全会重大意义和历史地位的评价，从十一届三中全会闭幕后，就已经开始，评价的内容，除对最基本的评价“深远意义”“伟大转折”重申

① 《十七大以来重要文献选编》（上），中央文献出版社2009年版，第96页。
② 《十七大以来重要文献选编》（上），中央文献出版社2009年版，第394页。
③ 《十七大以来重要文献选编》（上），中央文献出版社2009年版，第496页。
④ 《十七大以来重要文献选编》（上），中央文献出版社2009年版，第788、789页。

外，不断丰富、完善，补充增加新内容，从“进入改革开放历史新时期”到“开启改革开放历史新时期”，从“一个标志”到“两个标志”，“一个显示”到“一个踏上”，评价的内涵越来越全面，评价的高度不断得到提升。

### （二）对十一届三中全会历史作用和深远影响的评价

十一届三中全会的作用和影响是逐渐显现的，所以，对其评价也有一个逐步深化和完善的过程。十一届三中全会刚结束不久，邓小平同志在1979年1月1日全国政协举行的座谈讨论《全国人民代表大会常务委员会告台湾同胞书》会议的讲话中，就对中央工作会议和十一届三中全会的风气和开创的工作局面给予了肯定，他认为，这种“生动活泼”的风气和工作局面在1978年逐渐地形成了。1979年3月30日，邓小平同志在党的理论工作务虚会的讲话中强调指出：三中全会“决定把全党的工作的着重点从今年起转移到社会主义现代化建设方面来”。“三中全会解决了党的历史上所遗留的一系列重大问题”。①1980年1月16日，他在中央召集的干部会议的讲话中说：“三中全会不但解决了文化大革命十年的问题，也在很大程度上解决了二十多年的问题。”②1980年2月29日，他在十一届五中全会第三次会议上的讲话中说：“三中全会确立了或者说重申了党的思想路线。”③1980年12月25日，他在中央工作会议讲话中重申了要坚持十一届三中全会所要求的一些原则。他说：“党的三中全会要求全党解放思想，开动脑筋，实事求是，团结一致向前

①《邓小平文选》第2卷，人民出版社1994年版，第158页。
②《邓小平文选》第2卷，人民出版社1994年版，第242页。
③《邓小平文选》第2卷，人民出版社1994年版，第275页。

看，研究新情况，解决新问题”。“要继续发展社会主义民主，健全社会主义法制。这是三中全会以来中央坚定不移的基本方针，今后也决不允许有任何动摇。”[①]1981年6月27日，十一届六中全会审议通过的《历史决议》强调指出：“全会结束了一九七六年十月以来党的工作在徘徊中前进的局面，开始全面地认真地纠正‘文化大革命’中及其以前的左倾错误。这次全会坚决批判了‘两个凡是’的错误方针，充分肯定了必须完整地、准确地掌握毛泽东思想的科学体系；高度评价了关于真理标准问题的讨论，确立了解放思想、开动脑筋、实事求是、团结一致向前看的指导方针；果断地停止使用‘以阶级斗争为纲’这个不适用于社会主义社会的口号，作出了把工作重点转移到社会主义现代化建设上来的战略决策；提出了要注意解决好国民经济重大比例严重失调的要求，制订了关于加快农业发展的决定；着重提出了健全社会主义民主和加强社会主义法制的任务；审查和解决了党的历史上一批重大冤假错案和一些重要领导人的功过是非问题。全会还增选了中央领导机构的成员。这些在领导工作中具有重大意义的转变，标志着党重新确立了马克思主义的思想路线、政治路线和组织路线。从此，党掌握了拨乱反正的主动权，有步骤地解决了建国以来的许多历史遗留问题和实际生活中出现的新问题，进行了繁重的建设和改革工作，使我们的国家在经济上和政治上都出现了很好的形势。”[②]如果说，在《历史决议》审议通过之前，党的会议和党的主要领导人在报告、讲话、谈话中，对十一届三中全会历史作用和

---

①《邓小平文选》第2卷，人民出版社1994年版，第357、359页。

②《关于建国以来党的若干历史问题的决议注释本》，人民出版社1983年版，第41—42页。

重大影响的评价只是局限在某个方面或某几个方面的话，《历史决议》审议通过后，则是作了全面的郑重的评价和结论，这也就为以后党的会议和党的主要领导人的报告、讲话、谈话定下了基调，提供了依据。从党的文献看，以后对十一届三中全会所作的评价，基本没有超出《历史决议》的范围。但是，随着时间的推移和实践的检验，此后党的会议、文件和党的主要领导人的报告、讲话、谈话，对十一届三中全会的评价逐步展开，其中以邓小平同志的一次谈话和江泽民、胡锦涛同志的两次讲话为代表。1987 年 1 月 20 日，邓小平同志在会见津巴布韦总理穆加贝时说："八年来，我们党的十一届三中全会制定的路线、方针、政策得到了顺利的贯彻，国家得到了明显的发展，人民生活确实有了比较明显的改善。"① 这可以看作是党在十一届三中全会后第一个十年中，对三中全会历史作用和深远影响的正式评价。而党在十一届三中全会后第二个十年、第三个十年的评价，则主要反映和体现在江泽民和胡锦涛同志分别在纪念党的十一届三中全会召开 20 周年和 30 周年大会上的讲话之中。江泽民同志在讲话中指出："十一届三中全会的伟大意义和深远影响，已经和正在随着实践的发展越来越充分地显示出来，并将贯穿于建设有中国特色社会主义事业的全部进程。" 十一届三中全会以来 20 年，"在建国以后取得的重大成就的基础上，我们又取得举世瞩目的巨大成就"。对这些成就，江泽民同志从政治、经济、改革开放、精神文明建设、军事、国防、外交、党建等十个方面进行了全面系统深入的阐述②。胡锦涛同志的讲话，

---

①《邓小平文选》第 3 卷，人民出版社 1993 年版，第 202 页。

②《十五大以来重要文献选编》(上)，人民出版社 2000 年版，第 673、675、676—678 页。

除了对十一届三中全会以来30年所取得的成就进行阐述外，还对十一届三中全会开创的新局面，产生的巨大影响的过程也进行了论述。他说："在党的十一届三中全会春风吹拂下，神州大地万物复苏、生机勃发，拨乱反正全面展开，解决历史遗留问题有步骤进行，社会主义民主法制建设走上正轨，党和国家领导制度和领导体制得到健全，国家各项事业蓬勃发展。我们伟大的祖国迎来了思想的解放、经济的发展、政治的昌明、教育的勃兴、文艺的繁荣、科学的春天。"①

综上所述，中国共产党对十一届三中全会历史作用和深远影响的评价，是沿着党的指导思想的根本转变和解决党的思想路线问题、政治路线问题、组织路线问题、改革开放问题、领导核心问题、农业农村发展问题、人事变动问题等来展开的。

## 三、中国共产党对十一届三中全会评价得到的结论和启示

以上我们系统地梳理了中国共产党论述十一届三中全会的有关资料文献，全面地探析了党对十一届三中全会的评价，从中我们可以得到以下结论和启示。

### （一）研究和考察党对十一届三中全会的评价得出的结论

1. 十一届三中全会的历史意义在于为中国共产党新时期历史确立了一个标志性的起点。1986年4月4日，邓小平同志会见南斯拉夫社会主义联邦共和国主席团主席弗拉伊科维奇

① 《十七大以来重要文献选编》（上），中央文献出版社2009年版，第789页。

时的谈话中曾谈到了这一点。他说："一九四九年中华人民共和国建立，到现在快三十七年了。这中间，中国走的道路很曲折，有顺利发展的时期，也有遭受挫折的时期。'文化大革命'结束以后，我们冷静地估计了形势，考虑今后的路怎么走。界限的划分是我们党的十一届三中全会，这次会议确定了一系列新的方针和政策。"[①] 这里邓小平同志说的"界限"就是中国共产党历史上的一个关节点，即一个新的历史起点。所以，在党对十一届三中全会的一些评价中，从使用建国以来我们党具有重大意义的"伟大转变""伟大转折"、开启和进入"历史新时期"，到几个"标志"概念的出现，都是将其作为一个历史的起点来看待的。有了这个关节点，就有了新旧的区别，就产生了划时代的意义。因此，十一届三中全会之所以载入史册，之所以成为一个历史的伟大转折点，成为历史分期的界限，定格在中国共产党历史的坐标上，是因为，党在改革开放和社会主义现代化建设新时期，党的十一届三中全会以后的路线、方针、政策，中国特色社会主义理论体系的历史起点、逻辑起点、思想起点都是从这里开始的。

2. 十一届三中全会的历史影响在于汇集了党在改革开放和社会主义现代化建设新时期的一条线。1988 年 5 月 18 日，邓小平同志会见莫桑比克总统希萨诺的谈话时讲到："我们党的十一届三中全会的基本精神是解放思想，独立思考，从自己的实际出发来制定政策。"[②]"解放思想，独立思考，从自己的实际出发"是十一届三中全会的基本精神，也是贯穿于改革开放和

---

①《邓小平文选》第 3 卷，人民出版社 1993 年版，第 157 页。
②《邓小平文选》第 3 卷，人民出版社 1993 年版，第 260 页。

社会主义现代化建设新时期的一条红线。这条线起始于十一届三中全会的发端点，30多年来不断向后伸展，并将无限地延伸。因此，我们看到党在对十一届三中全会评价时，凡涉及重大问题的阐述，都会以“十一届三中全会以来”进行表述，这个“以来”，随着时间的推移，将不断地向前推进。另外，我们通过对新时期所有重大决策、重要理论成果的观察，就会发现，十一届三中全会的价值是不朽的，尽管以后的发展会随着任务的变化进入新的历史时期和阶段，但其价值已经成为指导我们伟大实践的“灵魂”。

3. 十一届三中全会的历史地位在于辐射了党在改革开放和社会主义现代化建设新时期的一个面。1987年5月12日，邓小平同志在会见荷兰首相吕贝尔斯时讲到：“中国真正活跃起来，真正集中力量做人民所希望做的事情，还是在一九七八年底党的十一届三中全会以后。”[①] 诚如斯言，历史的各种机缘和因素促成了十一届三中全会的召开，十一届三中全会的作用影响了我们党和我们国家，使我国经济社会发生了巨大变化，不断开创新的历史局面。正如胡锦涛同志在党的十七大报告中指出的那样：“一九七八年，我们党召开具有重大历史意义的十一届三中全会，开启了改革开放历史新时期。从那时以来，中国共产党人和中国人民以一往无前的进取精神和波澜壮阔的创新实践，谱写了中华民族自强不息、顽强奋进新的壮丽史诗，中国人民的面貌、社会主义中国的面貌、中国共产党的面貌发生了历史性变化。”[②] 历史需要沉淀，历史更需要远距离回

---

①《邓小平文选》第3卷，人民出版社1993年版，第232页。
②《十七大以来重要文献选编》(上)，中央文献出版社2009年版，第5页。

望，回顾1978年以来的30多年，我们看清了历史的走向和本来面目。随着时间的推移，十一届三中全会的历史作用会愈加突出、愈加清晰、愈加显现。

### （二）研究和考察党对十一届三中全会的评价所得到的启示

1. 评价要经得起实践的检验。1988年5月25日，邓小平同志在会见捷克斯洛伐克共产党中央总书记雅克什时曾说："我们中国常说一句话，叫做'实践是检验真理的唯一标准'。经过十年来的实践检验，证明我们党的十一届三中全会以来制定的一系列路线、方针、政策是正确的，我们实行改革开放是正确的。"① 从党对十一届三中全会的评价演变过程中我们可以看到，十一届三中全会公报中仅仅说这次全会是一次具有重大意义的会议，这种表述和评价是针对会议的议题和内容讲的，以后对十一届三中全会的评价逐渐增多，逐步提升，都是以实践的检验为依据的。这在20世纪80年代邓小平同志会见外宾的多次谈话中，反映和体现得最为充分。在20世纪90年代，江泽民同志的多次讲话中也多有反映和体现。历史唯物主义昭示我们，对一个事物、一件事情的评判，必须以实践为标准，经过实践检验的结论才有权威性，才能立得住。党对十一届三中全会的评价，经历了改革开放和社会主义现代化建设伟大实践的检验，不是主观臆想，更不是妄说，而是对客观事物的真实描述和正确反映。

2. 评价要经受住时间的考验。评价还要经受时间的考验，往往时间越长，这种考验就越严峻。这是因为有时间才会有距离，有距离才会看清脉络、看清全貌、看清走向。党对十一

---

①《邓小平文选》第3卷，人民出版社1993年版，第265页。

届三中全会的评价，经受住了时间的考验。从十一届三中全会召开后的第二年，对其评价就已经出现，以后日复一日，年复一年，中国改革开放和社会主义现代化的进程，时时都在考验着十一届三中全会，考验着对十一届三中全会的评价。如果将十一届三中全会召开以来的 30 多年，大体按三个十年的阶段划分，可以关注三次专门评价：一次是《历史决议》对十一届三中全会郑重作出的历史结论；一次是江泽民同志在纪念十一届三中全会召开 20 周年大会上发表的讲话；一次是胡锦涛同志在纪念十一届三中全会召开 30 周年大会上发表的讲话。第一次评价的时间距十一届三中全会召开只有 3 年，3 年的时间其成效和作用的端倪已经显露，如果从较长时间检验，则可以从距十一届三中全会召开 10 年的邓小平同志的多次谈话、讲话加以补充和印证。十一届三中全会召开 10 周年时，由于某种原因，中共中央没有召开纪念大会。到十一届三中全会召开 20 周年、30 周年时，中共中央两次召开纪念大会，前后两任总书记江泽民、胡锦涛同志都发表了讲话，都对十一届三中全会给予了高度评价。可见，分三个十年的时间段考察党对十一届三中全会的评价，其感受是明显不一样的。所以说，对十一届三中全会的评价是经受住了时间考验的。

3. 评价要经过党中央确认。从十一届三中全会以来的 30 多年间，我们可以看到，党对十一届三中全会的评价，不管是专门评价也好，还是附带评价也好，都不是某个领导人的个人行为、个人言行，而是被党中央所确认的，被党的会议讨论和审定的。十一届三中全会后，邓小平、江泽民、胡锦涛同志对十一届三中全会评价的一系列讲话、谈话，是以党的主要领导人的身份讲的，具有最高的权威性。《历史决议》是党的中央全会讨论通过的，党的代表大会的报告是经代表们审议通过的。两次纪念大会的讲话，是两任总书记代表党中央所发表的。只有这样的决议、决定和党的主要领导人的报告、讲话和谈话，才能够真正代表中国共产党作权威的判断，属于历史性的结论。

4. 评价要被人民所接受和得到群众的认可。历史唯物主义认为，人民群众是历史的创造者，是社会实践的主体，是人类社会前进和发展的动力。对十一届三中全会的评价，广大人民群众接受不接受、认可不认可、答应不答应，至关重要。以上所述，时间的考验，实践的检验，归根到底，离不开人民群众的接受和认可。1992 年 1 月至 2 月，邓小平同志视察南方发表谈话时曾强调指出：“要坚持党的十一届三中全会以来的路线、方针、政策，关键是坚持‘一个中心、两个基本点’。”“只有坚持这条路线，人民才会相信你，拥护你。谁要改变三中全会以来的路线、方针、政策，老百姓不答应，谁就会被打倒。”“在这短短的十几年内，我们国家发展得这么快，使人民高兴，世界瞩目，这就足以证明三中全会以来路线、方针、政策的正确性，谁想变也变不了。”[①] 邓小平同志的谈话深刻阐明了这个道理。如果对十一届三中全会的意义、作用、影响等，评价得再高再好，人民群众不接受、不认可、不答应，那是站不住、立不稳的，只能是一厢情愿和主观臆想。经过 30 多年改革开放和社会主义现代化建设实践的检验，中国共产党对十一届三中全会的评价，越来越自信，越来越客观，越来越丰富，越来越深刻，正是获得人民群众接受和认可的由来和缘故。

---

① 《邓小平文选》第 3 卷，人民出版社 1993 年版，第 370、371 页。

# 两次改变中国命运的历史转折*

## ——遵义会议与十一届三中全会比较研究

遵义会议和十一届三中全会，是中国共产党历史上两次具有重大历史转折意义的会议。将遵义会议与十一届三中全会作一比较和对照，对于我们认真学习和回顾党的历史，准确认识和把握党的历史的重要节点，深刻总结党在各个历史时期的基本经验，是大有裨益的。

### 历史背景之比较

遵义会议是党在长征途中召开的一次重要会议。这次会议的召开，与分析和总结红军第五次反“围剿”失败的原因有关。1931 年 1 月，党的六届四中全会召开，王明在共产国际代表米夫的支持下进入中央政治局，以其为主要代表的“左”倾教条主义路线开始在中央占据统治地位。王明的“左”倾错误

* 本文发表于《光明日报》2011 年 3 月 30 日。

使党在白区的力量遭受严重损失。1933 年 1 月，中共临时中央从上海迁到中央苏区，使中央根据地和红军的工作也受到极大影响。其所导致的最直接、最严重的后果，就是第五次反“围剿”失败，中央红军被迫撤出苏区进行长征。长征途中，“左”倾主义者又惊慌失措，犯了军事上的逃跑主义错误，处处被动挨打，湘江战役后，中央红军和中央机关人员从长征时的 8.6 万人锐减到 3 万余人。这引起广大红军将士的强烈不满，对中央的军事领导也产生了怀疑。在全军干部特别是高级干部中，酝酿着要求纠正错误、改变领导的意见。许多人深感焦虑，认为不解决这个关键问题，党和红军就难以摆脱极为被动的困境。中国革命处在危急的关头，党和红军向何处去？历史对此给予了呼唤，提出了要求。

十一届三中全会是党和国家在新中国成立后面临向何处去的重大历史关头召开的一次重要会议。1976 年 10 月粉碎“四人帮”后，广大党员和干部强烈要求纠正“文化大革命”的错误，彻底扭转十年内乱造成的严重局面，使党和国家从危难中重新奋起。但是，这一顺应时势的愿望遇到严重阻碍，党和国家工作在前进中出现徘徊局面。与此同时，世界经济快速发展，科技进步日新月异，国家建设百业待兴，真理标准讨论热潮涌起。国内外大势呼唤党尽快就关系党和国家前途命运的大政方针作出政治决断和战略抉择。

从两次会议召开的历史背景看，承载重大历史使命和具有重大历史意义的会议的召开，不是随心所欲的，不是随时随地发生的，它一定要顺应历史发展的大势、趋向和潮流，符合党心、军心和民心，这体现了历史的必然性，符合事物发展的客观规律。

## 历史条件之比较

有了开会的需求，会议能否召开并取得成功，必须具备开会的条件，有相关积极因素的聚合。遵义会议和十一届三中全会的召开，都具有许多独特的历史条件。

首先，这两次会议都是党独立自主召开的会议。尽管召开遵义会议时，中国共产党还是共产国际的一个支部，一些重大决策须向共产国际汇报，并得到批准和认可。但是，1934 年 8 月，由于中共中央上海局的电台遭到敌人破坏，上海局与瑞金失去了无线电联系。于是，一段时间内在瑞金和长征途中的中共中央，也就失去了与共产国际的无线电联系。这给党独立自主地处理党内事务创造了条件。1978 年 12 月召开的十一届三中全会，则是党完全独立自主召开的会议。

其次，这两次会议都有个准备和酝酿过程。遵义会议召开前，党中央已经连续召开通道会议、黎平会议和猴场会议，不同思想、观点、意见已经开始交锋。十一届三中全会召开前，党中央召开了中央工作会议，十一届三中全会要决策的一系列重大问题，已经在中央工作会议上提出，并经过充分讨论达成共识。而且在中央工作会议召开前，全党、全国已经开展了声势浩大的真理标准问题大讨论，并取得成效，这就为十一届三中全会的召开奠定了思想基础和群众基础。

第三，这两次会议都坚持了民主集中制原则。两次会议都发扬党内民主，开展了积极的思想斗争。遵义会议前，毛泽东在行军途中对王稼祥、张闻天及一些红军干部反复进行深入细致的工作。遵义会议上，王稼祥、张闻天等支持毛泽东，在会上形成了多数。1978 年 9 月，邓小平在东北三省视察，走一路讲一路，发表了许多意见。这些意见很快取得一定共识。在中央工作会议上，党内民主得到极大发扬，与会者畅所欲言，把会议开成了一个民主团结、生动活泼的会议。

第四，这两次会议都出现了众望所归的党的领袖和核心人物。在遵义会议上，历史选择了毛泽东。在十一届三中全会上，历史选择了邓小平。毛泽东和邓小平之所以得到了大多数人的拥护和支持，绝不是偶然的。毛泽东在遵义会议前，军事指挥和组织能力已经在领导秋收起义、创建井冈山革命根据地以及在几次反“围剿”战争中得到充分展示。邓小平在“文化大革命”后期再次复出后，主持党中央和国务院日常工作，1975 年大刀阔斧进行了全面整顿，取得明显成效，得到全党和全国人民的拥护。时势造英雄，在重大历史转折的关头召开会议，必须有引领时代潮流、指引前进方向的领袖人物出现。如果缺乏这个条件，这种转折也是不会成功的。

## 开会方式和内容之比较

遵义会议是党召开的中央政治局扩大会议。十一届三中全会是党召开的十一届中央委员会第三次全体会议。十一届三中全会与此前召开的中央工作会议是两个不能截然分开的会议，中央工作会议为十一届三中全会作了充分准备，十一届三中全会则以中央全会的法定组织程序，确认了中央工作会议的成果。

从遵义会议和十一届三中全会开会方式和内容来看，两个会议具有一些不同点：遵义会议是在战争年代召开的，十一届三中全会是在和平年代召开的；遵义会议开会的时间比较短，从 1935 年 1 月 15 日至 17 日只开了 3 天，十一届三中全会从

1978年12月18日至22日开了5天，而如果将此前的中央工作会议开会时间加在一起，则开了41天；遵义会议上博古（秦邦宪）、李德拒绝批评，不承认错误，中央工作会议上华国锋就“两个凡是”问题作了自我批评，承认这两句话“考虑得不够周全”，“在不同程度上束缚了大家的思想，不利于实事求是地落实党的政策”。

在开会方式和内容上，两个会议具有很多相同点。首先，这两个会议都改变或调整了原定会议议程。遵义会议原定议程是，博古作关于反对第五次“围剿”的总结报告（主报告），周恩来就军事问题作副报告。后来张闻天在会上作了反对“左”倾军事错误的报告，被称为反报告。毛泽东在会上作长篇重要发言，对博古、李德在军事指挥上的错误进行切中要害的分析和批评，并阐述了中国革命战争的战略战术问题和此后在军事上应采取的方针。毛泽东的发言引导了会议走向，确定了会议基调，会后根据与会多数人特别是毛泽东的发言内容，起草了《中央关于反对敌人五次“围剿”的总结的决议》。十一届三中全会虽然开得比较顺畅和明确，但为此作准备的中央工作会议也调整了议程。中央工作会议原定议题是讨论经济工作。从分组讨论开始，就有人提出要为1976年天安门事件平反的重大问题。陈云在东北组发言，提出解决历史遗留问题的意见，受到与会同志的热烈响应。会议超出原定议题，成了一个为全面拨乱反正和开创新局面作准备的会议。在闭幕会上邓小平作的《解放思想，实事求是，团结一致向前看》的讲话，提出了实现历史转折和进行社会主义现代化建设所面临的最重大、最关键的问题，指明了党在今后的主要任务和前进方向，实际成为十一届三中全会的主题报告。

其次，这两个会议确定议程、调整和增加议题，都是从当时最紧急、最迫切需要解决的重大问题入手。遵义会议把军事问题和第五次反“围剿”经验教训总结以及组织问题摆在突出位置。而中央工作会议将党内外普遍关心的一系列重大冤假错案的平反问题增加到议题之中，十一届三中全会将中央政治局关于从 1979 年起把党和国家工作着重点转移到社会主义现代化建设上来的建议作为全会的主要任务。

第三，这两个会议对“左”倾错误路线和方针开展了批评和斗争。遵义会议虽然未涉及政治路线的对错，但对军事指挥上的失误进行了批评。会议揭发和批评了第五次反“围剿”和长征以来中央在军事领导上的单纯防御路线的错误，批评了博古为第五次反“围剿”失败进行辩解的错误，肯定了毛泽东的积极防御的军事路线。中央工作会议和十一届三中全会则对“两个凡是”的错误方针进行了严肃批评，并对几位中央领导人在粉碎“四人帮”后工作中的错误提出了批评。遵义会议和十一届三中全会最后分别将大家的思想最大限度地统一到毛泽东的重要发言和邓小平的重要讲话上来。

第四，这两个会议都进行了重大人事变动和调整。遵义会议作出了几项重要决定，其中三项都与组织人事有关。一是毛泽东由中央政治局委员增补为常委，王稼祥由政治局候补委员增补为政治局委员。二是常委中再进行适当的分工。三是取消博古、李德、周恩来组成的“三人团”，恢复红军领导朱德、周恩来指挥军事的权力，同时周恩来还是党内委托的对于指挥军事上下最后决心的负责者。十一届三中全会经过认真讨论和酝酿，增选陈云为中央政治局委员、政治局常委、中央委员会副主席，增选邓颖超、胡耀邦、王震为中央政治局委员，增补黄克诚、宋任穷等 9 人为中央委员，选举产生了中央纪律检查委员会，陈云为第一书记，邓颖超为第二书记，胡耀邦为第三书记，黄克诚为常务书记。如此重要的会议，只有进行组织人事变动和调整，才能改变力量对比，调整和改造领导层和有关工作机构。

## 策略和发展完善过程之比较

遵义会议和十一届三中全会之所以开得成功，还注意了开会策略，讲究了工作的艺术性。遵义会议在开会的过程中，只在军事路线和军事指挥上进行讨论，没有涉及六届四中全会的政治路线。之所以这样做，如邓小平后来所说："就是要把犯错误的同志团结起来，特别是在困难的时候。毛泽东同志正确处理党内问题的政策，使大家团结起来了，渡过了最困难的时刻，完成了长征。"遵义会议由于采取了这种策略，形成了党内的最大共识，也为共产国际后来的认可创造了条件。中央工作会议在小组讨论时，也有人提出对"文化大革命"怎么看的问题，但是中央没有对这个问题匆忙做结论。十一届三中全会决定，把对"文化大革命"全面的总结留待以后适当时候去做。这也是从全局和长远方面考虑问题的一个策略，如果条件不成熟硬要做结论，就会造成党内的不团结、不统一。

从两个会议的发展完善过程看，遵义会议和十一届三中全会有狭义和广义之分。狭义就是会议本身，广义则是会议涉及的主题和内容，以一个整体去看待，作前展后延，将完成会议的历史使命看作是一个发生、发展和完善的历史过程。两个会议召开前的相关会议是发展过程，召开后的相关会议是完善过程。遵义会议前发展过程的会议是通道会议、黎平会议、猴场会议。会后完善过程的会议是“鸡鸣三省”常委会、扎西会议、苟坝会议以及 1943 年 3 月中共中央政治局会议、六届七中全会和七大。十一届三中全会前发展过程的会议是中央工作会议，会后完善过程的会议是十一届五中全会和六中全会。

## 重要成果和历史意义之比较

对于遵义会议，1945 年 4 月党的六届七中全会原则通过的《关于若干历史问题的决议》首次正式作出结论。1981 年 6 月十一届六中全会审议通过的《关于建国以来党的若干历史问题的决议》再次作出结论。对于十一届三中全会，是在《关于建国以来党的若干历史问题的决议》中第一次正式作出结论，党的十二大、十四大、十七大报告以及邓小平、江泽民、胡锦涛的有关讲话中也有论述或评价。

遵义会议和十一届三中全会在党的历史上有着重大历史意义，对中国革命、建设和改革产生了重大影响。遵义会议“是中国党内最有历史意义的转变”，在党的历史上“是一个生死攸关的转折点”，“确立了毛泽东同志在红军和党中央的领导地位，使红军和党中央得以在极其危急的情况下保存下来”；十一届三中全会“果断停止使用‘以阶级斗争为纲’的口号，作出了把党和国家工作中心转移到经济建设上来、实行改革开放的历史性决策”，“实现了新中国成立以来我们党历史上具有深远意义的伟大转折，开启了我国改革开放历史新时期。”十一届三中全会就体现党的正确指导思想、决定党和国家重大方针政策的实际作用来看，邓小平实际已经成为党中央领导集体的核心。

综上所述，遵义会议和十一届三中全会在中国共产党历史上产生了重大历史作用和影响，以其独特的历史地位载入了史册，随着时间的推移其意义会愈加凸显。我们要传承和弘扬好这两次会议的伟大精神，善于从党的历史中汲取前进的智慧和力量，面对新形势和新任务，不断把党的建设新的伟大工程和中国特色社会主义伟大事业推向前进。

# 从党的历史中汲取前进的智慧和力量*

## ——读《中国共产党历史》第二卷（1949—1978）

《中国共产党历史》第二卷（1949—1978）（以下简称《党史》第二卷）记述的是从新中国成立到十一届三中全会召开29年的党史。这段党史是我们党90年历史中承上启下的一个重要时期。历史是一面明镜，可以映照现实，折射未来。党的历史是我们党和中华民族的宝贵精神财富。在纪念中国共产党成立90周年之际，面对新形势和新任务，重温这段历史，不仅非常必要，也十分重要。

### 一、全面了解我们党29年所走过的艰难历程

新中国成立至十一届三中全会召开的29年，是党带领全国各族人民进行社会主义革命和建设的29年。按照党史分期，

---

* 本文发表于《求是》2011年第3期。

这段党史被称为“党在社会主义革命和建设时期”。对这段党史,《关于建国以来党的若干历史问题的决议》将其划分为四个历史阶段，即“基本完成社会主义改造的七年”“开始全面建设社会主义的十年”“‘文化大革命’的十年”“历史的伟大转折”。《党史》第二卷据此将全书的框架结构设立四编，与上述四个历史阶段相对应。第一编中华人民共和国的成立和向社会主义过渡的实现，记述了“基本完成社会主义改造的七年”；第二编社会主义建设的全面展开和对中国建设社会主义道路的艰辛探索，记述了“开始全面建设社会主义的十年”；第三编“文化大革命”的内乱和林彪、江青两个反革命集团的覆灭，记述了“‘文化大革命’的十年”；第四编在徘徊中前进和实现伟大的历史转折，记述了我们党走向“历史的伟大转折”的两年。

这 29 年间有几个重要时间界线和节点。1949 年 10 月，举行开国大典，中华人民共和国成立，由此开始了党在社会主义革命和建设时期的历史，同时，这也是这段党史第一阶段“基本完成社会主义改造的七年”的开始；1956 年 9 月，党的八大召开，全国社会主义改造基本完成，这是第二阶段“开始全面建设社会主义的十年”的开始；1966 年 5 月，中央政治局扩大会议召开，下发“五一六通知”，“文化大革命”正式发动，这是第三阶段“‘文化大革命’的十年”的开始；1976 年 10 月，“四人帮”被粉碎，江青反革命集团覆灭，这是第四阶段走向“历史的伟大转折”的开始；1978 年 12 月，党的十一届三中全会召开，实现了新中国成立以来党的历史上的伟大转折，这是两年徘徊历史的结束，也是党在社会主义革命和建设时期历史的结束，同时，又是党在改革开放和社会主义现代化建设新时期历史的开始。

通读《党史》第二卷，我们可以强烈地感受到，这段党史是党带领中国人民走过的一段波澜起伏、辉煌曲折的艰难历程。这 29 年中，我们党面对新中国成立之初经济凋敝、满目疮痍的烂摊子，面对 1959 年至 1961 年遭受严重的自然灾害，苏联撕毁合同、撤走专家，遇到的困难世所罕见；我们遭到美国等国家对我国的经济封锁、军事威胁、政治孤立、外交压迫，受到的压力世所罕见；我们要废除在中国存在了几千年的剥削制度，基本实现国家的工业化，对农业、手工业、资本主义工商业进行社会主义改造，“以苏为鉴”，探索中国自己的社会主义建设道路，面临的任务世所罕见；我们发生和出现了“大跃进”、人民公社化运动甚至“文化大革命”这样的严重失误，遭受的挫折也世所罕见。

未经沧海难为水，事非经过不知难。29 年的历程，艰难曲折，惊心动魄，回味无穷，富有启迪。历史是不会停止前进脚步的，历史更不会倒退和重来，今天是从昨天走过来的，只有全面地了解过去，才能深刻地认识和把握现在，更好地面向和开创未来。

## 二、充分认识我们党 29 年带领人民所取得的伟大成就

新中国成立至十一届三中全会召开的 29 年，是党带领全国各族人民艰苦奋斗、发愤图强，取得社会主义革命和建设伟大成就的 29 年。通读《党史》第二卷，我们可以看到，尽管这一时期充满艰难曲折，甚至遇到重大挫折，但总体上是在曲折中前进的，取得的成就是令人瞩目的。对这 29 年的伟大成

就，要全面、客观、辩证地审视。

首先，从宏观视角俯瞰，29 年中我们党领导人民做了三件大事：一是迅速医治战争创伤，恢复国民经济，建立各级政权，胜利完成了民主革命的任务；二是通过“一化三改”，进行社会主义改造，确立了社会主义基本制度，实现了社会制度的根本性变革；三是初步探索了中国自己的建设社会主义道路，并取得了很大成就。这三者都是改变国家和民族前途命运的大事。

其次，从中观视角考察，29 年中我们党领导人民进行社会主义革命和建设，在思想理论、政治制度、经济发展、文化建设、人民生活和国防外交等方面取得了重要成果。在理论探索上，形成了一系列新思想、新观点。党的八大确定了正确的思想路线和政治路线，对国内主要矛盾作出了符合中国实际的科学判断；毛泽东同志的《论十大关系》《关于正确处理人民内部矛盾的问题》《十年总结》等著作，集中了全党智慧，是这一时期富有建树的理论成果。在政治建设上，确立了我国的根本政治制度，即人民代表大会制度，确立了我国两项基本政治制度，即共产党领导的多党合作和政治协商制度以及民族区域自治制度。在经济建设上，初步建立了独立的比较完整的工业体系和国民经济体系。到 1978 年，我国国民生产总值和财政收入分别比新中国成立初期有了几倍、十几倍的增长。在文化建设上，加强了文化基础设施建设，普及了科学文化知识，创作出了一大批优秀的文艺作品，提升了人们的科学文化素质和思想道德素质。在民生上，改善了人民生活。鉴于当时的国力状况，我们实行了低水平广覆盖的分配政策和社会福利制度，解决了几亿人口吃饭穿衣的大难题，甩掉了“东亚病夫”的帽子。在国防外交上，巩固了国防，提高了中国在国际上的地位。此间我们建立和发展了强大的国防力量，国防科技事业取得了突出的成就，自行研制生产了核武器，打破了帝国主义的核讹诈和核垄断，成功地保障了国家领土的完整，维护了国家主权。我们开展多边和双边外交，恢复了中华人民共和国在联合国的合法席位。

再次，从微观视角透视，在那火红的年代，全国人民意气风发，斗志昂扬，创造了许多中外历史上的第一次。譬如制造了第一架“初教-5”飞机；生产了第一辆国产“解放”牌载重汽车和第一台“东方红”牌54马力拖拉机；第一次向全世界自豪地宣布我国需要的石油可以基本自给；我国自行研制的第一颗原子弹和氢弹爆炸成功，震惊了世界；我国自行研制的第一颗人造地球卫星发射成功，实现了先人遨游太空、九天揽月的梦想；还有在世界上首次人工合成牛胰岛素，首次培育成功强优势籼型杂交水稻，令世人刮目相看。许多类似的第一次，充分说明我们取得了骄人的成就。

马克思曾经说过：“人们自己创造自己的历史，但是他们并不是随心所欲地创造，并不是在他们自己选定的条件下创造，而是在直接碰到的、既定的、从过去承继下来的条件下创造。”历史不能割断，历史更要全面辩证地观察。无疑，这29年如果不发生失误，不出现曲折，我们会取得更大的成就。但是，无论怎么说，29年中我们党领导人民在社会主义革命和建设中所取得的成就为后来的改革开放，为我们今天的发展创造了根本条件，奠定了重要的物质基础和制度基础。

## 三、深刻学习和领悟我们党29年中所培育的时代精神

新中国成立至十一届三中全会召开29年的一个时期内，

全党上下万众一心，坚定理想信念，大力继承革命传统，并在新的历史条件下培育和弘扬体现时代特色的精神，在相当长的一段时间内，使全党保持了良好精神状态，使全社会形成了良好社会风气，进而转化为推进社会主义革命和建设的强大物质力量。

通读《党史》第二卷，我们可以了解到，29年间，在党的培养教育下，涌现出了一大批可歌可泣的先进集体和英雄模范人物，培育和形成了具有特定内涵、影响巨大而深远的时代精神。诸如体现高度爱国主义、英雄主义、乐观主义、国际主义的抗美援朝精神；“热爱祖国，无私奉献，自力更生，艰苦奋斗，大力协同，勇于登攀”的“两弹一星”精神；“爱国、创业、求实、奉献”，“宁肯少活二十年，拼命也要拿下大油田”的大庆精神和铁人精神；“自力更生，艰苦创业，团结协作，无私奉献”的红旗渠精神；“憎爱分明”“言行一致”“公而忘私”“甘当螺丝钉”的雷锋精神；“亲民爱民，艰苦奋斗，科学求实，迎难而上，无私奉献”的焦裕禄精神；以及其他精神等等，可以说，举不胜举，难以尽书。29年中，党和人民以独有的精神风采和风貌，给这段历史烙下深深的印记。从中我们触摸到那个时代跳动的脉搏，感受到了精神的力量，看到了这些精神所折射出的伟大光芒。

伟大的时代和事业，呼唤和造就伟大的精神。正是新中国成立后我们党领导全国各族人民进行社会主义革命和建设的伟大事业，呼唤和造就了这些伟大精神。这些精神给广大党员和人民群众以鼓舞和支持，成为他们战胜各种艰难险阻，不断取得胜利的强大动力。这些精神是中华民族伟大精神的重要组成部分，是我们党的宝贵精神财富，是我们的重要政治资源。今天我们学习党史，应该继续接受这些先进集体和英雄模范人物事迹的教育，继续经受这些精神的洗礼。虽然时代不同了，社会已经转型，但这些先进集体和英雄模范人物永远不朽，其精神跨越时空，历久弥新，仍然会给我们教育、启迪、感动和激励。

## 四、牢牢记取和把握我们党 29 年所获得的经验教训

对党的历史经验教训进行总结，是党史工作者的重要职责，也是党史的价值和学习党史的意义所在。通读《党史》第二卷，我们可以知道，该书对新中国成立至十一届三中全会召开 29 年的历史，进行了全面总结。对其基本经验作了简要归纳和概括，这就是，始终坚持以经济建设为中心，大力发展生产力；从基本国情出发，正确判断把握我国社会所处的历史阶段，有步骤分阶段地实现社会主义现代化的发展目标；使社会主义生产关系的变革和完善适应于生产力的状况，有利于生产的发展；在坚持自力更生的基础上，加强对外交流与合作；正确认识和处理我国社会内部大量存在的不属于阶级斗争范围的各种社会矛盾；按照民主和法制紧密结合的要求，发展社会主义民主政治；重视教育科学和文化事业，加强思想政治工作，不断提高全体社会成员的思想道德素质和科学文化素质；调动一切积极因素，依靠最广大人民群众建设社会主义；要准确把握时代特点和国际形势变化，制定和及时调整我国的外交战略，积极创造有利于我国社会主义现代化建设的外部条件；高度重视加强和改进党的建设，加强和改善党的领导。

上述总结归纳，从正面、从我们做得比较好、比较成功的

方面讲，获取的是经验；从反面、从我们做得不够好、不够成功甚至是失误或错误的方面讲，得到的是教训。我们党这29年，经验丰富宝贵，教训深刻沉痛。对于后者，原因多重复杂，具体讲有以下几点：一是我们党执政时间短，缺乏治国理政与大规模社会主义建设的经验和思想理论准备，对其客观规律还没有正确地认识和把握。没有完全搞清楚什么是社会主义和怎样建设社会主义。二是党内的民主制度不完善，民主集中制原则逐渐遭到破坏，党内存在着权力过分集中，家长制、干部领导职务终身制、个人专断、个人崇拜等现象。国家的法制也不健全，某些封建主义的思想遗毒未能肃清。三是革命胜利后，党和党的一些领导人在一定程度上产生了骄傲自满情绪，出现了脱离群众的现象。四是外部不利环境造成的压力，使我们一段时间对国际形势作出了不准确的判断和过度的反应，等等。前事不忘，后事之师。对于29年付出沉重代价而获得的经验教训，我们要牢牢记取，永远铭记。

恩格斯曾经指出："伟大的阶级，正如伟大的民族一样，无论从哪方面学习都不如从自己所犯错误的后果中学习来得快。"对于一个成熟的马克思主义政党来说，自身的经验和教训，都是宝贵财富和前进的动力。邓小平同志也曾多次强调："历史上成功的经验是宝贵财富，错误的经验、失败的经验也是宝贵财富。"他还说："没有'文化大革命'的教训，就不可能制定十一届三中全会以来的思想、政治、组织路线和一系列政策。"我们党是一个光明磊落，敢于承认自己的错误并勇于纠正错误的党；是一个认真总结经验，并善于总结经验，敢于从困境中奋起的党。正是我们党总结和汲取了29年的经验教训，特别是"文化大革命"的教训，才在十一届三中全会后开辟并形成和发展了建设有中国特色社会主义的道路和理论，开创了改革开放的新时代。

古人曰:“其作始也简，其将毕也必巨。”通读《党史》第二卷，回顾我们党所走过的90年历程，审视当初之“简”和现在、未来之“巨”，则能深刻感悟此语的分量和含义。历史在前进，社会在发展。我们党29年乃至90年的历史昭示：一个站在时代前列的马克思主义政党，只有不断地从实践中获得真知，不断地从人民群众中得到支持，不断地从自己的历史中汲取智慧，才能披荆斩棘，不断开拓出前进的道路。我们要倍加珍惜党的历史，高举中国特色社会主义伟大旗帜，以邓小平理论和“三个代表”重要思想为指导，深入贯彻落实科学发展观，经过建党100年和新中国成立100年两个重要历史节点，努力实现我们既定的宏伟目标，再创中华民族的复兴，再造社会主义的辉煌。

# 2010 年

# 关于党史编写中表述使用“林彪、江青反革命集团”提法的几个问题 *

林彪、江青反革命集团是“文化大革命”的畸形产物，其形成、发展、灭亡有一个历史过程。这两个反革命集团，对我们党、国家和人民造成了巨大危害。编写中共党史“文化大革命”部分，无疑会涉及这一重要内容。当前，中共中央党史研究室正在编写中共党史第二卷《中国共产党历史（1949.10—1978.12）》。全国各地党史部门也正在编写地方党史二卷。同时，中共中央党史研究室还在组织编写《共产党员党史必读》，并准备重新修订和续写《中国共产党简史》等。在编写中，如何正确表述这一内容，给历史留下我们党在特定历史时期和阶段对这两个反革命集团性质的正确认识和判断；怎样给读者提供有价值的信史，使读者客观真实地学习党史、了解党史，并

---

* 本文发表于《中共党史研究》2010 年第 3 期。

从中受到启迪、教育和警示？把握好这两个反革命集团提法的表述使用，就成为党史研究部门亟待厘清的一个重要问题。

## 一、对我国某些党史权威出版物表述使用这一提法的考证辨析

改革开放以来，尤其是近年来，中共中央党史研究室组织编写了一些党史专著以及教材读物和大事记，那么，这些出版物对这一提法是如何表述使用的呢？这里，笔者简略作一考辨。

### （一）有关专著的表述使用

《中国共产党的七十年》是中共中央党史研究室著、胡绳主编、曾作为全党学习教材、在国内外产生重大而广泛影响的一部党史专著。该书共九章加一个结束语。"'文化大革命'的十年内乱"是该书的第八章。这一章共列五个小节，其中第三节写的是林彪集团的覆灭和纠正"左"倾错误努力的受挫。第五节写的是江青集团的覆灭和"文化大革命"的结束。第三节第二目写的是林彪反革命集团的覆灭，第五节第三目写的是粉碎江青反革命集团的胜利。该书首先在节和目中，将"林彪、江青集团"和"林彪、江青反革命集团"两种提法交叉使用，表达的是同一内容，但使用的提法不同。在具体历史叙述中，"文化大革命"的初期，大量使用的是"林彪""江青"，"林彪等人""江青等人"，"林彪一伙""江青一伙"。在叙述林彪、江青围绕筹备四届全国人大展开权力斗争时，开始使用"林彪集团""江青集团"。九一三事件后，开始使用"林彪反革命集团"。书中指出："林彪反革命集团阴谋夺取最高权力、策动武装政变的事件，是'文化大革命'

推翻党的一系列基本原则造成的恶果。”[①] 该书在叙述江青等人利用“批林批孔”另搞一套时，使用了“四人帮”。尔后在阐述周恩来逝世和天安门事件时，开始使用“江青反革命集团”。书中讲到：“1976 年 1 月 8 日，党和国家的重要领导人周恩来逝世。周恩来对党和人民无限忠诚，鞠躬尽瘁。他在‘文化大革命’中处于非常困难的地位。他顾全大局，任劳任怨，为继续进行党和国家的正常工作，为尽量减少动乱所造成的损失，为保护大批党内外干部，作了坚持不懈的努力，费尽了心血。他同林彪、江青反革命集团的破坏进行了各种形式的斗争。”[②]（天安门事件）“这个抗议运动……为后来粉碎江青反革命集团奠定了伟大的群众基础”[③]。粉碎“四人帮”后，这种提法的使用次数逐渐增多。

由中共中央党史研究室组织编写的《执政中国》，是国家新闻出版总署确定的庆祝新中国成立 60 周年重点图书。这套丛书共五卷，第一卷对中国共产党执政 60 年的奋斗历程作了全面的描述，其他四卷，分别讲的是各省、自治区、直辖市在党的领导下，社会主义建设和改革开放所取得的成就。第一卷，由于篇章结构的设计是专题性的，而且偏重于中国共产党执政所取得的成就，没有专门章节涉及和叙述“文化大革命”部分，该书只是在第四章改革开放决策提出与伟大历史转折中涉及到了粉碎“四人帮”的问题。在叙述这一问题时，使用了“江青反革命集团”。[④]

---

①《中国共产党的七十年》，中共党史出版社 1991 年版，第 389 页。
②《中国共产党的七十年》，中共党史出版社 1991 年版，第 409 页。
③《中国共产党的七十年》，中共党史出版社 1991 年版，第 410 页。
④《执政中国》第一卷，中共党史出版社 2009 年版，第 137 页。

### （二）有关教材读物和大事记的表述使用

《中国共产党简史》是中共中央党史研究室组织编写的一本在全国影响力比较大的党史简明教程。该书共十章，上线从党的成立写到下线党的十五大。这本教程，在第七章中讲十年“文化大革命”的内乱，下设四个节，第二节叙述林彪集团的覆灭和纠正极左思潮的努力，第四节叙述粉碎江青集团的胜利。该书的第一节“‘文化大革命’的发动和全面内乱”，使用的是“林彪、江青”和“林彪、江青等人”。第二节中，出现了“林彪集团”和“江青集团”。这一节是专门阐述“林彪集团”如何形成、发展和覆灭的，但是自始至终，一直到九一三事件发生，这一节全部使用的是“林彪集团”。第四节中，在叙述天安门事件和粉碎“四人帮”时，使用了“江青反革命集团”。在讲到党内外广大干部群众“文革”期间对“左”倾错误进行抵制抗争时，以及对“文革”这一全局性长时间的“左”倾错误进行原因分析时，使用了“林彪反革命集团”“江青反革命集团”和“林彪、江青两个反革命集团”。[①] 由此可见，尽管该书两个节的标题都使用的是“林彪集团”“江青集团”的提法，但是，在具体行文中都作出了林彪、江青集团是反革命集团的性质判断。

除中共中央党史研究室编写的教程外，笔者还查阅了近年来教育部门组织编写的一些供大学生学习使用的中华人民共和国国史和中国近现代史教材。这些教材在叙述这一历史问题时，其节和目虽然大都使用了“林彪、江青反革命集团”的表述提法，但是，在具体内容的叙述里，也存在着对这一提法在使用时间和使用范围上的相互交叉问题。

---

①《中国共产党简史》，中共党史出版社 2001 年版，第 141—160 页。

中共中央党史研究室组织编写的《中国共产党历史大事记（1919.5—2005.12）》，又是怎样表述使用这一提法的呢？在1969年党的九大召开前，《大事记》使用的是“林彪”“江青”。在1969年4月1日至24日党的九大在北京召开这一条目中，使用了“林彪、江青集团”。《大事记》指出：“九大通过的政治报告和党章，使‘文化大革命’的错误理论和错误实践合法化，加强了林彪、江青集团在党中央的地位。”[①] 在1970年3月27日中共中央发出《关于清查“五一六”反革命阴谋集团的通知》这一条目中，《大事记》使用了“林彪、江青一伙”。在8月23日至9月6日党的九届二中全会在庐山举行的条目中，使用了“林彪反革命集团”。这一条目指出：“31日，毛泽东写了《我的一点意见》一文，严厉批评了陈伯达，给林彪反革命集团以沉重打击”[②]。在1971年9月5日林彪策划和发动武装政变的条目中，又分别使用了“林彪集团”和“林彪反革命集团”。在叙述林彪策划阴谋政变的过程中，使用的是“林彪集团”。在讲到林彪集团的覆灭，客观上宣告“文化大革命”的理论和实践破产时，使用的是“林彪反革命集团”。在1972年8月3日叙述下放江西劳动的邓小平致信毛泽东的条目时，又使用了“林彪集团”。[③] 在1974年7月17日叙述毛泽东在中央政治局会议上批评江青的条目时，使用了“四人帮”。[④] 在1976年10月6日叙述中央政治局执行党和人民的意志对“四人帮”实施隔离审查的条目时，使用了“江青反革命

---

①《中国共产党历史大事记（1919.5—2005.12）》，中共党史出版社2006年版，第257页。

②《中国共产党历史大事记（1919.5—2005.12）》，中共党史出版社2006年版，第262页。

③《中国共产党历史大事记（1919.5—2005.12）》，中共党史出版社2006年版，第264、268页。

④《中国共产党历史大事记（1919.5—2005.12）》，中共党史出版社2006年版，第275页。

集团”。[①] 以后在诸多条目中，将“四人帮”和“江青反革命集团”的提法经常交叉、交换使用。

从以上所述的专著、教材读物和大事记中，我们可以看到，在十年“文革”的历史叙述中，有多种的表述提法。存在着本书节与目和不同书节与节、目与目之间的不统一或不一致问题。如何准确地叙述和表达这段历史，如何正确和科学地使用这一提法，党史工作者应给予高度重视和关注。笔者以为，要做好这项工作，需要我们党史编修者找出权威性的依据来，提出使用和转换的理由来，并对历史发展的进程及相关因素准确理解和把握，给历史事实和现象一个符合历史实际，党性和科学性相统一的表达和概念使用。

## 二、对统一规范使用这一表述提法的思考及建议

统一规范使用这一表述提法，首先，要搞清楚、弄明白我们使用的这一表述提法，来自何处？有什么依据？要不要继续使用？要不要修改？要不要在一定的条件下根据叙述的时间和内容作一些必要的调整转换？使用中应把握什么方法原则？

### （一）这一表述提法的来源和出处

根据广大人民的意志，1980 年 11 月 20 日至 1981 年 1 月 25 日，最高人民法院特别法庭对林彪、江青两个反革命集团的 10 名主犯进行了公开审判，依据《中华人民共和国宪法》和《中华人民共和国刑法》，以反革命罪分别判处林彪、江青反革命集团骨干分子死刑（缓期执行）和有期徒刑。

在拨乱反正中，为了从根本上纠正“左”的和右的错误倾

① 《中国共产党历史大事记（1919.5—2005.12）》，中共党史出版社 2006 年版，第 286 页。

向，把全党和全国人民的思想统一到中共十一届三中全会的路线上来，中共中央认为，必须正确地认识新中国成立以来党走过的历史道路，科学地总结党在这个时期的历史经验。1981年6月，中共十一届六中全会讨论通过了中共中央《关于建国以来党的若干历史问题的决议》。《决议》是我们编写党史，正确把握认识重大历史问题的基本依据。对“文革”，《决议》专门列了一个大问题，写了“文化大革命”的十年。《决议》指出：“一九六六年五月至一九七六年十月的‘文化大革命’，使党、国家和人民遭到建国以来最严重的挫折和损失。”“文化大革命”是毛泽东在“无产阶级专政下继续革命”的错误理论指导下发动的，林彪、江青两个阴谋夺取最高权力的反革命集团利用毛泽东同志的错误，背着毛泽东进行了大量祸国殃民的罪恶活动。“历史已经判明，‘文化大革命’是一场由领导者错误发动，被反革命集团利用，给党、国家和各族人民带来严重灾难的内乱。”《决议》在讲“文革”时，是用三个阶段来划分和叙述的。《决议》在三个阶段的叙述中，除了使用林彪、江青、“四人帮”外，通篇使用了“林彪、江青反革命集团”的提法。[①] 由此可以判断和得出结论，以上我们所述的党史出版物，使用“林彪、江青反革命集团”表述提法的来源出处，其法律依据是最高人民法院特别法庭的审判结果；其党的文献依据则是中共十一届六中全会审议通过的中共中央《关于建国以来党的若干历史问题的决议》所下的结论。

### （二）继续坚持使用这一表述提法的理由

目前，一些编修党史的同志主张，在叙述“文化大革命”历史时，不要再使用“林彪、江青反革命集团”的提法，而应

① 《关于建国以来党的若干历史问题的决议注释本》，人民出版社1983年版，第27—39页。

该用“林彪、江青集团”取而代之。他们提出这种主张的主要依据和理由是：1997年八届全国人大五次会议《刑法》修改后，已取消了反革命罪；1999年九届全国人大二次会议审议通过的第三个宪法修正案，将镇压“反革命的活动”修改为镇压“危害国家安全的犯罪活动”。[①] 因此，现在编写党史，应与时俱进，放弃和改变以前的提法，以避免“反革命”字眼对人们的刺激，防止读者阅读时根据现行法律产生疑问和不理解。虽然，到目前为止，我们还没有见到有人专门发表文章来论述这个问题。但是，在党史编写工作中，时常能听到这样一些议论和说法。笔者在阅读上述图书时，对有些图书节目的标题没有出现反革命的字样，仅仅理解为是编者为了行文简便和方便读者而进行的简化，并不认为是编者有意的更改和放弃。因为，这些书在具体的行文过程中都毫无例外地或多或少地出现和使用了“林彪、江青反革命集团”的表述提法。在党史编写中，这是一个需要正确对待和把握的问题。笔者以为，编写党史，是一项十分严肃的工作，既要讲科学性，也要讲党性；既要讲学术性，也要讲政治性。写史要尊重历史，修史的成果要教育、警示、启迪当代人和后人。“林彪、江青反革命集团”这一提法是一个历史的概念，有其特定的政治含义和时代印记，不能简单地以现行的法律条文机械地去修正和解读。如果中共中央对“文化大革命”没有作出否定前者决议的新的决议，最高人民法院没有对林彪、江青等人作出否定前者判决的新的判决，在党史的编写中，已形成确定的表述提法就不能随意地放弃取消，随意地动摇改变。笔者查阅了王汉斌在八届全国人大

---

①《人民日报》1999年3月17日。

五次会议所作的《关于〈中华人民共和国刑法（修订草案）〉的说明》（以下简称《说明》），那么，《说明》对这一法律条文的修改是怎样解释的呢？《说明》指出：“刑法关于反革命罪的规定，对于维护国家安全，巩固人民民主专政政权和保卫社会主义制度，起了很大的作用，是必要的。但是随着国家政治、经济和社会情况的发展，反革命罪的罪名的适用遇到一些新情况、新问题。有些反革命罪，规定‘以反革命为目的’，在实践中有时很难确定。有的犯罪行为，适用危害国家安全罪，比适用反革命罪更为合适。草案把反革命罪一章改为危害国家安全罪。”“这次对刑法反革命罪的修改，是考虑到我们国家已经从革命时期进入集中力量进行社会主义现代化建设的历史新时期，宪法确定了中国共产党对国家事务的领导作用，从国家体制和保卫国家整体利益考虑，从法律角度来看，对危害中华人民共和国的犯罪行为，规定适用危害国家安全罪比适用反革命罪更为合适。这也就是为了完善我国的刑事法律制度。至于过去依照刑法以反革命罪判刑的，仍然继续有效，不能改变。”①从《说明》可以看出，这次法律条文的修改，并不是因为原来的这个条文错了，要为过去以反革命罪判刑的人改正和平反，而是适应形势和任务的发展变化，将以前刑法中规定的反革命罪更改为一个更合适的罪名。因此，反革命罪作为历史的一个政治概念，是不应该在修史者的笔下消失的。

另外，截至2009年，笔者看到的自改革开放以来中共中央主要领导同志的有关讲话中，对“林彪、江青反革命集团”的表

① 王汉斌：《关于〈中华人民共和国刑法（修订草案）〉的说明》，《中华人民共和国全国人民代表大会常务委员会公报》1997年第2号，第222—223、223—224页。

述提法，也从来没有放弃和停止使用过。譬如，1986 年 10 月 22 日，叶剑英逝世后，在中共中央、全国人大常委会、国务院、中央军委发布的讣告和追悼会的悼词中，就使用了这一提法。讣告和悼词指出，“文化大革命”期间，他（叶剑英）在极端困难复杂的条件下，机敏地同林彪、江青反革命集团进行了不懈的斗争。1976 年 10 月，在粉碎江青反革命集团的斗争中，他起了决定性作用。[①]2005 年 6 月 13 日，胡锦涛总书记在陈云诞辰 100 周年纪念大会的讲话中，也继续使用了这一表述提法。他指出：“‘文化大革命中’，他（陈云）同林彪、江青反革命集团进行了坚决斗争，并积极参与我们党粉碎‘四人帮’的决策过程和斗争。”[②]2009 年 6 月 23 日，胡锦涛总书记在纪念李先念诞辰 100 周年座谈会上的讲话中，又再次使用了这一表述提法。他说：“‘文化大革命’期间，李先念同志同林彪、江青反革命集团进行了坚决斗争”。“在粉碎江青反革命集团的斗争中，他作为主要决策人之一，为从危难中挽救党、挽救国家作出重大贡献。”[③]

### （三）使用这一表述提法需要把握的方法原则

那么，在编写党史“文化大革命”部分时，对这一表述提法，什么情况下使用？什么条件下可不使用？什么状况下可以进行转换？笔者以为，要坚持和把握以下三个方法原则，即属性判断方法原则、时间断线方法原则、尊重历史方法原则。

1. 属性判断方法原则。使用这一方法原则，就是在党史“文化大革命”部分的编写中，只要涉及到这两个集团的性质

① 《人民日报》1986 年 10 月 23 日。
② 《人民日报》2005 年 6 月 14 日。
③ 《人民日报》2009 年 6 月 24 日。

问题，不论在什么时候、什么地方、什么方面、什么领域出现，都应该使用这一提法。这一性质的定性，是中共中央的历史决议判定的。如果在中共中央的各种决议、决定没有修改前，在中共中央主要领导人的讲话中没有重新表述前，都应该继续坚持和使用这一表述提法。

2. 时间断线方法原则。使用这一方法原则，就是要寻找事物发生质变的节点，作一明确时间划线。在划线前后，分别使用“林彪集团”“江青集团”和“林彪、江青集团”“林彪反革命集团”“江青反革命集团”以及“林彪、江青反革命集团”的不同提法。对林彪反革命集团以九一三事件划线，对江青反革命集团以粉碎“四人帮”划线。以两个集团的覆灭为标志，矛盾的性质发生了质的改变，作两个集团不同提法使用的界限。

3. 尊重历史方法原则。使用这一方法原则，就是要客观地叙述历史发展过程和真实地描述历史现象。林彪、江青两个集团进行宗派活动，并不是从“文化大革命”一开始就有的，它们的出现、聚合、形成、膨胀有一个过程。应该将围绕党的九大的权力争夺作为“林彪、江青集团”提法开始使用的显著依据。应该将党的十大王洪文被选为党中央副主席作为“四人帮”形成的标志，并将其作为使用“四人帮”这一表述提法的时间依据。在这些提法之前的表述，应根据不同的性质和内容，分别使用“林彪”“江青”“林彪一伙”“江青一伙”和“林彪等人”“江青等人”“林彪、江青等人”的表述提法。在叙述和涉及当时中共中央部署对林彪、“四人帮”的揭批活动时，应该继续保留和使用“林彪、陈伯达反党集团”和“王洪文、张春桥、江青、姚文元反党集团”的表述提法。

总而言之，编写好有关“文化大革命”的党史，需要对这一历史中的重大表述提法进行统一规范，使之不发生文字和内容的歧义，不使读者产生不应有的疑问，从而使党史工作能够更充分更有效地发挥资政育人的作用。

# 2009 年

# 浅议国外网络文化管理的经验及启示*

自1994年我国接入国际互联网以来，网络横空出世，迅速崛起，它不仅以集报纸、广播、电视、期刊、书籍、音像等功能于一身的超强能力和优势，成为一种具有广泛受众的新兴媒体，而且还形成了一种崭新的文化表达形态，广泛而深刻地影响着我国社会。网络是高新科技发展和信息革命的产物，是20世纪人类最伟大的发明之一，它具有二重性，是一把双刃剑，既可以承载和传播健康、文明和有用的信息，也可以承载和传播不健康、不文明和有害的信息；既能“为我所用”，也能“为他人所用”；既会对社会产生积极作用，也会给社会带来消极影响。因此，加强网络文化的建设和管理，既要从我国的实际出发，进行大胆的探索和实践，也要了解国外的做法，学习其成功的经验。只有这样，才能使我国的网络管理工作取得积极的成效。

---

* 本文发表于《青海民族学院学报(社会科学版)》2009年第1期。

## 一、国外网络管理的做法及经验

### （一）加强立法，政府以法律法规为依据，主导互联网管理

美国是互联网发源地，也是互联网最发达的国家。纵观美国对互联网的管理，主要是通过执行互联网管理的各种法律来实现。早在1978年，佛罗里达州就率先通过《电脑犯罪法》。随后，美国共有47个州相继颁布《电脑犯罪法》。20世纪70年代以来，美国政府各部门先后提出130项法案，1981年还成立全美电脑安全中心。1984年，美国国会通过《联邦禁止利用电脑犯罪法》。1987年，美国国会批准成立国家电脑安全技术局，并制定了《电脑犯罪法》。此外，美国还先后制定了《1998年儿童在线隐私保护法》《1998年数字千年版权法》《反域名抢注消费者保护法》《未成年人互联网保护法》《反垃圾邮件法》等。这些法律不仅涉及范围相当广，且法律条款非常具体，一旦触犯，惩罚也很严厉。除美国外，英国、日本、法国、德国、芬兰、韩国、印度、新加坡等国家对互联网的管理也制定了法律和法规。英国内政部、贸易和工业部不仅设有管理互联网的专门机构，还直接指导和资助“英国网络观察基金会”，全面监控网上信息内容。日本形成了以总务省为核心的网络管理体系。新加坡把互联网管理职能集中到传媒发展局，统一管理网上内容。法国由全国信息自由委员会负责网站注册和内容监管，并明确规定，网站注册必须提交书面材料。在德国、英国、芬兰等国家，家庭接入宽带，不仅需要实名登记，而且必须使用固定的IP地址。在欧盟国家，居民购买无线上网卡需要提交身份

证，在公共场所无线上网也需要用身份证或信用卡注册。许多国家积极探索网络实名制。韩国从2005年10月起实行网民在网站发言验证身份制度，每个网站对申请邮箱或聊天等服务的用户要求填写详细的客户资料，包括填写真实姓名、住址、身份证号、职业等；对17岁以下没有身份证的青少年，网站在获取他们的详细信息后，会以向手机发送密码的方式确认使用者身份，外国人注册韩国博客的也需要提供有效证件。在德国为保护知识产权和网络资源，凡使用“电骡”或P2P等点对点技术进行网络下载被视为违法行为，加以打击。

### （二）严格管理政治性网站及网上政治性言论

美国国防部几年前就成立“黑客”部队和第67网络战大队。2006年，又组建一支网络媒体战部队，其主要任务是全天候监控网上舆论，“力争纠正错误信息”，引导利己报道，对抗反美宣传。网络媒体战部队成员不仅具有较高的计算机水平，而且具有一定的新闻宣传理论知识，他们既是电脑高手，又是出色的“记者”。德国《信息与通讯服务法》规定，在网上传播恶意言论、谣言，宣扬种族主义均为非法行为；禁止利用互联网传播纳粹言论、思想和图片。瑞典《电子通告板责任法》规定，网络接入服务商和论坛版主必须监测、封存并清除煽动新纳粹主义的内容，否则要负刑事责任。韩国是第一个专门设立网络审查法规的国家，早在1995年就出台了《电子传播商务法》，对“引起国家主权丧失”或“有害信息”等网络舆论内容进行审查。新加坡《互联网管理法》规定，对网上涉及“反政府和影响民众信心”“煽动种族和宗教仇恨、歧视”“危害公共安全和国防”等内容进行管制，并将上百个政治性网站列入禁止访问清单中。2005年，17

岁的新加坡中学生颜怀旭以“极端种族主义者”自居，在自己的博客中表示仇恨马来人和穆斯林，叫嚣要“用狙击步枪暗杀部分政治人物”。结果于同年11月23日，新加坡法院依照《煽动法令》判处被告缓刑监视2年，且必须从事180个小时的社区服务。在此之前，11月7日，另外两名青少年因在博客上发表种族主义言论，被法院判罪。马来西亚《资讯及多媒体法》规定，利用互联网传播谣言或发布不正确消息，除罚款外，还可最高判处3年徒刑。西方主要国家的媒体网站很少开设论坛和新闻跟帖，据中央有关部门对20多个国家60多个知名英文媒体网站的调查，开设新闻跟帖的只有5家，开设论坛的只有9家，基本不向普通网民提供博客服务，且开设论坛的网站都有严格的监管制度，如美国《纽约时报》《华盛顿邮报》网站都明确规定，网站“有权删除、编辑网民的各种言论”。2007年4月27日，德国汉堡州级法院民事法庭对一家论坛经营者提出的确认诉作出判决，认为互联网论坛经营者要对发表在论坛上的内容一概负责。

### （三）依法打击和严惩网络犯罪

在网上传播色情、暴力、教唆犯罪等在各国都属违法行为，保障儿童权益、保护个人隐私、打击色情犯罪等是各国互联网立法的重点。澳大利亚法律规定，在网上传播淫秽色情和极端暴力，最高可罚款11万澳元和入狱5年。美国《未成年人互联网保护法》规定，中小学校、公共图书馆等必须在其网络服务程序的目录上提供过滤器，确保未达17周岁的未成年人不接触到色情内容。该法规定，任何因商业目的在互联网交流中，导致未成年人接触到有害信息的行为，视情节轻重，可以受到不高于5万美元的罚款或被判不长于6个月的刑期处罚，或者两罚并用。美国《1998年儿童在线隐私保护法》规定，任何提供网络服务和产品的组织与个人，不得通过互联网电子联络即电子邮件、聊天等办法，搜集13岁以下儿童的姓名、家庭住址、电子邮件地址、电话号码、社会安全号码或儿童父母的个人信息等，违者将依据《联邦贸易委员会法案》进行处罚。德国“联邦危害青少年媒体检查处”将5400家媒体列为“青少年不宜接触媒体”，要求服务商不得链接或在搜索引擎中出现法律禁止的网站，违者最高罚款1.5万欧元。很多国家都成立打击网络犯罪的专门机构，并授权警察和安全部门秘密监控各类网上信息。美国司法部专门成立打击儿童网络犯罪的特种部队，为各州和地方的打击行动提供技术、设备和人力支持，帮助培训公诉和调查人员，开展搜查逮捕行动，协助案件侦缉。美国联邦调查局也成立专门机构，负责辨认、调查网上发布的儿童色情图像，搜寻相关不法分子，对其进行法律制裁。“9·11”事件后，美国出台《爱国者法》，授权执法机构可以不经法院授权监控公民网上通信。印度2000年6月颁布《信息技术法》，为打击网络犯罪、维护网络安全提供了一个基本的法律框架。该法规定，黑客将被处以罚款和监禁，监禁时间最高可判3年，网上传播淫秽色情信息将面临最高为5年监禁的惩罚。希腊在类似的案例中，网民因进行网上儿童色情犯罪，最高判刑记录达到13年。以色列对由外国人经营、设在境外的违法网站，只要在以色列境内开展违法活动，不法分子入境时警方就会将其逮捕。新加坡的《广播法》规定，政府有权要求网络供应商删除网络中宣扬色情、暴力及种族仇恨等内容的言论。若供应商不能履行义务，将会被罚款或被暂时吊销营业执照。韩国、意大利、埃及、希腊等国家警察部门都成立专门机构，负责调查和打击网络犯罪。荷兰于1998年就出台法律，要求所有电信公司必须安装监控设备，对互联网用户进行有效追踪。

### （四）重视行业自律和公众监督

充分发挥行业组织作用，把政府监管和行业自律、公众监督结合起来，是各国管理互联网的通行做法。目前，国际互联网举报热线联合会已有22个成员，都是各国负责上报工作的行业组织。各国普遍实行有害信息“通知删除”和“删除免责”机制，要求网站必须承担社会责任。1996年9月，英国网络服务提供商自发成立半官方组织——网络观察基金会，在贸易和工业部、内政部及城市警察署的支持下开展日常工作。为鼓励从业者自律，与由50家网络服务提供商组成的联盟组织、英国城市警察署和内政部等共同签署《“安全网络：分级、检举、责任”协议》。网络观察基金会以此为基础，制定从业人员行为守则。经过十几年的努力，成效显著。2006年公布的报告显示，英国网上源自本土的非法内容，已从1996年的18%下降到0.2%，在被举报的网上非法信息源中，来自英国本土的只占1.6%。埃及互联网协会颁布规定，要求所有会员使用互联网时应自律，并遵守10项内容，如“有责任与公众的安全、健康、福利需求保持一致，要迅速揭发可能危害公众、环境以及可能影响或与埃及传统价值、道德、宗教和国家利益相冲突的一切因素”，“发表主张时严格遵守诚实守信的要求，依据可靠数据提出主张”，“避免因错误或恶意的行动伤害他人”等。日本的行业自律体系比较完善，电气通信业者协会、电信服务业提供商协会等行业组织，制定一系列行业规范，与政府部门形成了互为补充的互联网管理体系。许多国家高度重视加强网络信息安全的公众教育工作，教育人们自觉抵制网上各类有害信息。新加坡政府于1999年成立了“互联网家长顾问组”，由政府出资，通过举办培训班等方式，帮助家长指导孩子安全上网。1994年以色列网民自发组织的互联网协会，提出互联网自我管理和操作的基本规范，要求父母使用软件来帮助孩子免受网上性侵扰。澳大利亚、欧盟等每年均拨出数百万美元专款用于儿童上网咨询服务。

从总体上看，各国的模式不同，做法各异，但有一点是相同的，各国都十分注重从本国的实际出发，重视和加强网络的管理，其出发点和目的都是预防、遏制和消除网络对社会的危害和负面作用，将其纳入社会管理的可控范围，促使其积极健康地向前发展。

## 二、国外的做法和经验对我们的启示

学习和借鉴国外网络文化建设与管理的做法及经验，给我们如下一些启示：

（一）网络是个新生事物，其产生和发展有一个过程，人们对其认识和加强管理也需要有一个过程。

（二）由于各国的经济发展水平、社会发育程度、社会政治制度、意识形态以及民族文化背景不同，对网络的管理模式相互间有一定的差异，但没有哪个国家真正放弃管理，差别在于实施直接管理还是间接管理的问题。

（三）网络必须以不危害国家、不危害社会为前提。一旦危害了国家安全，危害了社会秩序和公共利益，危害了青少年，各国都会通过各种方式和手段，采取强有力的措施加强管理。

（四）网络是一个虚拟世界，对网络的管理是个系统工程。既要有市场力量和行业、公民自律的良心、舆论的软约束，也要有通过立法将一些基本网络道德规范上升为法律法规的硬约束；既要靠政府主导，进行立法管制，也要靠民众参与，进行广泛监督，全社会共同行动。各个国家的侧重点虽然有所不同，但没有一个国家的管理手段和方法是单一的，都是综合的、多管齐下的。

（五）网络是高科技发展的产物，以技术控制技术，以技术手段监控网络就成为对网络有效管理的必然选择。然而，技术本身的机械性，不可能灵活地处理各种具体问题。而且，有控制技术就会产生相应的反控制技术。尽管如此，面对海量的信息，各国都普遍采用和使用技术控制手段，并不断研制管控的新技术。

（六）针对网络无国界的特点，各国对进入本国的外国有害信息普遍采取了通过设置“防火墙”进行封堵和删除的管理办法。有的国家针对网络隐匿性、交互性所造成的管理难和带来社会负面效果的问题，实行上网和开设博客等实名登记制，以防范和打击网络违规和犯罪。

我国的网络正处于发展阶段，要办好网络，服务于社会，必须加强对网络的管理力度。我们要以积极的态度，学习和借鉴国外对网络文化建设和管理的有效做法和成功经验，从我国的实际出发，最大程度地发挥其优势，最大限度地避免其弊端，坚持一手抓建设，一手抓管理，在建设中加强管理，在管理中促进建设，逐步形成一个内容管理、行业管理、安全管理相结合，事前审批与事后监督相结合，技术封堵与舆论引导相结合，分级管理与属地管理相结合，政府管理和社会自律相结合，网上监控与网下管理相结合的管理工作机制，探索一种符合网络规律、符合我国国情、符合人民意愿、符合国际惯例的公开管理、依法管理、科学管理的模式。

# 2008 年

# 宣传思想战线<br>要走在解放思想的前列*

## ——在西宁市宣传文化系统解放思想报告会上的讲话

今天，很高兴与西宁市宣传思想战线的同志们以漫谈的方式，进行面对面学习交流。我讲的题目是：宣传思想战线要走在解放思想的前列。著名书法家启功先生曾说过："行文简浅显，做事诚平恒"。意思是说，做文要贵简，做事要贵诚。下面，我就宣传思想战线在新时期如何解放思想浅显地谈三个问题。

### 一、为什么要解放思想

在我们党的历史上，毛泽东同志曾引用《汉书》里"实事求是"四个字，对其内容进行了革命改造，并紧密联系我国我党的实际，对我们党的思想路线的本质特征进行了高度概括。

---

* 本文 2008 年 10 月 15 日发表于青海新闻网。

但是，在上世纪50年代末到“文化大革命”期间，我们一度偏离了党的这一思想路线，发生了“左”的错误。为了恢复这一思想路线，1978年邓小平同志在“实事求是”之前加了“解放思想”四个字。为什么要加这四个字呢？他指出：“我们讲解放思想，是指在马克思主义指导下打破习惯势力和主观偏见的束缚，研究新情况，解决新问题”。“解放思想，就是使思想和实际相符合，使主观和客观相符合，就是实事求是。今后，在一切工作中要真正坚持实事求是，就必须继续解放思想。认为解放思想已经到头了，甚至过头了，显然是不对的”。党的十一届三中全会以后，解放思想就被响亮地在我们党内提出，并延续了30年。为什么解放思想如此重要？我从三个方面进行阐述。

1. 从哲学认识论的角度看，知和行是哲学的一对范畴和矛盾统一体。知是行的前提，行是知的结果。中国古代大思想家朱熹说：“论先后，知为先；论轻重，行为重。”这句话深刻阐述了知和行的辩证关系。我们也经常用一些自己理解的方式和语言来表述知的重要性、思想的重要性、观念的重要性。德国诗人海涅说：“思想走在行动之前，就像闪电走在雷鸣之前一样。”2002年，我到四川学习考察宣传思想工作时，看到《四川日报》发表的一篇《四川还能成为天府之国吗？》的文章，有两句话给我留下深刻印象：“思想是个总开关，思想一通，一通百通；观念是个万花筒，观念一变，一变万变。”这么多年过去了，这两句话依然牢牢地印在我的脑海里。这里讲的也是思想观念和行动的关系。改革开放以来，有位学者曾提出了一个著名命题，“解放思想，黄金万两；理念更新，万两黄金”。这两句话曾广为流传。所以，我们一再强调解放思想、更新观念的重要性，就是每行动一步，首先要解决人的行动指南问题，思想观念问题。

2. 从历史的发展看，对解放思想运动，学术理论界有多种说法，有的认为 20 世纪我国经历了三次思想解放运动，第一次是以新文化运动为标志开展的一次反帝反封建、倡导科学与民主的思想大解放，五四运动标志着中国进入了新民主主义革命时期。第二次是我们党的延安整风运动，这次整风为我们取得抗日战争和解放战争的胜利，建立新中国奠定了思想基础。第三次是从 1978 年肇始的新时期的思想解放运动。有的学者认为这次思想解放运动可以分为四个时期，一是以 1978 年真理标准问题大讨论和党的十一届三中全会为标志，突破了“两个凡是”的束缚；二是以 1992 年邓小平同志南方谈话为标志，解决了姓“社”姓“资”的问题；三是以 1997 年党的十五大召开为标志，解决了姓“公”姓“私”的问题；四是以 2002 年党的十六大召开为标志，解决了民营企业主、个体户等五种人能不能入党的问题。党的十七大报告对我国改革开放 30 周年作了全面系统的回顾和总结，在此之际，我们党将隆重举行纪念活动。最近，各媒体都开设专栏纪念改革开放 30 年取得的辉煌成就，让我们切身感受到了改革开放 30 年实际上就是一次思想大解放的过程。正是由于我们的几次思想大解放，才促进了中国的大开放、经济社会的大发展，中国和中国人民的面貌才发生了翻天覆地的变化。今天我们的精神状态和思想观念与过去相比有了很大的变化，有了很大的提升和更新，过去我们不能接受的事物现在接受了，过去我们没法理解的东西现在理解了。

3. 从现实的需要看，党的十七大在总结我国改革开放 30

年的历史过程，阐述建设中国特色社会主义理论体系时指出，解放思想是发展中国特色社会主义的一大法宝。把解放思想作为一大法宝提到这样的高度和地位，这在党的代表大会和历史文献中还是第一次。同时，党的十七大还向全党提出了继续解放思想的要求。怎样贯彻落实党的十七大精神？怎样响应党的十七大号召？就是要把继续解放思想作为一个抓手和载体，以深入贯彻落实科学发展观为主题，推进新一轮的思想解放。科学发展观是党的十六大以来，新一届中央领导集体面对新形势新任务提出的一项重大战略思想，科学发展观是贯穿十七大报告的一条红线，是理解十七大精神的一把钥匙。怎样深入贯彻落实科学发展观？我的体会和认识就是，科学发展观是对邓小平理论和“三个代表”重要思想发展的又一个党的理论创新成果。我们强调用马克思主义中国化的最新理论成果武装全党、教育人民、指导实践、推动工作，就是要全面理解和深刻把握科学发展观的重大意义、科学内涵、精神实质和根本要求，更好地贯彻落实党的十七大精神。当前，全国很多省市区都把开展新一轮解放思想大讨论活动作为落实党的十七大精神和科学发展观的重要抓手和载体。例如，广东省去年年底开展了新一轮解放思想大讨论活动。改革开放以来，广东经济社会快速发展，GDP 总量一直名列全国第一，特别是深圳市从过去的一个小渔村一跃成为现代化的大都市，就是通过解放思想，更新观念，杀出了一条血路。当前，广东又提出不满足现状，克服见物不见人的思想，以韩国、新加坡等亚洲“四小龙”为目标，继续解放思想，推动科学发展。大家知道，现在网络的发展对我们的生产生活带来了很大影响，对我们的传统媒体带来了极大的冲击，给宣传思想工作也带来了新的问题。1987 年我国发送第一份电子邮件，1994年我国开通第一个网站，我们从过去对信息高速公路一无所知到今年第一季度我国的网民数超过美国跃居世界第一，仅用了十几年的时间，而且正以每天新增十几万网民的速度发展。过去，我们最原始的宣传手段是面对面的互动式交谈。后来，有了报刊、广播、电视等媒体，宣传手段转变为由一个中心向多个客体发散式的宣传。现在，互联网的诞生，尤其是论坛、博客的出现，给网民提供了一个在线交流、自由表达情感的空间，这又回到了一种更高形态的面对面的互动式宣传。因此，有位领导同志提出鼓励倡导网民为省委省政府“拍砖注水”提意见，并在今年春节省委书记和省长专门与网民座谈，听取网民意见，得到了网民的广泛关注和积极参与。汶川大地震以后，受堰塞湖的启发，他又提出要虚心听取群众意见，让群众敢于说话，要让领导说真话，允许领导说“错话”，杜绝领导说大话、说套话、说没有用的话，防止出现“言塞湖”现象，在全国影响很大。因为，古人说过“防民之口，甚于防川”。江西省在解放思想大讨论活动中，在网上发布了一个告全省人民书，听取方方面面的意见，收到了4万多条网民的意见和建议。回顾青海30年改革开放，也开展了多次解放思想大讨论活动。我省这次开展的新一轮解放思想大讨论活动主题是深入贯彻落实科学发展观，出发点和目的是加快我省经济社会又好又快发展，推进富裕文明和谐新青海建设。在宣传工作中，我们通常用两把尺子，即纵向尺子和横向尺子。省第十一次党代会报告对我省过去五年的工作，用了发展速度最快、发展质量最好、城乡面貌变化最大、人民群众得到实惠最多这样的表述，对全省各族人民起到了鼓舞士气、振奋精神的作用，这是纵向比较，用的是纵向尺子；与沿海发达地区相比，青海的差距不但没有缩小而且还在拉大，与中部地区甚至与西部的一些省份相比，我们也有不小的差距，这是横向比较，用的是横向尺子。改革开放之初，我省的人口和经济总量高于宁夏和西藏，排在全国倒数第三。但是，通过近几年的发展，宁夏的人口超过了青海，经济总量也超过了青海。要实现省第十一次党代会提出的到2020年与全国同步实现全面建成小康社会的宏伟目标，我们的经济发展速度每年必须保持在9%以上，否则就会落后于全国的平均水平。由于青海条件艰苦，经济落后，人们缺乏自信。通过发展海东拉面经济和捐赠昆仑玉作为奥运奖牌这些事例的启发，我们感到青海有这么多好的品牌，为什么不自信呢？因此，省第十一次党代会响亮地提出要牢固树立自信开放创新的青海意识。解放思想不能一劳永逸、一蹴而就，更不能坐而论道、纸上谈兵，只有解放思想、实事求是、与时俱进，才能进一步统一全省人民的思想，鼓足大家的干劲，最终实现建设富裕文明和谐新青海的奋斗目标。当前，全省解放思想大讨论活动正在有序开展，按照党的十七大要求和中央的部署，省级机关各行政事业单位学习实践科学发展观活动已经启动，州地市县明年要分期分批开展为期半年的学习实践活动。我们一定要紧跟形势步伐，把握时代脉搏，明确主攻方向，找准突出问题，在解放思想中统一思想，凝聚力量，朝着共同奋斗的目标，推动各项事业向前发展。

## 二、解放什么思想

省委十一届四次全体会议提出要继续解放思想，坚持求真务实，闯出一条欠发达地区实践科学发展观的成功之路。这是全省解放思想大讨论活动的实践载体。解放思想的重点是六个方面：一是在转变经济发展方式上解放思想，推进资源节约型发展。对青海来讲，转变经济发展方式的途径就是推进资源节约型发展，不断实现新突破。二是在生态立省上解放思想，实现环境友好型发展。过去，我们对省情的把握和认识仅仅停留在面积大省、人口小省、资源富省、经济穷省这个层面。省第十一次党代会之后，我们对特殊的省情和在全国所处的特殊地位又有了一个全新的认知，那就是青海在资源、生态和稳定上具有举足轻重的战略地位，尤其是青海在全国乃至世界上处于非常重要的生态地位，对全国的生态文明建设作出了重要贡献。2007 年青海的经济总量为 760 多亿元，仅占全国经济总量的 0.3% 多一点。青海是长江、黄河、澜沧江、黑河的发源地，长江的 25%、黄河的 49%、澜沧江的 15%、黑河的 40% 的水量从青海流出，青海有“中华水塔”之称。因此，国家投资 75 亿元建立了三江源生态保护区，青海省也出台了相应的政策，停止了对三江源地区的采金等工业开发项目，取消了对地处三江源核心区的果洛藏族自治州和玉树藏族自治州 GDP 指标的考核。有的人不理解，认为青海很困难，应该发展工业，为什么要为全国作出牺牲和贡献？这就有一个思想观念转变的问题。党的十七大首次提出建设生态文明，建立生态补偿机制和资源有偿使用机制。青海地处三江源地区，应该承担起保护环境的历史责任。三是在以人为本上解放思想，促进和谐社会共建共享。青海虽然财政困难，但用“小财政”解决了“大民生”，使各族人民群众广得实惠，我们解决的很多民生问题走在了全国的前列，我们还要继续努力。四是在统筹兼顾上解放思想，大力推进城乡协调发展。党的十七大提出要在五个方面进行统筹，其中重中之重和难中之难就是统筹城乡协调发展，我们一定要在这方面狠下功夫。五是在改革开放上解放思想，提高开放型经济水平。青海在发展中要想不被边缘化、不被别人甩在后面，就一定要打开省门，开放融入。无论在其他方面有多么落后，我们在改革上绝不能落后，在开放上绝不能落后，要积极融入到全国乃至世界的大市场中去。六是在处理改革发展稳定关系上解放思想，始终保持社会稳定。改革是动力，发展是目的，稳定是条件，要正确处理好改革发展稳定的关系，这是多年来我们的共识。历史上青海的地理位置十分重要，曾经有“安藏必先安青”的说法。当年文成公主进藏走的是唐蕃古道，十世班禅 1951 年返回西藏也走的是这条路。后来我们修建了青藏公路，85% 的进藏和 70% 的出藏物资都是通过青藏公路运输的。青藏铁路开通后仅用 20 多个小时就可以到达西藏。今年年初拉萨“3・14”事件发生后，有着 120 多万藏族的青海却保持了藏区的相对稳定，实践证明，青海在稳定方面有着独特和重要的作用。

以上是全省解放思想的载体和重点。那么，宣传思想战线的载体和重点是什么呢？下面，我来作进一步阐释。当年，斯大林和刘少奇同志在阐述党和人民群众不可分割的血肉关系时，运用了古希腊神话中大力神安泰离不开大地母亲盖娅这个比喻，如果离开了就会失去活力，失去生命。对宣传思想工作者来说，实际、生活、群众就是我们的“大地母亲”，如果离开了实际、生活、群众这个“大地母亲”，我们宣传文化事业将一事无成。宣传思想战线要解放思想，就必须紧紧抓住贴近实际、贴近生活、贴近群众这个原则，为推动全省科学发展、闯出一条欠发达地区实践科学发展观的成功之路，为建设富裕文明和谐新青海鼓与呼，把坚持“三贴近”体现在宣传思想工作的方方面面。因此，宣传思想战线要围绕以下几个重点来解放思想。一是在推动理论武装上解放思想。当前理论工作中有价值的理论成果较少，转化力度不大，理论研究“智囊团”和“思想库”的作用发挥得不够，理论宣传的覆盖面不广。二是在舆论引导上解放思想。当前，我们的新闻宣传手段还比较落后，形式单调，内容不新，创新不够，吸引力、感染力不强，主动开展舆论监督的意识不够，还不能完全适应新闻宣传工作的需要。三是在加强思想政治工作上解放思想。当前我们的思想政治工作还比较薄弱，实效性不强，还有很多盲点和空白点，还有很多群体没有被覆盖到。四是在精神文明创建上解放思想。精神文明创建中还存在广泛性不够、群众参与度不高的问题，城乡文明程度、公民道德素质、社会良好风尚等需要大力培育和提高。五是在深化文化体制改革和繁荣发展文化事业上解放思想。我省的文化体制改革力度不大，文化事业和文化产业发展不快，文化投入历史欠账较多，文化基础设施建设滞后，优秀文艺人才奇缺，文化产品开发特别是精品创作难度较大。六是在扩大对外宣传、提高青海知名度上解放思想。我们对外宣传“走出去”“请进来”的力度不大，开放交流的程度不高，扩大青海知名度和影响力的宣传手段和办法不多，内宣和外宣联手互动、互促的效果不够理想。七是在加强队伍建设、提高整体素质上解放思想。我们的宣传资源分散，队伍建设统筹协调不够，优秀人才流失严重，专业人才出现断层，等等。总之，在许多方面，我们的宣传思想工作还存在着不足。有一句广告词说得好，“没有最好，只有更好”。谈到这些不足和问题，我不是抹杀和否定我们取得的成绩，而是在肯定成绩的基础上，需要我们积极主动地寻找差距，继续解放思想，不断推动宣传思想工作上新台阶新水平。

## 三、怎样解放思想

1. 加强学习调研。在信息技术迅猛发展的现代社会里，学习对我们来说十分重要。16 世纪，西班牙航海家麦哲伦环绕地球航行一周，证明了地球是圆的。而美国作家托马斯·弗里德曼在《世界是平的——21 世纪简史》一书中描述，由于互联网的出现，地球变成了平的，世界成为了地球村。《光明日报》有一篇报道说，现在的知识更新速度越来越快，大学生四年本科毕业时，30% 的知识就需要更新了。有一位学者用“知识爆炸”来形容现在知识的不断更新。当前从地球的任何一个角落发出的信息，只要有通讯工具，有互联网，就可以迅速传遍全世界。毛泽东同志作为一位伟大的思想家、政治家、军事家、诗人、书法家，他的学习精神令人感动。战争年代他曾说：“如果再过十年我就死了，那么我就一定要学习九年零三百五十九天。”他是这样说的，也是这样做的。中央党校图书馆至今还珍藏着一本毛泽东同志当年在延安窑洞里用毛笔手抄《社会学大纲》的手稿，我看到以后感到很震撼。陈云同志看了毛泽东同志所著的《论持久战》以后，开始对哲学悉心研读，最后形成了“比较、反复、交换”的思想方法和“不唯上、不唯书、只唯实”的行事作风。毛泽东同志是 1976 年 9 月 9 日 0 时 10 分心脏停止跳动的，他在逝世前七个小时还在学习。那时他一会儿昏迷，一会儿苏醒，眼睛已经看不清东西了，他就要求工作人员给他念书、念文件。他当时看的书是《容斋随笔》和《三木武夫及其政见》。毛泽东同志之所以成为一位伟人，我认为就是通过学习成就的。孔子说：“学而不思则罔，思而不学则殆。”因此，我们解放思想一定要树立不断学习、持续学习、终身学习的理念，多读书、读好书、好读书，在学中思、思中学，学中干、干中学，学以致用，学用相长，不断提高理论水平，进而转化成科学决策的素养、干好工作的能力，这是对宣传思想工作者的基本要求，也是我们的优势和特点。在调研中，我们要使理论思考和实践检验达到客观的一致。有位学者说，肉体的枷锁要靠别人打开，精神的枷锁要靠自己打开。中央电视台十频道有句广告词说得很好：“每个人都是一座山，世上最难攀越的山其实是自己。往上走，即便一小步，也有新高度。做最好的自己，我能。”因此，在解放思想大讨论活动中，我们要把学习和调研贯穿到整个活动的始终，让学习成为工作生活的一部分。

2. 查摆分析问题。这次解放思想大讨论活动，省委提出要开门解放思想、开门大讨论。省委发了一封致全省人民的公开信，让大家通过来信、来电、来函、网上论坛等方式，自由发表意见。广大网民积极踊跃参与，提了很多好的意见和建议。部分省委省政府领导对网民的意见建议在网上进行了答复。有位领导同志也将在人民网的强国论坛上与网民进行在线交流。古人说：“不识庐山真面目，只缘身在此山中。”“旁观者清，当局者迷。”因此，我们要广开门路、广开言路，开门讨论、开门听取意见。对征求到的意见要心平气和地梳理分析，哪些问题需要我们立说立改，哪些问题需要我们创造条件加以解决，我们都要制定目标，采取措施。特别是在解放思想大讨论活动中，既要解决思想观念的障碍，还要形成一些制度性的成果，解决体制机制方面的问题。各单位各部门都要广泛听取方方面面意见，凝聚智慧，集思广益，推动工作。

3. 积极整改落实。我多年来有一个大的感受，就是做领导要坚持以人为本，既懂得尊重人、关心人、理解人，又不怕得罪人。如果害怕得罪少数人，就一定会得罪大多数人。只要得到大多数人的认可，我认为就是一个好领导。百分之百受拥护的领导，也许是个好人，但未必是个好领导。干工作不能怕困难，困难和工作成效在某种程度上是成正比的，解决困难有多大，工作成效就有多大。要不怕困难，敢于触及矛盾和问题，下狠心、下硬功夫抓好整改落实。多年来，我们有个很大的弊病，就是抓落实不够。常常以会议落实会议，以文件落实文件，以讲话落实讲话，最后在一片“落实”声中不落实。因此，我们要通过解放思想大讨论活动的开展，力争解决一两个突出的问题，力争制定一些行之有效的措施、办法、制度，把工作向前推进一步。如果不解决问题，就会失信于民，就会丧失我们的公信力和威信。美国哈佛大学肯尼迪政府学院院长约瑟夫·奈 1990 年在其著作《注定领导世界》中提出了“软实力”这个概念，认为东欧剧变和苏联解体，是通过意识形态的渗透瓦解的，很大程度上是软实力发挥了巨大作用。党的十七大报告提出了文化软实力，让我们深感文化对一个民族、一个国家的重要性。近年来，我国在世界很多地方开设了孔子学院，传播中华民族五千年的文明。这次奥运会的成功举办，给了世人一个证明：世界给我十六天，我给世界五千年，充分展示了中国博大精深的文化内涵。这些活动的举办，极大鼓舞了人民士气，增强了人民信心。因此，我们一定要增强做好宣传思想工作的信心，一定要在整改落实上下功夫，见成效。我们要超过前人，后人也必然会超过我们。我们今天在评价着历史，历史也要评价我们。我们已经做了大量的工作，还有大量的工作要做。让我们奋发努力，团结一致，扎实工作，与时俱进，为富裕文明和谐新青海建设，为全面建设小康社会作出宣传思想战线新的更大的贡献！

# 关于加强网络文化建设和管理的思考 *

当前，世界大变动，中国大变革，世界范围内各种思想文化相互激荡，相互交锋、交流、交融，人们思想活动的独立性、选择性、多变性、差异性显著增强。网络的快速发展和网络文化的兴起，既给我们带来了机遇，也提出了一系列挑战，比如，对现有法律制度、管理模式、社会规范的挑战，对意识形态、宣传思想工作、传统媒体的挑战，对国家政治安全、经济安全、文化安全的挑战，等等。总之，机遇前所未有、千载难逢，挑战也是全方位、全过程的。如何迎接挑战，趋利避害，牢牢掌握党和政府对网络文化建设和管理的主导权与主动权，是一项亟待深入研究的重大课题。本文仅就加强网络文化建设和管理谈一点粗浅认识和建议。

---

* 本文发表于《攀登》2008 年第 4 期。

## 一、提高各级领导干部对网络文化重要性的认识

认识是行动的前提，只有充分认识网络文化的重要性，才能提高加强网络文化建设和管理的自觉性。党中央高度重视网络文化建设。党的十六大、十六届四中、六中全会和十七大都对互联网的应用和管理提出了明确的要求。十六届中央政治局第三十八次集体学习、中央政治局会议、全国网络文化建设和管理工作会议以及中央下发的几个文件，对这项工作都进行了全面部署。特别是2008年1月22日，胡锦涛同志在全国宣传思想工作会议上发表重要讲话，深刻阐明了加强网络文化建设和管理的重要性，对做好这项工作提出了明确的要求。他说：互联网已成为各种社会思潮、各种利益诉求的集散地，成为意识形态较量的一个重要战场。我们充分运用数字技术、网络技术，在宣传党的理论和路线方针政策、传播信息、学习知识等方面发挥了重要作用。同时，我们也要看到，网络传播无国界，具有天然落地的特点，隐匿性和交互性很强，大大增加了管理工作的难度。可以说，人们对互联网的认识已知远不如未知，其技术发展和社会影响还将发生深刻变化。我们必须从占领文化传播制高点和掌握信息化条件下宣传思想工作主导权的高度，抓住信息化的历史机遇，善于运用先进技术传播先进文化，积极发展中国特色网络文化。要高度重视网络文化建设，加强对互联网特别是新媒体平台的应用和管理，支持重点新闻网站建设，提高网络文化产品和服务供给能力，主动引导网上舆论，有效防范和遏制有害信息传播。我们要把思想和认识统一到胡锦涛同志的重要讲话精神上来，统一到中央的决策和部署上来，

充分认识加强网络文化建设和管理的重要性，把网络文化放到提高国家文化软实力，促进社会主义文化事业和文化产业健康发展的高度去认识；放到抵御西方敌对势力对我实施西化、分化图谋，维护国家文化安全和长治久安的高度去认识；放到提高全民族的文明素质和全社会的文明程度，构建社会主义和谐社会的高度去认识；放到密切党和人民群众的血肉联系，提高党的执政能力，保持党的先进性的高度去认识，真正把网络文化建设和管理工作摆到重要位置，使各级领导干部都能做到懂网、建网、上网、管网、用网，进一步创新思路，加大投入，采取各种强有力的措施，大胆探索和实践，切实加强对网络文化的建设和管理。

## 二、从实际出发，逐步加大网络的立法力度

网络立法是网络社会所必需的。没有规矩不成方圆，当网络无序时，就需要法律介入。近年来，我国从上到下出台了一系列网络管理的法律法规、部门规章和司法解释，但是，现实中存在着不完善、不配套的问题。突出的表现是：立法层次低，部门规章多，缺少上位法，现有法律资源的网上延伸不够，网络立法还不能适应网络发展形势的需要。国外成功经验和我们多年的实践表明，法律手段是刚性手段，是其他管理手段的基础和支撑。要加强网络文化建设和管理，必须将法律、法规覆盖到网络所到之处，涉及到网络运行的全过程，做到网络文化建设和管理有法可依。鉴于网络的新情况新问题较多，未知领域较多，立法应遵循这样一些原则：先政策后法规，先法规后法律，先地方立法后全国立法，使立法有一个从小到大、从地方到中央、从不成熟到成熟这样一个过程。另外，也可以采取

急需先立、重点先立、预防苗头性问题先立、借鉴别人成功的做法先立、国际通行做法先立等做法。当前，亟需加快基础性立法工作，对网络内容、网络娱乐、网络游戏的分级以及对网上色情暴力等问题进行立法。中央和地方立法机关以及政府有关部门应该制定出一个立法规划，排出时间表，逐步加以实施。

## 三、理顺网络管理体制，完善网络管理机制

网络文化建设和管理涉及中央和地方的众多部门和众多单位。网络音乐、网络游戏由文化部门管，网络视频、网络音频由广电部门管，网络出版、电子出版物由新闻出版部门管，网络广告由工商部门管，这是由我国现行行政管理体制和网络的特性所造成的。实际上，网络新闻宣传还涉及宣传部门和对外宣传部门，网上犯罪涉及公安部门，网上医疗卫生服务涉及卫生部门，建立网站、申请网址还涉及通信管理部门。理顺体制有两种思路：一是按照组建大文化部门的思路，将网络文化管理中的所有事项统统纳入一个部门进行管理，统一决策，统一部署，统一执法，统一监管。二是在现有机构设置的基础上，建立联席会议制度。按照各自职责分工，明确任务，狠抓落实。而对文化执法则采取以市县为单位，组建综合执法队。为了加强党对网络文化建设和管理工作的领导，党委应该牵头抓总，各地应成立由党委分管宣传工作负责同志挂帅的领导小组，不定期研究网络文化建设和管理工作的重大问题。领导小组办公室应设在宣传部门或外宣部门，负责日常工作和事务性协调。通过网络新闻通气会、情况研判分析会、网络提示、网络舆情、网络参阅、网络简报等形式，加强上下信息沟通和工作指导。

要建立健全中央和地方管理部门互动机制，在上级机关

指导下，按登记和备案机构所在地进行属地化管理；建立健全互联网行业主管部门与网络文化行业主管部门、安全监管部门的协同配合机制，完善工作流程，落实封堵删除有害信息、清查网上泄密、查处网上传播淫秽色情信息等违法犯罪行为的行政管理责任；建立健全网上舆论引导协调机制，宣传、对外宣传部门要协调有关部门和地方，分层次、分领域做好应急情况下网上热点敏感问题的处理和舆论引导工作，努力形成以宣传部门为主导、实际工作部门相配合、各类媒体齐心协力的舆论引导工作局面；建立健全网上舆情研判报送机制，加强地方、部门之间的工作协作和信息共享，增强应对舆论热点的快速反应能力；建立健全网上应急处置机制，完善突发事件和网上热点舆论分级处置机制，制订重大舆情应急预案，明确应急处置的职责任务和响应速度，完善相关流程；建立健全责任追究机制，研究制定网络管理工作检查考评办法和问责制度。

## 四、统筹协调，进一步巩固扩大网络阵地

加强网络文化建设和管理，必须强化阵地意识。一是要做大做强重点新闻网站。要建设“国家队”，打造主力军，提高中央和地方重点新闻网站的竞争力和影响力。随着新华网、人民网等中央重点新闻网站实力的不断壮大和日益增强，依托一两家重点新闻网站组建中国网络媒体集团的条件已经成熟。建设中国网络媒体集团，核心是进一步加强党对网络媒体的主导权，从根本上保证党对网络媒体信息源的领导，积极抢占网络媒体舆论制高点。应依托重点新闻网站的整体优势，探索实施规模化运营的途径，鼓励重点新闻网站通过联合、兼并、收

购、吸收国有资本参股等方式，组建政治上坚定可靠、内容上导向正确、机制上顺应市场、规模上实力雄厚、经营上善于拓展、需求上能全方位覆盖的网络媒体集团。各重点新闻网站应坚持导向立网、特色树网、品牌强网、经营固网、人才兴网的理念，在坚持正确舆论导向上下功夫，在改变“千网一面”、打特色牌上下功夫，在贴近生活、贴近实际、贴近群众，提高新闻宣传的吸引力、感染力上下功夫，在经营管理和队伍建设上下功夫，真正把重点新闻网站做大做强。二是要充分发挥好政府网站的重要作用。各级政府网站应强化权威信息发布、政策解读功能，拓展完善公共服务，着力在提高信息时效性上下功夫，切实解决好一些政府网站面孔老、内容少、信息旧的问题。三是要发挥知名商业网站的积极作用。要充分调动知名商业网站的积极性主动性创造性，引导他们健全管理制度，依法诚信经营，多提供健康网络文化产品，在繁荣发展网络文化中发挥建设性作用。四是要着力培育一批有影响的专业文化类网站。要大力培育教育、科学、文化艺术网站，把握正确导向，发挥优势、办出特色，发挥其传播相关文化知识，满足特色需求的作用。应引导各类社会网站健全内部管理制度，主动参与网络文化建设。

## 五、根据需要，为网民提供更多更好的网络文化产品和服务

能否占领网络思想文化阵地，在很大程度上取决于我们能否给网民提供更多更好的网络文化产品和服务，能否增强对网民的吸引力和感染力，满足网民不断增长的精神文化需求。一是要丰富网络公共文化产品。博大精深的中华文化是网络文化

的重要源泉。发展中国特色的网络文化，必须立足于中华文化这片沃土，处理好古今中外的关系，在继承的基础上创新，在借鉴外来文明的基础上提高。应积极推动优秀传统文化瑰宝和当代文化精品的数字化、网络化传播，推动网上图书馆、网上博物馆、网上展览馆、网上剧场建设，形成丰富多彩的网络精神家园。应鼓励作家、艺术家投身于网络文化建设，创作更多格调高雅、内容健康、网民喜闻乐见的网络文化产品。应注意保护网民的创作热情，激发他们的创造潜力，引导他们为繁荣发展网络文化贡献力量。二是要拓宽网络文化服务渠道。应整合现有文化资源，发挥图书馆、博物馆、文化馆等公共文化服务机构的作用，利用社区乡镇文化活动中心等基层文化设施，加快互联网公共信息服务点建设，着力构建面向广大群众的网络公共文化服务平台。三是要实施重点网络文化工程。按照国家文化事业和文化产业的发展规划，全力实施好全国文化信息资源共享、中国数字图书馆、国家知识资源数据库等网络文化工程。

## 六、突出重点，加快发展网络文化产业

网络文化产业是网络文化的重要支撑，网络文化产业发展了，网络文化才能出新出彩，发展繁荣。推动网络文化产业发展，一是要制定文化产业发展规划。要根据国家信息化发展战略，明确网络文化产业的发展定位和发展方向。根据我国的实际，要把推动民族网络影视产业、网络出版产业、网络娱乐产业作为网络文化产业的发展重点，加快传统文化产业与网络文化产业的融合，努力在扩大市场规模、完善产业链条、形成产业优势等方面取得新的进展。应积极推动网

络文化创意产业园区、动漫网络游戏产业基地建设，孵化一批具有自主知识产权的网络文化企业，努力提高网络文化产业的规模化、集约化、专业化水平。二是要着力培养网络文化市场主体。应通过加大投入、政策扶持，做大做强一批国有或国有控股的网络文化企业和企业集团，支持和鼓励大型网络文化企业的重大项目研发和国际市场开拓。应积极培育网络文化产业战略投资者，推动国有大型骨干企业投资市场前景好、综合实力强、社会效益高的网络文化企业，充分发挥国有资本的控制力、影响力和带动力。三是要打造网络文化品牌。应深入研究网络文化创作、生产、传播、消费的特点和规律，增强网络文化原创能力，大力生产体现和谐精神、讴歌真善美、群众喜闻乐见的健康网络文化产品，努力打造一批具有中国气派、体现时代精神、品位高雅，具有自主知识产权的网络文化品牌。

## 七、把握规律，提高网络舆论热点的引导水平

只要我国互联网对外开放，境外的有害信息就有渠道和手段在网上出现。只要我国互联网对社会开放，网下的社会问题就会反映到网上，广大网民的各种言论就有渠道和手段在网上出现。如何有效掌控网上舆论，如何应对网上热点话题，如何处置网上突发事件，做好对社会思潮、社会热点以及各种文化现象的引导，是加强网络文化建设和管理的一个重要内容。网络对现实生活中的问题可产生高倍“放大器”和快速“传播器”的作用。处置得当，平安无事；处置不当，酿成事端，影响稳定。我们要把握网络舆论热点形成的基本规律，努力提高引导水平。从网络舆论热点形成的要素来看，有这样几个方面：现

实社会中有具体事件；此事件容易激发深层次社会矛盾；有传统媒体介入；有商业网站推波助澜；事发地政府反应迟钝；网上“意见领袖”定调。从其形成和传播的规律来看，有这样几个规律：互动性规律、权威性规律、非线性规律、超时空规律、对立效应规律、突变规律。即网上网下、网络与传统媒体互动，“意见领袖”定调归纳总结，发展过程忽高忽低，网上争论对立，从小事件到大事件，发生突变。加强网络舆论热点的引导，必须主动及时，主动出击、主动引导，先入为主、先声夺人，力争在第一时间发布信息，敢于正面回答网民疑问，切实掌握网上舆论引导的话语权；必须实事求是，在信息披露时尽可能真实准确；必须权威统一，由权威机构在权威媒体上发布权威信息，统一口径，以正视听；必须分级管理，坚持守土有责，不把矛盾简单上交；必须协同互动，在统一指挥协调下，相关部门各尽其责；必须源流并重，把网上引导与网下解决根源性实际问题结合起来。对涉及民生利益的热点问题主动开展舆论引导；对公共突发事件的舆论引导，力求做到“尽早讲”“准确讲”“持续讲”，保持信息发布渠道畅通；对思想文化领域的思想引导，本着尊重差异、包容多样的态度，冷静观察、辩证分析、区别对待、审时度势、正确把握、妥善应对。

## 八、采取措施，加强对网络的行政监管

行政监管是法律手段和道德约束之外的一个手段，尤其是当法律还不完善和完备、道德约束乏力的情况下，行政监管的作用和成效就显而易见。要在网络上设立“报警岗亭”和“虚拟警察”，接受群众举报，并建立网上接受举报、网下迅速处置的工作机制；要探索建立网络信誉等级评价体系，分类分层定

位管理，并定期评估、定期公布；要探索建立网络从业人员资质认证制度，加强对从业人员的执业约束；要积极稳妥地建立BBS准入制，大力推行网站备案制，逐步探索实行上网实名登记制和开设博客、播客、论坛版主、QQ群主、聊天室主等实名登记或注册制；要完善市场准入和退出制度，加快建立违法违规记录制度，对严重违法违规者实行行业禁入；要建立网站绩效考核评价标准，完善网上阅评机制；要明确互联网新业务的许可审批，完善监管措施，规范服务行为；要实行网吧年检制；要根据形势不断开展打击网上各种违法行为的专项整治行动。

## 九、净化环境，大力倡导“文明办网、文明上网”

加强网络文化的建设和管理，行业自律和网民道德自我约束必不可少。自律是软约束，是靠内心的认知、信念和道德评判而起作用，这种作用一旦发挥就会持久广泛地延伸下去、发散开来。因此，要大兴网络文明之风，大力开展“文明办网、文明上网”活动。要健全网络道德规范，引导网络从业人员和广大网民增强诚信意识和社会责任意识，自觉抵制有害信息和低俗之风。各基础电信运营企业、互联网接入服务单位和各类网站都应坚持把社会效益放在首位，认真落实自律公约，建立有效的有害信息发现机制、监督机制和处置机制，自觉对网上信息内容进行监管。各类网站应主动开展自查自纠，不链接不健康网站，不发送不健康短信，不登载不健康广告，不运行、不传播有暴力色情内容的游戏、图片、视听节目和文学作品，及时发现、过滤和删除网上有害信息。要在广大网民中开展社会主义荣辱观和网络道德教育，提高他们的素质，使其养成科学、文明、健康的上网习惯。

要广泛开展网络道德评议，组织开展文明网站、文明网吧评选活动，对恪守职业道德的网络文化单位给予表彰奖励，对网上违法和违背社会公德的行为进行批评。要充分发挥广大公众的监督作用。要落实举报奖励制度，定期向社会公布受理和查处情况。要建立网吧义务监管员队伍，充分发挥他们的积极作用。

## 十、不断研发新技术、开拓新业务，强化网络管理的技术保障

网络文化发展的一个突出特征是网络新技术的广泛应用不断催生出新的文化生产方式、传播方式、消费方式，不断引领网络文化形态的更新换代。网络文化的技术与内容互为支撑、相互融合，共同构成核心竞争力。必须把技术研发与内容创新结合起来，把技术应用与完善服务统一起来，不断提升网络新技术应用水平和业务保障能力。一是要充分利用互联网新技术拓展新业务。应支持重点新闻网站大力发展网络杂志、网络视听新业务，积极进入即时通讯、博客播客、搜索聚合等新领域。二是要努力提高现代信息技术的自主研发能力。网络传播是高科技产物，要求网络传播的社会控制具有高技术手段。网络的核心技术和应用技术烙有研发者的文化观念和文化样式烙印，谁的技术领先，谁就有可能创造自己的文化形态，引领文化风尚。目前，网络媒体的关键技术主要掌握在美国等西方国家手中，我国管理手段单一、技术措施滞后，信息安全、技术安全等都存在较大隐患。我们应加大人财物的投入，密切跟踪网络技术前沿动向，从战略高度对网络重大问题进行立项研发，组织科研人员攻关，加

强对网络防病毒技术、防火墙技术、防攻击入侵检测技术、远程监控技术、防网络游戏成瘾技术、智能搜索、舆情监控及预警技术的研究与开发，形成独立知识产权的核心技术优势，凭借技术优势掌握主动权，有效封堵和杜绝不良信息，遏制网络文化产生的消极作用。尤其要重视新一代无线传输技术和下一代互联网技术的研发，加大投入，集中力量攻关，抢占未来互联网发展的技术制高点，把我们的网络文化发展建立在自己掌控的技术平台之上。

## 十一、努力建设一支高素质的网络文化人才队伍

加强网络文化建设与管理，必须建设一支高素质的人才队伍，这是网络文化建设和管理的基础性、战略性工作。网络文化涉及面广、综合性强，网络文化建设和管理人才应该从多方面培养和选拔。综观网络的性质和工作范围，应着重加强网络媒体、网络管理、网络专业技术和网络市场运营的人才队伍建设，努力培养造就一批网上名编辑、名版主、名主持人和名评论员；一批掌握市场规则、富有竞争意识的经营管理人才；一批立足信息技术前沿、具有较强研发能力的专业技术人才；一批熟悉政策法规、了解国际互联网管理通行做法的监管执法人才。当前，尤其要高度重视网络媒体的人才队伍建设。网络媒体的发展希望在人才，关键在人才，创新更需要优秀人才。目前，我国拥有一支超过 300 万人的网络媒体编辑队伍，远远超过传统媒体 75 万人的总量，网络媒体要重视将传统媒体的从业要求和信息技术的素养结合起来，主管部门要把网络媒体的管理者及其从业者素质、资质的管理纳入标准化、制度化、规范化的轨道，以满足网络媒

体对高质量人才的需要，适应、促进和保证网络媒体的健康和可持续发展。

在网络媒体人才队伍建设中，要优化整合，组建一支数量充足、专兼结合、反应灵敏，善于“网上来、网上去”，熟练使用“网言网语”，活跃于网络各个层面，被网民视为“网友”，能有效引导网民思想的评论员队伍。要团结、培养和使用好民间的“意见领袖”，发现培养自己的“意见领袖”；培养一批有能力、有影响力的网络博客写手，鼓励有条件的党政领导干部、政府新闻发言人、各行业各领域的权威人士、专家学者、宣传思想工作者开办博客播客；培养一批能够主动出击，与境外各种仇华、反华言论进行有效斗争的“网民”；培养一批能够通达社情民意、引导社会热点、疏导公众情绪的网络宣传“策划家”。要建立和完善网站从业人员资格认证和准入制度，网站新闻、时政论坛和手机短信负责人年度考评制度，网站编辑人员持证上岗制度等，建立培训轮训制度，做好网络文化从业人员的上岗培训和重点岗位人员的业务培训，不断提高其整体素质。有关高等院校应设立相关学科和专业，培养网络文化发展所需要的各种人才。

总之，我们要大胆探索，勇于实践，按照中央的要求，积极全面加强网络文化建设和管理。在网络文化建设和管理中，建设在前，管理在后，建设是疏，管理是堵，建设是管理中的建设，管理是建设中的管理，二者缺一不可，相辅相成，辩证统一。我们应在建设和管理的统一中，在改革开放和社会主义现代化建设的实践中，大力发展中国特色的网络文化。

# 论网络文化及其表现特征 *

## 一、网络文化概念之辨析

随着计算机技术、通信技术和网络技术的发展及其在社会生活中的广泛应用，形成了网络时代特有的文化现象，即网络文化。一般认为，网络文化缘起于黑客文化和吉布森等人的赛博朋克科幻小说。在研究领域，比较宽泛地研究网络文化是以1950年维纳所著《人有人的用处——控制论和社会》一书为开端，该书对信息、语言、文化等均有深刻阐述。1997年郭良主编的《网络文化丛书》，则从中国人的视角研究和阐述了网络文化。中国大陆较早研究网络文化的学者吴伯凡，在1998年出版的《孤独的狂欢》一书中引入了Cyberculture①的英文单词。那么，究竟什么是网络文化？学术界对此众说纷纭、莫衷一是。有人认为网络文化是一种新型文化，有的则认为网络文化是科学和文艺之外的第三种文化，也有人认为网络文化不是

* 本文发表于《青海社会科学》2008年第4期。

① Cyberculture：电脑化社会，电脑化文明，对社会、政治、文化等的电脑化影响。

一种完整意义上的文化，还有人认为网络文化只是传统文化的延续。认为网络文化是一种新型文化的人给网络文化下了这样的定义：其一，网络文化是一种蕴含特殊内容和表现手段的文化形式，是人们在社会活动中依赖于信息、网络技术及网络资源为支点的网络活动而创造的物质财富和精神财富的总和。[①]其二，网络文化是指以计算机技术和通信技术融合为物质基础、以发送和接受信息为核心的一种崭新文化。[②]其三，网络文化是人们在互联网这个世界中，进行工作、交流、学习、沟通、休闲、娱乐等形成的活动方式及其所反映的价值观念和社会心态等方面的总称。[③]其四，网络文化是以互联网和手机为载体，依托发达而迅速的信息传输系统，运用一定语言符号、声响符号和视觉符号，传播思想、文化、风俗民情，表达看法观点，宣泄情绪意识等等，以此进行相互之间的交流、沟通、联系和友谊，共同垒筑起一种崭新的思想与文化的表达方式，形成的一种崭新的文化风景。[④]

网络文化的概念最早在中央文件中使用，见于2002年3月中共中央办公厅、国务院办公厅联合下发的《关于进一步加强互联网新闻宣传和信息内容安全管理工作的意见》中。《意见》第一次提出了加强互联网文化建设的概念，虽然这时还未正式形成和使用网络文化的概念，但已有了雏形。网络文化的概念最早在中央领导人的讲话中使用，见于2007年1月23日胡锦涛同志在中央政治局第三十八次集体学习时发

---

① 赵辉：《网络文化：一种戏耍方式，抑或颠覆者？》，http：//www.happcampus.cn/2004—5—12.

② 匡文波：《论网络文化》，《图书馆》1999年第2期。

③《半月谈》2002年第12期。

④ 尹韵公：《论网络文化》，《新闻与写作》2007年第5期。

表的重要讲话中。[①]2007 年 4 月 23 日，中共中央政治局召开会议专题研究了加强网络文化建设工作，新闻媒体作了公开报道。[②] 同年 6 月初，中央召开工作会议，并制定下发了《关于加强网络文化建设和管理的意见》。[③] 自此，网络文化的概念在全党使用，并被全社会尤其是宣传文化部门广泛接受。对什么是网络文化，中央文件没有给出定义；但在文件中对互联网的认识，已经从 1999 年的革命性信息传播工具、2002 年的新兴现代媒体，提升到将其作为思想文化信息的创作、生产、传播、消费平台，集技术、媒体、产业、文化、社会和意识形态等多重属性于一身的综合性、复杂性、开放性的信息系统来理解和把握。这反映了我们党对互联网及其孕育的网络文化认识的不断深化过程。中央对外宣传办公室负责人在 2008 年 2 月举办的全国加强网络文化建设和管理研讨班的讲话中，给网络文化和中国特色网络文化下了定义：网络文化是伴随互联网络的产生和普及而兴起的新兴事物，主要是指网络中以文字、声音、图像、视频等形态表现出来的精神文化成果；中国特色网络文化是中国特色社会主义文化的重要组成部分，是基于我国网络空间，源于我国网络实践，传承中华民族传统文化、吸收世界网络文化优秀成果，面向大众、服务人民，具有中国气派、体现时代精神的网络文化。此说颇为有理。网络文化内容广泛、样式丰富、载体先进、风格多样，是近年来发展最为迅速、影响越来越大的文化新形态。

笔者认为，文化的创造和活动离不开人，网络文化的载体是互联网。这是我们认识网络文化、给网络文化下定义的两个

---

① 《人民日报》2007 年 1 月 25 日。
② 《新华日报·记录》2007 年 6 月下半月。
③ 《人民日报》2007 年 6 月 5 日。

关键点。就是说我们既要见人又要见物，因为没有人就没有文化，没有互联网也就不会有网络文化。因此，网络文化是以互联网为主要载体的文化形态，是人们通过计算机等在网络上生产、传播、储存、交流、获取、消费各种信息产品和服务的活动。网民接触网络，网络作用于网民，才会产生和形成网络文化。首先，网络文化要有主体和客体。在静态条件下，网民是主体，网络是客体；在动态条件下，创造信息的网民是主体，接受和使用信息的网民是客体。其次，网络文化要有载体。网络是网络文化的载体，网络构建和组成了信息的发送、传递、接受系统，具体到物质形态就是计算机、手机、数字电视机、服务器、数字宽带线路网，等等。再次，网络文化要有表现形式、内容和功能。表现形式有文字、图片、数字、音频、视频等，集各类传媒于一身；内容有政治、经济、文化、军事、卫生、教育、科技、哲学、历史、民族、宗教等，覆盖和内含人类文明成果的方方面面；功能有新闻传媒、沟通交往、思想教育、娱乐消遣、知识传承、购物交易、民意表达汇聚、社会动员等，在网上仿造出一个与真实社会相对应的虚拟社会。

## 二、网络文化的表现特征

那么，网络文化作为一种新形态的文化，有哪些表现特征呢？笔者以为有以下几个方面。

（一）大众化。互联网使用价值高、上网成本低、操作简易便捷，吸引着众多的消费人群。它是一种没有门槛、没有限制的文化交流与沟通，凡是有条件有能力上网的人都可以进入其中。在网络上，每个网民既是文化的生产者、创造者，又是文化的传播者、消费者。人人可以随时搜集到大量信息，及时提供自己所掌握的信息，使得少数人对信息和知识的垄断难以为继。对一种观点、一种说法，网民往往会从新的角度提出自己的看法。由于互联网的匿名性和互动性，在网络上淡化、模糊甚至消除了作家与读者、记者编辑与受众的区别和界限。上网后，在宪法和法律规定范围内，人人允许自由发表意见和提出建议。

（二）多媒体。互联网的出现以及手机、数字电视功能的不断增加，使人类社会的生产、生活、科研、教育、医疗、娱乐逐步转移到网络上来。网络把报纸、广播、期刊、电视、书籍、音像等所有传媒的功能集于一身，在互联网上可以读书、看报、看电影、阅读期刊、欣赏电视剧、听音乐、听广播、购物，等等。新一代手机的功能也在不断增强，既可以通讯，又可以资讯；既可以看新闻、读文学作品、拍照、录像、查词典、进行文字翻译，还可以上网、购物、开视频会、进行股票交易等等。数字电视可以查资料、听讲座、听广播、预约节目等等，它与局域网和有线网结合，大大丰富了电视的内容。网络提供的文化服务中，除了点对点、小范围的个人信息交流外，网络杂志、博客、播客、视听频道、论坛、新闻跟帖、访谈类节目等其他业务都具有广而播之的特点，属于大众传媒业务。目前，全国网上论坛达 130 多万个，以信息搜索、聚合业务为主的网站等都具有媒体功能，并集中了各媒体的优点、长处及功能。

（三）个性彰显。网络为个人才能的发挥和兴趣、个性的展现提供了最大空间，虚拟社会使得“一个人”的世界开始来临。在网上，每一个人都可以随时随地、随心所欲地发布信息、提意见、谈想法、发议论，都可以尽其所能地将自己的能力、水平和个性发挥到极致。Web2.0[①] 时代，互联网上“客媒体”层出不穷。目前，全国几乎所有门户网站、新闻网站和部分专业网站为适应网民的需要，纷纷搭建了博客、播客、掘客等平台，形成了千姿百态的客文化。许多与客媒体有关的名词和概念令人目不暇接，如博客、播客、威客、炫客、掘客、闪客、维客、印客、拼客、黑客、骇客、粉客、拍客、换客，等等。博客是想写就写，播客是自导自演，威客是智慧财富，炫客是音影时尚，掘客是众淘信息，闪客是创意无限，维客是分享知识，印客是出书圆梦，拼客是圈子活动，黑客是网络攻击，骇客是恶意入侵，粉客是串联追星，拍客是影像记录，换客是享受交换。网络是造客的地方，客是网民展示自我、表现自我的专栏频道，现在全国各网站仅开设的博客就达 5000 多万个。

（四）娱乐游戏。随着互联网技术的发展和网上游戏软件的开发，网上娱乐游戏的内容越来越多、越来越丰富，可以说五花八门，令人眼花缭乱。目前，网上流行的各类游戏有军事对抗、体育比赛、赛车、探险、格斗、智能竞赛、音乐舞蹈、人类角色扮演、战略策略，等等。在网络游戏中，人们通过虚拟世界可以经历生生死死、寻找到现实世界中各种不能体验的刺激，得到个人工作环境、学习环境不能提供的尊敬或失败，体会财富、权力、爱情、暴力等在现实生活中不易体验到的满足，也可以放纵自己的心情，学好或学坏。网络既是真实的，又是虚拟的，充满了神奇的诱惑力。据中国互联网络信息中心发布的第 21 次报告显示，我国网民中网络游戏使用率是

① Web2.0：是相对于以提供信息为主要模式的 Web1.0 而定义的，以个人为中心的互联网模式，以博客为主要形态，强调分众传播、对等传播，每个网民既是互联网内容的接受者又是信息的传播者。

59.3%，用户已达1.2亿人；青少年玩网络游戏比例惊人，在18岁以下网民中有73.7%玩过网络游戏。

（五）新新人类。互联网的出现改变着人们的思维方式、生活方式和行为方式。许多年轻人尤其是20世纪80年代以后出生的人，依恋互联网、离不开互联网。他们在网上看新闻、查资料、打游戏、聊天、发信息、谈恋爱、读书、购物、交易、缴费，使互联网成为其生活不可分离的组成部分。正像有的学者指出的那样：他们作为新新人类，可以不看报，但不可以不上网；可以不看电视，但不可以没有宽带；可以不打电话，但不可以没有手机；可以不听广播，但不可以没有MP3；可以不写信，但不可以没有QQ或MSN[①]。还有许多个可以不可以。这些与网络有关联的行为，培养和造就了思维方式、生活方式、行为方式完全有别于上辈人的新一代人类。

（六）情绪宣泄与民意汇集。由于上网可以匿名，网上论坛、聊天室具有即时性和互动性，博客是网络个人日志，因此各种意见的表达就十分自由。从心理学和传播心理学的角度看：当人处于公开状态时，说话做事都会顾及法律法规的规范和约束，多以理性姿态出现；而在非公开状态就容易失去约束，会更直露地表达内心真实的有时是情绪化、过激性的情感，甚至处于非理性状态。由于人们在网络中是以虚拟的代码符号出现，在我国现有网络管理制度下，几乎完全不受现实生活的控制，因此它容易使人的民族意识泛化和道德意识淡化，混淆是非观念，降低自我控制。网络尽管扩大了人际交往，但

① QQ或MSN：分别为国内腾讯公司和国外微软公司开发的、目前应用最广泛的网上即时通讯、聊天工具。

同时也会导致人与人之间情感的冷漠和疏远。由于网民一般是穿着“马夹”、以虚拟身份在虚拟网络空间中操作，如果没有较强的社会责任感和自我约束力，就有可能摆脱现实社会中法律法规的束缚，放纵自己的言行。从我国网民结构来看，网民年龄、收入和素质都处在“三低”水平，24岁以下年轻人上网比例最高，高中生以下学历的人上网比重最大，月收入千元以下的网民人数最多。由于这些网民阅历浅，思想不成熟，辨别是非、善恶、美丑的能力不强，情绪化的意见表达就显得十分突出。还由于互联网为人们情感表达、交流、宣泄提供了巨大空间，人们总能在一定时候、一定栏目找到讨论共同话题的对象，总能以一定方式记录表达自己想说的东西。因为人们的社会从众心理，情绪化的东西会相互感染，在网上就会出现情绪宣泄，因此网络又形成了一个新的民间舆论场。从近年来我国网民网上表达的民意来看，主要聚焦于国家发展和民主问题，既有渴望、期盼和建议，也有正当的利益诉求、合理的情绪宣泄。同时，牢骚怪话、偏激情绪更甚于现实生活。总之，一方面，网络为党和政府了解社情民意、倾听群众呼声开辟了新的窗口；另一方面，也为相同诉求汇聚成一定的舆论力量提供了平台，网上签名活动就是如此。

（七）信息海量与包罗万象。由于科学技术的发展，网络信息的存储问题获得突破，这就为互联网信息的大量存储提供了技术支撑。互联网将以往已有的大量文字、声音、图片、数据、影像等信息资料以数字形式进行储存。数字图书馆博物馆艺术馆、期刊数据库、读书类网站和频道、思想学术类网站等，存储了大量文化典籍、当代作品，陈列了大量珍贵文物和新的作品。互联网互联互通，突破了国家、民族、地域的界限，为所有网民提供了联为一体、共享共用的信息。互联网网民数量庞大，全球约有10亿网民，截至2008年3月，我国网民已达2.21亿，居世界第一。每个网民都是信息的提供者、生产者、传播者，他们每分钟每秒钟都在生产着大量或有用或无用、或有益或有害的信息。据中国互联网络信息中心发布的第21次统计报告显示，2007年我国网站数、网页数和网页字节数分别增长78.4%、89.4%、62.2%[①]。网络容纳百川、汇聚万流，为人们提供了一种内容的无限性、发展的高速性、传播的广泛性、吸纳的可选择性的多元文化。它涉及各个方面，上至天文、下至地理，衣食住行、观光旅游，无所不有、无所不包。互联网信息是全面的、全方位的、各领域的、各种文字的、多种类型的、多种形式的、古今中外的、增长迅速的、数量巨大的。

（八）社会群聚和即时动员。由于网络的覆盖面大、在线人数多、即时互动性强、传递速度快、发送信息便捷，以及点对点、点对群、群对群的信息传播和沟通方式，网上便出现了相互串联、组织追星活动的“粉客”族，更有专搞出其不意、聚集活动一闪即逝的“闪客”族，以及一些自发的网上社团，形成了一种新的群际传播和民间动员方式。互联网的强大分众聚合功能，使之成为一种新的社会动员和组织方式，为各种政治、社会力量在网上聚集、组织、动员提供了便利。近年来，我国一些地方发生的群体性事件，就是通过互联网动员和聚集起来的。

总之，辨析网络文化的概念是研究网络文化建设和管理的

① 《人民日报》2008年1月18日。

第一步，我们既要看到网络文化新的表现形式，更要认识到其表现形式的特征，透过现象认清其本质。这样才能不断深化我们对它的认识，了解其特质和发生发展规律，从而能够更深刻地感受它、认识它、利用它、把握它。

# 2007 年

# 宣传思想工作漫谈 *

今天很高兴与大家以漫谈的方式，面对面地交流宣传思想工作的体会、感受和思考。我想浅显地谈三个问题，也就是三个“如何”：如何对待宣传思想工作，如何把握宣传思想工作，如何提高宣传思想工作者自身素质。

## 一、如何对待宣传思想工作

（一）要热爱宣传思想工作。

1. 什么是宣传思想工作？宣传思想工作有几个要素：第一个要素是宣传主体，就是谁做宣传思想工作；第二个要素是宣传内容，就是要宣传什么东西；第三个要素是宣传手段、载体或者是方式方法；第四个要素是宣传客体或者叫宣传对象。我认为宣传工作就是宣传主体把要宣传的内容通过宣传的手段和载体作用于宣传客体这么一个过程。如果我们把宣传的东西通过这个过程宣传给别人，别人接受了一半、百分之七八十、全部，还是一点都没有，这些都应该反馈回来，有一个反馈的

---

* 本文发表于《西海记者》2007 年第 10 期。

回路。宣传主体就应该根据宣传客体、宣传对象的接受情况来不断调整和完善工作的思路和方式方法，努力做到“三贴近”“三深入”，即贴近实际、贴近生活、贴近群众，深入实际、深入生活、深入群众。否则宣传主体的工作过程即使完成了，但宣传对象不接受宣传内容，这样的宣传效果就可能是“零”。

2. 宣传思想工作的重要性。为什么说宣传思想工作重要呢？首先，宣传思想工作是做人的思想工作。人的思想看不见、摸不着，随时随地在发生变化。当前，我们正处在改革开放大变革的时代，由于“四个多元化”，以及各种新的矛盾不断凸显，做宣传思想工作的难度很大。邓小平同志曾经把从事宣传思想工作的同志称为“人类灵魂的工程师”，这个概括非常形象、非常准确。既然宣传思想工作是做人的思想工作的，就要对人们起到凝聚力量、振奋精神、鼓舞士气、统一思想的作用。其次，宣传思想工作属于上层建筑、意识形态的范畴。毛泽东同志说：“凡是要推翻一个政权，总要先造成舆论，总要先做意识形态方面的工作。革命的阶级是这样，反革命的阶级也是这样。”“笔杆子跟枪杆子结合起来，那末，事情就好办了。”“笔杆子”就是指意识形态和宣传思想工作。第三，宣传思想工作是我们党的事业的重要组成部分。江泽民同志指出，宣传工作是党的工作的重要组成部分，宣传事业是党的事业的重要组成部分，宣传队伍是党的队伍的重要组成部分。一个高明的、有远见的、讲政治的领导，一定会把宣传工作牢牢抓在手上。我们党是靠思想政治工作起家的，思想政治工作、宣传工作是我们党的传家宝，是我们党的一大政治优势。在革命、建设、改革时期，它都发挥了重大作用。去年在北京举办的“纪念中国工农红军长征胜利七十周年展览”上，展出了红军写在墙上、石头上、木板上的各种各样的标语，给人印象深刻。我省果洛藏族自治州班玛县玛可河林场的山上也留下了当年红二、红四方面军路过时写下的标语。为什么红军走一路要写一路标语呢？这是用标语的方式来向群众宣传我党的革命思想。红军在长征途中翻越雪山的时候，很多文艺宣传工作者在途中用打快板的方式来鼓舞部队的士气。国共第一次合作时，毛泽东同志曾担任国民党中央宣传部代理部长，在大革命时期写了《中国社会各阶级的分析》《湖南农民运动考察报告》等几篇重要著作，对革命理论进行了有效宣传。理论是需要宣传的，是需要普及到广大群众中间去的，这就是理论宣传工作。理论被群众所掌握、所接受，就会变成巨大的物质力量。毛泽东同志在《愚公移山》中曾形象地比喻中国共产党就像愚公，要挖山不止，会感动“上帝”——人民大众，最后搬掉压在中国人民头上的帝国主义、封建主义大山。1945年8月6日和9日，美国先后向日本广岛和长崎各投了一颗原子弹，死伤几十万人。全世界都知道了原子弹这种新式武器。1946年8月，美国记者安娜·路易斯·斯特朗在延安杨家岭就美国用原子弹轰炸日本一事采访了毛泽东同志，毛泽东同志提出了一个著名论断：原子弹是美国反动派用来吓人的一只纸老虎，看样子可怕，实际上并不可怕。当然，原子弹是一种大规模屠杀的武器，但是决定战争胜败的是人民，而不是一两件新式武器。一切反动派都是纸老虎。看起来，反动派的样子是可怕的，但是实际上并没有什么了不起的力量。毛泽东同志的“一切反动派都是纸老虎”的著名论断传播出去以后，极大地鼓舞了中国人民和世界人民。改革开放后，我们经历了几次大的思想解放，无论哪一次思想解放都是从意识形态战线开始的。第一次思想解放，就是真理标准问题大讨论。在邓小平同志的支持和胡耀邦同志的领导下，在中央党校内部刊物《理论动态》刊发了一篇题为《实践是检验真理的唯一标准》的文章。随后，《光明日报》正式发表，《人民日报》《解放军报》等又全文转载。一石激起千层浪，这篇文章在刚刚经历了十年动乱后的中国引起轩然大波，这场大讨论在全国范围内迅速、广泛地开展起来，对冲破"两个凡是"的思想束缚起到了非常大的作用。

既然宣传思想工作如此重要，那么，从事宣传思想工作的人，就应该将其作为一个崇高的职业，热爱宣传思想工作，这是做好工作的基础。而热爱又是我们产生信念、坚定信念的前提。要干一行，爱一行，钻一行，毛泽东同志说过，人是要有一点精神的。有没有精神，大不一样，有了精神就会不怕困难，意志顽强，勇往直前。

《论语》中孔子和他的学生子贡有一段对话。子贡问孔子，具备什么样的条件，才能治理国家呢？孔子说："足食，足兵，民信之矣。"就是说，必须有足够的粮食，老百姓丰衣足食；国家必须有强大的兵力做保障；老百姓对国家要有信任。子贡说：如果迫不得已要舍去一条，该先舍去哪一条呀？孔子说去掉兵力。子贡又问：如果再舍去一条，该舍去哪一条呀？孔子说，去掉粮食。自古人都难逃一死，但如果没有人民的信任，那么国家就立不住了。老百姓相信你，就有了信念，有了精神，就使一个国家有凝聚力，不断强大起来。"朝闻道，夕死可矣"就是早晨听到这个真理，晚上死了我都心甘情愿。一个人如果没有了信念，灵魂是空的，是死的，这个人无异于行尸走肉，这和动物有什么区别呢？庄子说：人要外化而内不化。

“外化”指的是面对外在的世界，要适应这个环境，不能孤芳自赏，否则怎么能在这个世界生存呢？“内不化”是要有坚定的信念，不受外界影响，不随波逐流。中央电视台有一段广告词讲得很好：“每个人都是一座山，世上最难攀越的山其实是自己。往上走，即便一小步，也有新高度。做最好的自己，我能。”我讲的也是精神和信念的问题。

最近热播的电视政论片《复兴之路》讲到，国民党败逃台湾后，蒋介石反思失败的原因时慨叹，不是共产党有三头六臂，而是国民党腐败，自己打败了自己。国民党失掉江山的原因是失掉了民心，这说明当时的国民党缺乏的正是一种精神和信念。反过来再看那些中国的革命仁人志士，无不怀着革命必胜的信念和精神。叶挺被捕后在狱中写了一首诗：“为人进出的门紧锁着，为狗爬走的洞敞开着，一个声音高叫着：爬出来吧，给你自由！我渴望自由，但也深知道，人的躯体哪能由狗的洞子里爬出！我只能期待着，那一天，地下的火冲腾，把这活棺材和我一齐烧掉，我应该在烈火和热血中得到永生。”在重庆渣滓洞狱中还有一位烈士叫陈然，他家庭富有，但他参加了革命，牺牲时年仅26岁。他在狱中写的那首诗大家都很熟悉：“任脚下响着沉重的铁镣，任你把皮鞭举得高高，我不需要什么‘自白’，哪怕胸口对着带血的刺刀！人，不能低下高贵的头，只有怕死鬼才乞求‘自由’；毒刑拷打算得了什么？死亡也无法叫我开口！对着死亡我放声大笑，魔鬼的宫殿在笑声中动摇。这就是我——一个共产党员的‘自白’，高唱凯歌埋葬蒋家王朝！”这就是一种信念和精神的力量在起作用。

热爱才有定力、才能脚踏实地，不为外界的冲击和诱惑所动。热爱宣传思想工作，是因为我们信仰真理，追求真理，为真理而奋斗，为党的事业做宣传，不为其他的各种说教、理论、主义所惑。要有心甘情愿吃苦的思想境界。人不是为了物质而活着，吃饭是为了活着，但活着不是为了吃饭。孟子说："富贵不能淫，贫贱不能移，威武不能屈，此之谓大丈夫。"我们要做大丈夫，不能做小人，要固守原则，不受富贵诱惑，不为贫贱动摇，不为武力屈服。我认为这种"大丈夫"和我们党所倡导的高尚精神是一致的，我们要继承和弘扬。

（二）奉献宣传思想工作。

1. 宣传思想工作的性质决定我们要奉献。有人说，宣传思想工作很辛苦，这也是客观现实。我 1984 年到省委宣传部工作至今，20 多年来，我对宣传思想工作的体会可以概括为三个字：苦、难、险。所谓苦，是我们的任务艰巨而繁重、工作强度大，做好工作必须事必躬亲、靠前指挥、周密策划，不能当"甩手掌柜"，非常劳心、劳力、劳神。所谓难，要虚功实做，工作要求高、要求急，要干出成绩很难。尤其在我们青海做宣传思想工作，由于经济社会发展滞后和自然条件严酷等原因，缺经费、缺手段、缺载体、缺人手，要办成一件事情更是难上加难。所谓险，是工作的政治性、政策性强，责任大、风险大。有位领导同志经常说：宣传工作"如履薄冰，如临深渊"。后来有位领导同志又加了一句话叫"如负泰山"。同志们通过"如履薄冰，如临深渊，如负泰山"这三句话来理解和感受宣传思想工作的风险和责任。宣传思想工作不能有任何懈怠，不能出任何差错。部队打一场战役后要休整，而宣传思想工作是一天忙到晚，一年忙到头，丝毫不能懈怠。因为报纸要天天编，广播要天天播，电视要天天放。况且党委和政府工作的重点每个时期都不一样，都需要宣传思想工作及时跟上。譬如，保持共产党员先进性教育，具体由组织部门牵头负责，但宣传思想工作必须跟上；民族团结进步创建具体由统战部门牵头负责，宣传思想工作也要跟上。而且，宣传思想工作如果出了差错，在报纸上出现一个错别字，在广播中播错一句话，在电视中播出一个不良画面，在一本书出现一个错误观点，都有可能造成不可挽回的政治后果。前些年，某省的一家党报，一则通栏标题应为“把反分裂的斗争进行到底”，但在编印时恰恰把“反”字丢掉了，十几万份报纸第二天全部发出去了，发现后赶快往回收，可造成的影响再也挽回不来了。还有一个地方的报纸，报道一位公安局女局长犯罪的消息，但在报纸上配的却是某感动中国人物的照片。通过举这些例子，要求我们在工作中要保持高度的敏感性和警惕性，千万不能麻痹大意，千万不能把政治性很强的工作作为一般事务性的工作去对待。否则，不出问题是侥幸，出问题是必然。只有关口前移，从记者编辑就开始把关，人人把关，层层把关，才会有效预防差错的发生。

2. 省情决定我们要奉献。目前，在地球上人类存在、长年居住的地方，青藏高原是海拔最高、最缺氧的地方。科学数据显示，海拔每升高一千米空气中含氧量就会减少 10%。与北京等低海拔的地方比，即使我们坐着不动，心肺的负荷也相当于身上背了几十斤重的东西。我们经常说：青海是面积大省，人口小省，资源富省，经济穷省。我们下乡，到玉树、果洛、海西等地一个来回就是一两千公里，在其他省就有可能把全省跑个遍。我们的工作点多、线长、面广，相应的成本也高。而我们恰恰又缺钱，工作对象又千差万别，手段设施又十分缺乏。

特殊的省情，特殊的地理位置，特殊的条件，决定了我们在青海工作，就要弘扬特别能吃苦、特别能战斗、特别能忍耐、特别能团结、特别能奉献的“五个特别”青藏高原精神，就要保持省第十一次党代会提出的“人一之，我十之”的精神状态。因为在青海工作要付出比内地大得多的力气，人家付出一份的力量，我们要付出十份甚至更多的力量。

3. 奉献是我们的必然选择。我们在青海从事宣传思想工作，我想是两个“无奈”，也是两个必然选择。地球上以及我国有那么多好的地方，谁让我们偏偏在青海工作呢？在青海工作，为什么又偏偏选择了宣传思想工作呢？这是两个“无奈”。既然我们选择了青海，又选择了从事宣传思想工作，我们必定不怕苦，必定热爱宣传思想工作，这又是我们的两个必然选择。“无奈”，是从消极意义上讲的，必然，是从积极意义上讲的。前几天我到内地，问发达地区一位省委宣传部部长，每年掌握的文化事业费有多少，他说约有 5 个多亿。那么我们部里一年掌握的文化事业费是多少呢？ 300 多万。这些钱主要通过省财政直接下拨到有关地区和有关单位使用。同样是省一级的宣传部，人家有几个亿的经费来支配，他们做工作要求是做到最好，很少考虑钱的问题。而我们开展工作首先愁的是钱从哪里来。

宣传思想工作部门是清水衙门，工作难度大，但我们既然入了这个门，就要热爱这项工作，就要奉献于宣传思想工作。我到省委宣传部工作 20 多年了，可以说弹指一挥间，这个选择让我无悔，也让我热爱上了宣传思想工作，甘愿奉献于宣传思想工作，更让我坚守信念，甘于清苦，苦中取乐，我感到很充实。借用一位哲人的一句话：“我不入地狱，谁入地狱。”用在青海从事宣传思想工作上那就是“我们不吃苦，谁吃苦？”工作在青海，工作在宣传思想部门，这就注定了我们要奉献。可以说，在青海不讲奉献，就不可能做好宣传思想工作。

（三）创新宣传思想工作。

青海环境艰苦，条件较差，但我们决不能苦守、苦等、苦熬，我们要苦干不苦熬，苦中有作为，缺氧不能缺精神，缺钱不能缺干劲。创新是一种精神，创新是宣传思想工作的活力和生命力之所在，我们要从实际出发，扎根生活，面向群众，不断创新。第一，创新什么？第二，怎么创新？

1. 创新什么？要创新理念，创新内容，创新形式和手段。一是创新理念。理念、观念、思想对宣传工作很重要。海涅有一句诗：“思想走在行动之前，就像闪电走在雷鸣之前一样。”2002 年，我们到四川学习考察时，《四川日报》发表的一篇《四川还能成为天府之国吗？》的长篇报道，有两句话给我留下深刻印象：“思想是个总开关，思想一通，一通百通；观念是个万花筒，观念一变，一变万变。”多少年过去了，这两句话依然牢牢地印在我的脑海里。我想，思想和观念是创新理念的重要方面。要做好宣传思想工作，首先理念要新，如果思想不解放，跟不上形势的发展，你怎么去做宣传思想工作呢？二是创新内容。我们宣传的内容要与时俱进，要把握概括事物的本质，我们选树的典型，要可亲、可敬、可爱、可学，不能可望不可及，宣传的内容要鲜活具体、生动感人。三是创新形式和手段。形式和手段群众要喜闻乐见，只要群众喜欢，什么样的形式、什么样的手段都可以采取。检验的标准就是群众是否喜欢、群众是否高兴、群众是否接受、群众是否参与。形式上不管是理论的、新闻的、文艺的、体育的、群体的、个体的、热闹的、默化的，还是其他什么，都可以。比如理论宣传，大家都感觉比较难，因为理论比较抽象，概念比较枯燥，有些人感到不好理解，不好把握。近两年中央宣传部通过编写《理论热点面对面》以及各地探索尝试的理论下基层等形式，通俗易懂，方式简便，收到了良好效果。海军大连舰艇学院有一位教授到基层、社区宣讲了几千场，宣讲深入浅出，非常受欢迎。中央电视台《百家讲坛》栏目，开始的定位是专家讲，请了很多科学家、理论家、作家、艺术家，收视率却直线下降，看的人越来越少。经过反思以后，节目定位于面向大众。经过重新编排推出后，节目就连十四五岁的学生都能看懂。现在这个栏目的收视率仅次于中央电视台的《新闻联播》。《三国演义》《三国志》现在读的人可能不太多，但当易中天借电视这个大众传媒讲出来后，一下子吸引了不少人。于丹讲《论语》《庄子》，把里面的思想、观点、道理、哲理，用一些生动的故事讲出来，一下子火爆了。她的《于丹〈论语〉心得》一书首发至今年5月，销售量已达300万册，创近年来图书首发量新高。所以，宣传思想工作要有一定的形式，当然千万不要在“形式”后面加“主义”两个字变成“形式主义”。形式是一定要有的，老百姓欢迎、高兴，这个形式就是好的；如果老百姓不欢迎、不高兴，这个形式就变成形式主义了。

2. 怎么创新？下面我结合我省近年来宣传思想工作的一些探索，作一些实例的解说。

（1）创新基层文化工作思路。近年来在调研中我们提出了扭住“六个抓手”，提倡“三个读”的基层文化工作思路。“六个抓手”是：电视、广播、文化室、阅报栏、流动文化服务车、文化中心户。“三个读”是：一张报纸大家读、机关报刊基层读、固定图书流动读。我们向省委常委会汇报这个思路时，被评价为是想了青海的事，说了青海的话，符合青海的实际。前年有位中央领导同志来青海听了我们的汇报，到一些文化中心户看了之后很高兴，他说：你们这些经验对于全国应该说也是有指导意义，尤其是对全国像青海这样的地区更有指导意义。

下面我具体讲一下“三个读”。第一句话：一张报纸大家读。报纸是生活水平达到一定程度的时候，人们才会消费的精神食粮。这两年我们给基层、给农牧区征订的报纸一部分是从党费里出的，一部分是从上级党组织拿出来的钱给订的，一部分是定点帮扶单位给的。最近中央在青海、宁夏和新疆几个省区进行试点，赠送《人民日报》，给我省赠送四千份。原来我省农村牧区每年订阅几百份党报党刊。这些报刊到了村子后，就放到了党支部书记或村委会主任家里，看完后不是包了东西就是糊了墙。好不容易订的几份报刊，其他人想看也看不上。于是我们提出，能不能村村办一个“阅报栏”，把这个“阅报栏”设在人们经常去的小卖部、小饭馆或公共场所，想看的人都能看到。这种方式既给小卖部或是小饭馆聚拢了人气，又方便了看报纸的人，一举两得，何乐而不为呢？第二句话：机关报刊基层读。给全省每个村订几份党报党刊，经费制约，我们做不到。这两年，省委组织部给困难的乡镇订一份党报要花二三十万。省委宣传部给一些州委县委宣传部、文明办和乡镇文化站、文化中心户订一份党报，也要花三四十万。有的定点帮扶单位本身也很困难，甚至有时自己订报纸的任务也完成不了。但是全省机关、部队、院校、企业、事业单位，一年大概订各种党报党刊总数有20多万份，这些报刊每个单位读完后就当废纸卖掉了。为了进一步发挥这些旧报刊的作用，我们提出“机关报刊基层读”的思路，即把看完的报刊留下来，定期送到自己的帮扶点，送到乡镇文化站。把送下去的报刊变成农民的月报、季报，甚至是年报。报纸送去之后，可以把一年的报纸订成合订本，虽然新闻过时了，但报纸上专版、专栏里面有很多不过时的东西。这是从青海实际出发能做的事情。现在有些单位已在做，而且效果非常好。第三句话：固定图书流动读。省上实施了农家书屋、送图书下乡等工程，但是这些书送下去后，便放在了乡镇的文化站，有的作用发挥不够。青海有一个特点，即使在农区农民居住也非常分散。乡镇文化站所在地的农民可以到文化站去借书，而有的村子到乡镇去要走几十里路，让农民徒步走几十里路去乡镇借一本书，可能由于路途远、不方便，农民就不去借了，这样的图书就发挥不了应有的作用。因此，我们提出换一种思维，换一种方式，原来是书不动人动，现在是人不动书动。把书分类，按照农民需求制定目录，需要什么书，就由经常到乡镇办事的村干部顺便把书带回去，交给农民阅读，具体由党支部书记或村委会主任保管。一段时间后，看完的书又流动到有需求的其他村子，让其他农民继续看。这是结合我们青海实际探索创新出的工作思路，得到了中央宣传部的肯定，得到了省委的肯定，也在实际工作中产生了好的效果。

（2）创建文化中心户。文化中心户最早是海晏县青海湖乡一个村出现的。农民物质生活水平改善和提高了，就有了精神文化的需求，有了求知、求乐、求美的欲望，这个村的党支部书记顺应群众需求，组织家里人演唱、弹唱，办起了家庭音乐会，吸引了很多群众前来参与。县上和省文化厅的同志发现后，提出能不能挂个“文化中心户”牌子，以便发挥示范带动作用，让各个地方都做起来。我去调研后，召开了创建座谈会，提出先搞试点，选了互助、贵德、湟中和海晏四个县开展试点。当时我提出，只要是能够满足农牧民群众的精神文化需要，什么样的形式、什么样的手段、什么样的做法，都可以试，不提具体要求，不定条条框框，“八仙过海，各显神通”。后来有几个县做得非常好，特别是贵德县，高度重视，创建了奇石文化中心户、格萨尔文化中心户、根雕文化中心户、刺绣文化中心户、图书文化中心户，成效显著，影响广泛。比如奇石文化中心户，已发展成为一个品牌旅游点，一年门票收入就有 30 多万。格萨尔文化中心户，收藏了各种版本的格萨尔图书，供参观者阅读，同时还开展相关演出，为游客提供食宿，一年的收入有 10 多万。贵南的刺绣文化中心户生产藏绣，已发展成为一个产业，产品远销日本等一些国家。最近又做了一幅百只藏獒图，省文化厅拿到上海国际艺术节去展示，省上也要求做一幅百只藏羚羊图，捐献给 2008 年北京奥运会收藏。文化中心户的创建就是从青海湖乡一个村党支部书记的做法给我们以启示，然后进行推广，典型引路，全面开花的。我们注意把老百姓的创造及时地去发现，引导、规范，并推而广之。文化中心户的创建是一个成功的样板，创建产生的效果、经验，对经济文化落后的地区，具有一定的示范和带动作用。当然这种做法还需进一步完善提高。

（3）在建设社会主义新农村中，探索文化增收、文化脱贫、文化致富的途径。文化增收、文化脱贫、文化致富已在全省各州、市、地、县探索出各种各样的途径和手段，我概括了一下，主要有：歌舞经济、藏绣经济、奇石经济、刺绣经济、唐卡经济、雕塑经济等。

为什么要探索这条路子呢？全省现在有农牧民人口332万，其中贫困农牧民人口有近105万，劳务输出最高极限是116万人，这两年省上提出来“百万劳务输出”的目标，现在大概每年劳务输出在90万到100万人之间，但是输出的大都是体力型劳务，不是技能型劳务，劳务的数量大，但收入低。劳务输出是我省农牧民收入的一个重要来源，那么，我们宣传工作、文化工作，能为农牧民的增收做些什么事呢？我们提出探索农牧民文化增收的途径。当然这不是唯一的途径，只是其中的一条途径。歌舞经济是文化增收途径之一。青海世居的几个少数民族尤其是藏族能歌善舞。比如玉树，就是歌之乡、舞之海。玉树人有种说法：“会说话就会唱歌，会走路就会跳舞。”好多农牧民从小就在村子歌舞的氛围里面长大，这种能歌善舞不是一天之功，是几十年的影响积累所形成的。玉树的藏族土风歌舞，非常有特色。虽然这些人歌唱得好，舞跳得好，但由于种种原因，他们缺少文化，如果搞其他培训，让他们去学电脑、汽车修理、泥瓦工，比较困难，“阳光工程”花400块钱，用一个月的时间，教他们学会这些技能，比较困难。但只要把他们组织起来，投入一点经费，开展歌舞培训，再有个经纪人带出去闯市场，就能增加收入。因为他们本身就会歌舞，而且也喜欢唱歌跳舞，一发动就可以组织起来。关键我们宣传文化部门要重视，地方党委政府要支持。贵南县有800多人现在在全国各地演出，有些人在北京演出，有的演员连自己的名字都不会写，月工资却能拿到一两千元。我到贵南调研，看到有些村子没有任何资源，土地贫瘠，人均耕地少，收入来源少，让他们留在这样的地方能脱贫、能致富吗？贵南抓住藏族歌舞演出，大力发展歌舞经济，6 万多人的小县，每年搞歌舞培训，向外输出 800 多人。平安阿伊赛迈民族歌舞团也是这样，省委宣传部开始给予了扶持、引导，出资让他们在西宁演出。其中很多年轻人没有走出过大山，平安县城也没有去过，后来到了平安、西宁，再后来，到了兰州、西安、北京、青岛、济南等 300 多个城市进行演出。一些演员演出年收入几千元，还有上万元的。“星星之火，可以燎原”，贵南、平安的歌舞经济发展起来后，现在称多、贵德、同德、兴海、共和等县都迈出可喜的步伐，取得了明显成效。我到同德县调研时，县领导说，农牧民演员去四川成都演出，开始害怕出去后被人骗，派了公安人员护送，后来这些演员都能自己出去了。就像拉面经济，政府给发一个“许可证”，还在全国好多地方设办事处，解决他们的困难和后顾之忧。我们也应该这样，加大政府帮扶力度。

文化增收的这条路子还可以进一步拓宽。贵南为了把藏绣经济做强做大，准备设立一个藏绣工业园区，招商引资，提出公司加农户的形式，家家都来做，把农闲的群众发动起来，组织发展藏绣，提高效率，增加收入。奇石经济也有力地带动了农牧民致富的积极性。西宁市在小峡口挖了个“宁湖”，石头被群众挖了出来，形成了小峡奇石市场。贵德有一个村子，都是从山上迁下来的困难户，当时人均收入只有 200 多元，尼那水电站修建时截流，家家户户收集石头，靠奇石发了家致了富。西宁城南逯家寨，由农民投入 2000 多万元建了一个奇石市场，以青海独有的奇石为基础，把全国的奇石都集中到这里，进行交易和展示，增加了村里和农民的收入。还有刺绣经济，循化的一个撒拉族刺绣文化中心户，集中了 130 多名撒拉族妇女，统一设计，统一刺绣，保证了质量，年收入 70 多万。再有唐卡经济，去年同仁县的农民从事唐卡制作的收入达到了 2000 多万。如果在青海举办一个集展示、交易为一体的唐卡艺术节，既可增加农牧民收入，又能成为宣传青海的一个重要渠道。另外，还有搞雕塑的，三江源移民到格尔木从事玛尼石的雕刻，找到了能够赚钱改善生活的出路。湟中县的农民画，历史上就比较有名，现在更是走出了省门，走出了国门。前一段时间他们把 300 幅农民画出售给红十字医院，每一个走廊、每个病房都挂上农民画，以它特有的文化内涵，为医院增添了人文氛围。湟源的排灯，今年元宵节在西宁新宁广场展出，一下吸引了无数市民，震动了西宁。排灯的特点是可以把多文化的、历史的、人物的、风景的内容画到灯上。有些灯是用贵重木材做成，把一些著名书画家的字画制作在上面，这个灯的价格就很高，是高价值的产品。我和湟源县委、县政府的领导交换意见时讲，也可以开发出小型排灯，可以举办排灯展，可以开设一个排灯园，把排灯展出来，吸引群众、游客来参观。可以把整个县城用排灯装饰起来，一条街一种排灯，一条街一种风格。也可以建一个明清老街，街上挂满各种排灯，在这个地方能品尝到青海的各种小吃，可以听到青海各种“令”的“花儿”。如果把排灯的制作用公司加农户的形式批量生产，在全国也会打出名声。别的地方举办灯节时我出人给你去做灯，又会增加收入。

（4）实施宣传青海的品牌战略。打品牌，也是这两年青海的宣传思想工作、文化工作、旅游工作的一个创新。一是青海湖品牌的打造。在扩大青海对外宣传力度的时候，省委、省政府的领导想要找一个切入点，找一个突破口。2001 年，当时的省委主要领导提出，我们能不能把中央电视台的“心连心”艺术团邀请过来。这个艺术团的演出由中央宣传部统一安排。在此之前我们围绕青海“花儿”的一场演出向中央宣传部打报告，请求予以安排，没有获得批准。后来青藏铁路开工，我们到中央宣传部去争取，中央宣传部同意以青藏铁路开工为主题在青海演出。省委主要领导提出把演出的现场放在青海湖，目的是通过演出把青海湖这个品牌打出去。最后把演出地点放在了青海湖 151 基地。演出始终贯穿一个主题，那就是《在那遥远的地方》，当时有好多人不知道《在那遥远的地方》是王洛宾在青海创作的。王洛宾本身就是一个品牌，大家都知道他是西部歌王，以王洛宾的《在那遥远的地方》把青海湖宣传出去，把青海宣传出去，就达到了演出的效果和目的。2001 年 8 月 19 日这场演出播放以后，引起了社会上的强烈反响，赞扬声不绝。演出的当天晚上，中央电视台《新闻联播》中播出“心连心”艺术团在青海演出的消息，紧接着在《焦点访谈》中制作播出了“心连心”艺术团在青海演出的访谈。中央电视台把那天晚上叫“青海之夜”。“心连心”艺术团在青海的这场演出是第 28 次，受这场演出成功的启发，省委、省政府的主要领导说，能不能不间断地、年年打造青海湖这个品牌，提出这个创意后，省里举办了环青海湖国际公路自行车赛，这个品牌打造得非常成功。现在我们又围绕青海湖举办了“青海湖国际诗歌节”，影响也非常大。

二是三江源品牌的打造。三江源是我国面积最大的自然生态保护区，是我国海拔最高的天然湿地，平均海拔 3500—4800 米。三江源素有“中华水塔”的美誉，长江总水量的 25%、黄河总水量的49%和澜沧江总水量的15%，都来自这一地区。这里也是世界高海拔地区生物多样性最集中的自然保护区，生态系统最敏感的地区。作为长江、黄河、澜沧江三条大河的发源地，决定了青海在全国乃至全世界生态地位的重要性。经过多年努力，我省争取了一个投资75亿、全国最大的生态保护项目。三条大江大河用母亲般的乳汁孕育了中华文明，保障了中下游经济、文化的发展、发达。但是为了保护好三江源，我们作出了很大的奉献和牺牲。要让世人来了解青海、关注青海、支持青海，就要打好三江源的品牌。这个品牌还有历史的、文化的内涵，不仅仅是一个概念。在省委、省政府领导的支持下，省委宣传部决定制作一部关于三江源的文化专题片。在如何制作的讨论过程中，我提出要用“天人合一”的哲学思想统领该片。《三江源》文化专题片共有8集，如果联系起来看，就会感觉到这种思想。第一集“山宗水源”，第二集“源头何处”，第三集“血脉千年”，第四集“生命如歌”，第五集“敬天惜地”，第六集“同乳共生”，第七集“古风神韵”，第八集“源远流长”，从自然科学、社会科学的视角将历史的时空感、诗意的生活情调和严谨的科学性结合起来，通过多学科的交叉、互融和补充，塑造了三江源作为自然遗产和人文地理的立体形象。在中央电视台十频道《探索·发现》栏目中首播后，反响非常大。在一次开会时我送了一套《三江源》给一位中央部委领导，他非常高兴，说:“这部片子播出后，大家在本机关院内奔走相告。片子非常好看，画面漂亮，解说词优美。”后来中央电视台在一频道、四频道、七频道连续播了七遍。这部片子播出之后，我们就在思考，和“青海湖”品牌的打造一样，怎么样才能让三江源这个品牌长期地刺激人的眼球，让人永远记住，产生长久的影响呢？于是，我们又策划了“三江源国际摄影节”，得到了省委、省政府领导的大力支持。去年举办了首届摄影节，今年是第二届，影响非常大，效果非常好。摄影家有摄影家的视角，大众有大众的视角。“游客眼中的大美青海”照片在西宁展出，粗略估计有30多万人观看。第二届摄影展上，全国一流的摄影家都来了，还请了一些国际上的摄影家。在这之前搞了一次名家采风，摄影家们又挖掘出很多在我们看来是很平常的景象，从艺术家的角度出发，抓住瞬间的感动，给了我们一次视觉上的强烈冲击。其中有一个摄影家，在玉树的赛马会上拍了一组以伞为主题的照片，刊登在《人民画报》上。我们还到新华社调了1600幅关于青海的老照片，拿到摄影展上好多人看了后感慨万千。中国第七届摄影艺术节金像奖的颁奖仪式也被争取到青海举行，获奖作品都在摄影节展出，同时还争取中国摄影家协会，把馆藏的世界一流的摄影家作品拿来展览。这既为全国摄影家提供了一个交流、展示的平台，又借这个平台宣传了三江源。有一位美国人看了摄影展后说：“青海这个地方，人来了就不想走。”“三江源”这个品牌打造得也是比较成功的。

我举这几个例子，把这两年的探索，把打造品牌对青海的宣传、提高青海知名度的作用给大家介绍一下，目的是让大家都明白，宣传思想工作也要抓重点，打品牌，推亮点。

## 二、如何把握宣传思想工作

### （一）内外宣的主要任务和区分。

前面我讲了什么是宣传思想工作，宣传思想工作从地域和对象又分外宣和内宣。严格意义上的外宣，是中央外宣办（国务院新闻办）管的对境外的宣传。我现在强调的对外宣传是指对青海省以外的宣传，包括对内地和境外的宣传。内宣是针对青海省范围内的所有对象的宣传。外宣是两个层面，一个是境外、国外，还有一个是省外。内宣的基本任务是什么？概括地说，就是江泽民同志说的“四个人”，即以科学的理论武装人，以正确的舆论引导人，以高尚的精神塑造人，以优秀的作品鼓舞人。通过内宣，为我们的改革开放和现代化建设提供精神动力、思想保证、舆论环境、文化条件。这“四个人”实际上是讲了四个方面的工作：第一，理论工作；第二，舆论工作；第三，思想政治工作和精神文明建设；第四，文化艺术工作。那么外宣工作的基本任务，从中央外宣办出发，是通过境外或海外的宣传，树立中国的改革开放和和平发展的新形象，为我国的改革、发展和现代化建设营造良好的外部环境。从我们青海出发，我们的外宣是在省外、国外扩大青海知名度，树立青海改革开放和现代化建设的良好形象。

（二）外宣和内宣的关系。

我认为两者之间是辩证统一的关系，内宣外宣是互动的。前几年，我们和中央电视台四频道《让世界了解你》栏目，制作了一期青海专辑，反映青海省和美国内华达州建立的省州友好关系。美国内华达州所处的地理位置和我们青海差不多，拉斯维加斯原来就是内华达州的一个城市，位于沙漠边缘，后来建成了一个赌城，做这期节目要通过卫星互动电视直播。青海的观众唱了《在那遥远的地方》这首歌，跳了藏族、蒙古族的舞蹈，回答问题也非常好，说以前青海是“在那遥远的地方”，现在青海不再遥远，遥远是人们心理距离的遥远。后来问到美国观众的时候，一些观众知道青藏高原，但对青海了解很少。

这个节目播出后效果非常好，我们青海的对外宣传，借助中央电视台的栏目和频道，通过卫视直接和美国对话，青海的干部群众观看以后，增强了信心，振奋了精神。原来我们青海的干部群众向外介绍的时候，都说我们这个地方缺氧，我们这个地方怎么落后，不是这个不足，就是那个不好，都不敢把自己好的方面展示给别人。为什么省第十一次党代会上，省委提出要树立自信、开放、创新的青海意识，把自信放在第一？大量的事实证明我们缺乏自信，因为我们落后，落后就缺乏自信。这期节目青海电视台也播了，我们还制作成了光盘。有些干部群众看了后说：我们青海也有自豪的地方了，我们也能抬起头来了。可见，内宣和外宣是互动的、互促的，不是完全隔开的。

（三）内宣工作的重点。

1. 关于理论工作。理论工作主要分理论学习、理论宣传、理论研究三个部分。理论学习是面向全党、全社会的，怎么去抓理论学习？我的体会是抓各级党委（党组）理论学习中心组的学习。理论学习中心组是理论学习的“牛鼻子”，理论学习中心组的学习抓好了，可以起示范的作用，可以起到一级抓一级、一级带一级的作用，这样整个理论学习就能抓起来。如果领导干部不学，光让别人学，领导干部不重视，让一般干部重视，让群众重视，是做不好理论学习工作的。为什么每一次省委理论学习中心组的学习要发消息？就是要起到示范带动的作用。省委理论学习中心组每年的学习计划制定出来以后，要由书记和分管副书记审批，征求省委常委们的意见，然后严格按照计划实施。理论学习中心组的学习要一级做给一级看，一级抓一级。最近省委宣传部理论处编了一期州厅级党委理论学习中心组学习简报，在《青海日报》上也发了一篇党的十六大以来全省党委理论学习中心组学习的综述。今后，我们要在简报上把各州、市、地及各厅局党委（党组）学习的好经验、好做法以及中央、省委的有关精神，还有外地的一些好做法，都不定期刊发，指导好各级党委（党组）理论学习中心组的学习，既服务好省委理论学习中心组的学习，又抓好下面的学习。理论宣传是通过大众传媒面向全社会，对党的理论的阐述和解释。像《青海日报》的理论版就是理论宣传而不是理论研究。理论研究是小范围的，是带有学术性的，是给一部分人看的，理论宣传是面向大众的，面向社会的。理论宣传有纪律，学术研究无禁区。理论研究是理论联系实际并带有创新的探索，是在一定范围、一部分人当中进行的。我们要把学术问题和政治问题严格区分开，宜公开的则公开，不宜公开的则编内参、发参考。理论研究的成果一旦被中央、省委决策采纳，就要运用到实践当中。这时，理论宣传就要发挥作用，就要把研究成果宣传出去。当然理论研究也要注重和实际的结合，和实践的结合。有一位学者型领导说，他当学者的时候尽量靠近官员，把自己的研究成果让官员接受、采纳；当了官员以后尽量靠近学者，借助于学者的智慧。我认为这两句话很有道理。

2. 关于新闻工作。新闻工作分新闻宣传和新闻监督两部分。新闻工作，我们多年来强调要坚持团结稳定鼓劲、正面宣传为主这样一个方针，提出媒体要尽职不越位，帮忙不添乱。做好新闻工作，我的体会是精心组织、精心谋划。对某一个宣传，做没做准备，搞没搞策划，效果大不一样，这几年一些重要宣传，我们是以打“战役”的方式来做的。每次大的宣传都要拿出一个周密的方案，报纸做什么、广播做什么、电视做什么、网络做什么、设什么栏目、怎么宣传、前期怎么宣传、中间怎么宣传、后期怎么宣传、要求是什么，都有完整、具体的要求。所以大家感觉到宣传有声有色。省里每年的几项大活动、重要的会议、重要工作的部署，全都是这样推进的。新闻宣传的指导、组织分几个层次，一是每年要下发几个新闻宣传报道意见。党的十七大以后，省委宣传部马上要起草下发一个关于十七大精神的宣传报道意见。二是编发新闻宣传通报。三是召开新闻通气会。四是召开新闻协调会。五是打电话。

新闻宣传要靠前指挥，一竿子插到底。这是对领导干部、媒体负责人的要求。这几年我们的一些重大宣传，我和省委宣传部其他分管领导，都是深入一线做工作。比如在省第十次党代会召开的时候，省电视台有一次在时间非常紧张的情况下制作一则重要的新闻消息，制作完后离播出只有五分钟时间，要马上从一楼往五楼播控中心送播出带。有一个记者自告奋勇去送，由于时间紧，怕他出意外，就让另一个人跟随。我们电视台的设备落后，容易出故障，如果不能按时推出，将是一个重大失误。当那期节目按时无误播出后，我才松了一口气。

今年省委主要领导变动，要播发新闻报道。中央组织部的同志要求我们及时报道出去，当天的电视新闻播出，第二天见报。当时大会到下午四点还没有结束，制作当天下午六点半的电视新闻有了很大困难。更主要的是快到六点时新闻稿还在审阅。《青海新闻联播》的整个制作要配画面，要提前录制一遍。按原来六点半播出肯定来不及，为了更稳妥一些，推迟到了晚上九点钟播出。我晚上赶到青海电视台新闻部等候。稿子审签回来是八点半，制作好节目需要半个小时，九点钟肯定又播不出来，只好又在电视上发布了一条“今晚九点的《青海新闻联播》推迟到九点十五分播出”的字幕消息。电视台工作人员用十分钟制作了一半节目并派人紧急送往播控中心。后半部分制作完后，我和省委宣传部分管领导、省电视台领导、新闻部负责人及编辑人员一块去新广电大楼的播控中心。《青海新闻联播》在九点十五分顺利播出。电视台播出后，我又连夜赶到青海日报社，审看《青海日报》《西海都市报》的版样和稿件。排了两个版样，选哪个版，文字怎么表述，照片怎么放，都尽可能考虑细致周全，确保不出问题。我审完清样回家时已是第二天凌晨两点钟。我想说明的是，重大工作的宣传、重要会议的宣传、重要活动的宣传，领导都要到位，当然不要所有的宣传都要领导来做，重要的宣传，领导要靠前指挥，一竿子插到底。

靠前指挥不是我的发明，中央宣传部一直有要求，重大新闻宣传各省的宣传部部长要靠前指挥、靠前领导。这样做了以后，就能确保重大宣传不出问题。我们这几年至少在新闻宣传上没有出大的问题、大的纰漏。这就需要我们注重细节、一丝不苟，有一本书叫《细节决定成败》，体现在我们宣传工作上、新闻工作上，我认为这一点非常重要。

做好宣传报道工作，一要跟上形势。现在新兴媒体涌现的专业术语一大堆。比如网络中的博客、播客、维客、闪客等等。新兴媒体是以互联网、手机和数字电视为主要内容的媒体，特别是网络化、数字化，让人们双向互动，达到交流的目的。最早的宣传就是面对面的，随着人类社会的发展，变成一个中心向外发布信息，宣传出去的东西对不同的人不同的地方影响是不同的。今天我的讲课，是谈心、谈话，也是面对面的交流。你们每一个人的表情、每一个人的举动对我就是有效的信息反馈。现在很多人说，新兴媒体又回到了双向的互动，去掉了中心化。的确是这样，在互联网上最大的一个特点就是BBS论坛、博客、跟帖都是互动的，在一个观点后面，马上就可以发表意见，在更高形式上又回归到人类最早的面对面的宣传上。所以，我们要跟踪关注新兴媒体的特点、未来，以及对传统媒体到底有什么样的影响、会有什么样的关系，否则我们就跟不上时代的发展。前两年对新兴媒体的管理我们处于被动状态，现在采取了一些积极有效的办法，效果很好。二要果敢决断，要有政治敏感性。我省是个多民族地区，许多民族宗教方面的内容，宣传什么，不宣传什么，我们应该有选择。

新闻监督，我的体会是要适度、适量，要以解决问题为目的，最终要以树立党和政府的形象为着眼点，产生正面的效果。如果舆论监督批评的稿件、曝光的稿件发布在新闻媒体上，即使每天报纸的四个版面、八个版面、十六个版面都登这个大千世界负面的东西，一年365天都登不完。社会的本质、主流的东西是什么呢？要发挥意识形态媒体的正面导向作用。监督了以后，不要站在党和政府的对立面，要最终通过问题的解决树立党和政府的形象，提高威望，树立威信，又替老百姓说话、办事。要找到结合点，把握好时机、条件，要看是否推进了工作，是否密切了党群关系，是否增强了群众的信心。不宜公开的，全部做内参，内参也是一个很重要的渠道。新华社的《参考清样》《国内动态清样》，就是党中央了解社情民意的一个途径。《青海日报》《西海都市报》都有《内参》，这个渠道是很畅通的。

3. 关于精神文明建设和思想政治工作。精神文明建设有文明城市、文明村镇、文明行业的“三大创建”，有未成年人思想道德建设和大学生的思想政治教育。思想政治工作分机关的、企业的、农村牧区的、新经济组织的、新社会组织的、离退休的、农民工的，等等。精神文明建设主要抓细胞工程、基础工程、龙头工程、纽带工程、连片工程等，主要从每个人、每个家庭、每个单位和部门以及每个行业，有重点地按要求、按项目来抓。精神文明重在建设，我们要找载体，找抓手，找品牌。这两年我省在全国精神文明建设中就创建了一个品牌——“高原千里文明线”。思想政治工作，主要抓形势教育、舆情分析、典型示范。去年我省举办的首届“感动青海十大人物”的评选活动，办得比较好。今年上半年，我们又举办了首届“孝亲敬老楷模”的评选活动。这个活动之后，中央文明办牵头推出了“全国道德模范评选”。当时中央文明办负责人答记者问的时候，提到了开展这项工作的四五个省，其中就点到了青海，点到了我省“孝亲敬老楷模”的评选工作。这实际上是通过典型选树起到一个示范榜样的作用。我们要注意发现、发掘我们身边的典型，各地区、各部门都应该这么做。

4. 关于文艺工作。文艺工作分面向大众的各种文化活动和文艺精品的创作生产。这几年各地各部门的文化活动开展得非常好，十分活跃。农牧区文化中心户、文化大院、流动文化服务车、电影流动放映车，以及“三下乡”“四进社区”等，都进行得有声有色，轰轰烈烈。各地开展的广场文化、社区文化、廉政文化等活动，群众参与热情，积极性很高。在西宁中心广场群众自发跳的锅庄舞，开始是藏区退休下来的几个同志放个录音机在跳，现在带动发展到很多人来跳，成了西宁的一道风景线，有很多外地游客专门跑去看。

文化精品创作生产方面，这几年我们虽然做了大量工作，做了许多努力，但因为种种原因没有取得大的突破和进展，还不尽如人意，与外省相比我们还有很大差距。今年全国第十届“五个一工程”评选中，我们推荐的作品只有两件获入选作品奖，一件是京剧《天马歌》，一件是歌曲《溜溜青海溜溜情》，原来文化专题片也是评选的一个项目，但是这次进行了归并整理，把专题片去掉了，原本有望获奖的《三江源》文化专题片未能获奖。经过归并整理的“五个一工程”奖项分了六类，一是电影，二是电视剧，三是广播剧，四是歌曲，五是文艺类的图书，包括报告文学、小说、纪实文学等，六是戏剧。西藏的经济总量只有我们的二分之一强，人口只有 280 万，但在这次“五个一工程”评选中，获得了四个优秀奖。而我们平时也辛辛苦苦做了许多工作，最终却没有获得有分量的奖项，到底是什么原因呢？这里有投入的问题，另外一个是借助于外力的问题，西藏用人家的力量来合作，抓特色，抓优势，获得了成功，这给我们很大启发。在今年的全省第七届“五个一工程”获奖作品表彰会上，我经过认真思考以后提出了“三句话”的要求，也就是青海文艺精品创作要走“三条之路”：第一条是走特色之路，第二条是走开放之路，第三条是走联合合作之路。特色就是所抓的题材一定要有地方、民族特色，一定要是大题材，具有全国意义，别人所喜欢和关注的。我们的大题材有地方民族特色的很多，比如唐蕃古道、丝绸南路、吐谷浑、祁连山、昆仑山、三江源、原子城、青藏铁路、青藏公路、班禅进藏等。还有慕生忠、喜饶嘉措、王洛宾、盐湖城、塔尔寺、青海湖、热贡艺术、格萨尔等。我们的作家、艺术家，应该抓住这些题材，扑下身子去创作。作家杨志军写了一本《藏獒》，一版再版，他如果没有在青海生活过，他就不熟悉藏区、不熟悉藏獒，他也写不出如此优秀的文学作品。在对外开放中我们要引进人才，让外面的人来为我们创作优秀的文艺作品。当然，青海的文艺家更应该创作，外面的人来了也可以创作。不能因为你创作不了或不创作，也不让别人来创作。要走联合合作之路，善于借助外力实现双赢。我们这次获奖的入选作品《天马歌》，音乐、导演、编剧、主要演员是从外面请来的，这部戏排出来后，在第四届全国京剧艺术节上也得了大奖。歌曲《溜溜青海溜溜情》是两个没来过青海的外地人创作的，他们就是通过一些影像资料、一些文字资料了解青海、创作歌曲的。颁奖时他们来了，很激动，说青海比他们想象的还要美还要好。《三江源》能够拍摄成功，也是和中央电视台联合、合作的结果。我们现在的主要问题是缺人才，缺大人才、高端人才、尖端人才、领军人才。我们怎样不拘一格选人才，不限形式用人才，不求所有，但求所用，需要进一步进行深入的思考。

## 三、如何提高宣传思想工作者自身素质

我认为宣传思想工作者应该是综合素质高的复合型人才，不仅要有高智商，也要有高情商。情商指协调、联络、组织、指挥的能力。省委宣传部的同志经常说三句话：坐下来能写，就是要有文字写作能力；站起来能讲，就是要有语言表达能力；走出去能协调，就是要有组织、协调、指挥能力。三句话说起来容易，做起来不容易。我们经常在讲话、报告、文章中对宣传思想工作队伍建设也提三句话的要求：政治强，业务精，作风硬。可见，做一名合格的、称职的宣传思想工作者是不容易的。那么，如何提高宣传思想工作者自身的素质呢？我的看法是“四个字”：学习实践，“两句话”：在学中干、在干

中学。下面我讲两个问题。

（一）要与时俱进，不断学习。

1. 为什么要学习？邓小平同志讲过，现在的一年抵得上过去古老社会几十年、上百年甚至更长的时间。前两年，有一本美国作家托马斯·弗里德曼写的热销书《世界是平的——21世纪简史》，书中认为因为互联网的出现，特别是互联网版本的升级，世界变平了。16世纪初，麦哲伦在西班牙国王的支持下，开辟了一条新的通往东方的航线，后来用三年时间完成了环球航行。麦哲伦的航行证明地球是圆的，至今地图上还标有一条麦哲伦航线。但托马斯·弗里德曼说地球是平的，他的意思是网络时代的到来给我们的生产生活带来了巨大的变化，让世界变成了地球村。《光明日报》有一篇报道说，现在的知识更新速度越来越快，大学生四年本科毕业时，30%的知识就要更新了。有一位学者用“知识爆炸”来形容现在知识的不断更新。那么我们宣传思想工作者要做好工作，就要率先学习，持续学习，终身学习。古人讲：壮士惜年，贤人惜日，圣人惜时。就是壮士、贤人、圣人对时间的把握不一样，圣人惜时，每一个小时都是要珍惜的。毛泽东同志学习的精神令人感动，在战争年代他曾说：“如果再过十年我就死了，那么我就一定要学习九年零三百五十九天。”他是这样说的，也是这样做的，他离开这个世界的时间是1976年9月9日0时10分，但他在心脏停止跳动，离开这个世界的前七个小时，还在学习。那时他一会儿昏迷，一会儿苏醒，眼睛已经看不清东西了，他就要求工作人员给他念书、念文件。他当时看的书是《容斋随笔》和《三木武夫及其政见》。毛泽东同志之所以成为一位伟大的思想家、政治家、军事家、诗人、书法家，我认为都是通过学习成就的。在延安时期，胡宗南进攻延安，警卫员把一片弹片拿过来说：敌人炮弹都打过来了，赶快撤退吧。毛泽东同志当时正在看书，他看着弹片诙谐地说：可以打两把好菜刀呀。

2. 怎么学习？我认为着重抓好三个环节。第一个环节是读书。读书是学习的前提，只有多读书、读好书，我们才能打下好的学习基础。多读书、读好书是辩证统一的关系，多读书讲的是“量”，读好书讲的是“质”，两句话合起来就是要多读有质量的好书。特别对我们党的马克思主义理论创新成果、党的十七大提出的一些创新理论，大家更要注重学习。学习理论，多读有质量的书，就要精读原著，精看要点，精通精髓。精读原著，就是要原原本本地读原著，将马克思主义理论的观点放到一定的历史背景下来理解，上下左右联系起来理解。一定要用气力、花时间学习理论的原著。精看要点就是在系统精读原著的基础上，带着问题联系实际去看，将原著中不同时间、不同场合、不同篇幅当中所阐述的同一问题对照看，集中看，加深对基本原理的理解和把握。精通精髓就是在读书中把握原著的灵魂、主题、主线，把握原著的立场、观点、方法、原则。第二个环节是思考。学和思是矛盾的统一体，思考是我们理论学习的深入，只有思考才能提出问题，才能读有所得，将他有变为己有，否则，读书而不思考，知识永远是别人的。孔子说：“学而不思则罔，思而不学则殆。”讲的就是这个道理。理论学习中进行思考就要联系国际国内的实际，联系本省、本州、本市、本县的实际，联系本部门、本单位的工作实际，联系个人的思想实际。第三个环节是转化。转化是理论学习的升华，只有转化，理论学习才有成效，才能变成学习者的能力和素质，升华到对某一个问题的判断、认识。才能转化为我们的观念，转化成我们的思路，转化成我们工作当中的意见、计划、办法、措施，我们才能在工作和思想的总结中，不断将我们自己感性的经验和教训变成智慧，同时把自己的经验教训总结、梳理，上升到理论的高度。

（二）要联系群众，大胆实践。

1. 为什么要实践？人民群众在实践中创造的伟大事业需要我们宣传思想工作者去反映、去描述、去讴歌、去展现，这就是我们实践的必要性。我们宣传思想工作者离不开群众、离不开实际、离不开生活，如果离开了可以说将一事无成。希腊神话中有一个安泰大力神的故事，他和他的任何敌人搏斗的时候，一旦感到力不从心，就轻轻地靠向大地母亲盖娅的怀抱，从大地母亲身上获得无穷无尽的力量，最终战胜敌人，无往而不胜。他的对手赫拉克勒斯发现了这个秘密，有一次和他搏斗得难分难解之时，把他高高举在空中，使他不能靠向大地，得不到大地母亲的力量，最终安泰被扼死在空中。斯大林和刘少奇同志曾经用这个故事来强调党和人民群众血肉关系的重要性，党离不开人民群众，就像安泰离不开大地母亲一样。我们宣传思想工作者也离不开“大地母亲”，我们的大地母亲就是“生活”“群众”“实际”。如果我们的宣传思想工作离开了生活，没有了群众，脱离了实际，就会像安泰离开大地母亲失去生命一样失去活力。我们应该深深扎根于人民群众之中，扎根于青海高原这块高天厚土，向实践学习、向生活学习、向群众学习，大胆试、大胆闯，在实践中增长才干，在实践中寻找工作的办法和出路，在实践中干出一番事业来。

2. 怎样实践？要带着热情和激情去工作，带着感情和深情去工作，带着决心和信心去工作。首先，要有热情和激情，没有热情和激情是干不好工作的。带着热情和激情去工作，就要保持蓬勃的朝气、昂扬的锐气、浩然的正气，就要敢想、敢干、敢闯，就要干一行、爱一行、钻一行。其次，在工作中要有感情和深情。缺乏感情和深情要做好工作，特别是做好群众工作，做好说服动员的工作是不可能的。带着感情和深情工作，就要为党为国为民工作，就要深入基层，深入群众，深入矛盾多的地方，深入一线，为群众特别是为困难群众做好事，办实事，解难事。我们的作品、新闻报道，想要感染人、打动人，先要感染和打动你自己。有些文学家的作品写出来以后为什么感动人？就是因为有些作品是作者进入角色以后，流着眼泪写出来的。陈忠实在写《白鹿原》时，一边哭着一边写，打动了自己，最后也感动了无数人。著名作家徐迟写的《哥德巴赫猜想》，多少人读完以后被感动了呀！再次，工作中要有决心和信心，缺乏决心和信心要做好工作，同样是不可能的。我们的工作环境有时会顺心，有时会不顺心，有顺境，也有逆境，我们每天的生活也是处在矛盾中。工作就是解决问题，克服矛盾。工作中遇到矛盾问题，或多或少，或大或小，但一定要有决心和信心，在解决问题和克服矛盾中前进，在工作的整体推进中，善于抓重点、破难点、解疑点、推亮点。要有不达目的誓不罢休的闯劲、狠劲、猛劲，要在工作中始终提倡和保持“严、细、深、实”的工作作风。在你面前的矛盾有多少，困难有多大，你克服了它，战胜了它，你的成就就有多少，就有多大，它们是相辅相成的，千万不能遇到矛盾就绕开。工作的实效和实绩与矛盾是紧紧连在一起的，如果绕开矛盾、回避矛盾，那你将一事无成。“严、细、深、实”的作风一直是中央宣传部对我们宣传思想战线所要求的。工作要做出成绩，一定要有这样的作风。今年是全省的作风建设年，我们宣传思想战线的同志们更要在这些方面做好、做扎实，力争走在全省的前列。

我们做了大量的工作，还有大量的工作要做。我们要超过前人，后人也会超过我们。我们今天评价历史，历史将来也会评价我们。让我们担负起应当担负的历史责任，以扎实、朴实、踏实的工作作风，以奋发有为的精神状态，以敢打硬仗的顽强意志，以克难制胜的坚定信心和决心，在党的十七大精神的指引下，高举中国特色社会主义伟大旗帜，以邓小平理论和“三个代表”重要思想为指导，深入贯彻落实科学发展观，在省委的坚强领导下，万众一心，团结一致，艰苦创业，开拓进取，把青海的宣传思想工作提高到一个新水平，为建设富裕文明和谐的新青海，作出我们青海宣传思想工作者应有的新的更大贡献。

# 2003 年

# 弘扬和培育伟大的中华民族精神*

江泽民同志在党的十六大报告中就文化建设提出了“坚持弘扬和培育民族精神”的重要战略任务，并对中华民族精神的科学内涵进行了高度概括和提炼，这一重要战略任务的提出在党的历史上是第一次，对中华民族精神科学内涵的高度概括和提炼，在党的历史文献中也是第一次。认真学习、深刻领会、准确把握、全面贯彻十六大报告的这一重要思想和论述，对于我们加强思想道德教育，进一步搞好文化建设和精神文明建设具有重要的指导意义。

## 精神和民族精神的一般含义

首先，要“弘扬和培育民族精神”，就要搞清楚与之相关的精神和民族精神的基本含义。那么，什么是精神？马克思主义认为，精神是人的意识，是人脑的产物，它能动地反映物质，又能动地反作用于物质。

---

* 本文发表于《青海学刊》2003年第2期。

那么，什么是民族精神？民族精神就是一个民族在共同生活、共同发展的历史过程中，形成的被本民族绝大多数成员所认同、所接受、所追求的思想品格、价值取向、道德规范，是一个民族的心理特征、思想情感的综合反映。从一个民族的文化看，文化蕴含精神，精神是文化的本质和灵魂；从一个民族的发展看，民族的繁衍、生存、延续与发展离不开精神的支撑，精神是民族向心和凝聚的纽带，是激发活力、迸发力量的源泉；从一个民族的历史看，历史是精神的积累和沉淀，精神是贯通历史的正气和闪光点；从一个民族所处的时代看，时代内含着精神的需求，精神则是时代特征的凸显和折射；从一个民族的对外关系看，开放对精神的丰富和发展充实内容，精神则成为民族相互区别的显著标识。

## 中华民族精神的科学内涵和精神实质

那么，什么是中华民族精神？推而论之，就是在五千年的历史长河中，中华民族在改造客观世界的实践活动中，形成的被中华各民族大多数人所认同、所接受、所追求的思想品格、价值取向和道德规范，它是中华文明的精粹和精华，是中华民族从古至今生生不息、延绵不断的精神支撑和精神所系。展开来讲，中华民族精神的内涵有哪些具体要素？要素之间又是一个什么样的关系和结构呢？江泽民同志在党的十六大报告中对其进行了科学的总结和高度的概括。江泽民同志指出："在五千多年的发展中，中华民族形成了以爱国主义为核心的团结统一、爱好和平、勤劳勇敢、自强不息的伟大民族精神。我们党领导人民在长期的实践中不断结合时代和社会的发展要求，丰富着这个民族精神。"由此可见，中华民族精神的内涵是一个核心、四个组成部分。一个核心就是以爱国主义为核心，四个组成部分就是团结统一、爱好和平、勤劳勇敢、自强不息。一个核心将四个组成部分维系和聚集到一起，四个组成部分围绕一个核心展开、生成，相互作用、相互影响，融合为一个不可分割的有机整体。爱国主义之所以是中华民族精神的核心，是因为在历史上，爱国主义从来就是动员和鼓舞各族人民团结奋斗的一面旗帜，是贯穿中国历史的一条红线，是标识各个重要历史时期的一个鲜明主题。这面旗帜对维护祖国统一，加强民族团结，抵御外来侵略，推进社会进步产生了巨大作用。团结统一、爱好和平、勤劳勇敢、自强不息之所以是中华民族精神的四个组成部分，一是因为团结统一是中华民族的凝聚之魂。历史上的中国，分分合合，几多纷争，但统一大于分裂、和平多于战争，大统一的格局始终得以维持，中华文明始终未被中断，这是中华民族精神团结统一的作用所致。二是因为爱好和平是中华民族的处事原则。中华民族主张“和为贵”，“和合”文化是中华文明的重要组成部分。中华民族是不事远征的民族，中华民族是崇尚和平的民族。历史上睦邻友好是中华民族对外关系的主题，这是中华民族精神爱好和平的作用所致。三是因为勤劳勇敢是中华民族的生存之本。中国是世界四大文明古国之一，中华民族以勤劳勇敢创造了灿烂的中华文明。中国古代能够产生四大发明，中国隋唐的封建文化能够达到世界的鼎盛，中华文明能够对人类文明作出较大贡献，这是中华民族精神勤劳勇敢的作用所致。四是因为自强不息是中华民族的伟力之源。“天行健，君子以自强不息；地势坤，君子以厚德载物。”中华民族是一个自强自信的民族，是一个自尊自立的民族。中华民族不怕任何困难，不畏任何强暴，不惧任何险阻，敢于勇往直前，开拓进取，自立于世界民族之林，这是中华民族精神自强不息的作用所致。

中华民族精神起源于五千年前，丰富和发展于五千年中，特别是中国共产党诞生以后，领导中国人民在革命、建设、改革的各个历史时期，给这个精神注入了强大的活力，增添了新的内容。中国共产党是中华民族精神的最好继承者、倡导者、发扬者、实践者。长征精神、延安精神、雷锋精神、“两弹一星”精神、新时期创业精神、98抗洪精神，等等，都是中华民族精神在特定时代、特定时期、特定条件下的新体现、新亮点。中华民族精神深深扎根于中华大地丰厚的文化和历史的沃土之中，亿万人民是培育和弘扬的实践主体。它的体系是对外开放，它广泛吸收了人类文明的一切有益成果。它的特质是与时俱进，既反映了历史上中国人民的精神风貌，也反映了当代中国人民的精神风貌。它兼收并蓄，海纳百川，既同我国传统美德相承接，又同社会主义思想道德相统一，内涵丰富。它奋勇直前，毫不懈怠，是中华民族生存、发展和繁荣的精神动力。

## 弘扬和培育中华民族精神的重大意义

江泽民同志在党的十六大报告中指出：“民族精神是一个民族赖以生存和发展的精神支撑”。民族精神是民族之灵、民族之魂，当今，面对世界范围内各种思想文化的相互激荡，坚持弘扬和培育民族精神，使全体人民始终保持昂扬向上的精神状态，显得尤为重要。

弘扬和培育民族精神是增强综合国力的需要。当今世界以经济力、科技力、军事力、民族凝聚力为主要内容的综合国力竞争日趋激烈，在背后渗透的是文化力、精神力的角逐和较量。以美国为首的西方国家，不愿意看到一个强大社会主义中国的出现，将我视为潜在的对手，对我实施西化、分化图谋。经济全球化是一个不可逆转的历史趋势，也意味着强势媒体、强势文化在全世界的传播。在我国对外开放和“入世”的条件下，大量文化资本、文化产品的涌入，势必对我文化观念和思想体系产生巨大冲击。如何积极防范，既吸收世界各国包括发达资本主义国家创造的优秀文化成果为我所用，又能拒斥和清除外来的精神与文化垃圾，最有效、最有力的武器就是弘扬和培育民族精神。正如江泽民同志强调的，“有没有高昂的民族精神，是衡量一个国家综合国力强弱的一个重要尺度”。

弘扬和培育民族精神是全面建设小康社会、实现中华民族伟大复兴的需要。全面建设惠及十几亿人的小康社会，是党的十六大提出的今后20年全党全国人民的奋斗目标。全面建设小康社会是一个经济、政治、文化全面发展、与实现现代化目标相一致的承上启下的重要阶段，经过这个阶段，实现了奋斗目标，再继续努力几十年，我们就能基本实现社会主义的现代化，最终实现中华民族的伟大复兴。这是一个伟大的事业，这是一个宏伟的目标。从事伟大的事业，实现宏伟的目标，需要凝聚千百万人的智慧和意志，团结一心，众志成城，形成无坚不摧、无难不克的巨大力量。这正是精神变物质。我们党的三代领导核心毛泽东、邓小平、江泽民同志都非常重视革命精神对事业成功的重要保障作用，对此都有过大量的论述。可以说，人气的指数就是人心的向背，是事业成功的决定因素。弘扬和培育民族精神，就是为了凝聚人心，聚集人气，统一思想，振奋精神，坚定信心，奋发图强。

弘扬和培育民族精神是增强思想政治教育和精神文明建设实效性的需要。思想政治教育的对象是人，精神文明创建的主体也是人。思想政治教育不是目的而是手段，精神文明建设既是目的也是手段，思想政治教育、精神文明建设实效性的要求，都是为了解决人的思想问题，提高人的素质。弘扬和培育民族精神，能够增强思想政治教育和精神文明建设的实效性，调动一切可以调动的积极因素，团结一切可以团结的力量，建立最广泛的爱国统一战线，激发和激励人们的民族自尊心和自豪感，从而实现在党的领导下推进现代化建设、实现祖国统一、维护世界和平与促进共同发展的三大历史任务。

## “五个特别”的青藏高原精神与中华民族精神的内在关系

“特别能吃苦、特别能战斗、特别能忍耐、特别能团结、特别能奉献”是江泽民同志概括和提炼的青藏高原精神。省第十次党代会提出，在改革开放和发展社会主义市场经济的条件下，青海人要树立改革开放的新形象，必须大力弘扬“五个特别”的青藏高原精神。

“五个特别”的青藏高原精神，从博大精深的中华文明重要组成部分的青藏高原文明中汲取营养，以青藏高原数千年的历史文化作为沉淀和积累，以各族人民的劳动和创造作为实践基础，特别是在新中国成立后，在中国共产党领导下，各族人民开发和建设青藏高原，克服了许多难以想象的困难，战天斗地，流血流汗，展示了高尚的道德情操和迷人的风采。这一切，都为青藏高原精神注入了崭新的内容，赋予它时代的特征。

青海各族人民在党的领导下，用勤劳的双手在建设、改革和西部大开发的各个历史时期，已经将一个荒凉、落后的青海建设成为一个初步繁荣昌盛的新青海，其中，“五个特别”的青藏高原精神，既是这一过程的生动写照，又是这一伟大壮举的精神支撑。今后，我们要抓住机遇，加快发展，仍然需要进一步弘扬和培育“五个特别”的青藏高原精神，这一精神，是我们先辈创造和流传下来的，是我们宝贵的精神财富，今后我们要继续发扬光大，并不断在实践中对其增添新内容。

从“五个特别”的青藏高原精神与中华民族精神的本质内容看，是完全一致的。中华民族精神的普遍性、共性已经内含了青藏高原精神的特殊性和个性。青藏高原精神五个方面的内容，其核心仍然是爱国主义，其吃苦、战斗、忍耐、团结、奉献的内容也体现和反映了团结统一、爱好和平、勤劳勇敢、自强不息的精神要求，可以说，在青海弘扬和培育“五个特别”的青藏高原精神就是在弘扬和培育中华民族精神，“五个特别”的青藏高原精神就是中华民族精神在青海的具体体现。

## 大力弘扬和培育中华民族精神和“五个特别”的青藏高原精神

弘扬和培育中华民族精神和“五个特别”的青藏高原精神是一个社会系统工程，是一项长期的战略任务。之所以这样说，这是因为这一精神的生成和发展是一个过程，人们对其弘扬和培育也是一个过程，而且这一过程永远不会停止，永远不可能终结。

当前和今后一个时期，应该着重做好九个方面的工作。

一要领导抓。就是各级党组织和领导干部要高度重视这项工作，将此作为文化建设的一项重要战略任务，进行全面谋划，列入议事日程，切实负起领导责任。实践证明，领导重视不重视，抓的力度大或小，用的力气多或少，其结果大不一样。主要领导重视，主管领导主抓，是做好工作的重要前提。

二要造氛围。就是要利用一切大众传媒，在全社会营造浓浓的舆论和社会氛围，使中华民族精神和“五个特别”的青藏高原精神，家喻户晓，人人皆知，使人们在浓郁的氛围中受到这个精神的陶冶和感染，使人们在陶冶和感染中，崇尚这个精神，追求这个精神，歌颂这个精神，弘扬这个精神。

三要建基地。就是要建设好爱国主义教育基地。爱国主义教育基地是进行爱国主义教育，弘扬和培育中华民族精神和“五个特别”的青藏高原精神的好阵地。近年来，我省已经命名了一大批省、州（地、市）的爱国主义教育基地，像西路军纪念馆、中国第一个核武器研制基地、青藏线精神展馆等等，对全省干部群众特别是青少年进行爱国主义教育起到了很好的作用。今后我们要坚持“建好基地、发挥作用”的原则，切实做好巩固工作，真正使这些基地发挥好作用。

四要寻载体。就是要寻找有效的工作载体。党的十六大报告指出：要将弘扬和培育中华民族精神“纳入国民教育全过程，纳入精神文明建设全过程”。纳入两个全过程为我们寻找载体指明了方向。这就要求我们在推进国民教育和搞好精神文明创建的时候，主动去寻找适合于青少年思想政治教育、适合于各个不同群体需求的教育方式和方法，使各个群体在乐于参与、易于接受的活动中受到教育，提高其思想品格和精神境界。我省是个多民族地区，在寻找载体中除用好传统的、革命的节庆活动外，还要注意用好少数民族群众传统的、民间的节庆活动，如“六月六”花儿会、“那达慕”等等。

五要找抓手。就是要创新弘扬和培育手段。江泽民同志曾指出：“文艺是民族精神的火炬，是人民奋进的号角。”文艺样式中的诗歌、小说、美术、歌曲、舞剧、电影、电视等都是有效的教育手段。一首铿锵的诗歌、一部思想深邃的小说、一首催人奋进的歌曲就能影响和感染一代人。这就是我们工作的好抓手，必须牢牢地抓在手中，使其发挥作用。同时，随着信息等高科技的迅猛发展，我们要积极主动地运用好新的手段。互联网已成为第四大传媒，互联网集声、像、字于一体，传递速度快、信息量大、内容丰富、双向互动、交流便捷，吸引着越来越多的年轻人，我们要善于借用互联网，抢占这个制高点，运用和发挥好这个新手段。

六要创机制。就是要形成工作的长效机制。机制是灵活的、科学的、合理的，就能保证这项工作有人管事，有钱办事，有规章理事。领导协调机制应该由各级文明委、党委宣传部牵头抓总。同时，要由法制建设所配合、所支持，并给予必要的政策的引导。譬如，表彰见义勇为应该设立基金，对国家、对社会作出了特殊贡献的人，不仅要给予精神奖励，授予荣誉称号，还要进行必要的物质奖励。从上到下形成各条战线、各个领域、各个部门、各个地区评先评优的完整体系，而且这项工作要经常化、规范化，真正使其发挥作用。

七要扩内容。就是要丰富弘扬和培育中华民族精神和“五个特别”的青藏高原精神的内容。可以讲，我们有上下五千年的文明史，有对世界文明的巨大贡献，有近代中国各族人民团结一致抗御外敌侵略的英勇事迹，有中国共产党带领全国各族人民推翻三座大山、建立新中国，进行改革开放和现代化建设所取得的辉煌成就。而且从古至今，在漫长的中国历史长河中曾涌现出一批又一批仁人志士和杰出人物，他们是天穹中的灿烂明星。我们进行宣传教育的资源是取之不竭、用之不尽的。问题的关键在于，我们要不断挖掘这些资源并且还要善于从我们当前所从事的改革开放和现代化建设中不断去总结、发现、宣传、推广新的典型和榜样。特别是要从各自的实际出发推出一批可亲、可爱、可敬、可学，站得住、叫得响的典型。青海处于青藏高原，环境恶劣、条件艰苦，做好这方面的工作应该具有我们独特的优势。

八要建队伍。就是要建立一支自身过硬、能打硬仗的宣传思想工作队伍、精神文明建设队伍、思想政治工作队伍。做好宣传思想工作、精神文明建设、思想政治工作是全党的事、全社会的事，但是从事这项工作的部门和人员，肩负重大的历史责任，应该多作工作、多作贡献。我们的职责要求我们，在弘扬和培育中华民族精神和“五个特别”的青藏高原精神方面，要走在前，要起带头示范作用，否则，我们说的和做的不一致，言行相悖，我们的工作成效就会大打折扣，甚至起相反的作用。因此，我们一定要把我们的队伍建成一支政治强、业务精、作风正、纪律严的队伍。

九要抓落实。就是要抓各项工作的落实。做宣传思想工作，是做人的工作，其工作是通过潜移默化而起作用的，这种作用的显现有时快，有时慢，有时这个思想问题解决了，又会出现新的问题，有时思想平稳了，一个偶然或突发事件又会引发新的问题，出现反复，这种矛盾的状况是经常的、绝对的。但是，无论如何，并不是我们的工作无规律可循，只要我们用心、留心，不断总结经验，我们就可以探索到规律。弘扬和培育中华民族精神和“五个特别”的青藏高原精神，不能仅仅停留在口号上，不能满足于一般的工作部署和要求，要重在实效，贵在落实，这也是从根本上检验我们这项工作成效的重要尺度。抓落实要有五个方面的体现：一是体现在全省干部群众的精神状态上，二是体现在领导干部的作风转变上，三是体现在各级领导干部工作思路的创新上，四是体现在各级党委和政府为群众办实事、办好事上，五是体现在加快青海的发展上。如果全省的干部群众精神状态好，勇于探索，敢于拼搏，领导干部深入基层、深入群众，发展有新思路，工作有新举措，尽心竭力为老百姓办实事、办好事，青海的经济快速发展，社会各项事业全面进步，那么，我们就可以说，这项工作落到了实处，取得了实效。否则，就是相反。

# 1998年

# 论新时期的思想解放 *

每一次大的社会变革和历史进步总要以一次大的思想解放为先导，这为中外无数历史事实所证明。本世纪以来，我国共出现了三次大的思想解放运动：1919 年五四运动掀开了中国现代史的第一页；1942 年延安整风为夺取中国新民主主义革命的胜利奠定了思想基础；1978 年真理标准问题的大讨论和党的十一届三中全会的拨乱反正使我国进入了改革开放和社会主义现代化建设的新时期，这次思想解放故又可称为新时期的思想解放。在纪念党的十一届三中全会召开 20 周年之际，认真回顾过去 20 年所走过的艰难历程，详细分析新时期思想解放兴起的缘由，研究其担负的历史任务，总结其基本经验，对于我们科学地预测未来，不断适应发展变化的形势，在大胆探索和实践中把建设有中国特色社会主义的伟大事业推向前进，无疑具有重大的现实意义和深远的历史意义。

---

* 本文发表于《青海社会科学》1998 年第 6 期。

## 一、新时期思想解放的历史必然性

作为全党、全民族、全社会的思想解放，是随时发生还是在特定历史时期和条件下发生？其发生的过程具有偶然性还是具有必然性？这是我们认识和研究任何一次思想解放的前提。

实际上，每一次大的思想解放在偶然性现象的背后都潜藏着必然性，都是在社会变革的前夜和历史转折的关头出现的，都有一个解决和寻找未来社会发展的指向问题。五四运动是在鸦片战争以后内忧外患、灾难频仍、山河破碎、列强入侵历史条件下发生的。延安整风是在我们党连续几次与“左”右倾机会主义的交锋中以毛泽东同志为代表的正确路线被全党所确认、抗日战争即将胜利的历史条件下发生的。而新时期的思想解放则是在社会主义革命和建设既取得成功也遭受挫折、改革开放和现代化建设正在深入进行的历史条件下发生的。

新时期的思想解放经历了三轮：第一轮以1978年真理标准问题的大讨论和党的十一届三中全会为标志；第二轮以1992年邓小平同志视察南方发表重要谈话和党的十四大为标志；第三轮以1997年5月29日江泽民同志在中央党校省部级干部进修班毕业典礼上发表讲话和党的十五大为标志。三轮思想解放都有特定的重大政治事件为其深刻的历史背景。第一轮以十年“文革”和两年徘徊为背景；第二轮以80年代末90年代初国际、国内的严重政治风波为背景；第三轮以邓小平同志逝世和改革进入攻坚阶段、发展面临跨世纪的考验为背景。不同背景下的三个历史时期都存在一个中国社会主义的发展道路和发展方向的选择问题。

“文革”十年，极左盛行，国民经济遭到严重破坏。1976年10月“四人帮”被粉碎，人们在冷静的思考中热切地企盼我们党能够纠正“左”的错误。然而，当时主持中央工作的主要负责同志却提出了“两个凡是”（“凡是毛主席作出的决策，我们都坚决维护，凡是毛主席的指示，我们都始终不渝地遵循”）的口号，给纠“左”制造了严重的障碍，在党内外群众中引起了新的思想混乱。在这种情况下，我们要前进，就必须打破精神枷锁，冲破“两个凡是”的思想束缚，大刀阔斧进行拨乱反正。这是历史的必然。

80年代末90年代初我们又经受了国际、国内政治风波的严峻考验。1989年国内发生了“六四”政治风波，搞资产阶级自由化的人要否定社会主义，否定共产党的领导。国际上发生了苏联解体、东欧剧变，国际共产主义运动遭受严重挫折。在这种形势下，右助长“左”，“左”右相通，“左”的思想出现回潮。例如“把改革开放说成是引进和发展资本主义，认为和平演变的主要危险来自经济领域”[①]；围绕经济体制改革的目标选择问题出现了姓“资”、姓“社”的争论。在这种情况下，我们要坚持改革开放不动摇，就必须冲破姓“资”、姓“社”的思想束缚，坚决贯彻执行十一届三中全会的路线、方针和政策。这也是历史的必然。

1997年我们又经历了一个重大的历史关头。年初，我国改革开放和现代化建设的总设计师邓小平同志逝世，引起了全党、全国人民乃至全世界的极大关注，人们注视着我们党今后要规划一个什么样的蓝图，要制定一个什么样的跨世纪的行

① 《邓小平文选》第3卷，人民出版社1993年版，第375页。

动纲领，就是说，在世界范围内日趋激烈的综合国力的竞争面前，当代中国共产党人要举什么旗，走什么路，把一个什么样的中国带入21世纪。在经济领域，随着改革开放的深入，深层次的矛盾和问题日益凸显，现实中出现了公有制实现形式上姓“公”、姓“私”的争论。在这种情况下，我们的改革要实现突破性的进展，我们的发展要达到跨世纪的目标，就必须冲破姓“公”、姓“私”的思想束缚。这同样是历史的必然。

从新时期三轮思想解放的过程来看，全社会的思想解放不是随时发生的、无条件的，而是与社会发展的要求以及新的思想理论、思维方式、价值观念对其满足程度联系在一起的。当一种脱离实际的虚幻理论或落后于现实的僵化思想丧失了对社会前进的指导作用时，历史就会一次又一次地呼唤变革现实的思想解放。新时期三轮思想解放的高潮就是如此曲折地反映了社会历史的客观规律，一浪高过一浪，一次比一次激动人心，一次比一次扣人心弦。每轮都肩负着重大的历史使命，以不可抗拒的姿态出现在人们的面前。

## 二、新时期思想解放的主要任务

任何一次大的思想解放都有自己特定的历史任务。五四运动的思想解放就是提倡科学与民主，批判以儒学为核心的中国传统文化，使中国人从儒家古教条的长期束缚中解放出来。延安整风的思想解放是反对主观主义、宗派主义、党八股，以整顿学风、党风和文风把马列主义与中国革命的实际相结合，使我们党从洋教条的束缚中解放出来。新时期的思想解放则是从我国的国情出发，寻找建设有中国特色的社会主义道路，使全党和全国人民从我们自己所营造起来的“左”的教条的束缚中解放出来。新时期的思想解放，归根到底就是逐渐搞清楚“什么是社会主义、怎样建设社会主义”这个根本问题的过程，正如江泽民同志在党的十五大报告中所指出的那样：“新时期的思想解放，关键就是在这个问题上的思想解放。我国社会主义在改革开放前所经历的曲折和失误，改革开放以来在前进中遇到的一些困惑，归根到底都在于对这个问题没有完全搞清楚。拨乱反正，全面改革，从以阶级斗争为纲到以经济建设为中心，从封闭半封闭到改革开放，从计划经济到社会主义市场经济，近二十年的历史性转变，就是逐渐搞清楚这个根本问题的进程。这个进程，还将在今后的实践中继续下去。”①

回顾和总结新时期三轮思想解放的推进过程，具体地讲，就是围绕“一个寻找”“一个关键”“两个再认识”“三个冲破”“三个解放”来进行的。“一个寻找”就是寻找有中国特色社会主义的建设道路。新中国成立以后，我们党一直在努力寻找一条适合我国国情的社会主义建设道路。1949 年至 1966 年，在长达 17 年的时间中，由于党的正确领导和全国各族人民的奋发努力，我国社会主义革命和建设取得了伟大的胜利。但是从 1957 年以后党的指导思想发生了“左”的失误。因此可以说，在党的十一届三中全会前，在寻找有中国特色社会主义建设道路中虽有艰辛探索，包括取得了像毛泽东同志《论十大关系》和《关于正确处理人民内部矛盾的问题》等重要思想成果，但是，还是在实践中遭受了挫折。“失败乃成功之母”，遭受挫折的经验教训促使了我们的思考和觉醒。我们终于真正找

① 江泽民：《高举邓小平理论伟大旗帜，把建设有中国特色社会主义事业全面推向二十一世纪——在中国共产党第十五次全国代表大会上的报告》，人民出版社 1997 年版，第 12 页。

到并不断拓宽、开辟了中国特色社会主义道路。

“一个关键”就是搞清楚“什么是社会主义、怎样建设社会主义”。邓小平同志指出：“我们的经验教训有许多条，最重要的一条，就是要搞清楚这个问题。”[①]“不解放思想不行，甚至于包括什么叫社会主义这个问题也要解放思想。”[②]“社会主义是什么，马克思主义是什么，过去我们并没有完全搞清楚。”[③]改革开放的过程是思想解放的过程，思想解放的过程是逐渐搞清楚这个关键问题的过程。正是在总结正反两方面经验与教训的基础上，邓小平同志反映了人民的利益和时代的要求，廓清了不合乎时代进步和社会发展规律的模糊观念，摆脱了长期以来拘泥于具体模式而忽略社会主义本质的错误倾向，明确提出了“贫穷不是社会主义，发展太慢也不是社会主义；平均主义不是社会主义，两极分化也不是社会主义；僵化封闭不能发展社会主义，照搬外国也不能发展社会主义；没有民主就没有社会主义，没有法制也没有社会主义；不重视物质文明搞不好社会主义，不重视精神文明也搞不好社会主义”等一系列新的思想理论观点[④]。新时期的思想解放始终是围绕着这样一些问题而展开的。

“两个再认识”就是对当代资本主义和当代社会主义进行再认识。对当代资本主义再认识，就是要对二战以后资本主义世界发生的新情况、新变化予以充分的注意，深入地分析和研究其发展的态势和矛盾。应当看到，尽管资本主义的基本矛盾

①《邓小平文选》第3卷，人民出版社1993年版，第116页。
②《邓小平文选》第2卷，人民出版社1994年版，第312页。
③《邓小平文选》第3卷，人民出版社1993年版，第137页。
④ 江泽民：《论党的建设》，中央文献出版社2001年版，第113页。

还未从根本上得以消除，但是半个多世纪以来其生产关系不断地得以调整，其社会生产力还在继续向前发展。这是数次经济危机之后资本主义能够劫后余生的主要原因所在。对当代社会主义再认识，就是要对苏联模式的社会主义以及我们过去搞的“一大二公三纯”的“平均”“贫穷”的社会主义进行认真的反思，深入分析和研究苏联解体、东欧剧变的主要原因以及我们能够经受住国际国内政治风波的考验、继续挺立于世界的东方的根本原因。同时，我们还要正确认识和处理好社会主义与资本主义的关系问题。就是说，我们不能只看到社会主义与资本主义的对立关系，还要看到双方还存在着统一的关系。这是因为，社会主义和资本主义有着共同的社会历史背景——社会化大生产，双方都离不开人类社会生产力发展的大道。作为历史发展全链条中的一个环节，资本主义为社会主义准备物质条件，社会主义是资本主义发展的必然结果。社会主义作为资本主义的否定者、对立物而存在，二者是势不两立的；社会主义作为资本主义的扬弃者、继承物而存在，又应学习其某些方面的长处。全面了解当代资本主义的新情况、新变化，把握其表现特点，认清其本质特性，总结其他社会主义国家兴衰成败和我国社会主义胜利与挫折的历史经验是新时期思想解放的内在要求。

“三个冲破”就是冲破思想战线拨乱反正上“两个凡是”的思想束缚，冲破发展市场经济问题上姓“资”、姓“社”的思想束缚，冲破寻找公有制多种实现形式上姓“公”、姓“私”的思想束缚。“三个冲破”是在不同的历史背景条件下思想解放所提出的具体历史任务。冲破“两个凡是”的思想束缚是1978 年真理标准问题大讨论时提出的任务。冲破发展市场经济问题上姓“资”、姓“社”思想的束缚是1992年邓小平同志南方谈话发表时提出的任务，这是第一轮思想解放的继续。冲破寻找公有制实现形式上姓“公”、姓“私”的思想束缚，则是1997年江泽民同志“5·29”讲话发表时提出的任务，它又是第二轮思想解放的深化和继续。完成这些具体的历史任务成为新时期三轮思想解放的各个突破点。

“三个解放”就是把人们的思想从教条化、固定化、极端化的思维方式中解放出来。过去和现在束缚我们思想的东西主要来自三个方面：一是对马克思主义经典著作中某些个别论断的教条式理解；二是斯大林创造的苏联高度集中的计划经济管理模式；三是附加到马克思主义名下的某些错误论点以及我们自己总结的某些错误经验。新时期的思想解放要求从这三个方面实现突破，让我们的思想认识随着时代、实践和科学的发展而发展，创造新思想、新理论，以新的思想、理论观点继承和发展马克思主义，使我们的思想观念、思维方式、价值取向、行为准则、精神状态来一个根本性的改造和变革。

## 三、新时期思想解放的基本经验

新时期思想解放与改革开放同行，20年来，伴随着改革开放，新时期的思想解放坚持和遵循了一些什么样的原则和方法，我们可以总结出哪些基本经验来呢？

1. 思想先行是前提。改革开放的实践证明，不解放思想就没有思路，没有思路就没有出路。只有思想大解放才能促使改革大突破，只有观念大更新才能促进经济大发展。新时期思想解放的过程是精神振奋、思维方式转变、冲破条条框框、掌握精神武器、理论联系实际的过程。早在第一轮思想解放时，邓小平同志就说:“解放思想，开动脑筋，实事求是，团结一致向前看，首先是解放思想。只有思想解放了，我们才能正确地以马列主义、毛泽东思想为指导，解决过去遗留的问题，解决新出现的一系列问题，正确地改革同生产力迅速发展不相适应的生产关系和上层建筑，根据我国的实际情况，确定实现四个现代化的具体道路、方针、方法和措施。”①“我们搞四个现代化，不开动脑筋，不解放思想不行。”②“不打破思想僵化，不大大解放干部和群众的思想，四个现代化就没有希望。”③20年改革开放我们之所以取得举世瞩目的巨大成就，首先是我们解放了干部和群众的思想、激发了他们的积极性和创造性的结果。正是有了思想的先行，在第一轮思想解放中我们恢复了党的实事求是的思想路线，回到了马列主义、毛泽东思想的正确轨道上来，并开始创立了邓小平理论。在第二、第三轮思想解放中我们不断地丰富、发展和完善这个理论，并用这个科学的理论作为我们行动的指南。思想先行，是十一届三中全会以来我们党一个非常重要的原则。

2. 实事求是是归宿。改革开放思想要先行，但必须要以实事求是为归宿。从本质上讲，解放思想与实事求是是一致的。正是在这个相通的意义上，邓小平同志曾经强调，解放思想就是实事求是。“今后，在一切工作中要真正坚持实事求是，就必须继续解放思想。认为解放思想已经到头了，甚至过头了，显然是不对的。”④然而，解放思想有其质的规定性，它的质的

---

①《邓小平文选》第2卷，人民出版社1994年版，第141页。
②《邓小平文选》第2卷，人民出版社1994年版，第279页。
③《邓小平文选》第2卷，人民出版社1994年版，第143页。
④《邓小平文选》第2卷，人民出版社1994年版，第364页。

规定性内容是由实事求是决定的。判断真假实事求是的前提是解放思想，衡量真假思想解放的依据是实事求是。我们既要防止把实事求是解释为谨小慎微、按老框框办事，以此为借口否定解放思想的必要性、重要性的倾向；也要防止把解放思想理解为随心所欲、凭主观热情办事，想怎么说就怎么说、想怎么做就怎么做、抛开实事求是的倾向。“解放思想决不能够偏离四项基本原则的轨道，不能损害安定团结、生动活泼的政治局面”[①]，否则就会偏方向，走弯路。坚持实事求是，是思想解放的基本要求。

3. 人民群众是主体。思想解放必须以人民群众为主体。人民群众是社会历史的创造者，他们不但创造了物质文明，而且创造了精神文明。在建设有中国特色的社会主义伟大事业中，只有充分地相信群众、依靠群众，人民群众身上蕴藏的创造性和历史主动精神发挥出来，我们的事业才有希望，我们的改革开放才能取得成功。因此，我们的思想解放不是少数人的思想解放，而是广大人民群众的思想解放。衡量一个社会的思想解放程度，必须看广大人民群众是不是发动起来了，思想是不是解放了，观念是不是更新了，积极性是不是调动起来了。如果做不到这一点，我们就不能将其称为思想大解放或思想解放运动。用人民群众主体观来看思想解放，是贯彻唯物史观的重要体现。

4. 领导干部是关键。人民群众是解放思想的主体，但是对人民群众思想解放起全局性、带动性作用的是干部，是领导层。一个地区、一个部门、一个单位的思想解放状况往往集中

①《邓小平文选》第2卷，人民出版社1994年版，第279页。

体现在那里的领导身上。这是由领导干部所具有的特殊身份、所处的特定地位所决定的。领导干部在解放思想中不仅是参与者、践行者，同时又是组织者、倡导者、宣传者，如果他们在思想解放中不仅自己做得好、起示范带头作用，而且组织得好、领导得好，其所在地区、行业、单位的思想解放就进行得好，就卓有成效。这是各地区、各部门、各单位总结出来的一条重要经验。

5. 大胆探索是途径。思想解放要求我们在实践中要大胆探索。因为我们从事的改革开放是一项前无古人的伟大事业。按照邓小平同志的话讲："从另一个意义来说，我们现在做的事都是一个试验。对我们来说，都是新事物，所以我们要摸索前进。"[①] 辩证唯物主义认为，事物的发展和矛盾的暴露有一个过程，人们对其认识也有一个逐渐深化的过程。对一个事物要获得真理性的认识，往往要经过从实践到认识、再从认识到实践这样多次的反复才能获得。我们现在所从事的事业，马克思没有讲过，前人没有做过，其他社会主义国家也没干过，我们不可能指望从马克思的书本中去寻找现成的答案，也不可能照套、照搬别国的模式。解放思想要求我们，必须走自己的路，通过探索和实践的途径来推进我们全新的事业。

6. 不搞争论是原则。解放思想，大胆探索，就会产生不同的意见，发生争论。邓小平同志反复强调"不搞争论"，认为："不争论，是为了争取时间干。一争论就复杂了，把时间都争掉了，什么也干不成。不争论，大胆地试，大胆地闯。

---

①《邓小平关于建设有中国特色社会主义的论述专题摘编》，中央文献出版社 1992 年版，第 84 页。

农村改革是如此，城市改革也应如此。”[①] 改革开放20年，在所有的重大问题上我们都是这样做的。在农村改革一开始，对家庭联产承包责任制、废除人民公社、办乡镇企业都有不同的意见；在沿海办经济特区、引进外资、搞股份制试点、发展商品经济、明确初级阶段的历史方位、建立社会主义市场经济体制等等，也都有不同的意见。坚持不争论的原则就是让实践去检验，让事实去说话，这样我们就抓住了机遇，赢得了时间。

7.联系实际是重点。解放思想必须理论联系实际。联系实际有多层次、多方面的要求：一是要联系国际共产主义运动的实际、党的历史的实际；二是要联系改革开放和现代化建设的实际；三是要联系本地区、本部门、本单位的实际；四是要联系个人工作和思想的实际。过去和今后相当长时间的联系实际，就是要明确我们所处的历史发展阶段，以党的基本理论为指导，一切从社会主义初级阶段的实际出发，把中央的大政方针和本地区、本部门、本单位的实际结合起来，创造性地工作。诸多经验的不断积累和总结，归纳、概括、升华为理论，理论再回到实践，实践向前发展又进一步检验和丰富理论，如此循环往复以至无穷，思想就会不断解放，理论就会不断发展，社会就会不断前进，20年来我们正是这样走过来的。

8.解决问题是目的。解放思想其目的是解决我们现实生活中存在的各种问题。邓小平同志多次指出："解放思想必须真正解决问题。""一个生产队、一个工厂、一个车间、一个班

---

①《邓小平文选》第3卷，人民出版社1993年版，第374页。

组的党组织，如果能够面对自己单位的具体问题，走群众路线，同群众商量，提出很好的办法，由共产党员起模范作用，真正解决这些问题，那末，那里的党组织对四个现代化就做出了很可贵的贡献。”[①] 解放思想是为了寻找解决我们遇到的新情况、新问题的办法和措施，并不是在那里空喊口号，虚唱高调。全党、全社会面对现实中存在的各种问题，广泛动员，群策群力，动脑筋，想办法，找对策，攻难关，就会大大加快现代化建设的步伐。20年来我们就是在不断解决各种问题中前进的。

9.“三个有利于”是标准。解放思想必须坚持“三个有利于”的判断标准。在新时期的思想解放中，我们曾在全社会确立起了三个真理和价值的判断标准，即实践标准、生产力标准、“三个有利于”标准。“三个有利于”标准是实践标准、生产力标准的细化和深化。1992年邓小平同志在视察南方的谈话中说：“改革开放迈不开步子，不敢闯，说来说去就是怕资本主义的东西多了，走了资本主义道路。要害是姓‘资’还是姓‘社’的问题。判断的标准，应该主要看是否有利于发展社会主义社会的生产力，是否有利于增强社会主义国家的综合国力，是否有利于提高人民的生活水平”。[②] “三个有利于”的提出，给新时期的思想解放提供了一个锐利的思想武器，它是我们改革发展中审视一切、判断一切的最高权威和最大法则。

10.制度建设是保障。解放思想还要加强制度建设。邓小平同志曾经讲道：“要解决思想问题，也要解决制度问题。”[③] 就

---

①《邓小平文选》第2卷，人民出版社1994年版，第279、280页。
②《邓小平文选》第3卷，人民出版社1993年版，第372页。
③《邓小平文选》第2卷，人民出版社1994年版，第332页。

是说，解放思想要从制度方面解决问题，必须有好的工作机制、规章制度作保障。改革开放20年正反两方面的经验与教训告诉我们，加强制度建设，就要坚持“双百”方针（百花齐放、百家争鸣），就要提倡“四不主义”（不抓辫子、不打棍子、不扣帽子、不装袋子），就要加强社会主义民主和法制建设。这样，人们才敢于讲话，讲实话，讲真话；才愿意深刻地思考问题，不看来头，不随风倒，不做懒汉。爱动脑筋、爱想问题的人越多，对我们的事业就越有利，我们的事业就会充满生机和活力。

## 四、新时期思想解放的深刻启示

社会发展无终点，思想解放无止境。建设有中国特色社会主义是一项长期的历史任务，随着改革的深入必然会触及更深、更高层次的思想理论和观念问题。这就会不断提出思想解放的任务和要求。新时期的思想解放一直要到下个世纪的中叶、我国基本上实现社会主义现代化为止。改革发展任重道远，解放思想亦任务艰巨。在跨越新世纪的征途上如何在思想解放中推进我们的伟大事业，回眸前三轮的思想解放，至少可以给我们这样几点深刻的启示。

启示之一，要以马克思主义的态度对待马克思主义。马克思生前曾反复强调：科学社会主义的理论是我们行动的向导，并不是我们背得滚瓜烂熟地、机械地加以重复的教条。恩格斯也曾指出：马克思的整个世界观不是教义，而是方法。它提供的不是现成的教条，而是进一步研究的出发点和供这种研究使用的方法。列宁也曾说过：马克思主义一般原理的应用，“具体地说，在英国不同于法国，在法国不同于德国，在德国又不同于俄国”[①]。马克思穷其毕生精力去追求真理，目的不是为了构筑其思想体系，而是为了指导革命的实践。我们之所以坚持马克思主义不是因为其理论形态的完备，而是对我们的实际生活有用。马克思主义之所以能够永葆生机和活力不是因为它发现了绝对真理，而是它能够随着时代、实践和科学的发展而发展。江泽民同志在党的十五大报告中指出：“马克思列宁主义、毛泽东思想一定不能丢，丢了就丧失根本。同时一定要以我国改革开放和现代化建设的实际问题、以我们正在做的事情为中心，着眼于马克思主义理论的运用，着眼于对实际问题的理论思考，着眼于新的实践和新的发展。离开本国实际和时代发展来谈马克思主义，没有意义。静止地孤立地研究马克思主义，把马克思主义同它在现实生活中的生动发展割裂开来、对立起来，没有出路。”[②] 只有深入研究改革开放和现代化建设遇到的新情况、新问题，并且作出有重大指导意义的答案，才是对“马克思主义的重大贡献，对毛泽东思想旗帜的真正高举”[③]。就是说不丢老祖宗，但要说新话。在实践中以新的思想理论观点继承和发展马克思主义才是真正坚持马克思主义，那种墨守成规、照搬本本、照搬教条式地对待马克思主义的态度只能把马克思主义的发展导入死胡同。

启示之二，中国要警惕右，但主要是防止“左”。解放思想就是使思想和实际相符合，使主观和客观相符合，而“左”和右的表现特征都是主客观对立、思想与实际脱离。邓小平同

①《列宁选集》第1卷，人民出版社1995年版，第274—275页。

② 江泽民：《高举邓小平理论伟大旗帜，把建设有中国特色社会主义事业全面推向二十一世纪——在中国共产党第十五次全国代表大会上的报告》，人民出版社1997年版，第14页。

③《邓小平文选》第2卷，人民出版社1994年版，第179页。

志指出："解放思想，也是既要反'左'，又要反右。三中全会提出解放思想，是针对'两个凡是'的，重点是纠正'左'的错误。后来又出现右的倾向，那当然也要纠正。"[①]"在建设社会主义的进程中，从一九五七年起的二十年间出现的错误，主要都是'左'。改革开放要探索和开辟新的道路，突破束缚生产力发展的体制和观念，阻力主要来自'左'。"[②] 针对"左"的东西在我们党的历史上源远流长，根深蒂固，泛滥时间长，影响深重，并带有革命的色彩，容易迷惑人，邓小平同志在1992年视察南方的谈话中强调："中国要警惕右，但主要是防止'左'。"[③] 这个重要思想对我们搞好新时期的思想解放具有极其重要的现实指导意义。从"左"产生的根源来看，"左"有社会根源、认识根源、体制根源、方法根源等，"在社会上已形成一种习惯势力"；从其危害上看，"左"禁锢人们的思想，阻碍改革的进行；从新时期三轮思想解放的进程看，主要是冲破"左"的教条的束缚；从今后的任务讲，"由于'左'的积习很深，由于改革开放的阻力主要来自这种积习，所以从总体上说，克服僵化思想是相当长时期的主要任务"[④]，也就是说，破除"左"的教条的思想束缚是我们新时期思想解放的长期任务和主要任务。当然，我们也要警惕右，并且对"左"和右作具体分析，有"左"反"左"，有右反右。

启示之三，党要有一条正确的思想路线。我们党的思想路线是辩证唯物主义的认识路线，根本点就是解放思想、实

①《邓小平文选》第2卷，人民出版社1994年版，第379页。
②《江泽民文选》第1卷，人民出版社2006年版，第223页。
③《邓小平文选》第3卷，人民出版社1993年版，第375页。
④《十三大以来重要文献选编》(上)，人民出版社1991年版，第15页。

事求是。马列主义的精髓是解放思想、实事求是，毛泽东思想的精髓也是解放思想、实事求是，邓小平理论的精髓还是解放思想、实事求是。解放思想、实事求是是马克思主义在中国保持蓬勃生机和旺盛活力的法宝。毛泽东思想是坚持了这个法宝的产物，邓小平理论也是坚持了这个法宝的产物。无数历史事实证明，坚持这条思想路线，我们的事业就前进、就发展；违背这条思想路线，就会“给党的事业带来很大的危害，使国家遭到很大的灾难，使党和国家的形象受到很大的损害”[①]。新时期第一轮思想解放中，我们首先在思想战线上拨乱反正，重新确立了党的解放思想、实事求是的思想路线，有了这个思想路线，我们才在其他领域拨乱反正，确定了党的正确的政治路线、组织路线等等。思想路线是个大问题，正如邓小平同志说的那样：“这是确定政治路线的基础。正确的政治路线能不能贯彻实行，关键是思想路线对不对头。”“不解决思想路线问题，不解放思想，正确的政治路线就制定不出来，制定了也贯彻不下去。”[②] 新时期三轮思想解放，其实质内容都与是否坚持和遵循党的解放思想、实事求是的思想路线有关。今后我们要丰富和创造性地发展邓小平理论，将这个理论推向前进，必须继续坚持这个法宝。

启示之四，党要敢于和善于总结经验教训，及时纠正错误。正面的经验是财富，反面的教训也是财富。一个革命政党，不怕犯错误，怕的是犯了错误以后找不到犯错误的根源，不承认错误，不改正错误。我们党的可贵和伟大之处就在于

① 《邓小平文选》第 2 卷，人民出版社 1994 年版，第 278 页。
② 《邓小平文选》第 2 卷，人民出版社 1994 年版，第 191 页。

“历经磨难而不衰，千锤百炼更坚强”，敢于承认错误，并能找到犯错误的根源，迅速改正错误。解放思想的过程实际在一定意义上又是我们党重新反思和审视自己、认识自己、纠正错误的过程。客观事物总是处在不断运动变化之中的，我们不可能通过对事物的一次性认识就获得全部的绝对真理，由于多种因素的制约，我们认识上的偏差和失误是经常会发生的，也是难以完全避免的。做事情万无一失、有百分之百的把握是做不到的。即使我们在实践中思想解放获得了一些真知，但也不能一劳永逸，一次性的思想解放、跟上了潮流只能说明过去，不能说明现在和将来；旧的问题解决了，新的问题又会产生，我们在前进的道路上会不断遇到新情况、新问题。我们要担当起时代的重任，不当落伍者，就必须不断总结经验，在总结经验中前进。

20 世纪在向我们挥手告别，21 世纪正在向我们招手迎接。新世纪将是中华民族崛起和社会主义复兴的世纪，也是中国共产党人再造辉煌的世纪。在走向新世纪的征途上会面对许多我们从来没有遇到过的艰巨课题，这就要求我们增强解放思想、实事求是的自觉性、坚定性，把思想解放尽快提高和升华到党的十五大所要求的境界和水平上来。

# 论青海在稳定发展西藏中的地位和作用 *

青海省与西藏自治区同处在世界的第三极——青藏高原。虽然两省区的省会西宁和首府拉萨有近2000公里之遥，但从历史和现实看，由于地理的、民族的、政治的、经济的、文化的、军事的、宗教的等各种原因，两省区的生存与发展紧密相连，相互之间的牵动和影响十分明显。今天，当我们在思考如何加快西藏自治区改革和发展的步伐，保持其政治、社会稳定时，不能将视野仅仅局限在西藏自治区本身，而应该超越这个范围，在更广阔的空间上去深入地认识和分析与西藏有联系的其他相关要素。尤其首先应考虑：青海对西藏有哪些作用和影响？这些作用和影响究竟处于什么样的地位？为此，本文拟从历史和现实、纵向和横向两个方面进行研究。

---

* 本文发表于《青海社会科学》1998年第3期。

## 一、青海地理影响的相关要素

青海与西藏都雄踞“世界屋脊”的青藏高原。青海处在高原的东北部，南面和西南面与西藏相连。总面积 72 万平方公里，平均海拔 3000 米以上。西藏处在高原的西南部，东北面与青海相邻。总面积 120 万平方公里，平均海拔 4000 米以上。青藏高原是中国面积最大、全世界海拔最高的高原，它的四周被绵亘的雪山环绕，广布冰川，山脉之间镶嵌着高原、盆地、谷地，江河纵横，重峦叠嶂，湖泊星罗棋布，原始森林青翠莽莽，草原一望无际。由于青藏所处的这种特定地理位置，使得在历史上交通、通讯极不发达的条件下，青海在相当长的时间内扮演了“通藏咽喉”的重要角色。即使在今天西藏与内地许多地方已直接通航、与邻省区已修通多条公路的情况下，青海仍然是西藏通往内地的主要交通通道和必经之地。青藏铁路一期工程——西宁至格尔木段，全长 867 公里，从东到西，横穿青海。格尔木市则处在青藏高原腹地，居于青海和西藏之间，起着联系两省区两个中心城市的枢纽作用。国家修建的进藏铁路走的是青海，国家修建的进藏光纤通讯走的也是青海。1997 年完工的兰西拉光纤通讯线路全长 2000 多公里，其构架就是沿着青藏公路的方向从东向西由兰州经西宁延伸到拉萨的。

## 二、青海民族、人口影响的相关要素

据全国第四次人口普查，青海省有 42 个民族成份，有汉族、藏族、回族、土族、撒拉族、蒙古族等 6 个世居民族。截至 1996 年底，青海省全省人口总数达 488.3 万人，其中藏族 99.5 万人，回族 69.2 万人，土族 16.3 万人，撒拉族 7.8 万人，蒙古族

7.7万人。少数民族比重占全省人口的42.8%。藏族是青海世居少数民族中人数最多、分布最广的一个民族，其比重占全省人口的20%，占少数民族总人口比重的49%。青海藏族不论是在农业区还是牧业区，不论是在东部、西部还是在北部、南部，都有广泛的分布，分布区域占全省面积的98%以上。从行政区划上讲，青海有6个民族自治州，除海西州是蒙古族、藏族自治州以外，其余5个州全是藏族自治州，全国除西藏外共有10个藏族自治州，而青海一省就占了6个。西藏自治区总人口约230万人，藏族210万人，占全区人口总数的95%左右。西藏民族构成相对比较单一，主体民族是藏族；青海虽然民族成份多，但藏族所占的比重也是比较大的。青海藏族与西藏藏族是同一族属，如果将青海藏族人口与西藏藏族人口加到一起，总数是309.5万人，青海藏族在两省区藏族总人数中的比重则达29%。由此显见，青海藏区能否发展和稳定对西藏有着很大的影响。

## 三、青海政治、军事影响的相关要素

历史上，发生在青海的一些政治事件，都曾对西藏产生过重要的影响力和作用力。这里试举几例。

1. 俺答汗与索南嘉措的青海会晤。俺答汗是成吉思汗的十七世孙，系蒙古土默特部的领袖。明中叶曾屡次在北方与明朝对抗，后臣服于明朝，得到朝廷加封。明隆庆年间，他率部众3万多人驻牧青海湖一带。在万历年间，他为了凝聚人心，稳定部落，在听到索南嘉措的宗教名望之后，遂延请索南嘉措到青海相见。索南嘉措是格鲁派的第一个转世灵童，当时格鲁派在西藏还势单力薄，为了获取外界力量的支持，促成了索南嘉措的青海之行。公元1578年（明万历六年）5月，索南嘉措抵达青海，在青海与俺答汗作了具有历史意义的会晤。这次会晤直接产生了这样两个对西藏和青海有影响的政治结果：一是俺答汗加封索南嘉措“圣识一切瓦齐尔达喇达赖喇嘛”的尊号，从此出现了达赖的名号，以后又经清朝皇帝册封，形成了达赖活佛系统；二是自此以后，青海地区的蒙古族、藏族等群众逐渐开始普遍信奉藏传佛教格鲁派。

2. 福康安抗击廓尔喀人入侵。公元1791年（清乾隆五十六年），西藏地方发生了廓尔喀人大举入侵的事件。廓尔喀是尼泊尔王国的一个民族，公元18世纪中叶，该民族在取得统治地位后不断向四邻侵略扩张。这一年廓尔喀统治者寻衅滋事，制造事端，派军队偷袭日喀则，七世班禅丹贝尼玛被迫退居拉萨，扎什伦布寺遭到洗劫。清朝政府接到报告后，派大将福康安率军进藏抗击，在西藏各阶层人民的支持下，清军于次年将入侵者全部逐出国境。这次福康安率大军长驱直入的进藏路线就是“唐蕃古道”，在经过青海时得到了青海人民的大力援助。

3. 青藏战争。青海马步芳政权与西藏噶厦政府因界地问题曾发生过多次战争，最长的一次战争发生在1932年至1933年之间，史称“青藏战争”。这次战争历时一年多，最后以双方签订《青藏和约》宣告结束。我们从战争的历史背景、起因和过程来分析，这场战争对任何一方都无正义可言，它是青海、西藏地方统治者为争夺地盘和势力所进行的一场战争。然而从另外一个视角看，20世纪初叶，在外国列强入侵，封建军阀混战、割据，中央政府软弱无能，西藏亲英派猖獗的情况下，青藏战争在客观上起到了对西藏噶厦政府中少数亲英分子的震慑作用。

4. 青海民族地区的民主改革和社会主义改造。青海少数民族地区的情况各不相同，在农业区是一种类型，在牧业区又是另一种类型；在这个民族中是这样一种类型，在那个民族中又是那样一种类型。在牧业区的藏族部落和蒙古族部落中进行的民主改革和社会主义改造，从自己的实际出发，坚持“慎重稳进”的方针，提出和制定了“不斗、不分，不划阶级”“牧主和牧工两利”的政策。实践证明，这些方针和政策是正确的。由于青海的民主改革和社会主义改造的步伐要快于西藏，这些方针、政策的提出和制定对西藏以后的民主改革和社会主义改造起到了积极的借鉴作用。当然也毋庸讳言，青海在改革和改造中出现的过快、过急、过“左”的问题，也对西藏产生了消极的影响。

## 四、青海经济影响的相关要素

历史上，青海是茶马互市的重要地区之一。在唐朝，青海境内的赤岭（今日月山）是唐和吐蕃的重要分界线。唐开元年间，吐蕃向唐请求划界和互市，提出“交马”于鄯州西南石堡城西 20 余里的赤岭，并在甘松岭（今四川松潘西北）互市。唐答允交马与互市均在赤岭。公元 734 年（开元二十二年），应吐蕃要求，唐派使臣与吐蕃使臣在赤岭立碑刻约，划定地界。由此开始，茶马互市历经宋元明清而不衰，虽然中间曾有过几起几落的波折，但总体上讲，这一贸易则一直持续到了清晚期。从茶马互市的历史亦可见，青海是进藏物资的重要集散地。历史上如此，直至今日也还是如此。解放以来，中央政府和全国各地为了支援西藏的建设，对西藏给予了大量的物质援助。仅中央政府的财政补贴和其他专项基金总数就达 230 多亿元。中央和内地援藏物资 80% 是经青藏铁路线和青藏公路线运进西藏的。青海格尔木市是一座新兴的工业城市，它的历史虽然短暂，但是它在促进西藏发展中却处于特殊重要的地位。由青藏线进藏的物资要在这里集结，这里已成为物资周转的中心和枢纽。格尔木居于柴达木腹地，而柴达木盆地素有“聚宝盆”之称，具有丰富的自然资源，这里又成为各种资源的生产加工基地，其中石油、天然气、盐化工是支柱产业，随着资源开发过程的加快，格尔木对西藏经济的辐射和带动作用将愈来愈明显。事实上，格尔木石油三项工程就是国家为援助西藏安排的项目，今后随着形势的发展，此类项目的安排也将会越来越多。居于青藏高原之中的柴达木盆地，不仅矿产资源丰富、储量大、价值高，而且土地广袤、肥沃，日照时间长，光热条件好，可以作为农垦开发的后续之地。粮食自给问题长期以来一直是困扰西藏和青海的一个难题，如果大规模开发农业的条件一旦具备，柴达木“绿洲”农业就能在解决青海、西藏粮食问题上发挥作用，并能根据西藏藏族的生活习惯进行品种的余缺调剂。

## 五、青海文化影响的相关要素

由于多种因素，历史上，青海的藏族、蒙古族、土族、回族、撒拉族、汉族交错杂居在一起，各种民族的文化也交汇融合在一起。可以说，在青海这个地域形成了一个平面静止云和无数个自成体系的独特文化场，各个文化的外围圈胶着在一块。从大的文化看，有这样几类：一是儒教文化；二是藏传佛教文化；三是伊斯兰教文化。这几种文化由于都远离各文化的发动源或传播源，到文化圈的切割线时存在着一定的“时间差”和“空间差”，辐射波减弱，如强弩之末。因为这个缘故，各种文化在这里也就可以和平相处、相安无事。虽然在历史发展的长河中也曾出现过短暂的冲突和碰撞，但从长远来看谁也没有多少持续的强力来排斥谁。由于后来边界的更动，原吐蕃的辖地归到了青海治下，这种变化使得青海在相关的文化要素中产生了对西藏的直接或间接的影响。比如，西藏可以通过青海这个窗口了解内地，吸纳其他民族的优秀文化成分；可以通过青海这个试验场地进行各种信息的交换、文化的交流，以达到各民族相互学习、取长补短的目的。青海藏族和西藏藏族的文化内涵既有共同性，又有差异性，这种差异性是在不同的地域、与不同质文化交流中形成的。比如，青海同仁的“热贡艺术”、湟中塔尔寺的“三绝”等，既继承了整个藏族的文化传统，又有青海藏族人民的伟大创造。这些创造既是地域性的，又是整个民族的，它在某个方面是整个藏族文化达到某项水准的标志。

## 六、青海宗教影响的相关要素

青海藏传佛教与西藏藏传佛教的联系和影响更为直接，具体表现在以下几个方面：

1. 青海在复兴藏传佛教中起了重要的作用。公元七世纪时佛教传入吐蕃，在吐蕃王室的大力扶持下，其势力曾一度有了相当程度的发展。九世纪中叶达玛赞普极力主张“禁佛”，使佛教在西藏遭到了沉重的打击。佛教僧侣有的被杀，有的被迫还俗；大小佛寺都被封闭；佛像、佛经也被毁弃。当时，藏饶赛、玛日哈嘉、饶根君等僧侣出逃到青海，保留了佛教的种子，在青继续传教，后来又将佛教重新传回西藏，并取得统治地位。藏饶赛等僧侣在青海传教时曾居住过或到过的丹斗寺、大佛寺、白马寺等，已成为藏传佛教历史上的重要遗迹，并得到藏传佛教各教派尊崇。

2. 青海历史上曾经出过许多有名的大德高僧。（1）宗喀巴是藏传佛教格鲁派的创始人。他出生于元朝青海宗喀地（今湟中县鲁沙尔镇）一个达鲁花赤之家。7岁出家，16岁到卫藏学经，广泛接触各个教派，著书立说，后来在噶当派教义的基础上吸收其他教派的一些内容，创立格鲁派。格鲁派创立之后，后来者居上，成为藏族地区占统治地位的教派。（2）章嘉活佛系统是格鲁派四大活佛系统之一。历代的章嘉著述颇丰，政治影响巨大，二世、三世章嘉曾被清廷封为国师，代表皇帝去处理过有关西藏的许多重大事务。（3）十四世达赖喇嘛丹增嘉措出生在今青海平安县石灰窑乡，十世班禅大师额尔德尼·确吉坚赞出生于今青海循化县文都乡，蜚声中外佛教界的著名佛学大师喜饶嘉措也出生于今青海循化县道帏藏族乡，他们都是对藏族地区具有极大号召力和影响力的宗教人物。

3. 青海塔尔寺在藏区有很高的地位。位于青海湟中县的塔尔寺初建于公元1379年（明洪武十二年），是我国藏传佛教格鲁派六大寺院之一。塔尔寺之所以成为格鲁派的重要寺院驰名中外，吸引着无数来自不同地区的信教群众前来朝觐，一是因为塔尔寺是宗喀巴的诞生地，在宗喀巴胞衣的掩埋处修了纪念塔；二是因为塔尔寺建有三世达赖喇嘛索南嘉措的舍利塔；三是因为七世达赖喇嘛格桑嘉措曾在这里受戒、九世班禅曲吉尼玛曾在这里驻锡、十世班禅额尔德尼·确吉坚赞曾在这里坐床；四是因为抗战期间一代天骄成吉思汗的灵骨曾在这里存放。毫无疑问，青海在宗教上与西藏有联系的相关要素密切了两省区的关系，尽管两省区之间被高山大河所阻隔，但宗教和文化上的相同性把两省区的藏族群众紧紧地联结到了一起。这种关系是其他地区无法相比和望其项背的。

## 七、历史上各相关要素的影响作用至今依然存在

以上我们分析和研究了青海对西藏产生影响或可能产生影响的相关要素。这些相关要素不是人为地创造出来的，也不是靠想象力去杜撰出来的，而是历史上自然而然地形成的，是客观存在的。我们今天在思考如何加快西藏发展、保持西藏稳定时，不能只注意西藏自身的方面，还应该同外在的其他因素与条件联系起来一并去思考，特别是中央有关部门在制定治藏方略时更应如此去考虑问题。历史上有识之士在治理西藏中曾经有过“安藏必先安青”的说法，从以上研究中我们认为这种说法并不是没有道理的。诚然，随着历史的前进、社会的发展，我们已经进入了新的科学技术革命的时代，科学技术正在改变着我们生活中的一切；过去从北京到拉萨需要骑马或步行数月之久，现在乘坐飞机在数小时内便可安全抵达，西藏与外界的遥远距离正在缩短。但是，这种变化是不是意味着青海往日在稳定西藏、促进西藏发展中的作用就完全消失了呢？我们的回答是否定的。这是因为：一是人类迄今为止还没有完全征服自然，还没有从必然王国进入自由王国。西藏高原从整体上看自然环境恶劣、生存条件严酷，这就决定了在相当长一个时期内西藏的发展仍须依赖外力的推动。只要西藏需要外力的推动，青海所要起的作用就不可能消失。从西藏高原到中原大地、从藏族聚居区到汉族和其他民族聚居区之间，应该有一个过渡和缓冲带作为“登山”或“下山”的“大本营”。二是不同的民族具有不同的民族文化传统。尽管中华民族由56个民族组成，有各民族共同认同的东西，然而每个民族相互之间又都存在着一定的文化差异。不同民族文化的相互影响是个渐进的过程，而不同民族文化的相互学习又是个漫长的过程。尤其是

在西藏这个特定的地域，藏族几乎全民信教，在这种状况下，发挥青海多民族之间相互学习的示范效应，对沟通西藏与内地的文化交流必将会产生积极的作用。

## 八、要重视对各相关要素的有效利用

青海对西藏各相关要素的影响作用是其他省区无法替代的，要维护西藏的稳定、促进西藏的发展、加快西藏的改革，就必须重视与青海有关的一系列问题的研究。因此，无论是在经济建设上加大对青海的投入还是在政体建构上加快青海改革的步伐，无论是在文化建设上突出青海的地方和民族特色还是在军事布局上做好各种力量的协调和配置等战略构思，不仅要着眼于青海，考虑青海的经济和现实，而且要放眼西藏、考虑到西藏的政治和未来。这里特别需要指出的是：加快格尔木市的改革发展步伐，不仅有利于格尔木市自身、有利于青海，更有利于西藏，甚至有利于整个中国西部的稳定和发展。为此，中央应该从战略的高度从长计议，将格尔木市纳入对西藏整个援助和建设的规划之中，加大对格尔木市的投资力度；西藏自治区也应该增加对格尔木市的投入；格尔木市作为青海资源的重点开发地区，本身已确定为青海区域经济发展的重点，今后青海也应该强调和突出稳定和发展西藏的内容。总之，格尔木市作为稳定和发展西藏的“桥头堡”和重要依托一旦发挥作用，西藏和祖国内地的经济联系将会大大加强，这种联系如果形成，就会“你中有我，我中有你”，融为一体，不可分割。经济联系必将会强化政治联系和文化联系，而政治联系、文化联系又会反过来促进经济联系。我们应当清醒地认识到这一点，自觉和主动地去做好工作，以促使这一局面的早日形成和到来。

# 1997 年

# 关于改进和加强理论宣传工作的思考 *

邓小平理论是我们的科学旗帜、光辉指南。在当今中国，只有这个理论而没有别的理论能够解决社会主义的前途和命运问题。用这一理论武装全党、教育干部和人民，是党的一项长期的重大战略任务。如何落实这一战略任务，与党的理论宣传工作的好坏有着直接的内在关系。本文仅从宣传学的角度，就这一问题作一些探讨。

## 理论宣传工作过程描述和制约因素分析

一般来讲，理论武装工作由理论研究、理论宣传和理论学习所构成。理论研究是基础，没有理论研究的成果，理论宣传和理论学习都不可能有丰富的内容，不可能有力度、深度。理论宣传是中介和载体，它在理论研究和学习者之间架起了桥梁。没有理论宣传，研究的成果就无法实现自身的价值。而理

* 本文发表于《攀登》1997 年第 5 期。

论学习是目的，理论研究和宣传的成效，要体现为学习者的收获。三者相互影响，相互贯通，相互转化。

那么，理论宣传工作包括哪些内容呢？从宣传学上讲，它由宣传主体、宣传内容、宣传链条、宣传客体、宣传效应五个方面的要素所组成。宣传主体是指整个宣传活动中的启动者、实施者，也就是我们通常所说的宣传者。宣传内容是指一定条件下、一定时期内所传播的一定阶级的理论、学说、主张和观念。宣传链条是指介于宣传者和受传者之间的各个环节，也就是把宣传者作用于受传者的活动连接起来的中间环节，它包括宣传方法、工具、手段、阵地、设施、时机选择等。宣传客体是指宣传者预期的宣传所要影响的对象，也就是我们通常所说的受传者。宣传效应是指宣传目的实现程度，亦称宣传效果。它一般表现为受传者经过宣传以后，思想认识的提高程度、实际行动的变化程度和道德情操的陶冶程度。这是宣传工作的归宿和落脚点，是宣传工作全部成效的体现。理论宣传就是宣传主体将宣传内容，通过宣传链条作用于宣传客体的过程，而且动态地看，这个过程循环往复，不断深化提高，永无止境。当前和今后相当长一个时期，理论宣传工作的主要任务就是全面、系统、深入、持久地宣传邓小平理论。因此，改进和加强理论宣传工作必须在动态中，着眼于其系统的各要素，研究和探索这一工作面临的政治、经济形势，所处的社会环境，所具有的传播技术、手段，以及受传者的心理状况等问题。

当前影响理论宣传效果的主要因素有哪些呢？

首先，从理论宣传的大气候和大背景看，一是世界大变动、中国大变革，急剧变化的国际、国内形势向人们原有的思维方式和价值观念提出了挑战，因此，在某个时期、部分人中间，其思想不可避免地会出现彷徨和困惑；并且随着理论宣传内容的变动，工作力度、深度、广度的强弱、大小，或萎缩或膨胀，或有效或无效，经常处于变动之中。二是在改革开放的历史条件下，社会上逐渐衍化和生成了多元利益群体，由于职业不同，所受教育的状况不同，在社会中所处的地位和所起的作用不同，各利益群体对理论宣传的接受和认同程度也就各有差异。三是建设有中国特色社会主义理论还在发展完善之中，在实践中已经被检验和确定的东西，要被广大群众所接受，需要一个过程，其中理论宣传者有大量的工作要做。在实践中还未被检验和确定的东西，要继续进行探索和研究，更需要一个过程，其中理论宣传者既要进行艰苦的理论探索，又要在实际生活中向群众进行符合宣传纪律要求的理论解释和说明。这种理论和实践中的不确定性增加了理论宣传工作的难度。当前，世界社会主义运动出现严重曲折引发的一些深层次矛盾和问题，深化改革，扩大开放，发展社会主义市场经济过程中遇到的新矛盾、新问题，都需要作出有说服力的回答，如果理论研究不能取得成效，理论宣传就难以进行，难以奏效。

其次，从理论宣传工作的自身状况看，一是理论宣传工作中存在着方式、方法单一和陈旧的问题。许多地方、许多部门至今仍然停留在“一沓纸、一张嘴、一支笔”和图书、资料、报刊文章等宣传手段、方法和式样上。对覆盖面广、影响力大、传播速度快、形象直观的广播、电视、电影、激光唱盘、视盘等先进传媒利用不够。宣传手段与方法的落后，弱化了受传者的理论兴趣，阻隔了理论宣传者与不同接受对象的双向思想融通。二是理论宣传工作中存在着文风浮躁和针对性不强的问题。在一些地方理论宣传“上下一般粗，左右一个样”。

某些理论宣传的影视作品，缺少艺术性，结构程式化，吸引不了观众。某些理论宣传的报刊文章，东拼西凑，论述分析或大而无当，空洞无物，或就事论事，缺少理性；遣词造句生搬硬套，枯燥呆板；联系实际，牵强附会；判断推理爱讲绝对。无视群众的需要，回避人们关心的深层次问题，为宣传而宣传，结果时常使理论宣传陷入自相矛盾的窘境，影响了理论宣传的声誉，失去了理论宣传对群众的说服力、影响力、感召力。三是理论宣传工作中存在着混淆理论研究成果与理论宣传内容的界限问题。应当讲，“学术无禁区，宣传有纪律”。但是，一些人缺少党的宣传纪律观念，将研究成果与宣传作品混为一谈，对一定时间内、一定条件下，应限定在一定范围内使用的研究成果，盲目地、不加选择和不负责任地统统抛向社会，随心所欲，结果不时地引起人们的思想混乱。四是理论宣传工作中存在着队伍素质参差不齐和不配套问题。近年来，理论宣传队伍代际更替和职业流动加快，出现了青黄不接的断层现象和人员结构不合理的问题。在人员流动中，其他领域和行业转入宣传领域和行业的人少，而后者改行转入其他领域和行业的人多。在人员结构中，青年人比重大，中年骨干比重小；决策、组织人员多，实施、执行人员少。而且理论宣传工作者和理论研究工作者，又各自为战，缺乏彼此间的优势互补和相互配合，这在一定程度上也影响了理论宣传工作的效果。

由此，我们可以得出这样的结论：要使理论武装工作不断向深度、广度拓展，进一步加强对邓小平理论的宣传，必须根据理论宣传工作的特殊过程，针对现实中的问题，确定一个大的工作思路。必须在提高理论宣传者的素质上下功夫，在改进理论宣传工作的方式方法和手段上下功夫，在加强理论研究上下功夫，在掌握群众心态，做好群众思想的引导上下功夫。

## 改进和加强理论宣传工作的思路

当前和今后一个时期应确立一个什么样的工作思路呢？我们认为，应该以邓小平理论为根本指针，以科学的理论武装人为主要任务，以提高人们的理论素质为着眼点，建立灵活、高效的工作运行机制，充分发挥理论宣传的灌输功能、解释功能、激励功能、导向功能、调节功能和传播功能，实现理论宣传工作从点到面、从线形到网状、从死板到活泼、从单一到综合、从局部到超时空的转变，坚定人们对社会主义和共产主义的理想和信念，坚定人们走建设有中国特色社会主义道路的决心和信心。

“一个根本指针”，是我们整个事业和各项工作的根本指针，是宣传思想工作的根本指针，毫无疑问，也必然是理论宣传工作的根本指针。

“一个主要任务”，是新时期宣传思想战线四项基本任务之一，它是党对思想理论战线提出的任务和要求。对理论宣传工作来讲，它是党的思想理论工作的重要组成部分，因此，“一个主要任务”，也应该是理论宣传工作的主要任务。

从“一个着眼点”出发，建立灵活、高效的工作运行机制，发挥“六个功能”，实现“五个转变”，强调的是理论宣传工作的加强和改进问题。着眼点也即工作的出发点，就一般意义上讲，我们的理论宣传不管阶段性的宣传内容如何变化，但是，都是为了提高人们的理论素质。工作运行机制必须灵活、高效，这是改革开放的需要，是发展社会主义市场经济的需要，也是党的理论宣传工作肩负历史重任、完成历史使命的需要。理论宣传工作要发挥灌输、解释、激励、导向、调节、传播六大功能，是由理论宣传工作的性质和特点所决定的。灌输就是灌注、输入；解释就是解惑、释疑；激励就是鼓动、鼓励；导向就是疏导、引向；调节就是调整、节制；传播就是传递、播送。邓小平理论属于政治文化范畴，它所解决的不是一般性问题，而是当代中国的政治方向、政治原则和政治行为问题。对其宣传不灌输、不解释、不激励、不导向、不调节、不传播，显然就完不成我们的宣传任务，就达不到我们的宣传目的。理论宣传是理论工作和宣传工作的结合物，虽然从其工作内容和性质上划归理论工作范围，但就其工作形式讲又与宣传工作相仿，所以，它除了具有理论工作的功能外，又有宣传工作的功能。理论宣传工作要实行“五个转变”，是国际、国内形势和现实工作状况所提出的要求。面对全球范围内兴起的科技革命浪潮，面对西方发达资本主义国家在经济和科技方面对我形成的巨大压力，面对世界范围内各种思想文化的相互激荡，面对西方敌对势力对我实施“西化”“分化”的图谋，面对纷繁复杂的宣传对象，不转变，我们的工作就缺乏生机和活力；不转变，我们的工作就难以卓有成效地开展；不转变，我们的工作就没有吸引力、感召力，就打不开新的局面。

“两个坚定”，是理论宣传工作要达到和实施的近期目标和长远目标，也是我们要不断提高人们理论素质的根本目的、最终目的。从近期目标来讲，我们就是要通过工作来坚定人们的理想和信念，坚定人们的决心和信心，坚决走建设有中国特色的社会主义道路，为实现“三步走”发展战略目标，实现我国的社会主义现代化而努力奋斗。从长远目标来讲，就是使人们在建设有中国特色社会主义的过程中，坚定地树立起共产主义的远大理想，为共产主义的壮丽事业而努力奋斗。两个目标实际上是近期和长远的结合，是过程和目的的统一。

这个工作思路，是我们搞好理论宣传的总方向、总原则、总目标、总要求。

## 改进和加强理论宣传工作需要正确认识和处理好三个关系

确立工作思路，是搞好理论宣传工作的前提；正确认识和处理好理论宣传与理论研究、真实宣传对象与虚拟宣传对象、阶段性宣传内容与长久性宣传内容的关系是搞好理论宣传工作的必然要求。

第一，正确认识和处理好理论宣传与理论研究的关系。理论研究是理论宣传的基础。理论宣传的内容来自理论研究的成果，这个成果既包括邓小平理论本身的内容，也包括理论界对邓小平理论的阐发和解释，还包括理论和实际工作部门以邓小平理论为指导，对现实问题的科学探索和总结。理论宣传对理论研究具有很大的依赖性，前者离开了后者，就会成为无源之水、无本之木。理论研究停滞，无新意，理论宣传就会枯萎和丧失活力；理论研究前进，有新意，理论宣传就势如破竹，感召人心。但是，理论宣传并不仅仅是处在消极、被动的状态，它对理论研究的成果有筛选的权利和再次加工的义务，理论研究的成果有待理论宣传进行传播和扩散，它既可以对理论研究成果“锦上添花”，也可以“画蛇添足”；既可以对理论研究成果的某些不足进行过滤和校正，也可以使其科学的内容在宣传中失真、变形和走样。理论研究成果缺少理论宣传这个桥梁，就会被限制在“高墙深院”，成为少数人欣赏的珍品。只有经过理论宣传的中介，才能直面社会，传播到人民大众之中，成为他们的精神食粮，产生精神变物质的威力。理论研究和理论宣传两者的关系辩证统一，相互联系，相互影响，相互促进。做好理论宣传离不开理论研究，进行理论研究需要坚持“双百”方针，鼓励大胆探索。但是对理论研究所取得的成果，如何宣传，什么时候宣传，用什么方式宣传，在什么范围宣传，则要依据党在各个发展阶段的任务和工作需要由党中央统一部署和确定，这是党的宣传纪律所要求的。

第二，正确认识和处理好真实宣传对象与虚拟宣传对象的关系。理论宣传工作是宣传主体与宣传客体不断发生关系、持续作用与反作用的过程。在这个过程中，有两个工作对象，一个是现实中我们看得见、摸得着的真实有形对象，即特指静态条件下所有的受传者。这种真实对象，从职业上可分为工、农、商、学、兵；从从事劳动工作形式上可分为体力劳动者、脑力劳动者；从政治面貌上可分为党员和群众；从从事行政工作的职级上可分为领导干部、一般干部；从年岁上可分为老人、中年人、青年人；从性别上可分为男人、女人；等等，总之，依一定的标准可以作多方面的区别和划分。我们说的真实对象，就是客观存在的真实受传者，它在存在形式上与真实的宣传者相对应。另一个则是我们看不见、摸不着的虚拟无形对象，即特指动态条件下宣传者转换成受传者之后，在意识中产生的另一个虚假的工作对象。为什么会出现这种现象呢？教育者先受教育，宣传者先受宣传，这是规律。尽管宣传者的职业是从事宣传，但是宣传者在接受别人传递的宣传信息时实际上已变成了受传者，在宣传者身上这种角色的转换是经常发生的。当宣传者转换成受传者，在接受宣传信息时，意识中必然产生一个虚假的工作对象，这个对象是真实受传者头脑中的虚假受传者，我们称之为虚拟对象。它的产生是由受传者原有的经验、知识对新信息的过滤作用所造成的。从心理学上讲，人们思想的形成和转化是一个从低级向高级发展的心理运动过程。首先是感知客观事物或思想材料，接着进入理解、思维，融入自己原有的经验和知识，在内心中形成“参照系”；然后转入深层次心理，触发深层次思维、情感和意志，展开激烈的思想斗争，进行自我抉择，自我调节；最后掌握和理解这种思想，或拒绝接受，或消极抵制，或达到思想转化。也就是说，人们总是在原有的心理活动基础上去同化、扩展或改变原有的思想。作为理论宣传者在接受别人所给的理论宣传信息时，有一个对比、整理、排斥、吸收的过程；向别人进行理论宣传时，也有一个不断说服自我意识中的虚拟对象过程。如果理论宣传者不能说服虚拟对象，对现实中真实对象的宣传就会感到“理不直，气不壮”，心里空虚，其成效则会事倍功半。可以说，把握虚拟对象和真实对象相辅相成。只有把握虚拟对象，战胜“自我”，才能更好地把握真实对象，做好理论宣传工作；只有把握真实对象，做好理论宣传工作，才能改变宣传者自己的认知结构，坚定工作信心。两者目标同一，方向同一，是理论宣传工作中必不可少的一个“宣传、受传”“真实受传、虚拟受传”“反馈、回应”的回路。

第三，正确认识和处理好阶段性宣传内容与长久性宣传内容的关系。毫无疑问，理论宣传工作的长久性内容、阶段性内容都是宣传马列主义、毛泽东思想、邓小平理论。没有阶段性宣传，就没有长久性宣传，长久性宣传内容通过阶段性宣传内容表现出来。但是，两者又有区别。长久性宣传内容强调理论的整体性、系统性；阶段性宣传内容强调理论的某一局部、某一方面。无数个阶段性理论宣传内容之和便构成了长久性理论宣传内容之总体。同时，没有长久性宣传，也就没有阶段性宣传，长久性宣传内容规定和制约阶段性宣传的工作范围。例如，党的十四大确立了邓小平建设有中国特色社会主义理论在全党的指导地位，十四大后党中央号召全党认真学习马列主义、毛泽东思想，中心内容是学习邓小平建设有中国特色社会主义理论，这就是理论宣传工作中的长久性宣传内容。但是，随着国际、国内形势的不断变化，随着党的阶段性工作任务的不断变动，在不同时期、不同阶段，理论宣传内容的重点又不断进行调整和转换。党的十四大以后，全党着重进行了邓小平建设有中国特色社会主义理论科学体系及其主要内容的宣传；党的十四届三中全会以后，着重进行了邓小平关于改革开放和建立社会主义市场经济体制思想理论的宣传；党的十四届四中全会后，着重进行了马列主义、毛泽东思想的党建学说和邓小平关于党建理论的宣传；党的十四届五中全会以后，着重进行了邓小平关于发展理论的宣传；党的十四届六中全会以后，则又着重进行了邓小平关于加强社会主义精神文明建设理论的宣传，这些都是阶段性的宣传内容。不从理论的系统性、整体性、长远性去把握阶段性宣传内容，容易割断理论各原理之间内在的联系，宣传中往往就会出现顾此失彼和前后矛盾的状况。不根据形势和任务的发展变化，及时调整和转换阶段性宣传内容，宣传就会缺乏现实针对性，党的方针、政策就不能从理论的高度得以阐释，群众的思想认识就难以统一和提高，党在各阶段的工作任务也就无法完成。当然，在理论宣传的整个过程中，不管阶段性的内容如何调整和转换，短时期宣传的主题如何集中和突出，党的基本理论、灵魂、核心、精髓、本质、战略、原则等基本内容不能变，不能转，不能淡，不能丢，必须一以贯之地渗透到各个时期、各个阶段、各项内容的理论宣传之中，予以充分地反映和体现。

## 改进和加强理论宣传工作需要解决好四个问题

采取有力措施，解决好方法、文风、载体和队伍建设问题，是搞好理论工作的基本保证。

第一，方法问题。理论宣传过程从一定意义上讲，实质上是一个消除旧思想，树立新思想的思想转换过程。理论宣传的目的能否顺利达到，首先要解决好过河“桥”的问题，即方法问题。根据多年来宣传思想战线的同志们对理论宣传工作经验的总结，其基本方法可以概括为如下几条，即说理宣传方法、形象化宣传方法、社交活动宣传方法、经常性宣传方法、组织集中宣传活动方法等。

说理宣传方法，是理论宣传主体以语言和文字等形式对理论宣传内容向客体进行解释、阐述、论证的方法，其目的在于使理论宣传客体接受和加深对真理的认识。说理宣传方法是党的理论宣传工作的基本和首要的方法，它贯穿于党的理论宣传实施的全过程，渗透到其他各种宣传方法之中。党的理论宣传工作的生命力在于说理，在于运用理论的科学性、严整性来征服人心。正如列宁所讲的：“马克思的学说所以万能，就是因为它正确。它十分完备而严整，它给予人们一个决不同任何迷信、任何反动势力、任何为资产阶级压迫所作的辩护相妥协的完整世界观”。[1] 所以，理论正确，理论具有科学性、严整性，才能激发人民群众的理论兴趣，培养、锻炼和提高人民群众的理论思维能力。应用说理宣传方法，必须注意理论宣传主客体之间大道理、小道理视角的相互转换，必须寓理于情，以理激情，以理导情，以理疏情。必须将理作为宣传的主旨，将情作为宣传的纽带，将事作为宣传的依据。

形象化的宣传方法，就是以电视、电影、广播等集图像、音响、语言、文字、音乐于一身的现代化综合宣传方法，其特点是直观性、整体性、选择性、通俗性，它直面社会各种群体，通过形象感知，可以形成人们主观意识的整合效应。理论宣传要有感召力，就应该具有形象性的美的特点。宣传固然要说理，但是，经验证明，人们接受某种道理，往往是从具体的感性形象开始的。因此，要善于运用具体的感性形象去进行宣传，注意把形象宣传与说理宣传有机地统一起来。大型电视文献片《邓小平》在中央电视台和全国各地电视台的播放，在广大人民群众中引起了强烈的反响，人们普遍地受到了一次生动、具体的邓小平理论和党的基本路线的教育，同时也受到了一次党的历史和革命优良传统的教育。这个教育形象、直观，效果显著，是一次大规模形象化理论宣传的成功尝试。

社交活动宣传方法，就是通过各种类型、各种规格、正式和非正式的会议等活动形式进行的宣传方法。理论学习报告会、座谈会、经验交流会、汇报会等就属于这类宣传方法。这种宣传方法的特点是宣传信息的准确、有效、可靠以及交流双向、传递迅速、互利共享等。

---

①《列宁选集》第2卷，人民出版社1972年版，第441页。

经常性的宣传方法，就是通过固定活动、固定群体、固定方式持续不断进行的宣传方法，其特点是稳定性、长期性、固定性、渗透性。

组织集中宣传活动方法，就是通过集中力量、协作联动的方式突出和强化重点主题的宣传方法，其特点是联合性、共振性、互动性、强化性。

以上这些方法是从理论宣传工作的特点、形式和内容的不同角度来区分的，在理论宣传工作的具体实施过程中，各种方法往往交叉融合、共同发生作用，我们必须根据不同的理论宣传内容、不同的对象，广泛使用最佳和最有效的方法。

第二，文风问题。改进文风，必须使理论宣传节目和作品言之有物、言之有理、言之有情，使读者、听众、观众可读、可听、可视。而要做到这些，对理论宣传主体来讲，有三个层次的要求。第一个层次的要求是：要努力学习和掌握马列主义、毛泽东思想，特别是邓小平理论。学习和掌握得越多，越准确，越全面，宣传就会越快，越有效，越主动。否则，只能是亦步亦趋，人云亦云。第二个层次的要求是：要了解国情，参与实践，把握干部、群众的思想脉搏，关注社会的热点、难点、疑点，尊重人民群众的首创精神。理论宣传者，对国情越了解，对实践越参与，对社会热点、难点、疑点越关注，对群众越尊重，就越能够理论联系实际，深入浅出，进行有说服力的宣传。否则，只能是“两张皮”“空对空”。第三个层次的要求是：要掌握和熟悉一套行之有效的宣传技巧和方法。进行理论宣传，写有写的技巧，讲有讲的技巧。根据不同对象宣传的需要，写和讲的技巧又有所不同。在实践中，对写和讲的技巧如何应用，效果会大不一样。例如，对一般工人、农民的理论宣传，越通俗越好，而且应该将成功的着重点放在大量事实材料的使用和事例引证上。对干部和知识分子的理论宣传，则应该将取胜的着重点放在逻辑推理和思想观点的论证上。否则，无的放矢，就会缺乏实效。当前，在理论宣传中，我们应当尽量做到：观点正确，内容通俗，论证有力，结构严谨，逻辑严密，文字流畅，条理清晰，层次分明。下大功夫，下深功夫，下细功夫，下硬功夫，用心去讲话，用心去写文章，用心去著书，用心去制作各种理论宣传的影视作品，只有这样才能让理论入心入脑，让老百姓听得进，读得懂，看得满意。

第三，载体问题。理论宣传必须借助于一定的载体，没有载体理论宣传便无法进行。宣传载体的形式是多种多样的，有印刷载体、音响载体、影视载体等等。当今世界，随着高科技的发展，载体的内容和形式都处在急剧的变化之中，有的效率成倍地提高，有的功能不断扩大，有的式样又在不断地翻新。从通常我们所使用的宣传载体看，各种载体各有其特点和功能。印刷宣传载体具体说就是报纸、刊物、图书资料等，这类载体具有可保留性、可大规模、无限制地复制、复印，可反复研读，逻辑性、思想性强等优点。音响宣传载体和影视宣传载体，具体说就是录音带、录像带、激光唱盘、激光视盘、影片拷贝等，通过广播、电视、电影、录音机、录放像机等多种电器，或公开，或半公开，或大范围，或小范围，进行播放。它具有传播迅速，覆盖面广，对象广泛，渗透性强等优点。由于我国地域辽阔，民族众多，经济文化发展不平衡，人们的整体文化素质不高，我们所面对的宣传对象极其复杂。今后应在继续重视印刷宣传载体的同时，加大对音响和影视等宣传载体的应用力度。要开办专题和固定节目，加强新闻媒体间的横向交流，提高宣传质量，增强可听、可视性。并且根据宣传内容要做好载体的选择，宜单项使用则单项使用，宜全项使用则报刊、广播、电视等联合起来，协同作战，以期追求最佳宣传效果。

第四，队伍建设问题。理论宣传工作的根本目的就是帮助人们提高认识世界和改造世界的能力，说到底，就是通过思想意识的改造和思想方法的改造，使人们树立崇高的理想、坚定的信念和高尚的道德情操，提高人们运用辩证思维观察问题、分析问题和分辨是非的能力。宣传邓小平理论的目的，就是在全党和全国人民中，高高地举起这面伟大旗帜，统一和凝聚全党和全国人民的思想和意志，把改革开放和社会主义现代化建设的大业不断推向前进。进行理论宣传，宣传干部的素质如何，直接关系到工作的成效。做一个合格的理论宣传工作者，必须按照江泽民同志要求的那样，做到“政治强、业务精、作风正”。必须政治头脑清醒，责任感、使命感强，有较深的马克思主义理论功底；必须具有较强的业务能力，即发现问题的洞察能力，由表及里的研究能力，分析归纳的综合能力，认识未来的预测能力，产生新思想的探索能力，运用自如的文字表达能力等；必须具有过硬的作风，能吃苦，能打硬仗，能理论联系实际，能密切联系群众，能言行一致，以身作则，身体力行。言是宣传，行也是宣传，而且是更重要的宣传。如果我们的理论宣传者，素质不高，言行不一，其宣传必定是苍白无力，甚至会产生相反的效果。

要把邓小平理论的宣传不断引向深入，必须建立一支宏大的高素质的理论宣传队伍。现在，在全国已经形成了党委宣传部门系统、政策研究系统、党校系统、社科院系统、高校系统、讲师团系统和军队系统等七大理论研究、宣传主力军。在这支主力军之外，还有一支散布在社会各界、各部门、各单位的党务、政工人员，他们也是理论宣传队伍中一支不可忽视的力量。从理论宣传队伍的整体力量看，可以说阵容庞大，数量众多。现在，存在的主要问题，不是数量问题，而是质量问题。要解决这个问题，各级党委宣传部门，必须从长计议，发挥规划、组织、协调的“龙头”作用，抓好宣传干部的理论学习、业务培训，抓好理论宣传干部队伍的合理配置和结构优化；抓好社会各方面宣传力量的相互配合，增强集体攻关意识，有计划、有组织、有步骤地打好若干个理论宣传的“重点战役”，以提高理论宣传队伍整体作战的能力。

以上四个具体问题的解决是相互联系、相互制约、不可分割的。每个问题涉及的相关内容，都是运动中的变数，各要素协同一致，配合得力，理论宣传的接受概率就高，效果就好。我们要从实际出发，大胆探索，勇于实践，不断总结经验，努力把党的理论宣传工作提高到一个新的水平。

# 1996年

# 从哲学的高度把握改革、发展、稳定的关系*

改革、发展、稳定是我国社会主义现代化建设总体格局中三枚关键棋子。从以往的经验、当前的形势、今后的任务看，处理好三者的关系，意义重大。正如江泽民同志在党的十四届五中全会的讲话中所指出的："处理得当，就能总揽全局，保证经济社会的顺利发展；处理不当，就会吃苦头，付出代价。"[①]可以说，这是对我国改革开放十多年来正反两方面经验教训的深刻总结，是全党、全国人民所达成的共识。

处理好改革、发展、稳定三者的关系是一个重大的理论课题，需要实际工作者和理论工作者的通力合作和协同攻关，需要采取动静结合、理论与实际结合、历史与现实结合、特殊与一般结合、主观与客观结合、全局与局部结合、目标与手段结合等多种方法，更需要从宏观着眼、从微观入手，对其运动规

---

* 本文发表于《青海社会科学》1996 年第 3 期。

①《中国共产党第十四届中央委员会第五次全体会议文件》，人民出版社 1995 年版，第 10 页。

律及其本质进行反复的探索和研究。如此，我们才能逐渐认识它的“本来面目”，获得一个比较正确而客观的“真知”，从而在思想上明确指导方针，在行动上采取可行的步骤，在世界大变动、中国大变革的关键时刻，承前启后，继往开来，把一个具有活力、充满希望的中国推进到新的世纪。

近年来，特别是江泽民同志《正确处理社会主义现代化建设中的若干重大关系》的重要讲话发表以来，如何正确处理三者关系这一重大问题，已引起全党和全社会的高度重视和注意，广大理论工作者和实际工作者纷纷撰稿，写了大量的理论和宣传文章，其中许多文章颇有新意，其真知灼见对现实工作的指导具有很高的价值。但是，从总体上看，理论的研究与现实的需要还存在着一定的差距，一些文章还仅仅停留在就事论事的叙述和一般原则的阐发上，从深层次上对这一关系运行规律的揭示还显得不够，尤其从哲学的层面上进行理论的抽象和概括，还显得比较欠缺。正是基于这样一种考虑，本文不揣浅陋，从哲学角度对这一问题谈一点粗略认识，以期引起大家的讨论。

## 一、从“系统”上把握三者的关系

世界的万事万物，大到宇宙，小到细胞，都是一个系统。每个系统既有整体性，又有层次性；既有结构性，又有开放性。每个系统既是绝对的，又是相对的；既相互影响，相互制约，在一定的条件下又相互否定，相互转化。物质世界（自然界、人类历史、我们自己的精神活动）正像马克思主义哲学所描述的那样：呈现在我们眼前的是一幅各种线条、色样无穷无尽交织起来的画面和一张相互作用普遍联系之网。任何事物，哪怕是一个微小的事物，都是这幅画面上的一部分，都是这张网上的一个纽结，没有什么东西是独立于世界整体之外的，没有什么物质是孤立存在的。物质世界联系的普遍性、客观性、多样性是其最显著的特点。

从联系的观点看，改革、发展、稳定首先是作为一个系统而存在的，三者是一个相互联系的有机整体，其三维性内容组成了一个完整的大系统。在这个大系统中，分三个子系统，即改革——动力系统、发展——目的系统、稳定——保障系统。改革创造系统运行的机制，发展提供系统运行的物质基础，稳定编排系统的运行程序。在每个子系统之内又分为众多的要素和因子。无论从整个社会的全局大视角看，还是从企事业单位、机关、团体、学校、部队、乡村的局部的小视角看；无论从国家的宏观角度看，还是从省（区、市）的中观角度、地（市、州、盟）或县（旗）乡镇的微观角度看，三者内容相互兼容、相互交叉，大中有小，小中有大，形成各种形式排列组合、大小不等、形状各异的互动系统。有的要素和因子，本身就构成一个三项内容齐全的相对独立系统，有的要素和因子虽然自身不是完整的系统，但都蕴含和渗透着与之有关的具体内容。从横向的并列结构来分析，在大的方面说，改革——动力系统中有政治体制改革、经济体制改革、科技体制改革、教育体制改革、文化体制改革等；发展——目的系统中有经济发展、社会发展等；稳定——保障系统中有政治稳定、经济稳定、社会秩序稳定、人心稳定、国家外部环境稳定等。从纵向的排列层次来分析，在小的方面说，各个子系统及其要素、因子又可作多方面、多内容的划分和区别。在经济体制改革中有计划体制改革、投资体制改革、金融体制改革、外贸体制改革、企业体制改革、税收体制改革等；在政治体制改革中有行政管理体制改革、组织人事制度改革、劳动用工制度改革、社会保障体制改革等。在经济发展中有第一产业的发展、第二产业的发展、第三产业的发展；在社会发展中有科学技术的发展、教育的发展、文化艺术的发展、卫生体育的发展、新闻出版的发展、广播电影电视的发展等。在政治稳定中有基本政治制度的稳定、政治体制的稳定和路线、方针、政策的稳定以及人事安排的稳定等等。改革的内容既有体制的根本性转变，也有枝节性的修补和调整。发展既包括经济指标的增长，农轻重的协调、工农业生产与交通、邮电通讯业的协调、工业内部原材料、燃料动力发展与加工工业的协调、农业内部农林牧渔、粮食生产与经济作物的协调、经济总量与人口增长的协调等，更包括综合国力的增强、人民生活水平和质量的提高、生态环境的改善、经济的可持续发展、社会各项事业的全面进步等。稳定既包含政权的巩固、政治活动的有序化、路线方针政策的连续性、人民生活安定、遵纪守法、社会风气好，也包括经济发展持续、健康、波动小、周期平稳，结构合理、增长适度、财政收支平衡等。大系统中有小系统，小系统中又有更小的系统，从大到小多层次可分。层次、结构、组合方式、组合内容，在运动的过程中，又不断变化，彼此间进行着一定物质、能量、信息的交换和传递。

由上所述，我们可以看到，我们讲的改革是全方位的改革，我们讲的发展是整体的发展，我们讲的稳定是全局的稳定。任何在言论上或实际行动中，自觉或不自觉地将三者之间分割开来，将三者内部的各个要素孤立起来的看法做法，不仅是错误的，而且是有害的。改革是为了发展，改革、发展不能丢弃稳定；发展是我们的目的，发展是改革和稳定的基础，发展离不开改革和稳定；稳定需要改革、发展，又为改革、发展提供社会条件。在一定的阶段和程度上，在大系统中以及在系统内部的要素之间，是一种互动的谁也离不开谁的关系，正如邓小平同志在改革开放历史进程中一再告诫我们的那样：改革是动力，“我们所有的改革都是为了一个目的，就是扫除发展社会生产力的障碍。”①“改革的意义，是为下一个十年和下世纪的前五十年奠定良好的持续发展的基础。”②发展是目的，“这是我们解决国际、国内问题的最主要的条件。”③稳定是前提，“中国要发展起来，要实现四化，政治局面不稳定，没有纪律，没有秩序，什么事情都搞不成功。”④“我们搞四化，搞改革开放，关键是稳定。”“中国的问题，压倒一切的是需要稳定”，“中国不能乱”，“中国不允许乱。”⑤“要有秩序才能前进”，“动乱不能前进，只能后退”，“没有安定团结，就没有一切。”⑥

不从“系统”上把握三者的关系，就会使系统的运行结构发生紊乱，我们的工作就会顾此失彼。现实中，某些人不善于用系统的方法处理三者的关系，往往在强调改革时，忽视发展的健康和社会的稳定；在强调发展时，忽视改革的作用和社会的稳定；在强调稳定时，又忽视改革的深化和发展的速度。他们不顾客观条件的限制，不考虑人民群众和社会的承受能力，无视形势的发展变化，或一味地追求经济发展的高速度，或为

①《邓小平哲学思想（摘编）》，中共中央党校出版社 1995 年版，第 184 页。
②《邓小平哲学思想（摘编）》，中共中央党校出版社 1995 年版，第 196 页。
③《邓小平哲学思想（摘编）》，中共中央党校出版社 1995 年版，第 146 页。
④《邓小平文选》第 3 卷，人民出版社 1993 年版，第 249 页。
⑤《邓小平哲学思想（摘编）》，中共中央党校出版社 1995 年版，第 133 页。
⑥《邓小平哲学思想（摘编）》，中共中央党校出版社 1995 年版，第 327 页。

了改革而搞改革，或离开改革、发展而片面强调稳定。在一些地方和单位，“头痛医头、脚痛医脚”的现象存在着，“孤军深入”“单打一”的现象存在着，将自己置身于全局之外，不问战略、不问政治的现象存在着，等等，其结果非但不能解决问题，反而使问题趋向恶化和严重，与工作的初衷南辕北辙，相去甚远。

从“系统”上把握三者的关系，必须讲整体，讲联系，坚持适度原则。整体不等于部分的简单相加。联系是一切事物的普遍性表现。度是确定不同事物相互区别的关节点。正确处理三者关系，从大系统看，必须注意改革的力度、发展的速度、稳定的程度。实事求是，从实际出发，量力而行，准确掌握度的限量，既不能不及，又不能过限，由点到面，协调关系，分阶段实施，稳步推进。从子系统看，必须注意各项内容的整体配套，处理好事关全局的几个重要关系。在改革中，处理好经济体制改革与政治体制改革的关系；在发展中，处理好经济发展与社会发展的关系；在稳定中，处理好政治稳定与经济稳定的关系。这样我们就可以做到：统观全局，精心谋划，整体把握，协同推进。

## 二、从“矛盾”上把握三者的关系

世界是由无数矛盾组成的，没有矛盾就没有世界。矛盾存在于一切事物的发展过程中，每一事物的发展过程存在着自始至终的矛盾运动。矛盾无所不在，无时不有。事物内部对立面的斗争是绝对的、无条件的，同一协调是相对的、有条件的。矛盾规律是唯物辩证法的核心和本质。

从辩证的观点看，改革、发展、稳定又是作为一个矛盾集合体而存在的，在改革、发展、稳定的系统中，它们三者的关系本身就构成矛盾体系。在这个体系中存在着两类矛盾：一类是改革、发展、稳定相互间的矛盾，它们是这个矛盾集合体中第一个层次的矛盾，形成了改革与发展、稳定，发展与改革、稳定两个矛盾对子和交叉的三个对应方式。另一类是改革、发展、稳定自身内部的矛盾，它们是这个矛盾集合体中的第二个层次的矛盾，又形成了改革、发展、稳定各自内部的诸多矛盾对子。比如，经济体制改革与政治体制改革的矛盾、经济发展与社会发展的矛盾、经济稳定与政治、社会稳定的矛盾，等等。两类矛盾所居层次不同，一定条件下，其结构、对应方式、地位、作用、性质也就不同，解决的方法也各有所异。它们的运动形式是：一方影响另两方，形成环状的相互对应又不断变更对应面的交互作用过程，在动态中实现平衡、协调和统一。三者运动的最大特点和最显著特征就是不平衡性。正像毛泽东同志在论述事物矛盾时所指出的那样："无论什么矛盾，矛盾的诸方面，其发展是不平衡的，有时候似乎势均力敌，然而这只是暂时的和相对的情形，基本的形态则是不平衡"，"世界上没有绝对地平衡发展的东西，我们必须反对平衡论，或均衡论。"[①] 从三者矛盾的运动规律看，不平衡是绝对的、无条件的，平衡是相对的、有条件的，三者总是在不平衡的动态中逐渐实现平衡。从不平衡到平衡，再从平衡到不平衡，循环往复，以至于无穷，这就是三者矛盾运动的总规律。

从三者矛盾运动的具体表现看，矛盾现象大量呈现，随处

---

①《马克思主义著作选编（甲种本）》下册，中共中央党校出版社 1994 年版，第 900—904 页。

可见。世界政治多极化发展，综合国力竞争激烈，隐藏在其后的文化思想相互激荡，这是矛盾。要实现两个根本性的转变，这是矛盾。行为方式的变革和不同价值观念的碰撞，这是矛盾。利益关系的不断调整，这是矛盾。改革力度强弱、发展速度快慢、稳定积极消极，这是矛盾。政治体制改革与经济体制改革、经济发展与社会发展、社会稳定与政治经济稳定，这也是矛盾。国有企业的改革尚未取得根本性的突破，经济效益普遍不高，国家宏观调控乏力，经济总量和结构失衡，农业、水利、交通、能源、通讯等基础产业严重滞后，通货膨胀居高不下，区域经济发展不协调，东部与中西部发展差距不断拉大，社会分配不公，收入悬殊，社会治安秩序不稳，精神文明建设滑坡，少数党组织软弱涣散，个别党员干部贪污腐败等等，这还是矛盾。这大量的矛盾都或多或少、或明或暗、或浅或深、或直接或间接地反映和体现在三者矛盾的关系之中。在一定意义和一定程度上可以讲，有些矛盾和问题，既涉及改革，又涉及发展，还涉及稳定，三者往往兼容并包，兼而有之。如何解开这个连环套，斩断循环链条，走出周期圈，以发展作为三者关系的平衡点，寻找突破口，则意义重大，事关全局。在一般情况下，改革、发展、稳定是相互作用、相互影响、不可偏废的。但我们在具体的某一阶段分析形势、制定政策时，则要有侧重点。邓小平同志强调发展是硬道理，解决各种困难的根本出路在于发展，特别是在改革、发展、稳定三者相对平衡、相互制约、互为前提，甚至相互掣肘的情况下，应该把发展放在重要地位，从发展中寻找出路，通过发展增加有效供给，增强综合国力，这样解决其他矛盾就有了条件，稳定就有了基础。在这种情况下，发展是关键环节，是要害，是主要矛盾，是矛盾的主要方面。当然，主要矛盾和矛盾主要方面，也是依据一定的时间、地点、条件而发生变化的。我们应该动态地看，不应该静止地看，应该辩证地看，不应该形而上学地看。

不从“矛盾”上把握三者的关系，就会违背三者关系的矛盾运动规律，就会认不清事物的本质，找不到解决问题的“钥匙”。现实中，某些人在错综复杂的形势面前，惊慌失措，手忙脚乱，就是因为抓不住事物的主要矛盾和矛盾的主要方面。还有一些人理想化地看待三者的关系，不能依据变化了的形势确定工作重点和阶段性的工作目标，而是抽象地、一般化地讲三者关系的协调，平均分配精力，平均使用力量，“眉毛胡子一把抓”，结果是目标分散，精力分散，时间分散，力量分散，强调多重点，最后成为无重点。

从“矛盾”上把握三者的关系，必须讲辩证，讲变化。辩证即认识问题的正反合。变化即事物前进中的新情况。正确处理三者的关系，必须坚持两点论，同时坚持重点论，在动态中观察和分析事物的走向，一切以时间、地点、条件为转移，依据变化的形势，及时转换工作侧重点，调整方针政策。这样我们就可以做到：轻重得宜，缓急有序，快慢有节，进退有据，不断解决好前进道路上出现的新情况、新问题。

## 三、从“过程”上把握三者的关系

恩格斯指出：“世界不是一成不变的事物的集合体，而是过程的集合体。”[①] 世界上没有什么事物是绝对不变、永世长存的。具体事物的有限性，恰好表明物质世界发展的无限性，一

① 《马克思主义著作选编（甲种本）》上册，中共中央党校出版社 1994 年版，第 374 页。

个过程的结束，就意味着另一个新的过程的开始，无数的具体事物的过程相继生生灭灭，循环不已，便构成了世界整体上的无限发展过程。事物作为过程而存在，是绝对运动和相对静止的统一，是变动性和稳定性的统一。

从发展的观点看，改革、发展、稳定还作为一个“过程”而存在。它们三者及其相互关系是作为一个个旧的具体过程结束、新的过程开始，构成和推动其整体系统的存在与延续的。从三者的关系来说，既有全局范围内三者关系的“过程”，又有局部范围内三者关系的“过程”。从三者各自的单项内容说，有改革的“过程”，有发展的“过程”，还有稳定的“过程”，各个“过程”又可作全局和局部范围的划分和限定。所有这些“过程”，有昨天、今天、明天的阶段性之分，又有延绵不断、勇往直前的无限性之合。

从三者关系的“过程”看，在不同的时期、不同的阶段，具有不同的表现形式及特点。比如，当社会生产力发展到一定阶段，与旧的经济体制和运行机制发生剧烈冲突，而内在地提出改革要求的时候，就必须将改革放到一个突出的位置，这时以改革作为突破口，选准旧体制的虚弱处和新体制的生长点实行变革，就具有决定性的意义。只有这样，才能减少改革的阻力和震荡，协调改革与发展、稳定的关系，为发展提供动力，开辟道路，并给最广大的人民群众带来实际利益，争取人民群众的支持，从更高的层次上去实现积极稳定。在这个“过程”中，改革是其显著的标志。在一定条件下，发展也可能会成为“过程”的显著标志，当社会政治稳定程度较高，改革取得实质性进展，为发展扫清障碍时，就应该抓住机遇，加快发展，这样才能为进一步深化改革，为社会的长治久安奠定牢固的物质基础。在有的时候，稳定又可能会成为“过程”的显著标志。由于各种原因，当全局性的动乱出现，冲击和干扰改革、发展时，就必须全力以赴致力于政治和社会的稳定，只有这样，才能为改革、发展创造一个较好的环境和条件。在不同的区域、不同的地点，三者关系的“过程”，受其他多种因素影响，也会呈现出不同的表现形式及其特点来。我国幅员辽阔，人口众多，各地区社会历史发展状况、经济文化发展水平、民族人口分布和构成极不相同，因此，这些不同的区域在处理三者关系时，所面临的具体矛盾和所要解决的具体问题也各有所异。从东部地区看，由于这些地区改革开放起步早、力度大，经济发展速度快，人民群众已得到较多的实惠，社会稳定程度高，市场经济体制已初现端倪。在这些地区，一个时期里应将改革的成果予以巩固，并使之制度化、法律化，渐次向内地传播和辐射，工作重点可放在加速发展上。中西部地区，大部分省区改革开放较东部慢半拍，东部已经做过或做完的事情，他们却正在做或还未来得及做。这些地区，在一个时期里应将工作重点放在改革上。个别民族地区，由于在特定的国际环境和特定的区位上，面临着一些特殊的问题。这些地区，在一个时期内应将工作重点放在稳定上。当然，不同的区域内工作重点的强调，绝不能忽略和放弃其他两方面的工作，其他两方面的内容也必须予以兼顾。从全国整体看，不同区域间各项工作的侧重点联系起来，是相辅相成的。个别民族地区的社会稳定，从政治上维护了全国的稳定；东部的快速发展，会给中西部提供经验，会产生示范、辐射、带动效应，并给国家提供积累，奠定全局稳定的物质基础。中西部地区的改革进展，会大大推进全国改革开放和现代化建设的发展进程。

从改革、发展、稳定单项内容的“过程”看，撇开其他因素，作一抽象分析，我们可以看到，改革的“过程”，经历了从农村的局部到整个农村，从农村到城市，从单项改革到综合配套改革，从经济体制改革到政治、社会、科学、教育、文化体制全面改革的过程。发展“过程”经历了高速、低速、高速、平稳的过程，从单纯外延型经济发展，粗放型经营，追求产值、数量，正在向外延、内含型经济发展相结合，集约型经营，追求质量、效益转变。社会也经历了从重视物质文明建设、轻视精神文明建设，到两个文明建设并重的转变。稳定的“过程”，也经历了从消极稳定、不稳定，到自觉地、不断地化解矛盾，消除各种不稳定因素，努力实现积极稳定的转变这样一个过程。

从改革、发展、稳定的内在要求看，在长期目标和前进方向上，都应该具有持续性、平稳性的特征。改革要到新体制的建立，发展要到第三步战略目标的实现，方能告一段落。稳定则与改革、发展的进程始终相伴随。但是，在一定时间内，或者说在短时期内，在相对意义上说，改革、发展、稳定都应该有一个比大目标依次小一级的无数个阶段性目标，这些目标具有更为详细的内容和要求。因此，三者又都具有间断性的特点，其内容都会持续一定时间，并表现出相对静止的状态来。这种状态是符合其运动规律的，是三者成果巩固和消化所必需的条件。

不从“过程”上把握三者的关系，就会使事物发展的进程中断，模糊视线，使工作无着落，无头绪。现实中，某些人在处理三者关系时，不从本地区实际出发，发发文件，喊喊口号，搞形式主义，摆“花架子”，例行公事，做表面文章；有的人工作无目的性、无阶段性；还有的人以三者关系的处理是全局的事，与己无关而予以推脱。其结果必然是既害全局，又害局部；既不利于“他人”，也不利于“自己”。

从“过程”上把握三者关系，必须讲历史，讲发展，坚持具体问题具体分析。时空的并存和继起构成历史。事物新质战胜旧质的扬弃过程即否定之否定便是发展。具体问题具体分析是马克思主义活的灵魂，其实质内容就是一切从实际出发，实事求是。正确处理三者关系，在改革上，必须坚持“胆子要大，步子要稳”的方针。胆子要大，就是要把改革坚定不移地搞下去，步子要稳，就是要发现问题，及时处理，赶快改正。在发展上，必须按经济规律和社会客观规律办事，高度重视国家宏观调控，搞好经济形势和社会形势的分析预测和监控、监管，以经常性的“微调”，改善经济和社会发展运营状况，防止发展出现大起大落。在稳定上，必须坚持“两手抓”“两手都要硬”的方针，大力加强社会主义精神文明建设，加强思想政治工作，加强民主与法制建设，做好民族宗教工作，有效地防止和抵御国际敌对势力和境外分裂主义分子对我进行的渗透、颠覆和破坏。防微杜渐，见微知著，及时协调好各方面的利益关系，处理好人民内部矛盾，将各种不稳定因素消灭在萌芽状态之中。这样我们就可以做到：总结历史，分析现实，预察未来，按照党中央的部署，自觉地在大局下行动。

## 四、结束语

总而言之，正确处理好改革、发展、稳定三者的关系不是一件容易的事。运用马克思主义哲学，从“系统”“矛盾”“过程”去把握三者的关系，也不是一蹴而就和可以一劳永逸的。

只要我们以邓小平同志建设有中国特色社会主义理论和党的基本路线为指导，紧密地团结在以江泽民同志为核心的党中央周围，始终不渝地在思想上确立起协调三者的关系的意识，就可以尽量防止和减少主观主义、形而上学的发生，避免大的波折，努力统一起全党和全国人民的思想认识，凝聚起全党和全国人民的意志，齐心协力，同心同德，朝着我们既定的目标不断前进。

# 1994年

# 论邓小平致富思想及其实践意义*

致富思想是邓小平同志建设有中国特色社会主义理论的重要组成部分。它独具新意，富有活力，是邓小平同志在改革开放的历史条件下，对马列主义、毛泽东思想的一个重大发展，它充满了唯物辩证法，折射了时代精神，深刻反映了社会主义市场经济的发展规律，体现了社会主义的本质要求，是邓小平同志在新的历史时期的一项伟大创造。今天，当我们在向 21 世纪迈进，为在本世纪末实现改革与发展两大战略目标的时候，我们认真学习、研究这一思想，对正确解决和处理当前分配领域中的各种矛盾和问题，统一全党思想，具有重要的现实意义。

## 致富思想的基本内涵

了解邓小平致富思想的基本内涵是我们研究问题的前提，考证这一思想提出的最早时间则是我们研究问题的起点。那

---

* 本文发表于《青海社会科学》1994 年增刊。

么，邓小平致富思想何时提出？基本内涵是什么？见诸公开发表的资料表明，致富思想是邓小平同志1978年12月13日在中央工作会议闭幕会上所作的《解放思想，实事求是，团结一致向前看》报告中最早提出。此后，从1983年1月12日邓小平同志同国家计委、国家经委和农业部门负责同志谈话开始，至1992年2月21日视察南方谈话为止，在近十年的时间内，他又在不同的时间、地点、场合，就这一问题同外宾和中央、部门、省区领导谈话达20余次之多。这些谈话有的重申了1978年中央工作会议闭幕会报告的精神，有的则又讲了新的内容，拓展和延伸了原来的思想。如果我们对1978年报告和所有的谈话作一归纳和整理，简单地进行概括，从本质上予以把握，邓小平致富思想的基本内涵就是：允许一部分地区、一部分人“辛勤努力成绩大”而先富裕起来，产生“示范力量”，“影响左邻右舍”，带动其他地区、其他人后富，“使整个国民经济不断地波浪式地向前发展”，使全国各族人民都比较快地共同富裕起来。[①] 质言之就是：通过部分先富的“捷径”，快速达到共同富裕的最终“目的”。这里需要强调指出的是，必须将部分先富和共同富裕作为一个整体来看待。部分先富离开了共同富裕，就会发生质变，走上邪路；共同富裕离开了部分先富就会变成空洞的口号、抽象的概念，根本无法实现。

## 致富思想的逻辑关系

邓小平致富思想是邓小平同志建设有中国特色社会主义理论的有机组成部分，它是和邓小平同志的社会主义本质论紧密

① 《邓小平文选（1975—1982年）》，人民出版社1983年版，第142页。

联系在一起的。“贫穷不是社会主义”，这是邓小平致富思想的立论基础。邓小平同志提出这一观点，始于对十年“文革”的反思。十年“文革”使我国国民经济濒临崩溃的边缘，国家处于“贫困、停滞的状态”[①]。人民生活没有多大改善，给民族带来了深重的灾难。痛定思痛，经验教训是什么呢？“最根本的一条经验教训”，就是什么是社会主义，“过去我们并没有完全搞清楚”。[②]什么是社会主义？“社会主义是共产主义的第一阶段”[③]，共产主义是优越于资本主义的社会形态，在共产主义阶段，要实行“各尽所能，按需分配”，“按需分配要物资的极大丰富，难道一个贫穷的社会能够按需分配？共产主义能够是贫穷的吗？”[④]“社会主义要消灭贫穷。贫穷不是社会主义，更不是共产主义”[⑤]。“社会主义的特点不是穷，而是富”[⑥]。现实迫使我们重新考虑问题，历史的反思从这里开始，致富思想的逻辑起点也从这里起步。“贫穷不是社会主义”理论观点的确立，使社会主义从扭曲回归到了科学。这样就为人们的思维置放了一个前导词：富裕不一定是社会主义，但社会主义一定是富裕的，而且应该比资本主义更富裕。因此“致富不是罪过”[⑦]，社会主义要讲致富，要大张旗鼓、理直气壮地讲致富。

致富从哪里入手？邓小平同志认为，根据当时中国社会存在的问题，要从“打破平均主义”入手。过去在“左”的思想

---

①《邓小平文选》第3卷，人民出版社1993年版，第228页。
②《邓小平文选》第3卷，人民出版社1993年版，第137页。
③《邓小平文选》第3卷，人民出版社1993年版，第10页。
④《邓小平文选》第3卷，人民出版社1993年版，第254页。
⑤《邓小平文选》第3卷，人民出版社1993年版，第63—64页。
⑥《邓小平文选》第3卷，人民出版社1993年版，第265页。
⑦《邓小平文选》第3卷，人民出版社1993年版，第172页。

的影响下，我们超越了历史的发展阶段，在分配领域长期盛行吃“大锅饭”，搞平均主义，结果科学社会主义走样变形，严重地压抑了人民群众的积极性、创造性。它貌似公平，实际上最不公平，看似能够使人们同时、同步富裕，“实际上是共同落后、共同贫穷”。针对平均主义和“大锅饭”的弊端，邓小平同志严肃指出：“搞平均主义不行”[①]，“平均发展是不可能的”[②]。“搞平均主义，吃‘大锅饭’，人民生活永远改善不了，积极性永远调动不起来”[③]。过去“我们就是吃了这个亏”[④]。要致富就要从打破平均主义、破除“大锅饭”入手。

那么，怎样打破平均主义，破除“大锅饭”？这就提出了部分先富的问题。邓小平同志说，允许、提倡、鼓励“一部分人先富裕起来，一部分地区先富裕起来”，这是“能够影响和带动整个国民经济的”“大政策”。部分先富是手段而不是目的，它是“带动大部分地区”、大部分人“加速发展、达到共同富裕的捷径”[⑤]。改革开放的实践证明，“这条路子”我们走对了。

允许部分先富，必须防止两极分化。邓小平同志在提出部分先富的同时，始终强调要防止两极分化。之所以这样考虑问题，他认为，我们讲的致富，是社会主义致富，“社会主义的致富是全民共同致富”[⑥]。“如果我们的政策导致两极分化，我们就失败了”[⑦]，“改革就算失败了”[⑧]；“如果产生了什么新的资产

---

①《邓小平文选》第3卷，人民出版社1993年版，第52页。
②《邓小平文选》第3卷，人民出版社1993年版，第155页。
③《邓小平文选》第3卷，人民出版社1993年版，第157页。
④《邓小平文选》第3卷，人民出版社1993年版，第155页。
⑤《邓小平文选》第3卷，人民出版社1993年版，第166页。
⑥《邓小平文选》第3卷，人民出版社1993年版，第172页。
⑦《邓小平文选》第3卷，人民出版社1993年版，第111页。
⑧《邓小平文选》第3卷，人民出版社1993年版，第139页。

阶级，那我们就真是走了邪路了。”[①] “如果搞两极分化，……民族矛盾、区域间矛盾、阶级矛盾都会发展，相应地中央和地方的矛盾也会发展，就可能出乱子。”[②] “中国的小康社会形成不了。”[③] 因此，对落后地区，国家要给予帮助，[④] 发达地区要给予支持，“先进地区帮助落后地区是一个义务”[⑤]，先进地区可以通过“多交点税和技术转让等方式”支持落后地区。先富要带后富，要提倡先富者自愿出钱办教育、修路。先富帮后富要把握时机，过早了不行，不能搞硬性摊派。要完善政策和法规，对先富者要进行一些必要的限制，例如征收所得税等等。

允许部分先富，必须时刻不忘共同富裕，因为共同富裕规定了部分先富的性质和方向。主张部分先富，“大原则是共同富裕”[⑥]，共同富裕是社会主义的“原则”[⑦]、“本质”[⑧] 和“目的”[⑨]，因此，可以说共同富裕是邓小平致富思想的出发点、落脚点、核心点。讲原则，是因为不坚持这一条，我们的社会性质就会发生变化；讲本质，是因为这一条显示了社会主义制度的优越性和生命力；讲目的，是因为这一条是我们共产党人为之奋斗的崇高理想。

邓小平致富思想从“贫穷不是社会主义”开始立论，提出了部分先富和共同富裕的伟大思想，思路连贯、脉络清晰、内

---

①《邓小平文选》第3卷，人民出版社1993年版，第111页。
②《邓小平文选》第3卷，人民出版社1993年版，第364页。
③《邓小平文选》第3卷，人民出版社1993年版，第64页。
④《邓小平文选（1975—1982年）》，人民出版社1983年版，第142页。
⑤《邓小平文选》第3卷，人民出版社1993年版，第155页。
⑥《邓小平文选》第3卷，人民出版社1993年版，第166页。
⑦《邓小平文选》第3卷，人民出版社1993年版，第172页。
⑧《邓小平文选》第3卷，人民出版社1993年版，第373页。
⑨《邓小平文选》第3卷，人民出版社1993年版，第110页。

容新颖、含义深刻，以独特的思维方式，开创了一条经济落后的国家如何建设社会主义的崭新道路。

## 致富思想的理论特点

致富思想是邓小平同志不断对社会主义进行反思，不断满足实践的需要，不断回答现实提出的各种问题，不断总结群众的新鲜经验的思想结晶。它的理论构成有其自身的特点。在一定的意义上，可以说，它是邓小平同志众多理论观点和思想原理的相互渗透和叠加。从哲学上讲，它包含了先富与后富、先进与落后、部分富裕与共同富裕、手段与目的、政治与经济、眼前与长远、多与少、大与小、加速与逐渐、自力更生与外力支援、量与质等众多的哲学矛盾对子，强调了打破平均主义与防止两极分化的两点论，这众多的矛盾对子和两点论的思想工作方法揭示了社会主义致富的发展规律与演变递进过程，这就是从这部分富裕至那部分富裕再到整体富裕；从先富到后富再到共同富裕；从小差距到大差距（有一定度的限定）再到小差距，循环往复，从低级阶段向高级阶段的逐步推进，不断推动经济和社会向前发展。这里“部分”是数字概念，“先”是时间概念，“共同”是生产关系中的所有制概念，“富裕”是生产力快速发展，物质文明、精神文明高度发达所组合的综合概念。这是邓小平同志对马克思主义哲学的运用和发展。从政治经济学上讲，“勤劳致富是正当的”[①]，“一部分地区、一部分企业、一部分工人农民，由于辛勤努力成绩大而收入先多一

①《邓小平文选》第3卷，人民出版社1993年版，第23页。

些，生活先好起来”[1]。这就尊重了价值规律，体现了社会主义的按劳分配原则和物质利益原则。对先富者税收调节，先富后富通过经济协作相互帮助，互利互惠，符合社会主义市场经济的法则。这是邓小平同志对马克思主义政治经济学的运用和发展。从科学社会主义上讲，把共同富裕作为一个历史过程来对待，作为社会主义的原则、本质来坚持和确认，作为最终目的来追求，是符合无产阶级和全体劳动人民根本利益的。这是邓小平同志对马克思主义科学社会主义的运用和发展。以上三个方面内容的兼容并蓄，就使这一思想清晰、深刻地表述了社会主义的致富目的，既闪烁着哲学的智慧，又体现了经济的发展规律，还坚持了党性原则，反映了社会主义的本质要求。全方位、多侧面、多角度、多领域，相互论证，相互支持，相互渗透，是这一思想的显著理论特点。

## 致富思想的效应与意义

致富思想是邓小平同志以巨大的政治和理论勇气，把马克思主义的普遍原理与当代中国的具体实际相结合，不畏艰险，勇于探索，进行的一项伟大的创造。它的提出成功地指导了我国改革开放和社会主义现代化建设的伟大实践，帮助人们校正了对社会主义的不正确的认识，促使中国社会发生了巨大的变革。改革开放的实践证明，这一思想是完全正确的，在这一思想指导下制定的新政策，是改革开放的“第一推动力”。16年来，沿海地区利用“天时、地利”的优势，“跳跃式”发展，“超常规”前进，社会经济面貌发生了翻天覆地的

---

① 《邓小平文选(1975—1982年)》，人民出版社1983年版，第142页。

变化。许多省区提前实现了第二个经济翻番的目标。沿海地区的发展起到了辐射和示范效应，有力地带动了内地和边远地区的经济发展。根据中央的要求，沿海经济发达各省区纷纷与内地经济落后各省区结成帮扶“对子”，进行经济协作、技术转让、信息传递、人才输送、项目合作和投资。发达地区利用自己的人才、资金、技术、设备、信息等优势，帮助落后地区发展经济，进行建设。落后地区则利用自己的各种资源优势，在沿海办分厂、开分店，设立经济、科技、开放窗口，学习发达地区的先进管理方式和经验，掌握世界市场信息，引进资金和技术，促使自己的经济快速发展。这种协作和帮扶是多层次、多渠道、多形式、全方位的。江苏省华西村富裕了以后，先向本省辐射，曾拿出1000多万元并派出部分技术人员，支持附近5个村办工业。尔后，他们向外省辐射，筹划了一项帮助中西部10万农民脱贫的援助工程。山东省牟平县新牟里村几年来在本省经济不发达地区累计投资3亿多元，建成6个扶贫项目。1994年开始又实行跨省扶贫，到河北邢台进行投资。著名农民企业家、浙江万向集团董事长鲁冠球在以往扶贫的基础上，雄心勃勃地拿出了宏大的亿元“西进计划”……先富帮后富，后富促先富，相互影响，相互利用，使我国国民经济登上了一个又一个新的台阶。中国改革开放的伟大实践，写就了部分先富、共同富裕的生动历史和辉煌篇章。

邓小平致富思想和我国社会主义的致富实践，对国际共产主义运动和人类文明进步事业作出了贡献，给经济落后国家如何发展经济、如何改变贫穷落后面貌，走全体人民共同富裕之路，提供了可资借鉴的丰富经验。自古以来，公平与效率就是困扰人类社会前进的一大问题。多少仁人志士、多少政治家、思想家苦苦思索和探求，但迄今为止，没有哪个人、哪个国家、哪个政党能够从理论和实践的结合上成功地解决这一问题。唯有邓小平致富思想，在现实的中国，比较成功地解决了这一矛盾，为我国各族人民走向光辉的未来指明了前进的方向。

## 致富思想的警策和启迪

实践证明，邓小平致富思想是一个伟大的思想，它已经在现实中国发挥了巨大的理论指导作用。随着人们对它的认真学习，深刻领会，全面把握，它还将产生更大的威力。当前，我国地区间、城乡间的发展差距日趋拉大，收入分配不公问题也日益凸显，如何以这一思想为指导，提高认识，统一思想，正确处理和解决分配领域中的各种矛盾与问题，就显得十分紧迫和重要。学习邓小平致富思想，至少给我们这样一些重要的警策和启迪：

1. 适度保持差距。改革开放以来，贫富差距拉大已是不容忽视的客观事实。问题的难点是如何既坚持共同富裕，又不重蹈“一平二调”、平均主义的覆辙，既允许和鼓励部分先富，又防止贫富悬殊、两极分化，这是一个两难选题。解决问题的关键是把握好贫富差距的极限和度数。邓小平致富思想告诉我们，破除平均主义，打破“大锅饭”必须允许和鼓励部分先富，不这样做，改革无法启动，人们的积极性无法调动。允许、鼓励部分先富，必然产生差距，没有差距，就没有矛盾，没有差距，就没有效率。允许差距，承认差距，鼓励差距，容忍差距，这是我们工作的起点。但是，差距必须适度，过大了不行，过小了也不行。过大、过小都会引起严重的负面效应。正确把握差距的“度”意义重大。从原则上讲，适度保持差距就是既不能导致平均主义，也不能产生两极分化。保持差距是为了缩短差距，承认差距是为了消灭差距。缩短和消灭差距需要时间，共同富裕是一个长远目标，不可能一蹴而就，所以缩小差距、消灭差距都在逐步实现共同富裕的历史过程之中。

2. 消灭绝对贫困，缓解相对贫困。贫穷不是社会主义，社会主义要消灭贫穷。但是，消灭贫穷，必须从现实国情出发。我国人口多，底子薄，经济文化落后，发展不平衡，要想在短时间内使全体人民同时、同步富裕既是不可能的，也是不现实的。因此，在我国还未基本实现社会主义现代化之前，在相当长的时间内，都还会有相对贫困的存在。相对贫困是一个动态的概念，它是和绝对贫困相对而言的。相对贫困的存在，要求我们永远保持只争朝夕的精神，你追我赶，不要停留在原地踏步不前，要不断地缩小差距。绝对贫困是一个静态的概念，它是以一定时间、一定地点、一定对象、一定人数、一定标准所界定的贫困状态。在社会主义市场经济条件下，消灭旧有的贫困与产生新标准的贫困，先富与后富在富裕程度上相互转化，将是普遍的现象。所以，相对贫困的消除是一个漫长的历史过程，绝对贫困的消灭是确定在特定的时间内的。我们的近期目标就是在本世纪末，使8000万贫困人口逐步脱贫，消灭绝对贫困，长远目标是缓解相对贫困，使全体人民的生活水平在生产发展的基础上普遍得到提高。

3. 变“输血”扶贫为“造血”扶贫。我国是一个统一的多民族的社会主义国家。就整体而言，没有农村的小康就没有城市的小康，没有中西部地区的发展就没有东部地区的发展，没有少数民族地区、落后地区的现代化也就没有全国的现代化。因此，对于少数民族地区、边远地区、贫困地区、革命老区，国家和各级政府必须予以扶持，必须进行扶贫。但是，扶贫要实行战略性的根本转变，即变救济式扶贫为开发式扶贫，变封闭性扶贫为开放性扶贫，变行政命令型扶贫为经济协作型扶贫，变单项政府扶贫为全社会扶贫。重在走科技扶贫、教育扶贫、政策扶贫、扶贫扶志之路。贫困落后地区要解放思想、更新观念，克服等靠要的依赖心理，振奋精神，在自力更生的基础上，争取外援。发达地区则应该将扶贫作为自己的应尽义务。发达地区和贫困落后地区、先富者与后富者，互通有无，优势互补，就可以互利互惠，比翼齐飞。

4. 坚持正确的致富导向。让哪些人先富？通过什么手段先富？富裕了以后怎样进行文明消费？致富的舆论和政策导向十分重要。邓小平致富思想告诉我们，要倡导一部分工人、农民、科技人员先富，以“辛勤劳动”致富，以科学技术致富，以文化知识致富。倡导致富者勤俭节约、艰苦奋斗，过科学、文明、健康的社会主义新生活。坚持正确的致富导向是舆论宣传和政策倾斜中必须十分注意的一个重要问题。

5. 加强法制建设，保护合法致富。现实生活中，致富的手段多种多样。然而，从其性质上看有合法和非法之分。我们提倡致富者合法经营，打击非法牟取暴利。通常情况下，合法与非法有明确的政策界限。由于我们还处在社会主义初级阶段，我们实行的是按劳分配为主体的多种分配方式，因此资本收入、风险收入、经营收入等都是符合现行法律和政策规定的。只要经营投资者遵法守法，其正当的收益是受国家法律保护的。而以次充好、以假充真的假冒伪劣致富，诈骗、盗窃致富，以权谋私、权钱交易的致富，偷税漏税、走私贩私的致富等都是非法的。由于改革是一场革命，是一个试验，是干前人未干过的事业，走前人未走过的路，所以有时致富的行为方式会出现界限不太清楚的情况，我们要以“三个有利于”作为衡量和评判的根本标准。

6. 在效率优先的前提下兼顾公平。效率优先、兼顾公平是把允许和鼓励部分先富的思想政策化了。效率优先就是在国民收入的初次分配中以效益的大小、效率的高低作为分配的主要依据，以此来鼓励国民生产各部门把蛋糕做大些，为社会进步创造条件，为社会公正奠定物质基础。初次分配要适当拉开差距。兼顾公平就是国家通过国民收入的再次分配，实行财政转移支付，尽最大的努力调节社会矛盾、解决社会公平。再次分配要逐步缩小差距。效率原则是市场经济的普遍通行原则，社会公平是社会主义制度的本质要求。因此，我们在强调效率优先，加快社会经济发展的同时，应该通过分配、税收政策的调节，法律、法规的健全，市场秩序的规范，社会保障制度的建立与完善，去逐步实现社会的公平。

7. 正确看待理论与政策的异同。邓小平致富思想，既是一个重要的思想理论，又是现行的一项重要经济政策，二者内容的同一性，使其相互联系，二者内容的差异性，又使其相互区别。说它们同一，是因为它们在一定的条件下相互作用，内容同一；说它们差异，是因为它们二者居于不同的层次，起不同的作用，在一定的时空中存在差异。理论居于宏观层次，政策居于微观层次；理论管长远、管方向，相对稳定，政策管近期、管具体，随着形势任务的变化需不断调整。致富思想在实践中经受了检验，证明是一个伟大的理论。而现实分配领域中存在的问题，大多属于政策不完善、法制不健全、措施不配套等方面的问题。因此，我们不能将理论与政策混为一谈，不能因为政策不到位或变形走样而动摇和怀疑理论的正确性；也不能因为理论正确而无视现实存在的问题，不去进一步完善政策，寻找解决的办法和对策。两种倾向、两种做法，都需要防止。

我们相信，未来的中国是光明的中国。只要我们在邓小平同志建设有中国特色社会主义理论的指导下，紧密地团结在以江泽民同志为核心的党中央周围，坚持党的基本路线一百年不动摇，励精图治，奋勇向前，我们就一定能够顺利实现我们既定的战略目标，逐步达到共同富裕。我们的目的一定要达到，我们的目的一定能够达到。

# 1992年

# 对历辈达赖喇嘛转世等问题的探讨 *

活佛转世是藏传佛教中一种特有的历史现象。然而，任何一种历史现象的产生都不是偶然的。本文企盼通过对活佛转世制度与历辈达赖喇嘛转世问题的探讨和研究，以揭开西藏历史上的诸多悬案及达赖活佛转世的“斯芬克斯之谜”。

## 一

活佛转世是藏传佛教区别于其他区域性佛教流派的重要特征，它以其特有的神学理论和组织形式而自成体系。这一制度正式形成于公元13世纪初，迄今已有七八百年的历史。公元1193年噶玛噶举派的创始人都松钦巴去世，1204年噶玛巴希降生，由于噶玛巴希幼年出家，刻苦研习佛法，精通噶举派教义，造诣颇深，深得信徒们的推崇和信赖，于是，他被推举为都松钦巴的转世继承人，成为噶玛噶举黑帽系的第二世活

* 本文发表于《青海师专学报》1992年第3、4期。

佛。从此，藏传佛教中活佛转世制度产生。这一制度的产生既与西藏历史发展的渐变条件难以分开，也与佛教教理的启示、佛教的西藏地域化和藏传佛教各派的纷争分不开。早在公元7世纪，文成公主入藏和尼泊尔尺尊公主北嫁，佛教便从南北两路进入吐蕃。佛教在吐蕃传播和弘扬，“化身说”便开始盛行。吐蕃王朝三位信佛赞普松赞干布、赤松德赞和热巴巾曾被说成是密宗事部“三怙主”的化身。这实际上是活佛转世说法的雏形。在吐蕃王朝的200多年时间和吐蕃王朝灭亡后的100多年的时间内，佛教与吐蕃传统的苯教进行了3个世纪的较量，斗争的结果，是佛苯两教相互吸收、相互渗透、相互接近、相互融合，终于以苯教的外壳包含了佛教的教义，在10世纪后半期，形成了具有浓厚西藏地方民族特色，有藏文三藏经典和严密的寺院组织和学经制度等内容的新的佛教派别——藏传佛教。到公元11世纪中叶，由于藏族封建农奴制度社会的进一步发展，各地封建农奴主为争权夺利而各自御用佛教，门户之见愈深，各种教派也就应运而生。因修行方式不同，传承方法有别，学习教理各异，便逐渐产出了噶当派、萨迦派、噶举派、宁玛派、希解派、觉宇派、觉囊派、格鲁派等等。在各教派中又有众多的大小支系之分。随着各教派权利之争的加剧，为了解决宗教首领的传承和寺院财产继承问题，保持其权势的连续性、稳定性，有的教派便将世俗中的封建世袭制度应用到佛教领域，以佛学的化身和转世轮回理论为指导，创造了现实中一些有名望的僧侣圆寂后以化身的方式将其灵魂转附到另一肉体再生转世制度。转世现象出现后，各教派纷纷仿效，在实践中不断发展和完善，并逐渐使其制度化、系统化。格鲁教派是明中叶以后异军突起的后起之秀，活佛转世制度在格鲁派不断壮大和发展的过程中，备受其领袖人物的垂青。我们知道，宗喀巴在进行旨在振兴藏传佛教的改革中，重要的一条就是要僧侣们严守戒规，禁止僧侣娶妻生子。那么，寺院领袖法嗣的公平解决和权势财产的延续、众僧侣团结的维系，转世就是一种最好的方法了。公元 15 至 17 世纪，格鲁派实行这一制度后，其势力得到了迅速发展。由于明、清封建王朝的扶持，格鲁派确立了人称“黄教四圣”的达赖、班禅、哲布尊丹巴和章嘉四大活佛系统，形成了庞大的众多活佛转世体系。

格鲁派的活佛转世首推达赖世系。格鲁派是宗喀巴创立的。宗喀巴原名罗桑智华，幼年在青海夏琼寺剃度出家，属噶当派。明初，游历卫藏地区，广拜名僧大德，并以噶当派教义为基础，兼收并蓄各教派教法，著书立说，诵经传教，严格修炼，创立格鲁派，一时声誉鹊起，名望大噪。以公元 1409 年（明永乐七年）初，宗喀巴在西藏拉萨举行祈愿大会（俗称“传大召”）和创建甘丹寺为标志，格鲁教派正式形成。

宗喀巴进行宗教改革，创立格鲁派得助于他的几个忠实信徒和得意门生。较有影响的是：贾曹杰、克主杰、扎西贝丹、释迦也失、根敦珠巴等。贾曹杰、克主杰二人拜宗喀巴为师，刻苦研习佛经，擅长佛经的辩论问题，造诣精深，学识渊博，颇得宗喀巴的赏识。两人先后曾任甘丹寺的寺主（藏语称墀仁波且）。因此，宗喀巴、贾曹杰、克主杰三人，被格鲁派信徒尊称为“杰亚赛松”，意为父子三尊。扎西贝丹、释迦也失、根敦珠巴三人也颇有建树，在明朝永乐和正统年间，得到西藏地方贵族势力的鼎力相助，先后创建了哲蚌寺、色拉寺、扎什伦布寺，这三大寺加上甘丹寺被称为格鲁教派的四大寺院。

公元 16 世纪，格鲁派寺院势力得到迅速发展，其中以哲蚌寺的力量最为雄厚，事实上已手执牛耳，掌握着格鲁派寺院的领导权。为了巩固既得的政治权力和经济利益，并在与其他教派的角逐中能立于不败之地，亟需一个具有号召力的固定宗教领袖。当1542年（明嘉靖二十一年），根敦嘉措圆寂后，1546年（嘉靖二十五年）哲蚌寺上层僧侣，从拉萨附近的堆垅地方找到一名4岁的稚童迎至哲蚌寺供养，并于1549年（嘉靖二十八年）进行剃度，受沙弥戒，取法名索南嘉措，称他为活佛，让他做格鲁派寺院势力的领袖，这是格鲁派采用活佛制度的开始。1546年发生的这一事件，是格鲁派寺院集团形成的标志。索南嘉措一生的最大成就，是他把藏传佛教格鲁教派传播到了内蒙古，使内蒙古的蒙古族人民信奉了该教。他的这一盛举是与蒙古的俺答汗共同完成的。出于各自的需要，1578年（明万历六年）5月，索南嘉措与俺答汗在青海仰华寺举行了具有历史意义的会见，这一会见对于格鲁教在蒙古地区的传播和蒙藏关系的发展产生了重大影响。“会见以后，俺答汗赠送索南嘉措‘圣识一切瓦齐尔达喇达赖喇嘛’的尊号，索南嘉措也回赠俺答汗‘咱克瓦尔第彻辰汗’的尊号。‘圣识一切’是‘遍知一切’的意思，‘瓦齐尔达喇’是梵文‘金刚持’的意思。‘达赖’是蒙古语大海的意思。‘喇嘛’是藏语上师的意思。”[①]“这就是达赖喇嘛名号的开端。后来，格鲁派寺院集团又追认宗喀巴的门徒根敦珠巴为第一世达赖喇嘛，根敦珠巴的门徒根敦嘉措为第二世达赖喇嘛，索南嘉措是根敦嘉措的转世活佛，是第三世达赖喇嘛。此后，历世达赖喇嘛都以哲蚌寺为

① 牙含章：《达赖喇嘛传》，人民出版社1984年版，第21页。

母寺。”[①] 从三世达赖以后，历辈达赖喇嘛的转世代代相传，四世达赖喇嘛云丹嘉措、五世达赖喇嘛阿旺·罗桑嘉措、六世达赖喇嘛仓央嘉措、七世达赖喇嘛格桑嘉措、八世达赖喇嘛强白嘉措、九世达赖喇嘛隆朵嘉措、十世达赖喇嘛楚臣嘉措、十一世达赖喇嘛凯珠嘉措、十二世达赖喇嘛成烈嘉措、十三世达赖喇嘛土登嘉措，迄今已传承至第十四世达赖喇嘛丹增嘉措。就是说达赖世系的活佛转世，至今已达十四辈，历时440余年。

## 二

既然达赖喇嘛的活佛转世在数百年中已形成庞大的世系体制，那么，其转世的程序和内容是什么呢？这里，为了说明问题，我们不得不将达赖世系早期的门徒传承，转世制度产生后的“呼毕勒罕”的寻访、确定，清朝皇帝的册封，金瓶掣签的抽定，皇室的恩准，以及五世达赖以后达赖逐渐成为西藏政教合一的领袖和清朝有关管理西藏的种种定制作一简略的交代。早期在索南嘉措以前，根敦珠巴与宗喀巴、根敦嘉措与根敦珠巴的关系，纯粹是圣师贤徒的传承关系，在宗教的传承理论上还没有形成后世承继和附合前世灵魂再次出世之说。只是到索南嘉措时，哲蚌寺上层僧侣启迪于噶玛噶举派黑帽系活佛转世制，“权巧方便”，才如法炮制。达赖世系的活佛转世制，其程序一般有这样几项内容：寻访灵童，皇帝册封和批准，剃度出家，正式坐床等。寻访灵童在1793年乾隆帝钦颁金瓶掣签制前，一般以降神寻问、辨认圣物的办法进行。降神寻问分两个

---

① 王辅仁、索文清：《藏族史要》，四川民族出版社1981年版，第105页。

步骤，先由拉穆吹忠[1]指明地方人家，再将辨认圣物的情况进行裁决；第二次降神指定真呼毕勒罕。《清实录》乾隆五十七年十一月壬子条对此记载最为清晰："向来藏内出呼毕勒罕，俱令拉穆吹忠降神附体，指明地方人家寻觅。其所指呼毕勒罕不止一人，找寻之人，各将所出呼毕勒罕生年及伊父母姓名，一一记明，复令拉穆吹忠降神祷问，指定呼毕勒罕，积习相沿，由来已久。"[2]到1793年（清乾隆五十八年），乾隆帝对藏传佛教格鲁派的活佛转世制度进行了重大改革，增加了金瓶掣签的内容。乾隆帝钦赉两个金瓶，一置于西藏大昭寺，一置于北京雍和宫；蒙藏地区主要活佛的灵童寻认都要进行金瓶掣签，蒙古地区的呼毕勒罕掣定由理藩院和驻京章嘉呼图克图主持在北京雍和宫进行，西藏及甘、青等地呼毕勒罕掣定由驻藏大臣和达赖、班禅主持在西藏大昭寺进行；依藏人例俗，寻找灵童多名进行掣签，如仅觅得一名灵童也要置一个没名字的牙签于瓶中进行掣定，如掣出无名的牙签，灵童则要重新寻认；灵童的名字及出生年月，用满、汉（一说蒙文）、藏三种文字书写，放入金瓶，并由名活佛念经，祈祷七日。[3]对于呼毕勒罕的遴选，"禁止吹忠降神"[4]，"查其略有家世及素有声望之户所报幼孩，择其福相聪慧数人"，"微贱户属及相貌陋劣者，原可谅加删汰"[5]，等等。乾隆帝实行金瓶掣签的目的显系在改变西藏社会当时存在的达赖、班禅等家族姻娅，依附攀连，垄断政治宗教统治地位的积习。到1793年后，灵童的寻访系统化、

① 也作"拉穆吹仲"，意指专事降神作法预卜未来的一类僧人。

② 转引自柳升祺、邓锐龄：《清代在西藏实行金瓶掣签的经过》，《民族研究》1982年第4期。

③ 曲青山：《试论金瓶掣签的产生及其历史作用》，《青海社会科学》1989年第1期。

④《清实录》乾隆五十七年十一月壬子条。

⑤《清实录》乾隆五十八年辛丑谕。

制度化，即经过灵童访问遴选、辨认圣物、金瓶掣签、皇帝批准继位等几个程序。

另外，在西藏的历史中，我们不能不注意达赖政教合一的领袖地位是怎样形成的问题。格鲁派寺院集团的得势与掌政和达赖在西藏政教合一领袖地位的逐渐确定，是与五世达赖阿旺·罗桑嘉措的所作所为分不开的。公元 17 世纪中叶，为了翦除格鲁派的敌对势力，他与卫拉特蒙古和硕特部的领袖固始汗进行了成功的合作，在筹划方略以后，1636 年（明崇祯九年），固始汗率部从新疆起兵进入青海，偷袭喀尔喀部，杀却图汗，用兵康区，灭白利土司，擒顿月多吉；又进军卫藏，克拉萨，摧毁第悉藏巴政权。自此，格鲁派危难之中得益于固始汗的支持，逢凶化吉，转危为安，声威大振。在凯旋之时，五世达赖应顺治帝邀请，1652 年（清顺治九年），赴京朝清受到隆重接待。1653 年（顺治十年），清朝对五世达赖进行正式册封，封他为“西天大善自在佛所领天下释教普通瓦赤喇怛喇达赖喇嘛”。自此，达赖喇嘛的地位，得到了朝廷的确认，而且此后历世达赖喇嘛，都必须经中央政权的册封或批准，并成为一项制度。达赖在西藏的宗教地位逐渐提高，宗教影响日益扩大，并为后世问鼎世俗政权奠定了基础。达赖喇嘛在西藏政教合一领袖地位的正式确立是在七世达赖格桑嘉措时期。1750 年（清乾隆十五年）珠尔墨特那木札勒发动叛乱，次年被平息，平息后清朝制定《善后章程十三条》，对西藏地方的行政体制进行了重大改革。取消郡王制，成立噶厦，噶伦三俗一僧，噶厦受达赖喇嘛和驻藏大臣领导，并成立直属达赖喇嘛的译仓。从此，达赖的地位至高无上，格鲁教派治理西藏的政教合一制度正式形成。此后，1757 年（乾隆二十二年），达赖圆寂，针对藏中政教事务一时无人主持的问题，乾隆帝还制定了摄政制。规定在达赖新灵童未找到，及灵童坐床后尚未达到法定的18岁执政年龄前，以摄政代理达赖职权。

## 三

达赖世系的活佛转世有其特定的存在方式和发展的自身规律，以上所述的历史事件无疑对其存在方式和发展规律或多或少产生了影响。然而，以上历史事实的叙述并不能代表我们对问题的深层认识和作出的准确答案。我们还必须从微观入手对事物的内在构造和运动有更进一步的研究。翻开史书，由于封建统治者对历史真相的歪曲、隐瞒以及资料的匮乏，使我们对达赖世系转世中的若干问题仍大为困惑。

关于达赖灵童出生地的困惑。历辈达赖灵童的出生地，遍及藏区、卫藏、康区、安多、蒙古地域，无所不及。一世达赖喇嘛出生于后藏萨迦寺附近霞堆牧场；二世达赖喇嘛出生于后藏达纳塞米村；三世达赖喇嘛转世于拉萨附近堆龙德庆县泽噶康萨贡；四世达赖喇嘛转世于蒙古土默特部；五世达赖喇嘛转世于前藏山南琼结青瓦达孜；六世达赖喇嘛转世于西藏南部门隅宇松；七世达赖喇嘛转世于康区理塘；八世达赖喇嘛转世于后藏托布嘉拉日岗；九世达赖喇嘛转世于康区德勒格；十世达赖喇嘛转世于康区理塘内都那布村；十一世达赖喇嘛转世于康区打箭炉；十二世达赖喇嘛转世于西藏娘布沃噶章细；十三世达赖喇嘛转世于西藏达布朗敦村；十四世达赖喇嘛转世于青海湟中（今平安县）石灰窑红崖村。从历辈达赖喇嘛转世地区的分布情况来看，转世于后藏的四辈，即一世、二世、六世、八世；转世于前藏的四辈，即三世、五世、十二世、十三世；转世于康区的也是四辈，即七世、九世、十世、十一世；转世到蒙古人辖区和安多地区的各一辈，即四世和十四世。这里笔者有这样两点疑问：其一，达赖喇嘛的转世灵童为何大部分转世于拉萨境外的偏僻山村和遥远的地区，且转世地又何以如此分散？跨越地域这般广大？而格鲁派的另一大活佛系统班禅世系和其他活佛世系却不存在这个问题或这个问题不很突出。历辈班禅的出生和转世地是这样的：一世班禅克主杰出生于后藏拉多朵雄；二世班禅索朗却朗出生于后藏恩萨；三世班禅罗桑顿珠出生于后藏恩萨；四世班禅罗桑却吉坚赞转世于藏堆兰周甲；五世班禅罗桑意希转世于后藏托嘉竹仓；六世班禅罗桑贝丹意希转世于襄地扎西孜；七世班禅丹白尼玛转世于后藏南木吉雄；八世班禅丹白旺秋转世于后藏托嘉；九世班禅却吉尼玛转世于达布准巴；十世班禅确吉坚赞转世于青海循化。在十辈班禅中，除十世以外，毫无例外地均出生和转世于卫藏。而且十世班禅在青海转世也有其特殊的历史原因。1923 年 11 月十三世达赖与九世班禅失和，班禅出走，并长期滞留内地，后在青海玉树圆寂，班禅堪布会议厅为以防不测，才在青海寻访了转世灵童。从曾出任西藏摄政王，权倾一时的第穆呼图克图世系的转世情况来看，也能说明这一问题。一世第穆在多堆危出世；二世第穆在滚布所属萨噶尔曲康转世；三世第穆在滚布所属业赤中青转世；四世第穆在滚布所属札克吉玉买转世；五世第穆在滚布所属札嘉中转世；六世第穆在滚布所属博楚寺之中默特转世；七世第穆在察木多所属嘉木凌转世。[①] 从第穆活佛世系来看，七辈第穆中竟有五世转世于一地。被称为青

---

①《番僧源流考·西藏宗教源流考》，西藏人民出版社 1982 年版，第 7—8 页。

海“湟北诸寺之母”——佑宁寺的驻京活佛章嘉系统也是如此。一世章嘉出生于青海互助红崖子沟张家村；二世章嘉转世于青海湟滨伊格沟；三世章嘉转世于青海西宁北乡；七世章嘉转世于青海互助南门峡。[①] 就章嘉活佛的地位和影响来讲，由于受到几朝清帝的青睐，不可谓不高，亦不可谓不大，但为何转世地这样狭小和集中呢？其二，何以九至十一辈达赖都少年早逝，而这三辈达赖的灵童又均在康区一地转世呢？

关于历辈达赖喇嘛平均寿命短和有几辈达赖连续暴亡的困惑。从三世达赖以后，达赖在蒙藏信教地区已经有了广泛的影响。从五世达赖以后，达赖开始逐渐涉足政界，其地位更是“一人之下，万人之上”。因此，在当时的历史条件下，他们的生活和医疗条件比其他人乃至比其他活佛远为优越。然而，他们的平均寿命却远比其他活佛世系短，有几辈达赖更是早年夭折。寿命比较高的一、二世达赖当时尚处在格鲁派的创业阶段，无权无势，生活也比较清贫艰苦，但在达赖世系中却是高寿者。一世达赖 1391 年生，1474 年卒，享年 84 岁；二世达赖 1475 年生，1542 年卒，享年 68 岁；三世达赖 1543 年生，1588 年卒，享年 46 岁；四世达赖 1589 年生，1616 年卒，享年 28 岁；五世达赖 1617 年生，1682 年卒，享年 66 岁；六世达赖 1683 年生，1706 年卒，享年 24 岁；七世达赖 1707 年生，1757 年卒，享年 50 岁；八世达赖 1758 年生，1804 年卒，享年 47 岁；九世达赖 1805 年生，1815 年卒，享年 10 岁；十世达赖 1816 年生，1837 年卒，享年 22 岁；十一世达赖 1838 年生，1855 年卒，享年 18 岁；十二世达赖 1856 年生，1875 年

① 《土族简史》，青海人民出版社 1982 年版，第 96—97 页。

卒，享年20岁；十三世达赖1876年生，1933年卒，享年58岁。达赖十三辈每人平均寿命41.6岁。而班禅九辈每人平均寿命61.3岁，比达赖世系高出19.7岁；第穆六辈每人平均寿命59岁，也比达赖世系高17.4岁。九世至十二世达赖连连在布达拉宫暴亡，在当时，也曾引起了清朝统治者的怀疑，“所以每逢达赖暴亡，驻藏大臣下令不准移动达赖尸体，不准移动达赖寝宫的一切东西，并将达赖的侍从官员一律锁拿起来，由驻藏大臣进行验尸，追查责任。”[①] 但结果均不了了之，成为历史悬案。

关于历辈达赖灵童转世家庭和家族的困惑。从达赖转世的家庭和家族情况来看，既有大贵族，也有小贵族和土司，还有富裕人家和普通农牧民家。一世达赖出身于后藏一家贫苦的牧民家庭。二世达赖出身于后藏一家普通的农民家庭。三世达赖出身于拉萨一个小贵族家庭，但是，相传其家族是吐蕃王朝赤松德赞时期藏族人最早出家为僧的“七贤觉”之一的玛·仁钦乔的玛氏家族的后裔。其父曾任山南琼结宗宗本。四世达赖出身于蒙古土默特部落，其父苏密尔台吉系俺答汗之孙，其母为成吉思汗弟哈撒尔十六世孙诺诺·卫征诺颜之女。五世达赖出生于前藏一个小贵族家庭，其父曾任第悉藏巴政权的宗本，其母出生于羊卓万户的浪卡孜家庭。其先祖阿迦伦是元代一位著名的萨迦本钦，其家族系东印度萨贺尔一个国王的后裔。六世达赖出身于西藏南部一个农民家庭。七世达赖出身于康区的仲氏家庭。八世达赖出身于后藏的贵族家庭，其家族与六世班禅家有亲戚关系。九世达赖出身于康区的春科土司家里。十世

① 牙含章：《达赖喇嘛传》，人民出版社1984年版，第88页。

达赖出生于康区理塘一个地方头人家里。十一世达赖出身于康区泰宁寺附近一家富裕户人家。十二世达赖出身于拉鲁大贵族家，系拉鲁之子，拉鲁是第八世达赖的家属，封为公爵。十三世达赖出身于前藏一个农民家庭。十四世达赖出身于青海湟中一个富裕人家。从达赖转世灵童出身的家庭和家族来看，出身于大贵族、小贵族、土司和富裕人家的是：达赖三世、四世、五世、七世、八世、九世、十世、十一世、十二世、十四世；出生于普通农牧民家庭的是：达赖一世、二世、六世、十三世。毫无疑问，达赖灵童确认以后，富有的家庭更富有，一般的人家也将加入大贵族队伍的行列。例如十三世、十四世达赖选定后，其家族成了西藏有名的“郎氏”家族和“达拉”家族。一、二世达赖是被后人追认的，出身贫寒在所难免。而十三世达赖则是在清实行金瓶掣签后转世的，不仅对其贫穷家庭的幼孩没有删汰，就连掣签也未进行，而是清帝以免除掣签的特批而继位的。

关于违反达赖灵童选认常规和拉穆吹忠降神、金瓶掣签裁定仪制问题的困惑。三世达赖圆寂后，四世达赖竟被认定为俺答汗的曾孙。在历世达赖喇嘛中，只有达赖四世是蒙古族，其余都是藏族。四世达赖先是由蒙古王公贵族及三世达赖的管家寻认的，拉萨三大寺闻讯后派人前去查访，经过讨论予以同意，这样特殊的例外事件，居然获得通过，反映了什么问题？五世达赖圆寂后，第巴桑结嘉措秘不发丧，当遭到康熙帝责问时，方知六世达赖仓央嘉措已转世 15 年。1705 年（康熙四十四年），达赖汗之子拉藏汗捕杀第巴桑结嘉措，另立意希嘉措为六世达赖，这种违反藏传佛教仪规、未经西藏广大僧俗认可的达赖出现又说明了什么？更令人不可捉摸的是，七世达赖格桑嘉措的找寻，没有采取护法神降神、观湖等确定寻认方位的传统方式，而是采取了独特的、以仓央嘉措的一首诗句来判断灵童转世方向的方法。“天空洁白的仙鹤，请把双翅借给我；不去远处的地方，到理塘转转就回。”① 从仓央嘉措渴望去理塘的诗句中获得启示，三大寺代表在理塘寻认了七世达赖。这种特殊的方式在格鲁教派达赖世系中是绝无仅有的。在达赖的传世和执政中，还有这样几个“巧合”的事情。卫藏地区以外转世的达赖都寿命短，平均在20岁上下，而年寿最高的七世达赖也只有50岁。金瓶掣签制制定以后，九至十二世达赖都早年夭折，九世达赖转世时，已制定了掣签制度，但由于种种因素九世达赖免除了掣签。第十至十二世达赖都是经过掣签后确定的，但他们都寿命不长。达赖亲政定制确定后，达赖刚刚亲政，立即暴亡。第十一世达赖时，1844年（道光二十四年），琦善上奏禁商上积弊章程，经理藩院复议，奉旨批准。这时达赖管理事务的年龄及申报批复手续，有了明确的规定，即年届十八，予以管事。然而十一世达赖在亲政的当年死亡，十二世达赖也亲政年余而猝死。这难道是历史的偶然巧合吗？实行金瓶掣签时，对十一世达赖的灵童进行掣定，不巧的是与八世达赖家族有亲属关系的拉鲁之子抽定，掣签灵童至少要放三个名签（有时二个，有时甚至四个）入瓶，对于每一个牙签来说只有1/2、1/3或1/4的中签率。清朝制定该制是为了防止达赖、班禅结成姻娅关系，对宗教、政治权实行垄断，而其结局则事与愿违，这又使人不可思议。还有灵童寻访和认定中违背转世惯例的事情。在寻认七世达赖的灵童时，各护法指示转

① 国庆：《寻访灵童史话》，《中国西藏》1989年第2期。

生方向不一，有的护法原来指东，后又指西，众说纷纭，争执不休，奉旨进藏的章嘉请六世班禅决定，于是，六世班禅在无任何客观依据的情况下，指认了与自己有亲戚关系的后藏托布嘉拉日岗的灵童。①

关于八至十三世达赖与摄政王交接权力问题的困惑。七世达赖喇嘛去世后，清帝降旨在西藏设了摄政一职。以后在历辈达赖喇嘛不能担任政务时，都由摄政掌管西藏地方最高权力。七世达赖喇嘛去世后的第一任摄政第穆德勒嘉措任职 20 年，策墨林赤钦阿旺楚臣任职 10 年。以后八世达赖喇嘛强白嘉措与功德林达曹呼图克图丹贝滚布一起执政 19 年。八世达赖喇嘛去世后功德林达曹丹贝滚布又执政 6 年。此后由第穆呼图克图晋美嘉措执政 9 年。由策墨林呼图克图坚贝楚臣执政 25 年，后被免职后又由班禅额尔德尼丹贝尼玛执政 8 个多月。旋由热振呼图克图阿旺益西楚臣执政 18 年，继由雪扎哇旺秋杰布执政 3 年，再由第周呼图克图钦绕旺秋执政 8 年，十二世达赖喇嘛成烈嘉措执政一年多，他去世后由功德林曹济仲阿旺贝丹执政 12 年，第穆呼图克图成烈饶杰执政 10 年，这以后十三世达赖开始掌政。② 摄政一职本来是解决两世达赖之间交接班的空白点问题，使西藏的政治、宗教管理持续稳定，但事情远非设计者想的那么容易。摄政的出现，在达赖的转世、亲政等问题上，带来一系列复杂而又棘手的难题。有几任摄政时间很短，很快就死亡；有几任摄政时间很长，甚至上上下下，掌政数十

---

① 土观·洛桑却吉尼玛著，陈庆英、马连龙译：《章嘉国师若必多吉传》，民族出版社 1988 年版，第 266—267 页。

② 东嘎·洛桑赤列著，陈庆英译：《论西藏政教合一制度》，民族出版社 1985 年版，第 71—72 页。

年；有的摄政还未来得及交权给达赖，达赖就身先死亡；有的人在达赖灵童未选定时摄政，达赖死亡后继续摄政；有的摄政将权力移交达赖后，达赖暴卒，又将权力接回来继续摄政；有的摄政在达赖暴卒后不久也就很快死亡。按清道光年间的定制，达赖满 18 岁后亲政，但十三世达赖满岁后予以推辞，而在次年又应三大寺和全体僧俗官员的要求亲政。策墨林呼图克图执政 25 年被罢免后，让六世班禅代理摄政，班禅坚辞不受，在极力的劝说下才勉强代理数月。为何对于摄政一职有人觊觎，有人淡漠，又有人回避？

## 四

以历史唯物主义为指导，全面地、辩证地、系统地、历史地分析问题，我们的看法和所揭示的谜底是：

（一）达赖喇嘛的转世，是人间世俗政治斗争在宗教领域的反映。从达赖的地位来看，三世达赖以后逐渐成为格鲁派领衔的首屈一指的教主。从五世达赖以后，由于蒙古部落的支持，扫除了最终走上政坛道路上的障碍，到七世达赖时，清朝颁布章程十三条，便从制度上确立了达赖政教合一领袖的地位。因此，从三世达赖特别是五世达赖以后，谁能同格鲁派达赖世系结合、攀缘、依附，谁便会有较大的影响力和号召力，谁便会大大增强自己的政治、经济和军事势力，便会挟达赖以令信徒。因此，达赖灵童一会转世到蒙古人地区，一会转世到藏族人地区；一会转世到卫藏，一会转世到康区；一会转世到富有人家，一会转世到贫苦人家，都是当时政治斗争的需要。而大部分达赖灵童即从五世以后，大都转世到远离拉萨以外数百甚至上千公里的地方，则从根本上说就是政治斗争的产物。

这一做法本身就表现了这一斗争的显著特点。五世达赖受到清朝册封以后，特别是到七世达赖西藏噶厦政府建立以后，对西藏大贵族阶级来讲，每一世达赖的选定至关重要，“严酷的现实使他们清醒地懂得，要牢牢地把好寻找达赖灵童这一关，否则若使对方处于优越的特殊地位，自己就可能遭灭顶之灾。”[①]他们将每一世达赖的转世看成是维系本家庭、本家族兴旺的千载难逢的时机，即使自己是处于不利地位，灵童转世则也是平衡各派系利益关系，政治力量重新分化、组合、调整的一个极为重要的契机。谁也不会轻易放过，袖手旁观，无动于衷。于是乎各种带有浓厚宗教甚至是迷信色彩的寻认方式出现了。在力量平衡时，斗争的结果往往是为维护他们的根本利益，而相互妥协，谁也同灵童无瓜葛。“让当权者们不论是大贵族，还是大活佛，都在同等的地位上去争取宠信，去高攀就是了。”[②]但是，当平衡打破，一方完全处于具有显著优势的地位时，则又会出现另外的结局。这就是为什么有的达赖灵童转世于西藏拉萨附近，有的家族里涌现两个达赖的直接原因。

（二）历辈达赖平均寿命短、几世达赖屡屡暴亡与当时政治形势密切相关，这是政治斗争尖锐化所产生的最终结果。从达赖世系看，达赖掌握地方政权以来，五世、七世达赖是较为长寿的，这与五世、七世达赖的个人素质不无关系。五世达赖在政治上审时度势，主要经营宗教，不与蒙古支持者争夺更多的世俗行政权。七世达赖在多事之秋由清朝全力支持登上宝

① 多杰才旦:《从〈达赖喇嘛传〉说起》，见《西藏民族问题论文选》，西藏人民出版社1984年版，第89页。

② 多杰才旦:《从〈达赖喇嘛传〉说起》，见《西藏民族问题论文选》，西藏人民出版社1984年版，第89页。

座，但实权并不在握，矛盾斗争的焦点没有集中在他身上，晚年虽然亲政，多年积累的丰富的政治斗争经验，又使他比较成熟。八世达赖年岁较长，是与清朝制定的一系列方针政策有关，更与同他是亲戚关系的六世班禅的鼎力相助有关。十三世达赖年岁比较高，是出于他是个特定历史环境下的人物，也与他的雄才大略、政治练达有关。十三世达赖坐床之日，正是西藏社会内忧外患之时，这种特定的形势，使西藏大贵族阶级在他们的根本利益被触动时，认识到现实需要这样一个能够具有全民号召力的领袖来凝聚大家。而十三世达赖在政治方面的胆略超群，机智果敢，则为其长期占据政治舞台奠定了基础，创造了条件。这里有一个典型的事例就是诛杀第穆摄政，足以证明这一问题。1899 年（光绪二十五年）7 月，西藏发生了“阴谋杀害达赖”的案件。根据藏文达赖十三世传所载:“摄政第穆呼图克图阿旺罗桑成烈热结，自卸职以后，退居丹吉林寺静修。第穆之弟傲布才仁和另一僧官同丹勾结，共同掌握丹吉林拉让大权。这两人阴险恶劣，虎狼成性，对达赖亲政表示不满，企图将达赖谋害杀死，然后仍拥第穆呼图克图为摄政。彼等即可任所欲为。彼等乃勾结通巴日佛和业仓佛，将达赖生年月日，写在符咒上面，埋在布达拉宫四周，桑鸢寺之海布山上，以及其他神地，进行诅咒。彼等又送达赖一双靴子，在靴底里面，缝了达赖生年月日之符咒。达赖穿了靴子以后，感到心神不安，饮食不进，乃请乃均降麻东益喜神，看出达赖靴底有可疑之处，拆开检查，发现符咒，根据这一线索进行追查，遂逮捕傲布才仁和同丹，该犯因见证据确凿，无可诡辩，全部供认不讳。此案发现以后，噶厦召集三大寺及全体僧俗官员开会，进行审讯处理。此时第穆呼图克图正在丹吉林寺坐静，听到破案消息后，即于是晚暴病而死，时年四十五岁。”[①] 第穆死后，他的所有庄田、寺庙、财产全部没收充公，并革去其名号，禁止以后转世。关于第穆之死，还有几种说法，但本人以为上述说法基本是可信的，尽管在侦破方法上，采取了乃均降神并不可信，但实质反映了这样一个问题，就是达赖与摄政的矛盾很突出，最后以至兵刃相见，从前几世达赖早年夭折也能看出这一问题。正是十三世达赖采取了这种强硬办法，自此“十三世达赖在西藏统治集团的实际领袖地位，才基本上巩固了”。“威望也大大提高”，“威服全藏，莫敢有违”。[②] 四世达赖的短命，与他出生于蒙古人家有关，当格鲁派急待发展需要寻找外部力量支持时，蒙古灵童的出现就是顺理成章的事。当格鲁派危机缓解、影响扩大时，内部的纷争就使格鲁派教主权力容不得外人染指了。康区转世的几世达赖亦是如此，矛盾的斗争有时需要这些外区域的人，有时则并不欢迎他们。这样，他们就会成为政治斗争的牺牲品。十世至十二世达赖的短命，又与金瓶掣签的实行不无关系。金瓶掣签的实行，使灵童的选定带有较大的偶然性，在一定程度上限制了灵童选认上的作弊，使得操纵选认的人在一定程度上不能那样随心所欲。之所以这样，随着时间的推移，当他们发现所选之人不能体现他们的意志时，就必欲除之而后快。十一世、十二世达赖的短命又与道光年间清帝降旨制定的达赖亲政的年岁有关。当十一世达赖亲政不到一年，十二世达赖亲政亦仅年余，两人都惨遭不幸，这说明了当时内部斗争的激烈。最后，我们还可以看到这样一个

① 牙含章：《达赖喇嘛传》，人民出版社 1984 年版，第 146 页。
② 牙含章：《达赖喇嘛传》，人民出版社 1984 年版，第 147 页。

问题，就是数世达赖的短命又与清朝制定的摄政制有极大的关系。摄政的出现，使摄政在一定时期替代达赖卷入了政治矛盾斗争的旋涡，成为政治斗争的中心人物，有时则又直接与达赖和驻藏大臣发生冲突。1862 年（同治元年），摄政热振呼图克图与哲蚌寺因“堪布革退”发生冲突，这是地方僧俗官员反对摄政的一场斗争。1933 年 12 月，十三世达赖病逝，1934 年 1 月西藏地方政府和民众大会推出热振活佛摄政，并经国民党政府批准。1941 年初，热振在亲英派的威逼下，被迫离职暂回母寺静休。1947 年亲英派怕热振重新摄政，便放出谣言，将其逮捕并勒死于狱中。1844 年（道光二十四年），驻藏大臣琦善和摄政策墨林呼图克图不和，奏闻道光帝以“贪黩营私”罪罢免。1899 年（光绪二十五年）7 月，上文曾讲到，西藏发生了第穆摄政之弟策划的谋杀达赖、使摄政重新掌政的事件。这一切都是围绕着政治权力这个中心而旋转的，每一斗争的胜败，都导致达赖寿命的长短。而我们上面曾讲到的班禅活佛世系和第穆呼图克图世系之所以转世地域的活动范围不大，平均年寿较长，是与班禅、第穆权力所辖地域狭小，相对地超脱于政治，游离于全藏政治中心之外有关。

# 青海藏传佛教格鲁派活佛转世族别、地域发微 *

活佛转世是藏传佛教区别于其他区域性佛教流派的重要特征，它以其特有的神学理论和组织形式而自成体系。这一制度始于公元13世纪初，迄今已有七八百年的历史，公元1193年噶玛噶举派的创始人都松钦巴去世，1204年噶玛巴希降生，由于噶玛巴希幼年出家，刻苦研习佛法，精通噶举派教义，造诣颇深，深得信徒们的推崇和信赖，于是，他被推举为都松钦巴的转世继承人，成为噶玛噶举黑帽系的第二世活佛。从此，藏传佛教各派纷纷效仿，形成了活佛转世制度。这一制度的产生是与西藏历史发展的具体条件分不开的，也是与佛教教理的启示、佛教的西藏地域化和藏传佛教各教派的纷争有联系的。早在公元7世纪，唐朝文成公主和尼泊尔尺尊公主进吐蕃，佛教便从南北两路进入吐蕃之地。佛教在吐蕃传播和弘扬，“化身说”便开始盛行，吐蕃王朝三个信佛赞普松赞干布、赤松德

* 本文发表于《青海社会科学》1992年第3期。

赞、热巴巾曾被说成是密宗事部“三怙主”的化身。这实际上是活佛转世说法的最早雏形。在吐蕃王朝的200多年和吐蕃王朝之后的100多年时间内，佛教与吐蕃传统的苯教进行了3个世纪的较量，结果是佛苯两教相互吸收、相互渗透、相互接近、相互融合，终于以苯教的外壳包含了佛教的教义，在10世纪后半期，形成了具有浓厚西藏地方民族特色，有藏文三藏经典和严密的寺院组织和学经制度等内容的新的佛教派别——藏传佛教。到公元11世纪中叶，由于藏族封建农奴制社会进一步得到发展，各地封建农奴主为争权夺利，门户之见愈加分明，各种教派也就应运而生，不断涌现。因修行方式不同，传承方法有别，学习教理各异，便逐渐产生了噶当派、萨迦派、噶举派、宁玛派、希解派、觉囊派、格鲁派等。在各教派中又有众多的大小支系之分。随着各教派权利之争的加剧，为了解决宗教首领的传承和寺院财产的继承问题，保持其权势的连续性、稳定性，有的教派便将世俗中的封建世袭制度运用到佛教领域，以佛学的化身和转世轮回理论为指导，使现实中一些有名望的僧侣圆寂以后以寻找其化身的方式，将其灵魂转附到另一肉体以形成再生转世制度。转世现象出现后，各教派纷纷仿效，在实践中不断发展和完善，并逐渐使其制度化、系统化。格鲁派是明中叶以后异军突起的后起之秀，活佛转世制度在格鲁派不断壮大和发展的过程中，备受其领袖人物的垂青。公元15至17世纪，格鲁派实行这一制度后，其势力得到迅猛发展。由于明、清封建王朝的扶持，格鲁派确立了人称“黄教四圣”的四大活佛系统，同时又形成了庞大的众多活佛转世体系。

那末，藏传佛教格鲁派活佛转世有些什么特点？其灵童是在何种民族和地域中进行选定的？笔者根据手中所掌握的材料，仅对青海格鲁派活佛转世族别和地域问题作一些分析和探讨，以期抛砖引玉，引起对这一问题的更深入研究。

**一、青海格鲁派活佛系统的灵童选定，无一例外的都是在藏族、蒙古族、土族、汉族的信教群众中寻访的**。在敏珠尔七辈呼图克图系统中，有四辈是蒙古族，有三辈是藏族；在夏茸尕布八辈活佛系统中，有一辈是蒙古族，有七辈是藏族；在王佛五辈活佛系统中，有二辈藏族，三辈土族；在色多八辈活佛系统中，有土族，有藏族，也有蒙古族；在扎西四辈活佛系统中，有汉族，有土族，有藏族；在土观七辈活佛系统中，有三辈是土族，有四辈是藏族；在章嘉七辈活佛系统中，有汉族，有藏族，又有土族；在香萨五辈活佛系统中，有藏族，也有蒙古族；在松布六辈活佛系统中，有四辈土族，有二辈藏族；在赛赤七辈活佛系统中，有蒙古族二辈，有藏族四辈；在阿嘉七辈活佛系统中，有藏族六辈，有蒙古族一辈；在东科尔八辈活佛系统中，有七辈藏族，有一辈汉族。另外，也有活佛转世系统全为藏族者，如叶什姜活佛系统、当彩活佛系统、阿饶仓活佛系统等。也有全为土族者，如杨家活佛系统等。但是，值得注意的一种现象是，在青海格鲁派活佛系统中全为蒙古族或汉族者，则极为少见。

从青海格鲁派寺院供奉的活佛系统来看，虽然在选认的活佛灵童中，有藏族，也有蒙古族；有土族，也有汉族；但汉族人数极少，这与青海地区的汉族信仰汉传佛教、道教和其他宗教有关。在选定个别汉族活佛灵童时，又多有特殊情况。例如，东科尔活佛系统的四世多居嘉措，系甘肃省武威地区的汉族，正值三世东科尔圆寂时，这位 19 岁的汉族青年恰也刚刚去世，而后来不知什么原因，他死而复生。于是，被人认为，三世东科尔的灵魂附入这位汉族青年的肉体，在佑宁寺一世却藏活佛的主持下，该青年出家，成为四世东科尔。在土族供奉的格鲁派寺院中，虽然活佛灵童选有藏族、蒙古族、汉族，但一定有土族，有的寺院则全是土族。蒙古族亦然。例如，民和县三川地区土族供奉的杨家活佛，全部为土族。互助县土族供奉的章嘉、土观、王佛等活佛系统，都有土族活佛。在藏族供奉的格鲁派寺院中，虽然活佛灵童选有蒙古族、土族、汉族，但一定也有藏族，有的寺院则全是藏族。例如，海北、黄南等地的藏族、蒙古族所供奉的夏茸尕布活佛，藏族居多。仙米、居尔、铁瓦活佛系统亦然。

**二、青海格鲁派各活佛系统的灵童寻认，根据其宗教的影响程度和所管辖地域的大小，存在着一定的差异性**。一般说来，从转世的地域上看，其灵童主要在青海境内寻认。敏珠尔呼图克图、阿饶仓活佛、池秀活佛、色直活佛、藏班智达活佛、拉扎活佛、万秀活佛、塔秀活佛、大西纳活佛、王佛活佛、琼察夏茸活佛、杜固切哇活佛、关嘉活佛、扎西活佛、本巴尔活佛、杨家活佛、当彩活佛、尕楞活佛、尼尔活佛、阿德活佛、才旦夏茸活佛、叶什姜活佛、堪布呼图克图、丹麻活佛、香萨活佛、色仓活佛、松布活佛、赛赤活佛、阿嘉活佛等系统均在青海境内转世寻认。但是，青海格鲁派活佛转世地域方位的寻找，还呈现出这样几个明显的特点：

其一，由于宗教影响和地缘关系，以及风俗习惯、语言文字等方面的差异问题，使青海格鲁派有的活佛系统出外寻认灵童者，多在甘肃境内。青海历史上有相当长的一个时期就划归甘肃管辖，这说明了青海东部地区与甘肃关系的密切性。青海除玉树和果洛一部分地区外，大多藏族地区多讲安多方言。安多的地理方位大致就是青海、甘肃一带的藏族居住地区。这一地区的藏族不仅语言相通，而且生活习俗也大致相同。由于这些原因，青海和甘肃具有较多的天然联系，因此从近现代设立省治，青海从甘肃的隶属下独立出来，重新进行行政区划，就不能用人为的方式将这种原有的自然联系割断。所以，青海东部地区的许多格鲁派寺院的活佛转世，多有在甘肃寻认的。东科尔活佛、拉科活佛、达赖呼图克图、章嘉活佛、土观活佛、仙米活佛、卓仓智合仓活佛、贡依仓活佛、色多活佛、嘉雅活佛等系统都曾在甘肃寻认过转世灵童。而格鲁派六大寺院之一的拉卜楞寺的一些活佛也有在青海寻找的，它的主要供奉者则是青海省黄南藏族自治州河南县的蒙古族群众。但是，在甘肃省寻找转世灵童中，则以甘肃省武威、天祝县被寻认者为多。色多二世罗桑成勒南杰、卓仓智合仓二世罗桑丹贝尼玛、三世噶桑丹增嘉措、贡依仓三世彭措扎巴达结、五世崔臣丹贝尼玛、土观三世罗桑却吉尼玛、四世罗桑图登却吉坚赞、六世罗桑雪珠旺秋、七世噶桑丹却尼玛、章嘉三世若贝多杰、五世罗桑图登达吉、拉科三世阿旺丹增嘉措、东科尔四世多世嘉措、十三世罗桑绛曲丹增嘉措等均转世于甘肃省武威或天祝县。

其二，青海一些格鲁派寺院的创始人系外籍者多为西藏或西康人，这与藏传佛教“前弘期”“后弘期”两个佛教传播源的对传和宗喀巴自安多入卫藏，创格鲁派自卫藏向安多反传有关。青海省互助县的佑宁寺创建者系西藏僧侣，应土族众部落的请求，被达赖派来传教。夏茸尕布（察罕诺门汗）系统的创始人措尼嘉措，也是应青海蒙古族部落的请求，由达赖派来传教。因此，夏茸尕布一世系西藏拉莫仁钦岗（今西藏达孜县）

人。还有像却藏活佛系统也是西藏僧人所创，却藏一世南杰班觉系西藏拉萨西郊堆龙德庆县人。

其三，青海格鲁派各活佛系统的宗教影响不同，转世地域的半径大小亦有所变化。夏茸尕布、却藏、色多、章嘉、土观、东科尔、阿嘉、赛赤、松布、王佛、敏珠尔等活佛系统的地位较高，宗教影响较大，一般转世地域的半径都超出了他们自己所直接行政隶属和管辖的部落和村庄。如夏茸尕布活佛系统，二世转世于青海蒙古土默特部落，三世转世于贵德玛克塘村，四世转世于果洛玛沁县，五世转世于欧拉阿力克阿麦家族，七世转世于互助南门峡却藏滩，八世转世于海晏达如玉部落。章嘉、土观活佛系统，有几世都曾从青海互助转世到甘肃武威、天祝地区。东科尔二世、三世转世到西康，四世转世到甘肃武威，五世转世到尖扎，六世转世到同仁，七世转世到祁连。敏珠尔二世转到化隆，三世转到海北吉隆沟，四世转到海晏，五世转到门源，六世转到祁连，七世转到和硕特蒙古西右翼前旗。而有些宗教影响较小的活佛系统，其转世灵童多在本县、本乡、本村、本部落等小范围寻找。如阿饶仓、阿德、杨家、扎西、万秀、塔秀、色仓、本巴尔、拉扎等活佛系统，几乎主要的传承灵童都是在寺院所在地的范围内寻找的。阿饶仓一世出生于同仁县境内阿饶部落，二世转世于同仁县境内的江龙村，三世转世于同仁县境内的原阿哇部落。阿德一世出生于囊谦县千户家，二世亦然。扎西一世出生于湟中西纳川，二、三世均转世于西纳川，四世转世于湟中共和乡。万秀一世出生于贵南上鲁仓万秀部落，二、三、四世均转世于贵南沙沟地方的琼察部落。塔秀一、二世出生于贵南塔秀部落一地。色仓六辈中除二世出生地不详外，其余五辈均出生或转世于黄南同仁。本巴尔五辈中也是除二世出生地不详外，其余四辈均出生或转世于湟中，有三辈同出一个部落。杨家三辈也均出生或转世于民和三川地区。然而，在青海与外省区的边境地带，尽管有的活佛系统不大，佛位小，由于与外省区的毗邻关系，活佛转世和寻认也有跨省区的，但数量不多。例如，玉树、果洛与西藏、西康边界线相连，有的活佛就在那里转世。池秀二世就转到了西康昌都。丹玛堪钦十四世就转到了西藏浪卡县。

其四，青海格鲁派一些活佛系统的名称，多以创始人出生地、村名、部落名而命名或称谓。许多活佛系统的转世灵童在本省寻认中又以塔尔寺所属部落、祁连阿力克部落和互助南门峡却藏滩的人为多。如阿饶仓活佛系统的名称来源于同仁阿饶部落。拉科活佛系统的名称来源于湟中拉科庄。当彩活佛系统的名称来源于平安祁家川当彩村。尕楞活佛系统的名称来源于循化尕楞乡。仙米活佛系统的名称来源于门源县仙米。尼尔活佛系统的名称来源于贵德东沟尼尔。章嘉呼图克图系统的名称来源于互助红崖子沟张家村。万秀活佛系统的名称来源于贵南上鲁仓万秀部落。塔秀活佛系统的名称来源于贵南塔秀部落。丹麻活佛系统的名称来源于互助丹麻乡。松布活佛系统的名称来源于互助哈拉直沟松布村。杨家活佛系统的名称来源于民和三川地区的杨家。关嘉活佛系统的名称来源于贵德郭密部落的关嘉村。西纳活佛系统的名称来源于湟中西纳家族。夏玛尔活佛系统的名称来源于夏玛尔家族。拉扎活佛系统的名称来源于贵德东沟下兰角拉扎村。东科尔活佛系统的名称来源于西康东科尔地方。

另外，在青海格鲁教派史上，有一种与转世外省的灵童多在甘肃天祝、武威而对等的奇特现象，就是许多活佛系统转世灵童在塔尔寺所属部落、祁连阿力克部落和互助南门峡却藏滩的较多。如贡依仓四世崔臣丹增嘉措、章嘉四世益希丹贝坚赞、七世罗桑贝丹旦贝仲美、却藏四世罗桑图登达杰、六世罗桑丹贝旺秀、夏茸尕布七世根敦丹增诺布、堪布呼图克图三世阿旺加央丹增嘉措、赛赤四世阿旺图登旺秋贝丹赤烈嘉措、关嘉三世曲丹增嘉措等都转世于互助南门峡却藏滩。敏珠尔六世俄科、尼尔三世罗桑丹贝坚赞、夏茸尕布五世潘德旺秀克增嘉措、松布五世罗哲彭措南杰、香萨一世贡钦巴、二世罗桑达吉嘉措、色直五世活佛、藏班智达一世丹巴嘉措、四世罗桑图丹尼玛、东科七世噶桑加木样嘉措等均转世于祁连阿力克部落。拉科一世却扎西、二世喜饶群觉、当彩四世罗桑达吉、扎西一世阿旺嘉央、二世意希克珠尼玛、三世金巴顿珠嘉措、夏茸尕布六世阿旺却珠丹贝坚赞、阿嘉一世喜饶桑布、赛赤一世阿旺罗哲嘉措、五世阿旺图登丹贝尼玛、七世根敦隆朵尼玛、本巴尔一世楚臣嘉措、三世楚臣丹贝坚赞、四世格敦丹却坚赞、五世阿旺丹贝坚赞、大西纳二世列巴嘉措、二世阿旺罗桑、三世阿旺崔臣达吉、四世噶桑达吉嘉措、色直三世官却丹增嘉措、四世罗桑丹贝坚赞等均转世于塔尔寺所属部落。

以上我们仅仅从历史长河中寻找了青海格鲁派各活佛系统转世的族别和地域的种种轨迹，至于对其内在运行的规律，还有待于我们深入地作进一步的研究和探讨。

# 1991年

# 关于青藏战争的起因问题 *

近年来，随着地方史研究领域的不断开拓，在青藏地方史志的材料整理和研究中，叙述和提及本世纪30年代青藏战争战因的文章和书籍，发表、问世颇多。从当时发生战争的复杂历史背景来看，青藏战争的起因应该是多层次和多方面的。鉴于本文的需要，根据笔者所搜集到的各种文章和书籍，下面我们就对各种说法作一简要述评。

芈一之编著的《青海地方史略》（征求意见稿）认为：青藏战争是1932年3月驻昌都的藏军4000人进攻玉树苏尔莽地区首先挑起来的，其借口是尕旦寺事件。尕旦寺事件是黄教属寺尕旦寺和白教属寺德赛寺长期以来为抢收附近藏族所种的庄稼而发生的纠纷。进一步分析，"尕旦寺事件是青海喇嘛教教派之争的事件，背后隐藏着国内外军阀互争的黑手，也隐藏着帝国主义垂涎中国领土的野心"。这种野心的暴露可追溯到1913年到1914年英帝国主义操纵的西姆拉会议。而西藏进兵玉树，则是西藏亲英统治集团，九一八事变后，在

* 本文发表于《青海师范大学学报（社会科学版）》1991年第2期。

英帝的支持下直接所为。这是战争起因的主要方面。另一方面，“马步芳为阻止蒋军胡宗南部染指青海，曾扩大了青藏战争”。这是说，在战争的规模和速度上起了扩大、催化和加速的作用。①

陈秉渊在《马步芳家族统治青海四十年》一书中，对战争的起因则另有一说。他认为，“玉树位连康藏，也是由西宁入藏必经之地”。争夺玉树这块战略要地是“青藏战役的根本原因”。促成青藏战役的客观条件是“苏尔莽族尕旦寺和德赛寺事件”。而蒋马矛盾发展中的影响是战争能够掀起的另一个重要原因。书中陈秉渊还提出了与芈一之共同的看法，这就是，马步芳为了“抵制蒋介石加给他的压力”，“乘机扩大了青藏战争”，所不同的是，陈在指出尕旦寺事件的同时，又明确提出了这次战争的直接起因，即尕旦寺与玉树商人的商务纠纷，这就有别于尕旦寺与德赛寺为田产、属户和抢收庄稼而发生的纠纷，陈认为，正是由于发生了尕旦寺商务纠纷，马步芳出于种种政治目的，借此对藏方不断予以刺激，所以使战争“立即掀起”。这里马步芳对战争的爆发，无疑也起到了至关重要的作用。②

杨效平撰著的《马步芳家族的兴衰》一书则认为：九一八事变后，“日本帝国主义侵占东北，国民党政府正在集中兵力进攻中央苏区。于是，西藏地方亲英势力在英帝国主义的策动下，再次挑起事端”。而藏军出兵玉树的借口就是尕旦寺事件。这一看法与芈一之相同。但是，杨文在这里还详述了藏

① 芈一之：《青海地方史略》（征求意见稿），中共青海省委统战部民族处印，第292—293页。

② 陈秉渊：《马步芳家族统治青海四十年》，青海人民出版社1986年版，第91—95页。

军的进兵情况，“起初，藏军主攻方向为西康西区，与西康省政府主席刘文辉所部对峙于金沙江两岸。藏军在西康受阻后，又转而向北面青海玉树地区进攻”。[①] 这里杨指出了这样一个问题，藏军未直接进兵玉树，而是进兵康区，爆发了康藏战争，其兵力受阻，尔后转向北面，进兵玉树，方爆发了青藏战争。

王亚森、姚秀川主编的《青海三马》一书，在战争爆发的历史背景上，在战争的具体起因和进程上，在藏军进兵玉树的借口问题上，完全与杨效平相同。值得注意的是，该书在叙述战争起因问题上，有这样一段文字，“1930 年 12 月，青藏边界形势一度趋于紧张，青海省政府即呈准国民党政府在玉树设立青海南部边区警备司令部”。[②] 这说明，青藏边界的形势，在九一八事变以前，已出现过紧张的局面。

《青海历史纪要》（修订稿）一书，对战争起因的说法与《马步芳家族的兴衰》《青海三马》基本相同。不过在重新审定、正式出版的《青海历史纪要》一书中，援引了牙含章《达赖喇嘛传》中关于青藏战争问题的一段资料。“公元 1931 年（民国二十年）8 月，英帝国主义派驻哲孟雄行政官噶乃木魏阿尔前来拉萨，策动藏军向青海玉树进攻，想把康区之间的内战扩大为青海与西藏之间的内战，以便进一步破坏我国各民族的团结。噶乃木魏阿尔和藏方会谈以后，藏方宣布委派仲泽钦摩（秘书长）欧细娃、图丹贡丹前往玉树方面，主

① 杨效平：《马步芳家族的兴衰》，青海人民出版社 1986 年版，第 112—113 页。
② 王亚森、姚秀川：《青海三马》，中国文史出版社 1988 年版，第 108 页。

持军政大计。”[①] 这里作者的意图是十分明显的，就是青藏战争的爆发与哲孟雄行政官和藏方会谈有关，更与委派主持玉树军政大计的秘书长有关。这里，笔者以为，需要注意两个时间问题：一是这个会谈的时间是在九一八事变之前；二是藏军借口尕旦寺事件侵入玉树是在欧细娃、图丹贡丹上任半年多时间以后才发生的，既然在九一八事变前已有策划，一个月后又巧遇这样一个大好时机，为何进兵玉树的时间又推迟了半年之久呢？

牙含章在《达赖喇嘛传》一书中，除写有《青海历史纪要》援引的那段文字外，还说：“噶乃木魏阿尔在拉萨居住了约三个月，于十一月返回哲孟雄，一九三二年一月，藏军开始向青海玉树防区进攻。”其借口是尕旦寺和德赛寺的土地纠纷。这里又说明这样一个问题，藏军进兵康区的同时，就已经是有预谋有计划，对玉树也要实施军事行动。且与陈秉渊所说的尕旦寺与玉树商人的商务纠纷无关。因为，商务纠纷发生在这一年的 2 月份，或者只能作这样的推断和理解，商务纠纷是尕旦寺和藏方蓄谋挑起的。但是牙文明白无误地写明，藏军进兵是以尕旦寺“土地纠纷”为借口的，显然，这是两个不同的问题。牙含章在书中还引用了高长柱在《边疆问题论文集》上对此事的看法。“二十年，玉防司令马彪莅任伊始，对处置苏尔莽两寺之争，以主权完全在我，与藏方无磋商余地，……而藏方因战胜西康之余威，骄横不可一世，抽调重兵，率入玉树辖地，始则以保护噶丹寺（尕旦寺）为

① 《青海历史纪要》，青海人民出版社 1987 年版，第 349 页；《青海历史纪要》（修订稿），青海省志编纂委员会 1961 年 5 月，第 121 页。

名，继则向玉树驻军防地进攻，而战事遂爆发矣”。[①] 笔者以为，“战胜西康之余威”与事实不符，实际上是川兵反击，川藏兵双方对峙后，藏兵北向玉树的，这是其一。其二，藏军的战略是乘其余威、不可一世而继续进军玉树呢？还是进军康边势头受阻，转而向玉树发起补偿战役的呢？这是需要搞清楚的问题。

《玉树藏族自治州概况》一书，对战争的起因一句话带过，与《青海地方史略》《青海历史纪要》《马步芳家族的兴衰》基本相同。[②]

黄奋生编著的《藏族史略》一书所持观点和看法与牙含章《达赖喇嘛传》完全相同。[③]

蔡作祯口述、李惠民笔录整理的《青藏战役中我的经历》一文，则从本人的所见所闻具体记述了青藏战争。该文没有花过多的笔墨分析当时的历史政治背景，而是详述了战争的爆发及其经过。蔡文提出的材料支持了陈秉渊的说法。蔡文说：藏军进攻西康数县，遭川兵反击后，退到德格、白玉等县。此时“因尕旦寺发生了商务纠纷，情况愈加复杂”。这表明，尕旦寺商务纠纷是偶发事件。这个偶发事件导致了藏军的挥兵向北。当然，这里的作用因素是多方面的。藏军“为保障侧背安全，防止玉树驻军马彪的袭击，遂从昌都派兵一千多人，分两路进攻玉树、囊谦”。这可以说，藏军在进兵康区受阻后，临时改变了军事战略，与事先谋划大概无关，为了先发制人，便主动

① 牙含章：《达赖喇嘛传》，人民出版社 1984 年版，第 286 页。
②《玉树藏族自治州概况》，青海人民出版社 1985 年版，第 35 页。
③ 黄奋生：《藏族史略》，民族出版社 1989 年版，第 352—353 页。

转变了进军的方向。“以达到失之东隅，收之桑榆之目的”。[①]

《青海三马史料》编辑组撰写的《青藏战争的内幕》一文所述战争原因与《青海三马》一书相同。[②]

综上所述，尽管在众多的文章和书籍中对青藏战争的起因，其论述是不一样的或是有差异的，而对具体导因的认同却是一致的，这就是尕旦寺与德赛寺的纷争。但是，由于这种纷争由来已久，主要是围绕属寺差户、土地和抢收庄稼的问题，因此，笔者以为将此作为战争的诱因为好，而战争的直接导因或导火线，则应该是1932年2月发生的尕旦寺商务纠纷事件。当年曾亲自参加了青藏战争的蔡作祯对此有所提及，曾担任正闻社青海分社社长的陈秉渊在所撰的著作中，对此也作了详尽的记述。“一九三二年二月，玉树商人与尕旦寺僧侣因销售货物的价格问题，发生纠纷，双方相持。玉树商人向马彪呼吁，请求保护。马彪专电请示马步芳，马步芳以事关青藏商务纠纷，即令当时担任青海南部边区警备司令部秘书长的姚钧拟稿，电报南京行政院，并令青海电讯社发布消息。编者（陈秉渊）时任该社社长，以原稿措词就事论事，青藏商人间的纠葛，司空见惯，孰若以‘国难当头，藏兵犯青’为词，耸人听闻，借以解决与胡宗南之间的政治斗争。因之改变内容，小题大做，发表了以马彪名义告急的‘藏兵犯境’的电文，顿使政治空气紧张起来。马步芳看到这一措施对自己有利，立即指示马彪转饬玉树商人坚决争执，不予让步，迫使尕旦寺僧侣请昌

①《青海文史资料选辑》第2辑，青海省政协文史资料研究委员会1964年3月，第42—43页。

②《青海文史资料选辑》第14辑，青海省政协文史资料研究委员会1987年4月，第128—134页。

都藏军司令砍郡达哇予以支援”。[①] 由此可见，尕旦寺事件与尕旦寺商务纠纷的内容是有所不同的，而青藏战争的直接起因即导因，准确一点说应该是尕旦寺的商务纠纷。

笔者有这样两个疑点难以消除。一、哲孟雄行政官噶乃木魏阿尔前去拉萨，策动藏军进攻玉树，其策划内幕至今无人知晓，既然如此，我们将前后两件事联系起来只能作为一种推测和假说。而从另一方面来看，早在 1930 年 12 月，青藏边界形势就“趋于紧张”，而这个时间是在九一八事变的九个月前，是在哲孟雄行政官去拉萨的八个月前，如果在时间上排除了哲孟雄行政官的影响，那么，对 1930 年 12 月形势“紧张”的原因又该如何解释呢？二、通观这段历史，我们注意到西藏政治力量的消长及其态度有所变化。我们知道，十三世达赖起初是西藏亲英派的总代表，但是 20 年代后发生的一系列事件，使他的态度有所转变。1924 年英国策动擦绒政变，被达赖事先察觉，因此，他对英人有了初步的认识。为了避免再遭英帝暗算，他开始内倾祖国。1925 年，达赖下令撤销了英人控制的拉萨警察的权力。1926 年，又命令封闭江孜的贵族子弟学校，拒绝了英国政府提出的派遣代表再到拉萨的请求。1928 年冬，达赖派西藏驻五台山代表罗桑巴桑前往南京，表达了与中央政府建立联系的愿望。1930 年，达赖表示愿意恢复旧制，派人参加了蒙藏会议。[②] 这年 3 月至 5 月达赖两次接见国民党政府派赴拉萨的女文官刘曼卿，并表示“至于西康事件，请转告政府，勿遣暴厉军人，重若吾民，可派一清廉文官接收，吾随时可以

① 陈秉渊：《马步芳家族统治青海四十年》，青海人民出版社 1986 年版，第 92 页。
② 王辅仁、索文清：《藏族史要》，四川民族出版社 1981 年版，第 184—185 页。

撤回防军，都是中国领土，何分尔我”。“英国人对吾确有诱惑之念，但吾知主权不可失，性质习惯两不容，故彼来均以虚与之周旋，未予以分厘权利，中国只须内部巩固，康藏问题不难定于樽俎”。[①]1931 年，西藏在南京正式设立西藏驻南京办事处。这年，西藏因向甘孜及聂荼地区派出藏军，国民党政府通过西藏驻军办事处代表致电达赖喇嘛。达赖喇嘛复电，谓已下令藏军停止军事行动。[②] 如果我们无视上述事实，就不能准确了解和把握其战争的起因。

既然，在 20 年代以后，西藏地方政府与中央政府的关系不断地得到改善，那么，康藏、青藏之间为何又爆发了战争呢？这既是我们所要回答的一个自相矛盾的问题，也正是本文所要寻找的战争起因的根本症结所在。我以为，其根本性的原因不在于外部英国人唆使因素的推动所致，而在于在当时国内外政治形势的氛围下，西藏其内在因素的驱动所为。正如陈秉渊所说的那样：玉树的战略要地之争是“青藏战役的根本原因”。近现代史上，青藏产生的所有冲突和磨擦都可以归因到这里，都可以在这里找到根据。就青海玉树的地域来说，对青藏双方不是可有可无、可大可小、可以进行任何补偿的地域，而是兵家必争之地。因为，不管哪一方得到该地都会在控制和影响对方方面处于有利地位。在近代未开通青藏公路以前，玉树是“海藏咽喉”，因此，无论从政治、经济上看，还是从军事、宗教上看，玉树的地理位置对青藏双方都是十分重要的。1914 年，由于玉树的归属问题，引起川陇之争时，马麒曾派

---

① 黄奋生：《藏族史略》，民族出版社 1989 年版，第 350 页。

②《西藏文史资料选辑》第十一辑，民族出版社 1989 年版，第 178 页。

周希武前往玉树勘界，周希武在《玉树调查记·自序》中，曾讲到了玉树地理位置的重要性。玉树地处“昆仑之东，黑水之北，河源之南”，居战略要地。“玉树不保，势将北扰蒙古，祸必中于湟中；东煽果洛，患且及于洮岷”。“顾玉树鄙远艰食，宿兵实难，内地转饷，宁能持久？”[①]1919年，马麒就西姆拉会议的内容予以反驳给北洋政府发出“艳电”时，更明确地叙述了玉树的军事战略作用。“玉树土司为青海之门户，拊西藏之肩背，西宁为赴拉萨必经之要道，将来经营发展，即可倚为制藏之策源地。若割为藏境，则拉萨之藩篱益固，西宁之距拉萨愈远，人攻我易，我攻人难，自顾不暇，焉能制藏？”[②]玉树地位的重要性是双方都看到了，马氏家族对玉树苦心经营，其根本目的也盖源于此。青藏双方长时间假借一些小事，争执不已，互不相让，其“醉翁之意不在酒”。因此，为争夺玉树这块战略要地，在当时的情形下，双方磨擦迟早要爆发战争则是必然的。

青藏战争要爆发有其必然性，但是，其爆发的表现形式则是偶然的。当时，藏方进军康区，与川军对峙后，之所以又向玉树用兵，是尕旦寺和德赛寺纷争留下了前嫌，而此时尕旦寺商务纠纷则给藏方授以口实。从西藏用兵玉树的历史背景和战事进程来看，说英藏之间预先进行了密谋策划，并没有强有力的证据材料予以支持，是比较牵强的，也是不能令人信服的。笔者以为，事实正像蔡作祯所说的那样，由于藏兵在康区战事失利，恐青海马彪乘机袭击，腹背受敌，来了个先发制人，如

---

① 周希武：《玉树调查记》，青海人民出版社1986年版，第16—17页。

② 转引自王亚森、姚秀川：《青海三马》，中国文史出版社1988年版，第22页。

果进军顺利，既可以抢占要地，又可以补偿损失，两全其美。而马步芳为了达到称霸西北、扩大地盘、充实军事实力、拒胡宗南入青以及在蒋介石面前邀功请赏之目的，借以尕旦寺商务纠纷，不断刺激对方，扩大战端，对青藏战争起了推波助澜的作用。最后，多种因素综合发生作用，终于条件成熟，使青藏之间爆发了一场持续一年多之久的战争。

# 1990 年

# 关于青藏战争的时间问题 *

青藏战争是青海、西藏现代史上一个重要的历史事件。近年来随着地方史研究领域的不断开拓，这一事件已引起众多史学工作者的关注。然而，对于青藏战争的时间问题，众说纷纭，莫衷一是。有的文章在论述青藏战争时没有谈及青藏战争的起止时间；有的书籍在明确提出了时间后，在具体内容中又相互抵牾；有的文章、书籍与其他文章、书籍所说的时间也大相径庭。因此，关于青藏战争的时间问题，需进一步核实考证。

目前，在我省能够见诸叙述这方面内容的书籍和文章是：芈一之编著的《青海地方史略》(征求意见稿)，中共青海省委统战部民族处印；陈秉渊撰著的《马步芳家族统治青海四十年》，青海人民出版社出版；杨效平撰著的《马步芳家族的兴衰》，青海人民出版社出版；王亚森、姚秀川主编的《青海三马》，中国文史出版社出版；蔡作祯口述、李惠

---

* 本文发表于《青海师范大学学报(社会科学版)》1990 年第 3 期。

民笔录整理的《青藏战役中我的经历》，见《青海文史资料选辑》第二辑，青海省政协文史资料研究委员会编;《青海三马史料》编辑组撰写的《青藏战争的内幕》，见青海文史资料选辑第十四辑，青海省政协文史资料研究委员会编；青海省志编纂委员会编著的《青海历史纪要》，青海人民出版社出版；等等。

《青海地方史略》一书对青藏战争的开始时间没有明确的记叙，只是在第三章“光绪二十一年由伊斯兰教派斗争转变为又一次反清斗争”中的蒋政权时期马家军阀的反动统治的第三节设了一个小标题“青藏战争——尕旦寺事件”来谈及此事的。显然从作者的意图来看，将青藏战争的开始时间等同于尕旦寺事件的发生时间，结束时间，该书明确写明“青藏双方代表在 1933 年 4 月 10 日达成协议八条，约定双方撤兵，各守地界”，“这一事件方告了结”。[①] 该书在简述了尕旦寺事件后，讲了驻昌都的藏军四千人攻苏尔莽地区的时间是 1932 年 3 月，但未说明是青藏战争的开始。

《马步芳家族统治青海四十年》一书在“向新、藏、陇伸手经过”章中以具体条目写了青藏战争的内幕。条目的第一段明确写着“青藏战争发生于一九三二年三月，到一九三三年五月十日缔结《青藏和约》时结束，历时一年又两个月”。书中认为青藏战争是以尕旦寺事件为起因的，但书中写的玉树商人与尕旦寺僧侣销售货物的价格问题发生纠纷是 1932 年 2 月，大概该书认为战争是次月发生的事情，但在写藏军率领藏兵三千人以保护尕旦寺为名大举进攻的内容时，没有写明具体时

---

① 芈一之:《青海地方史略》(征求意见稿)，中共青海省委统战部民族处印，第 293 页。

间。最后该书写到“一九三三年四月十日，在青藏交界的巴士塔地方，媾成了名为《青藏和约》的八条。”[①] 这里作者的交代意味着青藏战争结束。由此可以看出，前文作者所说的 1933 年 5 月 10 日结束，是误字，既然青藏战争历时一年零两个月，那么结束时间应是 4 月 10 日。

《马步芳家族的兴衰》一书在“马麟主政”章中专门列了一个二级标题谈青藏战争。该书写到:“一九三一年在日本帝国主义侵华战争的影响下，西藏形势再次紧张。自西姆拉会议之后，西藏问题始终未能得到解决。九一八事变后，日本帝国主义侵占东北，国民党政府正在集中兵力进攻中央苏区。于是，西藏地方亲英势力在英帝国主义的策动下，再次挑起事端。”这里该书的作者认为青藏战争发生在 1931 年九一八事变以后。然而，该书写到:“一九三〇年底，藏军借口‘尕旦寺事件’，开始由原驻昌都的北路总管三王千布率队四千名进驻青边”。这里作者说的“尕旦寺事件”的时间至少是 1930 年的 12 月或 12 月以前。至于战争的结束时间，该书也认为是 1933 年 4 月 10 日，以《青藏和约》正式签订为标志。[②]

《青海三马》一书在“马步芳”一章中的第三个问题写了青藏战争的经过。该书说青藏战争发生于 1932 年与 1933 年之间。在战争起因中，书中写道:“九一八事变后，中共中央发表宣言，号召群众抗日救国，全国抗日浪潮空前高涨。值兹国内局势紧张之际，西藏地方亲英势力乘机发动对西康地区的武装进犯。进攻西康西部地区的藏军，被西康省政府主席刘文辉

---

① 陈秉渊:《马步芳家族统治青海四十年》，青海人民出版社 1986 年版，第 91—95 页。
② 杨效平:《马步芳家族的兴衰》，青海人民出版社 1986 年版，第 112—113 页。

的部队所阻，双方对峙于金沙江两岸。于是藏军又转而向北面的青海玉树地区推进。”在战争的经过和结局中，该书写道：“1931 年 12 月，三王千布阿颇率藏兵进驻青边后，以保护尕旦寺为名，发动进攻，迫使马彪守军退出大小苏尔莽。当时，玉树附近青海守军仅有 400 余人，力量单薄。马彪派秘书王家楣和千百户头人赴藏洽谈。会见了砍郡达哇，表示苏尔莽、尕旦寺问题，待至明春再行讨论解决，施以缓兵之计。1932 年 2 月间，藏方调集五六千人至玉树边境。”在写到青藏战争的结局时，该书说：“青海和西藏方面的和谈，一直拖到 1933 年 6 月 15 日，才签订了停战协定。”① 这里所说的签约和战争结束时间与其他书籍都不一样。

《青藏战役中我的经历》一文的作者蔡作祯亲自参加了青藏战争，他在文中没有提及战争的起止时间，但在叙述当时的所见所闻中，实际上也间接地谈及了这个问题。他说：“1931 年冬初，刘文辉派兵向大金寺、瞻化等处藏兵进攻。1932 年二三月间，藏兵不支，由大金寺、瞻化一线节节退至金沙江北岸的白玉、德格等县地区。同年六月间，刘文辉派部追击，占领了石渠、邓柯、德格、白玉等县，藏兵又退至金沙江南岸的江达、西邓柯等处，凭险防守。……其时藏兵退至德格及白玉等县，又因尕旦寺发生了商务纠纷，情况愈加复杂。为保障侧背安全，防止玉树驻军马彪的袭击，遂从昌都派兵一千多人，分两路进攻玉树、囊谦”。“1932 年 3 月 26 日，藏兵五百多人与马彪部骑兵约一百多人接触”。“既至 1933 年，……藏兵由大金寺后退时，即派出一部分兵力，占

① 王亚森、姚秀川：《青海三马》，中国文史出版社 1988 年版，第 107—113 页。

领了玉树边境的要地，以防止侧后受敌；也还以为如果向玉树地区进军顺利，便乘胜占领结古”。该文没有提战争的结束时间，但写了 1932 年 9 月中旬，“川军代表江有声、青海代表马彪和西藏代表司空代本，在邓柯召开会议，共同议定了川藏以金沙江为界，青军仍回玉树，各守边界，互不侵犯”的事情。[①]

《青藏战争的内幕》是《青海三马史料》编辑组撰写的，其内容与正式出版发行的《青海三马》一书所述的内容完全相同。

《青海历史纪要》一书以“西藏地方政府亲英派在英帝国主义策动下进攻青海玉树地区”的篇名叙述了青藏战争。该书说，1932 年 3 月“在英帝国主义唆使下，爆发了藏军进犯青海玉树地区的战争”。还写到“同年（1932 年）3 月，藏军以‘尕旦寺事件’为借口，侵入玉树”，1933 年 4 月 10 日青藏双方达成协议，并附注了《青藏和约》原文。[②]

从以上书籍和文章所述的内容来看，有这样几个问题需要我们查证、思考和斟酌。

一、大部分书籍对青藏战争的起始时间不明确、不统一，有的以尕旦寺事件为战争爆发的标志，但尕旦寺事件发生的时间比较模糊。有的书籍和文章似指“十数年前”尕旦寺与当地群众的矛盾纠葛和德赛寺的冲突；有的则明确无误地指，1932 年 2 月玉树商人与尕旦寺僧侣的纠纷。如果尕旦寺事件的时间认定不一致，要以该事件作为战争的起始时间就无法确定。

---

①《青海文史资料选辑》第 2 辑，青海省政协文史资料研究委员会 1964 年 3 月，第 48—57 页。

②《青海历史纪要》，青海人民出版社 1987 年版，第 348—352 页。

二、几本书籍所叙述的青藏战争的个别具体历史事实的时间也不一致。《青海三马》《青海历史纪要》认为“1931年12月，三王千布阿颇（沙旺千布贡布阿丕）率藏兵进驻青边后”，“马彪派秘书王家楣和千百户头人赴藏洽谈”。《马步芳家族的兴衰》认为，1930年12月，“三王千布发动进攻，马彪又派秘书王家楣及千百户代表赴藏与藏方和谈”。而《马步芳家族统治青海四十年》一书则说：1932年2月，玉树商人与尕旦寺僧侣发生纠纷向马彪呼吁保护，马彪专电请示马步芳时，马步芳“指示马彪转饬玉树商人坚决争执，不予让步”，“并指示玉防司令马彪派秘书王家楣率领玉树千户百户等，由结古前往昌都挑衅”。这几个时间的统一并不是无关紧要的，它与战争的开始有直接的关联。因此，必须要搞清楚。

三、《青海三马》一书所述的时间，前后矛盾，不能自圆其说。该书说，1931年12月，三王千布阿颇率藏兵进驻青边后，发动进攻，迫使马彪守军退出大小苏尔莽。那么，不知什么原因，该书又明确以1932年为战争的开始时间，而书中记述1932年最早月份发生的事件是：2月间，藏方调集五六千人陈兵玉树边境。既然藏方已经“发动进攻”，为何又不算战争开始呢？《马步芳家族统治青海四十年》以1932年2月玉树商人尕旦寺僧侣纠纷的次月，藏军发动进攻作为战争的开始时间，与《青藏战役中我的经历》所说的一致，并相互得到印证。《青海历史纪要》则明确写明，战争开始于1932年3月，其标志是“藏方调兵四千余人，以克米色代本为前敌总指挥，突然向玉树县大小苏尔莽进攻”。[①] 因此，确切地说，藏兵与马

① 《青海历史纪要》，青海人民出版社1987年版，第350页。

彪部的第一次接触和交锋是“1932 年 3 月 26 日”，[①] 青藏战争的爆发时间应是 1932 年 3 月 26 日。

四、在上述书籍和文章中凡提到《青藏和约》签订时间的除《青海三马》说是 1933 年 6 月 15 日外，其余都说是 4 月 10 日。究竟哪一个时间是真实的呢？根据现有的材料，笔者很难下一个定论。《青海地方史略》《马步芳家族的兴衰》所依据的材料笔者不详，但是，《马步芳家族统治青海四十年》的作者陈秉渊当时任正闻社青海分社的社长，他本人也可以算是当事人，所据材料可以说是第一手的了。《青海历史纪要》引用的《青藏和约》原文签约日期是“中华民国二十二年四月十日”，这与前者相一致。然而，《青海三马史料》编辑组在撰写的《青藏战争的内幕》一文中注明该文的材料来源也具有权威性。它们主要是：1. 姚钧《青藏战役的内幕》；2. 青海南部边区警备司令部附设边事月刊社编印《玉树近事记》内载的有关函电；3. 青海省政协存稿《马步芳家族统治青海四十年史料简编》（本文即陈秉渊《马步芳家族统治青海四十年》初稿本）；4. 三联书店《西藏地方历史资料选辑》。从该文所参考的内容来看，既有原始材料，又有当事人所写的文章，姚钧就是当时青海南部边区警备司令部的秘书长。因此，依本人之见，如果不是《青海三马》作者发生笔误的话，青藏战争的结束时间，确定 1933 年 6 月 15 日，抑或 4 月 10 日，都有可靠的材料依据。因此，战争的结束时间，暂且存疑，以备今后进一步考证，去伪存真，保存信史。

青藏战争距今也只是 60 多年的时间，许多档案材料有关

① 《青海文史资料选辑》第 2 辑，青海省政协文史资料研究委员会 1964 年 3 月，第 49 页。

部门还完整地保存着，许多战争的参与者、目击者还健在，为了防止以讹传讹，贻害后人，我们史学工作者应负起高度的责任，利用现有的各种条件，搞清青藏战争的有关情节，搞清青藏战争的起止时间。

# 1989年

# 1793年西藏地区丧俗改革述略*

公元1793年（乾隆五十八年），清朝统治者在西藏地区发起了一场旨在变天葬为土葬的所谓开化民风的丧俗改革运动，但是，旋即以失败而告终。为了探究其失败的原因，借鉴历史，本文不揣浅陋，仅就这一丧俗的改革作一述略。

天葬有的地方称鸟葬，也有的地方称风葬，是流行于藏族地区的一种较为普遍的主要丧葬形式。这种丧俗颇为奇特，其追求目的是让飞禽将死者尸体全部吞噬。藏族为什么要实行天葬？起源于何时？现有的一些早期的藏、汉史籍上，并没有明确的记载。有的学者认为，这是佛教传入藏族地区之后兴起来的风俗，也有的学者认为，它是藏族原有的风俗，只是在佛教传入之后给这种丧俗镀上了一层佛教的金箔。吴均同志在《藏族的天葬与所谓“戴天头”》一文中认为，古代的藏族，受苯教——藏族固有的原始巫教之影响，认为人到了生命终结之时（一般指传说中的统治阶级），从天上会降下来一条天梯，人攀援这条天梯而上，即可进入天国，脱离人世间。这种传说就是藏族原始的“亲死不

* 本文发表于《西藏研究》1989年第3期。

葬，弃之于野”的风俗的继续，它基本上就是我们现在所说的天葬的雏形，当佛教传入西藏后，这种丧俗被佛教接受过去，成为佛教的仪式，由于佛教在西藏的弘扬和传播，这种形式成为后来藏族地区普遍采用和流行的葬仪。笔者以为，这种说法颇有一定的见地，令人可信。从以上吴氏之说，我们可以得知，藏族实行天葬是在遥远的古代时期，他们实行天葬的原因是由于对大自然生老病死的现象，神秘莫测，不可解释，认为人的灵魂不死，这种观念成为原始宗教产生的基因，反过来，原始宗教的成熟和系统化，则又给这种观念赋予了虚幻的外衣，因此，随着社会的发展，以往那种观念指导下所进行的丧俗，其形式就愈加完善，成为青藏高原地区藏族所特有的一种超脱尘世、追求神境的葬礼仪式。这种仪式在卫、藏、安木多、康等地由于地域不同，在具体内容和做法上又存在着较大的差异。安木多地区的藏族实行天葬，不设天葬台，没有司天葬的专职人员，人死后要由亲属亲自护送。卫、藏地区则恰恰相反。关于卫、藏地区的丧葬，清乾隆年间成书的《西藏志》有详细的记载。“西藏凡人死，不论老少男女用绳系成一块，膝嘴相连，两手交插腿中，以平日所著旧衣裹之，盛以毛袋。男女罗哭，用绳吊尸于梁，延喇嘛念经，以酥油送大、小召点灯，或数十斤或百斤，谅其贫富，将死者所有之物，尽出以一半布施布达拉，以一半变卖，作延请喇嘛念经并熬茶及一应施舍之需，即父子夫妇亦不肯存留一物。其尸放二、三日或五、七日，背送剐人场，缚于柱上，碎割喂犬，骨于石臼内杵碎，和炒面搓团喂狗。剐人之人，亦有牒巴管束，每割一尸，必得银钱数十枚，无钱则弃尸于水，以为不幸。其喇嘛则喂鹰，皆以火化筑塔。亲友吊问，穷者助以银钱一、二枚，富者以哈达慰问，并送茶酒。其孝服男女，百日不穿华服，不梳不沐，妇人不带耳坠素珠而已，他无所忌。富者时常请喇嘛念经，以荐亡魂，至一年乃止”。这段文字，虽有许多不确切的地方，但就整个丧俗的进行内容作了记叙。对于藏族的天葬仪式，按照藏族的观念和情趣去审视，这是一条进入“西天”世界的坦途，是一种完美的葬礼形式，但是按照内地以儒家为正统的汉文化去衡量，这种仪式则是大逆不道。清朝统治者对西藏地区藏族的天葬大肆破除，进行改革，其文化心态正是建筑于此基点之上。

乾隆五十八年（公元 1793 年），清朝统治者为了革除藏族的天葬形式，连发告示，广为张贴，以禁止藏族人民实行天葬。乾隆五十八年五月、七月二十一日连发两个告示，并且刻字立碑，以示永照。清朝统治者禁止天葬的理由是，天葬“残割尸身，喂鹰喂狗”，“甚至将尸骨敲碎，和入糌粑，使鹰狗争食，此等行事”，“无伦无理，残忍为甚”。而他们所讲的伦理则是“照得父母养育之恩，与天地无二，是以生则尽养，死则埋葬”。他们禁止天葬所采取的具体措施是：一、广发告示，“照抄多贴晓谕”。译咨达赖、班禅及各大呼图克图。二、“自己有庄田者，于本庄田内，择地安葬；如庄田贫民，由达赖喇嘛、班禅额尔德尼于前后藏拨出空地两三处，作为义冢公地，报官掩埋”。“著噶布伦等勘明界址，标记番民义冢字样”。三、“藏内病故番民，或系用棺木装殓，抑或用衣席包裹埋葬”。如果有违抗者，“即令在藏文武官员，将死者之子孙，凌迟处死，并将在旁助恶动手之人，正法示众”。四、为了保证该规定的实施，“该粮务移知营员，会同营汛弁兵，不时查察，倘敢不遵，随时拿究”。那么，这些措施出台以后，当时西藏各地方贯彻执行的情况如何呢？乾隆五十八年八月后藏粮务打箭炉照磨张锡谷给上司的禀文中说：他奉钧札后，“并著班禅佛及营官各拨出义地，卑职亲往踏验，栽石为记”，“各立石碑，上书汉夷各四字番民义冢，即将发来告示，照写多张，遍挂乡里十三处，及……各派兵役，四路查察”，“每日巡查所有番民，随死随开姓名具报，卑职即饬押埋，自奉示之后，已经埋数十余人”。[①] 我以为，他的这段话有为自己评功摆好之意，但是，在当时那种严厉的措施下，强行将数十死亡之人予以埋葬，则是可信的。从上述材料可以得知，当时，清朝统治者强行推行了土葬的丧葬形式，在推行之初，确实在一些地方强制一些藏族改天葬为土葬。然而，以后的进展与效果怎么样呢？有关这方面的情况，不管是藏文史书还是汉文史书都没有多少记载，我们不得而知。但是，我们今天从拉萨郊区矗立的天葬台来看，从广大藏族群众仍然热衷于这种丧俗的心理来看，从这种葬仪在广大藏族地区的流行范围和程度来看，现有的事实足以说明，1793 年清朝在西藏地区推行变天葬为土葬的改革没有成功，这也就正如推行这一改革的钦命总理西藏事务、工部尚书、镶白旗满军都统、世袭云骑尉和琳所忧虑的那样，“诚恐行之日久，番民无知，渐踵故习，后人不识予心，任其自便，则予之前功尽弃矣。”[②] 清朝统治者倡导的所谓“以重人伦，以厚风俗”的丧葬改革，在当时只是昙花一现，在长期的历史演进中，很快化为泡影被藏族人民所唾弃和遗忘，而和琳的继任者在现实的种种阻力面前，也无力将改革的轮子向前推动。历史的法官最后则宣告，这场丧俗改革以失败而告终。

今天，我们辩证地实事求是地分析清朝统治者推行的这一丧俗改革运动，就会产生这样几个疑问。为什么这场改革会遇到阻力？为什么清朝统治者的所谓“爱恤番民”被藏族人民所

① 松筠：《卫藏通志》卷十四，西藏人民出版社 1982 年版，第 496—502 页。
② 松筠：《卫藏通志》卷十四，西藏人民出版社 1982 年版，第 496 页。

拒绝？为什么改革归于失败的结局？原因何在呢？

首先，这种丧俗改革的社会价值取向没有物质基础。特定环境下的风俗习惯是特定条件下的生产方式所派生出来的，因此，要改变特定环境下的风俗习惯就先要变动特定条件下的生产方式。藏族的天葬就是在藏族社会一定生产方式基础上产生的，它是藏民族思想意识在生活领域的物化表现。所以，要改革就应该在促进社会生产力发展的基础上，变革人们的观念，转而在遵从本民族绝大多数人的意愿的情况下实行渐进的转变。而清朝统治者由于其阶级局限性和历史局限性，使得他们不能高瞻远瞩地认识到这一点，更不能自觉地采取科学的正确方法来解决这一问题。他们治标不治本，不能触动根基的做法，决定了他们必然失败的命运。

其次，这场丧俗改革是清朝统治阶级大民族主义和民族歧视政策的产物，这种改革性质从根本上就决定了这场改革的黯淡前景。我们知道，乾隆五十七年（公元1792年）以廓尔喀人入侵为契机，清朝统治者在西藏乘机进行了整顿各项纲纪的全面改革，并于乾隆五十八年（公元1793年）颁定了“藏内善后章程二十九条”。丧俗改革则正是清朝统治者借助于乾隆五十七年（公元1792年）全面改革的余波而乘胜进行的又一次补充性改革，是五十七年全面改革的伴随物。乾隆五十七年（公元1792年）的全面整顿和改革，在客观上对安定藏族社会，加强国家统一，促进西藏地区的经济发展起到了积极的作用，成效显著。但是也正因为如此，管理西藏的清朝部分官员为了表现自己，效劳朝廷，竟然利令智昏，急功近利，不分时间、地点、条件地发起了这场丧俗改革运动。在发起这场运动时，一是没有进行很好的舆论宣传和引导，群众缺乏心理准备，仓皇进行，措手不及。二是对藏族采取和实行了敌视、轻蔑的态度以及唯我独尊的同化政策。和琳在告示中将藏族污蔑为“番民无知”“下同畜类”。并在告示中一再说，他要“育化番民”，“谆切训导，晓以义理”，“悉化其俗”，“特为尔愚民反复开导”，最后使藏族“此后务须痛加改过，悔罪自新”。这充分暴露了清朝统治者蔑视藏族人民的反动嘴脸。如此的丧俗改革，脱离了藏族群众，失去了群众的基础，是决不会成功的。

再次，这场丧俗改革实际上是两种文化的强烈冲突。作为在中原占统治地位的儒教文化进入陌生的异域之地与早已在西藏站稳脚跟的佛教文化进行了较量，但由于种种原因，替换机制的不健全，儒教文化的威力远及西藏地域时已成强弩之末，不是佛教文化的对手了。佛教自南北两路传至西藏并与西藏地方宗教——苯教的斗争中，派生繁衍出一种具有西藏地方特色的佛教——藏传佛教。当时，西藏地区佛教已成为藏族的精神支柱，佛教的教规支配了藏族的整个精神生活，形成了影响本民族心理状态的特有文化系统，这就与中原西渐的儒教文化造成直接的抗衡。由于各个宗教系统的教规内容各不相同，宗教文化不一，民族心理活动不一，对各自的风俗习惯乃至丧俗的评判，其标准也就不一。清朝统治者是以儒教的文化观念来看待问题的。他们无论如何也不理解为什么藏族在实行天葬时，是那样的执着追求，孜孜不倦，怡然自得。而唯有安于这种丧俗的藏族，发自内心的呼唤则真诚地认为，天葬是死者得以安息的最佳方式。因此，中原儒教的西渐遭到了藏传佛教影响下的整个藏族的抵抗和反对。事实说明，任何一项外来的文化只有同当地土生土长的文化进行碰撞、改造、融合、变异、演进，才能生根立足。完全的外化或不受外化影响的文化都是难以生存的，完全的照搬照抄或闭门自守也是行不通的。

又次，清朝统治者采取的强制性行政措施，决定了他们只能得到事与愿违的相反效果。恩格斯在《流亡者文献》一文中曾说:“首先，在纸上可以随便写多少条命令，而这样做丝毫没有保证这些命令的实际执行；其次，取缔手段是巩固不良信念的最好手段！”① 这段话能给我们一个绝好的启示。清朝统治者在推行丧俗改革中，没有采取循循善诱和潜移默化的和平方式，而是采取的是行政命令甚至是实行暴力的强制性措施，这种强制性措施和方法实施的结果，在一定意义、一定程度上不但不能削弱原来的丧俗形式，反而更加强化了原有的丧俗形式。这给了封建统治者一个绝妙的讽刺和嘲笑。从历史的发展进程来看，一个民族的风俗习惯形成是经历了漫长的历史时期，它一旦形成就有其民族性、群众性、稳定性、持久性、地域性、变异性等特点。藏族的天葬是藏传佛教吸收苯教葬仪所形成的一种特有形式。由于藏族全民信仰佛教，信仰的程度又是那样的笃真和虔诚，因此，作为一种成熟、完善了的宗教观念和意识深入藏族人心，就会根深蒂固，在这种意识观念下，其力量的顽强作用完全可以想象得出。另外，藏族天葬的丧葬习俗也适应了藏族所处的高原地理概貌和气候状况，这种实用的丧俗是藏族自觉地去适应大自然所运用而生的。这样一种丧俗，这样一种观念，靠一朝一夕之功或一纸公文的命令，马上解决，立即奏效，恐怕是清朝统治者画饼充饥，自欺欺人而已。

综上所述，我们可以看到，由于清朝统治者在西藏地区推行变天葬为土葬的丧俗改革中，动机不纯，方法失当，措施错误，最后注定其失败，则是历史的必然。

---

①《马克思恩格斯选集》第 2 卷，人民出版社 1972 年版，第 580 页。

# 试论金瓶掣签的产生及其历史作用*

金瓶掣签亦称金本（奔）巴掣签（藏语称瓶为本巴），是清朝乾隆年间对西藏施政的一项重要措施，它对清中后期藏传佛教格鲁派的活佛传承产生了影响，形成百年不衰的定制。为了研究清和西藏的关系，本文试就金瓶掣签的产生及其历史作用作一探讨。

## 一、金瓶掣签的产生

乾隆五十七年（公元1792年）清朝政府在西藏制定了“藏内善后章程二十九条”，在二十九条中的第一条规定：藏蒙地区被寻认的活佛及呼图克图灵童要实行金瓶掣定。从此，金瓶掣签成为中央王朝管理蒙藏活佛转世的一种制度。那么，清朝当时为何要制定这样一个制度呢？乾隆年间，西藏毗邻尼泊尔的廓尔喀人强盛起来，廓尔喀是尼泊尔王国的一个民族，

---

* 本文发表于《青海社会科学》1989年第1期。

当这个民族统一了尼泊尔之后，就不断向四邻扩张。从乾隆五十四年（公元1789年）开始，廓尔喀人屡屡侵犯西藏边境。清“诏成都将军鄂辉等带兵往剿，侍卫巴忠、总兵官成德参赞军务，寻议和罢兵。”[①] 五十五年（公元1790年）“复大举入寇”，后藏遭到廓尔喀人的洗劫。清朝接到西藏地方政府的报告后，立即征调雄兵和物资，“授福康安为将军，海兰察、奎林为参赞，征廓尔喀”。[②] 结果在西藏上下僧俗官员和人民群众的支持下，“深入七百余里”，“履践险如平地，渡溜要若蹄涔，绕上袭下，埋根批吭，手足胼胝”[③]，“连战皆捷”，“及兵临阳布”，廓尔喀人汹惧，“卑词乞降”。在击退廓尔喀入侵后，清朝鉴于西藏地方吏治腐败，制度废弛，流弊泛滥，以至于强敌压境，根本无力抵抗的现实，决心大力进行各项整顿。乾隆帝当时就诏令福康安，“将来撤兵后，必当要立章程，以期永远遵循”。于是福康安遵帝旨意，“率大兵凯撤回藏，议定善后章程”。乾隆五十七年（公元1792年），福康安会同西藏地方有关人员共同商议，第二年（公元1793年），经清朝中央审订后，正式颁行，这就是著名的“藏内善后章程二十九条”。由于原来的活佛转世制度流弊严重。《西藏宗教源流考》一书中说：“初，达赖、班禅及各大呼图克图之呼毕勒罕出世，均由垂仲降神指示，往往徇私不公，为世诟病”。“而达赖、班禅亲族亦多营为大呼图克图，以专财利，致有仲巴兄弟诲盗之祸”。当时，八世达赖、七世班禅以及哲布尊丹巴呼图克图，“皆以兄弟叔侄姻娅递相传袭”。除此而外，“即蒙古内外各札萨克供

---

① 《番僧源流考·西藏宗教源流考》，西藏人民出版社1982年版，第66页。

② 赵尔巽：《清史稿》卷十五，本纪十五，高宗本纪六，中华书局。

③ 松筠：《卫藏通志》卷首，御制十全记，西藏人民出版社1982年版，第151页。

奉之大呼必勒罕，亦有各就王公家子弟内转世化生者。”[①] 如锡呼图呼图克图，即系喀尔喀亲王固伦额驸拉旺多尔济之叔；达克巴呼图克图，即阿拉善亲王罗卜藏多尔济之子；诺木绰尔济呼图克图，即四子部落郡王拉什燕丕勒之子；堪卜诺扪汗札木巴勒多尔济之呼必勒罕，即图舍图汗车登多尔济之子。青海地区亦然。湟源东科尔寺的五世东科尔索南嘉措，即尖扎头人祖多加之子；甘南拉卜楞寺的二世嘉木样官却晋美旺布，即祖多加之弟阿旺南加之子；佑宁寺的三世却藏阿旺图登旺秋、三世章嘉若贝多杰和塔尔寺的三世拉科活佛阿旺丹增嘉措是兄弟；四世却藏罗桑图登达吉、四世章嘉益希丹贝坚赞与羊官寺的贡伦仓四世崔臣丹嘉措也为兄弟；佑宁寺三世松布意希班觉、拉加寺的三世香萨罗桑丹贝旺秋崔臣彭措都出身于蒙古王族。还出现营私者弄出笑话的事情。从前“哲布尊丹巴示寂，适土谢图汗之福晋有妊，众即指为呼毕勒罕，及弥月竟生一女，尤贻口实”[②]，被“蒙古资为笑柄”。还出现营私者酿出大祸的事情。“红帽喇嘛沙玛尔巴垂涎扎什伦布财产，自谓与前辈班禅额尔德尼及仲巴呼图克图同系兄弟，皆属有分，唆使廓尔喀滋扰边界，抢掠后藏”。[③] 许多史书都认为，因为以上弊病，“高宗纯皇帝久悉其弊，欲革之而未有会也。乘用兵之后，特运神断创颁‘金奔巴瓶’”。[④] 这些史书的作者所阐释的以上原因都是正确的。但是我们具体分析清朝封建统治者的心态，可以发

① 松筠：《卫藏通志》卷首，高宗纯皇帝御制喇嘛说，西藏人民出版社1982年版，第149页。

②《番僧源流考·西藏宗教源流考》，西藏人民出版社1982年版，第66、67页。

③ 松筠：《卫藏通志》卷首，高宗纯皇帝御制喇嘛说，西藏人民出版社1982年版，第150页。

④《番僧源流考·西藏宗教源流考》，西藏人民出版社1982年版，第66、67页。

现，他们又有更深层次的考虑。清高宗在乾隆五十七年（公元 1792 年）六月发出谕旨说："达赖喇嘛、班禅额尔德尼二大喇嘛乃西方布行黄教，掌管佛法之宗"，"必须聪慧有福相之人，方能护持佛法而有裨益于黄教。从前认呼毕勒罕，皆恃拉穆吹仲看龙单于此，拉穆吹仲或受贿恣意舞弊，或偏庇亲戚妄指，或达赖喇嘛班禅额尔德尼暗中授意，令其指谁"。"如此谋利舞弊，则不但不能振兴黄教，而反致于坏其教。""此次廓尔喀贼抢掠后藏之事，皆伊诱唆所致者，即是不慎认呼毕拉罕之明证也"。"朕尚且不能主定，拉穆吹仲更不得从中舞弊，恣意指出，众心始可以服"[①]。乾隆皇帝认为，"兴黄教，即所以安众蒙古。所系非小，故不可不保护之"。但是，他是否相信转世的聪慧灵童就是佛的化身呢？不是的。他说："盖佛本无生，岂有转世？但使今无转世之呼图克图，则数万番僧无所皈依，不得不如此耳。"一语道破天机，他所说的要"觅一聪明有福相者"只不过是以安番僧，他认为，掣签"虽不能尽去其弊，较之从前一人之授意者，或略公矣。""有公明之断而非其时与会，亦望洋而不能成，兹之降廓尔喀，定呼必勒罕，适逢时会，不动声色以成之，去转生一族之私"，在他归政之年，复成此事就可以"辑藏安边，定国家清平之基于永久。"[②]最终，乾隆皇帝的落脚点是从维护他的统治利益出发的。我们再来看看福康安等人的奏折就更能说明这一点。乾隆五十七年（公元 1792 年）十月二十三日福康安等会奏："各写一签，贮于瓶内，对众拈定，实足以防弊窦，而惬众心。奉到节次谕旨，仰见我

① 《番僧源流考·西藏宗教源流考》，西藏人民出版社 1982 年版，第 38、39 页。

② 松筠：《卫藏通志》卷首，高宗纯皇帝御制喇嘛说，西藏人民出版社 1982 年版，第 149—150 页。

皇上厘定正教，抚驭外番，于因势利导之中，寓循名责实之意，臣等实深敬佩。”

从以上我们可以看出，金本巴的诞生，是清朝统治者以廓尔喀人入侵为口实，并以此为契机加强封建统治和对西藏行使完全主权的需要而采取的以退为进的积极战略步骤。

## 二、金瓶掣签的礼仪和内容

为了防止营私舞弊，乾隆皇帝采取了相应防弊的办法，金本巴的形式就是适应了这种需要。那么，金瓶掣签是怎样进行的呢？乾隆皇帝的诏谕和藏内善后章程对此有详细的规定。关于金本巴的内容乾隆的诏令是这样说的：“今朕送去一金瓶，供奉前藏大招寺内。嗣后达赖喇嘛、班禅额尔德尼、哲布尊丹巴、噶勒丹锡勒图、第穆、济咙等，并在京掌印大呼图克图及藏中大呼图克图等圆寂，出有呼毕拉罕时，禁止拉穆吹仲看龙单，著驻藏大臣会同达赖喇嘛、班禅额尔德尼将所出呼毕拉罕有几人，令将伊等乳名各书签放入瓶内，供于佛前虔诚祝祷念经，公同由瓶内掣取一签，定为呼毕拉罕，如此佛之默祐，必得聪慧有福相之真正呼毕拉罕，能保持佛教。”[①]《卫藏通志》卷十二“条例”中记载说：“达赖喇嘛、班禅额尔德尼之呼毕勒罕，以及前后藏大小呼图克图之呼毕勒罕，察木多、类乌齐、乍丫、萨喀、西宁等处呼图克图之呼毕勒罕，一经呈报出世，指出数名，均由驻藏大臣将其姓名生年月日，用清汉唐古忒三样字缮写牙签，贮于钦颁金本巴瓶内，先期传唤喇嘛齐集大昭

① 《番僧源流考·西藏宗教源流考》，西藏人民出版社1982年版，第38页。

诵经七日，届期，驻藏大臣亲往监同抽掣。”[①] 保存在大昭寺和扎什伦布寺内的藏文条例则记载得更为详细。“关于寻找活佛及呼图克图的灵童问题，依照藏人例俗，确认灵童必问卜于四大护法，这样就难免发生弊端。大皇帝为求黄教得到兴隆，特赐一金瓶，今后遇到寻认灵童时，邀集四大护法，将灵童的名字及出生年月，用满汉藏三种文字写于签牌上，放进瓶内，选派真正有学问的活佛，祈祷七日，然后由各呼图克图和驻藏大臣在大昭寺释迦佛像前正式认定。假若找到的灵童仅一名，亦须将一个有灵童名字的签牌，和一个没有名字的签牌，共同放进瓶内，假若抽出没有名字的签牌，就不能认定已寻得的儿童，而要另外寻找。达赖喇嘛和班禅额尔德尼像父子一样，认定他们的灵童时，亦须将他们的名字用满、汉、藏三种文字写在签牌上，同样进行，这些都是大皇帝为了黄教的兴隆，和不使护法弄假作弊。这个金瓶常放在宗喀巴佛像前，需要保护净洁，并进行供养。”[②] 另外，《西藏宗教源流考》就金瓶掣签的范围作了记叙。“‘金奔巴瓶’一供于藏之大招，遇有呼毕勒罕出世互报差异者，纳签瓶中，诵经降神，大臣会同达赖、班禅于宗喀巴佛前掣之。至各札萨克蒙古所奉之呼图克图，其呼毕勒罕将出世，亦报名理藩院与驻京之章嘉呼图克图掣定，瓶供雍和宫”。[③] 然而，西藏方面亦不是所有的呼毕勒罕都要掣签。福康安给皇帝的上奏中曾讲到“察木多、类乌齐等处的呼毕勒罕，距藏较远，所出之呼毕勒罕，非大呼图克图可比，向来不由藏地吹忠指认，仍照旧令其徒众自行寻觅”。综上所述，金

① 松筠:《卫藏通志》卷十二，条例，西藏人民出版社 1982 年版，第 333 页。
② 牙含章:《达赖喇嘛传》，人民出版社 1984 年版，第 62—63 页。
③《番僧源流考 · 西藏宗教源流考》，西藏人民出版社 1982 年版，第 67 页。

本巴掣签大致有这样一些主要内容：（a）乾隆帝钦赉两个金瓶，一置于西藏大昭寺，一置于北京雍和宫；（b）蒙藏地区主要活佛及呼图克图的灵童寻认都要进行金瓶掣签，蒙古地区的呼毕勒罕掣定由理藩院和驻京章嘉活佛主持在北京雍和宫进行，西藏及甘、青等地呼毕勒罕掣定由驻藏大臣和达赖、班禅主持在西藏大昭寺进行；（c）依藏人例俗，寻认灵童多名进行掣签，如仅觅得一名灵童也要置一个没名字的牙签于瓶中进行掣定，如抽出无名字的牙签，灵童则要重新寻认；（d）灵童的名字及出生年月，要用满、汉（一说蒙文）、藏三种文字书写，放入金瓶后，要由名活佛念经，祈祷七日。具体的典礼仪式是这样进行的，道光二十三年（公元1843年）曾任驻藏帮办大臣的钟方在他所编撰的《番僧源流考》一书中有详细的记叙。

首先，各参加掣签典礼者依次进入席坐，侍者给每人献一碗清茶，再斟一碗奶茶。然后满印房人将原文呈阅，并核对用满文、蒙古文（一说汉文）、藏文书写在牙签上的灵童的名字和年岁，并令侍官送给达赖、班禅阅看，又将入掣各本家人唤来跪看，消除他们的疑心。这些准备工作做

掣签仪制图

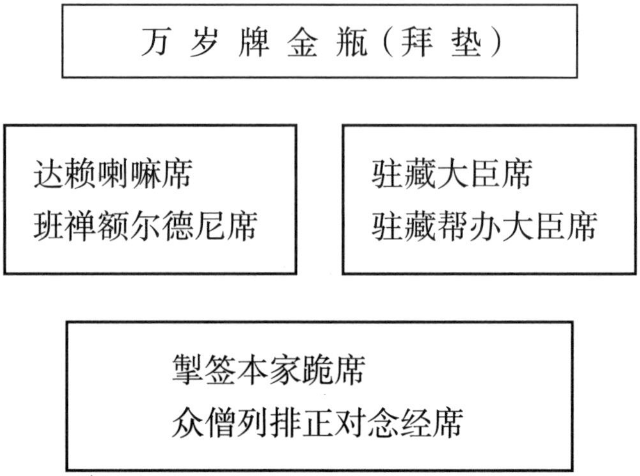

| 万岁牌金瓶（拜垫） | |
| --- | --- |
| 达赖喇嘛席<br>班禅额尔德尼席 | 驻藏大臣席<br>驻藏帮办大臣席 |
| 掣签本家跪席<br>众僧列排正对念经席 | |

完以后，满印房的官人，将牙签用黄纸包妥，放在瓶前。等到众僧侣念经要将牙签入瓶时，喇嘛回请驻藏帮办大臣，帮办大臣起立走到瓶前，行一跪三叩首礼，不起立即跪，将牙签双手举过头顶放入瓶内，并用手将金瓶摇晃旋转两次，盖上瓶盖，起立返回原座。在帮办大臣放签入瓶的时候，正办大臣在左旁侍立，牙签入瓶后，也同归本座。又等到众僧侣念经要掣签时，仍由原喇嘛回请正办大臣，正办大臣亦行一跪三叩首礼，并跪启瓶盖，用手摇晃旋转，抽出一根牙签，帮办大臣则也在左旁侍立。抽出牙签，拆开黄纸，同众人当面开看。并唤来掣出名字的本家人跪听，让他们观看牙签。然后，令满印房官人送给达赖、班禅阅看，并将牙签供设在金瓶前面，又将未掣出的牙签全部拿出拆示给众人阅看，又给各本家人观看，让他们消除疑虑，最后用黄纸将名字擦去。①

## 三、金瓶掣签实施的历史简况

金瓶掣签是乾隆五十七年（公元1792年）颁定的，但在乾隆生前，由于达赖、班禅、哲布尊丹巴等著名活佛并没有转世的，因此，重大活佛的掣签也就从未实践过。然而，从福康安给乾隆的奏折中，我们得知，这一条例制定后，在西藏局部范围进行了初步的实践和预演。乾隆五十七年（公元1792年）十一月二十日（《清史稿》记为九月丙午）御前侍卫惠伦、乾清门侍卫阿尔塔锡第恭赍金本巴瓶来藏，并将金瓶置在大昭寺楼上宗喀巴像前供奉。过了数月，就有一些地方送来了呼毕勒罕，要求掣定。乾隆五十八年（公元1793年）二月十三日，

---

①《番僧源流考·西藏宗教源流考》，西藏人民出版社1982年版，第38、39页。

和琳等给皇帝的奏折中就说，“为西宁及科尔沁等处送到各呼毕勒罕，遵旨入瓶签掣事。窃臣等前奉谕旨，遇有大小呼毕勒罕，即在金本巴瓶先行试掣。兹有西宁送到逊巴呼图克图之呼毕勒罕，并年班回藏堪布囊素带有科尔沁地方达赖喇嘛四人之呼毕勒罕四人。兹有一人送到呼毕勒罕三名，又有三人每一人各送到一名。现在送到之呼毕勒罕，共计九名。所有各呼毕勒罕俱非大呼图克图，向来转世，并不报明理藩院具奏，亦不由吹忠指认，惟将本处所出之呼毕勒罕名字，送交达赖喇嘛、班禅额尔德尼诵经指定，历来俱系如此办理。臣等伏思钦定颁金本巴瓶今既供奉在藏，自应将送到之呼毕勒罕，各按名字人数，分别入瓶试掣，因先期令济咙呼图克图等，带同喇嘛于大昭宗喀巴前虔诚诵经。二月十一日，达赖喇嘛下山前至大昭，臣等亲往监视，写签入瓶，公同抽掣。查逊巴呼图克图之呼毕勒罕送来者共有三名，掣得策旺哲布丹之子；又达赖喇嘛罗卜藏多布丹之呼毕勒罕送来者亦有三名，掣得乌珠穆沁地方第巴克之子；又达赖喇嘛罗卜藏丹津、罗卜藏达布凯、伦珠布班珠尔三人之呼毕勒罕送来者每人只各一名。是以写名签三枝，各配空签一枝，分三次入瓶抽掣。其达赖喇嘛罗卜藏丹津及罗卜藏达布凯之呼毕勒罕俱系掣得名签，准其指认。惟伦珠布班珠尔之呼毕勒罕掣空签，自非确实，应令该地方另行寻觅。”① 为了大力推行金瓶掣签，清朝驻藏官员不仅对一些小活佛进行了试掣，并广为宣传，“行文各处，访问有无呼毕勒罕”，登名造册，了解情况。在查找中，他们得知察木多所属甲拉呼图克图、咙色所属觉喇泽小呼图克图、又藏咙借结呼图克图三名，

① 松筠：《卫藏通志》卷五，喇嘛，西藏人民出版社 1982 年版，第 265—266 页。

皆已圆寂一二年，尚未出世，于是上奏朝廷，援引识认额尔德尼班第达之例，会同当地的汉官，于圆寂地方一二年内所生的有福相聪俊幼孩，各拣四名，如法念经，进行入瓶签掣。总之，这一制度建立之初，清朝是极力推行的，地方官员也是坚决贯彻执行的。乾隆以后，这一定制延续一百多年，除某些方面发生变异以外，基本上得到了全面的实施。我们仅以达赖、班禅世系为例进行分析。八世达赖和七世班禅的呼毕勒罕是在这一制度以前确认的，这一制度实行以后，达赖从九世到十四世，历经六辈；班禅从八世到十世，历经三辈。就是说，达赖世系是从九世、班禅世系是从八世开始实行金瓶掣签的。下面我们就九世达赖、八世班禅以后的世系传承情况作一简单介绍。

第九辈达赖阿旺隆朵嘉穆措摆桑布，于嘉庆十年（公元1805年）在康巴垫曲科地方转世。三岁时被认定为九辈达赖灵童迎到拉萨。七世班禅丹白尼玛会同摄政济咙呼图克图及三大寺代表，一致向驻藏大臣要求，请奏明皇上，免予掣签。嘉庆帝派成都将军特清额来藏颁旨，予以破格，免除金瓶掣签。嘉庆十三年（公元1808年）九月二十二日在布达拉宫坐床。

第十辈达赖阿旺罗布藏降摆丹增楚臣嘉穆措摆桑布，于嘉庆二十一年（公元1816年），在理塘内都那布村转世。当时西藏找寻到三位灵童。道光二年（公元1822年）三月三日将三位灵童送到拉萨布达拉宫举行掣签（一说奏明在大昭寺）。楚臣嘉措被抽定，八月八日在布达拉宫坐床。

第十一辈达赖阿旺改桑丹贝卓密凯珠嘉穆措，于道光十八年（公元1838年）九月初一寅时，在噶达地方转世。当时寻认三个灵童，由于阿里发生战争直到二十一年（公元1841年）

五月二十五日才在拉萨布达拉宫举行掣签仪式，结果凯珠嘉措抽定，二十二年（公元 1842 年）四月十六日在布达拉宫坐床。（《清史稿》记载：二十一年四月坐床，七月颁敕书）。

第十二辈达赖阿旺罗布藏丹贝甲木参成烈嘉穆措，于咸丰六年（公元 1856 年）在沃卡坝地方转世。当时找到灵童三人，八年（公元 1858 年）正月十三日在布达拉宫掣签，成烈嘉措抽定，十年（公元 1860 年）七月初三，在布达拉宫坐床。

第十三辈达赖阿旺罗布藏塔布克嘉穆措，于光绪二年（公元 1876 年）五月初五，在达布甲擦营官属下朗顿家转世。噶厦为寻访达赖灵童，让八世班禅打卦问卜，经各方努力呼毕勒罕获访。班禅固率同有职事各僧俗等人出具图记公禀，恳请驻藏大臣松桂代奏，由于只寻得一名灵童，且经各方公认，请免掣签。光绪三年（公元 1877 年）六月戊子光绪帝在奏折上批示："贡噶仁钦之子罗布藏塔布开甲木错，即作为达赖喇嘛之呼毕勒罕，毋庸瓶掣。钦此。"

第十四辈达赖阿旺罗布藏丹增嘉穆措，于民国二十四年（公元 1935 年）在青海平安转世。1938 年冬，西藏政府以寻获三名灵童，呈报中央，要求派员入藏主持抽签。1939 年 12 月，派国民党蒙藏委员会委员长吴忠信到达拉萨时，寻童只剩一个，双方交涉磋商中，西藏摄政热振在接受吴氏事先查看灵童和由热振具文呈请中央的条件下，同意免除抽签手续。1940 年 2 月 5 日，国民党政府发布了如下命令："青海灵童拉木登珠慧性湛深，灵异特著，查系第十三辈达赖喇嘛转世，应即免予抽签，特准继任为第十四辈达赖喇嘛，此令。"1940 年 2 月 22 日在布达拉宫坐床。

第八辈班禅罗布藏班垫曲吉札克丹贝汪曲，于咸丰四年

（公元1854年）在后藏转世。六年（公元1856年）十二月十九日，进行金瓶掣签抽定，十年（公元1860年）十月初二，迎至扎什伦布寺坐床。

第九辈班禅罗布藏吐巴丹却吉尼玛格拉克拉木结，于光绪九年（公元1883年）正月十二日，在琼科尔结转世。十四年（公元1888年）正月十五日进行金瓶掣签抽定，十八年（公元1892年）正月初三，迎至扎什伦布寺坐床。

第十辈班禅确吉坚赞，民国二十六年（公元1937年）在青海循化文都沟转世。1941年（一说1942年）班禅堪布会议厅寻认，1943年2月19日，移驻塔尔寺。当时西藏噶厦也找到两名灵童，通知扎什伦布寺，要他们将青海灵童接到西藏举行掣签，堪布会议厅认为青海灵童为真正九世班禅的呼毕勒罕，毋庸掣签。1949年春派计晋美前往广州，请求国民党政府批准。5月，国民党政府行政院在广州举行政务会议决定，明令公布官保慈丹为九世班禅“化身”。5月2日（一说6月3日），正式发布命令：“青海灵童官保慈丹，慧性澄圆，灵异夙著，查系第九辈班禅额尔德尼转世，应即免予掣签，特准继任为第十世班禅额尔德尼”。8月8日（一说8月10日）在青海塔尔寺坐床。①

从达赖、班禅世系转世来看，金本巴掣签实行以来，并不是所有的转世“呼必勒罕”都进行了掣签，而是有的抽了，有的未抽。金瓶掣签制产生以来，达赖历经六世，其中九辈、十三辈、十四辈未掣签；班禅历经三世，三世中十辈未掣签。在制定掣签者——乾隆当政期间，没有一名达赖或班禅转世。后世按清朝定

① 《青海历史纪要》，青海人民出版社1987年版，第515页。

制应掣签的达赖、班禅，又历经不同的时期、不同的朝代，时间的跨度较大。但就藏传佛教格鲁教派最大的活佛系统来看，的的确确遵循和实施了清乾隆颁定的金瓶掣签制度。

## 四、对金瓶掣签的历史评价

首先，金瓶掣签是清朝政府全面治藏政策的产物，是清朝政府对藏完全行使主权的重要组成部分。由于乾隆五十六年（公元1791年）西藏发生了廓尔喀人的入侵事件，使西藏蒙受了重大损失，成为清朝对藏治理和整顿西藏纲纪的直接导因。这个事件的发生，使清朝统治者直观地感受到了清朝将丧失对蒙藏直接统治的一种潜在威胁。乾隆谙知，清朝之所以很容易地制服了蒙藏民族，成功的秘诀就在于使用了宗教这个精神武器。他所倡导的“振兴黄教”其用意也正是为了更好地利用黄教。按照他本人的话说，“朕自乾隆八年以后，即诵习蒙古及西番字经典，于今五十余年，几余究心讨论，深识真诠，况本朝之维持黄教，原因众蒙古素所皈依，用示尊崇，为从宜从俗之计”。“近因黄教之习，愈趋愈下，蒙古番民等失其旧时淳朴之风，惟知牟利，罔识佛教正宗，不得不亟加整顿。”[①] 而整顿的目的就是“永除争竞”，“永息争端”。清统治者知道要革除弊端，“力挽颓风”，首先要在全民信教、政教合一的地方，掌握神权。因此，他们以金瓶掣签的办法夺取了蒙藏贵族及拉穆吹仲所固有的神权，将这一权利进行转移，成为清朝统治者的一项特权。他们并对佛教界进行整顿，填名造册，掌握蒙藏地区佛教界的基本情况。以此措施树立清朝皇帝的形象，扩大影

① 松筠：《卫藏通志》卷五，喇嘛，西藏人民出版社1982年版，第268页。

响，提高驻藏大臣的地位，发挥地方官的作用，钳制蒙藏民众心理，加强对西藏的控制。清朝统治者巧妙地将西藏地方神权与清朝政权结合起来，将清廷与天意、神授相联系，在一层层使人眼花缭乱的面纱中，变相掌握了西藏佛教的人事权。乾隆曾说：藏地出产较少，众僧侣养赡入不敷支者，可以向蒙古番众布施，惟不准私指呼毕勒罕。对于清朝具体来讲，通过这次整顿和制定章程就是要提高驻藏大臣的地位，扩大他们的权限。而以往驻藏大臣没有实权，职务形同虚设。乾隆五十七年（公元 1792 年）八月二十七日的谕令中就说："向来大臣内才堪办事之人，多留京供职。其从前派往驻藏办事，多系中材谨饬之员。该大臣等前往居住，不过迁延岁月，冀图班满回京，是以藏中诸事，任听达赖喇嘛及噶布伦等率意径行，大臣等不但不能照管，亦并不预闻，是藏驻大臣竟成虚设。"十一月，福康安的上奏中也说："向来驻藏大臣惟资坐镇，不复预闻。""又复不谙大体，一切委之达赖喇嘛，转付噶布伦等，任所欲为，以致藏务日就废弛。"而解决问题的办法，就是"嗣后藏中诸事，皆当隶驻藏大臣管束料理。如遇出有噶布伦、商卓特巴、第巴、戴本等缺，皆应归驻藏大臣秉公拣放奏补"，"不得仍前任听达赖喇嘛、噶布伦等专擅。"① "嗣后驻藏大臣除上山瞻礼外，其督办藏内事务应与达赖喇嘛、班禅额尔德尼平等。自噶布伦以下番目及管事喇嘛、分系属员，事无大小均应禀命办理，至札什伦布一切公事，亦令岁本堪布一体禀之驻藏大臣办理"。② 尽管在善后章程中，清朝对达赖、班禅的各项权

① 松筠：《卫藏通志》卷九，镇抚，西藏人民出版社 1982 年版，第 315、317 页。
② 黄沛翘：《西藏图考》卷七，大学士福康安等摺，西藏人民出版社 1982 年版，第 205 页。

利作了规定，虽然从字面上看，驻藏大臣与达赖、班禅权利平等，但是金瓶掣签的制定，则成为一个楔子，使达赖、班禅与清朝的主从关系愈加明显，而驻藏大臣要主持金瓶掣签仪式，实质上又使驻藏大臣凌驾于达赖、班禅之上。《清史稿》“职官”中就说：“西藏达赖喇嘛一人，掌全藏政令；班禅喇嘛一人，掌后藏寺院与其教民；并受成于驻藏大臣。”[①] 金瓶掣签制度的实施确立，保证了清廷对西藏地方政府的绝对权威。

其次，金瓶掣签又成为蒙藏地区大小活佛和呼图克图抬高自己身价，给自己罩上神圣光环的一种需要。当清廷国力强盛、威力远播时，与清廷的攀缘则形成蒙藏地区大小活佛为加强和巩固自己地位的一种时尚。当金瓶掣签刚刚颁定时，蒙藏地区许多从前不经吹仲拈定的小活佛纷纷前来要求掣定，这种现象或多或少反映了他们的攀缘心理。另则，当金本巴瓶到藏时，“济咙呼图克图率领各寺呼图克图大喇嘛，及噶布伦以下番目，远出祇迎。达赖喇嘛感激圣恩，先期下山，在大昭寺等候，派喇嘛等各执香花幡幢导引。”“达赖喇嘛称，呼毕勒罕，递衍禅宗，关系郑重。今蒙大皇帝振兴黄教，惟恐吹忠等降神作法，指认未真，致有流弊，特颁金本巴瓶，卫护佛门，实已无微不至，我实感戴难名。嗣后惟有钦遵圣训，指认呼毕勒罕时，虔诵经于大众前秉公拈定，庶使化身真确，宣扬正法，远近信心，阖藏僧俗顶戴天恩”。当时达赖喇嘛等对此感颂情形，见于词色。并且给乾隆呈递谢恩哈达一方、佛一尊。济咙呼图克图也呈递谢恩哈达一方、佛一尊。当对一些地方送来的小活佛转世灵童进行试掣时，“自达赖喇嘛以下，僧俗环观，皆称

① 赵尔巽：《清史稿》卷一百一十七，志九十二，职官四，中华书局。

大皇帝护卫黄教，将设立金本巴办为公允"，众情"甚属感激喜悦，倾心信奉"。以上记载的言词肯定有些溢美和夸张，但多少反映出当时的一点实情。蒙藏地方上层僧侣希冀借助于清朝威力的这种需要，客观上就为这一制度推行创造了条件。也使蒙藏加强了与中央王朝的联系，安定了蒙藏地区的社会秩序。

再次，金瓶掣签在以后的实施中虽然出现流变，但其本质性的内容对后世产生了重大影响。乾隆将金瓶掣签定成了制度，但第一位大活佛转世要进行掣签的是嘉庆年间的达赖九世。由于当时西藏内部各种政治力量纷争，形势为他们所左右，因此，九世达赖在嘉庆帝的允许下，没有实行金瓶掣签，这就开了一个坏头，使掣签发生了变异，以至于后来几世达赖寻认时，西藏地方势力都援引前世的破例，要求免于掣定，当朝皇帝也纷纷效法，予以批准。寻认了一个灵童的未进行空白签入瓶掣定，寻认了数个灵童的也未进行掣定。另外，由于从六世至八世达赖灵童寻认后都是在布达拉宫举行坐床，形成了惯例，于是后世达赖在大昭寺掣签的规定也被破除，九世至十四世达赖不管要掣签的还是免除掣签的，其掣签和坐床都在布达拉宫举行。这一方面反映了清朝国势的衰落，不得不采取一种针对不同对象的灵活政策，另一方面也反映了西藏地方势力妄图离经叛道所产生的离心力。然而不管在怎样的情况下，要履行中央政府的特批手续这一点，任何时候都未突破，在清末年间是这样，在民国时期也是这样。这种实质性的内容在最恶劣的状况下，从根本上始终维持了中央和西藏地方的主从名义关系。十三世、十四世达赖转世，正是我国内忧外患之时，西藏地方势力以种种借口要免除金瓶掣签，要在形式上造成一种否决中央对西藏行使主权的声势，而这种制度流传数十年，始终成为中央的一个法典依据，中央对达赖、班禅转世的特批权始终是掌握的。如果不经中央批准免予掣签，这种法律手续是不完善的或不成立的。正是在这一点上，国民党政府派员在主持十四世达赖掣签、坐床仪式时，以“照旧议办理”“体制攸关”为理由与西藏地方势力据理力争，既给国民党政府争了面子，又在名义上行使了对西藏的主权。当西藏地方势力要对十世班禅的灵童进行掣签时，国民党中央又以特批权，同意班禅堪布会议厅的请求，免予掣签，挫败了西藏地方势力部分人的阴谋，近代以来，金瓶掣签则也成为中央驳斥和反对西藏地方一部分人妄图闹独立的论据和理由。从以上所述，我们可以看到，金瓶掣签对内地和西藏关系的缩联，对满汉蒙藏民族关系的加强，对后世中国政治地理格局的形成，对藏传佛教格鲁派的发展都起到了一定的作用。

# 1988年

# 互助土族姓名浅谈*

姓名是人类社会发展到一定历史阶段的产物。姓名起源之初以氏族、部落、神祇、地域、国名为号，以其特有的号，界定群体范围，强化个体意识，使群与群之间、人与人之间在称谓上加以区别。然而，随着人类社会历史的不断发展，姓名的原始功能渐渐弱化，当今则成为人际社会交往的信息符号了。在我国五十六个民族中，各民族姓名的称谓、产生的时间都不尽相同。从人类社会发展的整个过程来看，各民族的姓名往往都与本民族所处的历史阶段、生产方式、自然环境、语言文字、文化教育、价值观念、心理状态、宗教信仰、民族交往等有着密切的关系。

土族是居住在我国西北地区的一个少数民族，主要分布于青海的互助、民和、大通、同仁以及甘肃的天祝等地。土族的姓氏是如何形成的？名字有什么特点？本文想着重谈谈这个问题。

---

* 本文发表于《青海社会科学》1988 年第 3 期。

## 土族姓氏的来源

土族有多少个姓氏？目前还没有确切的统计数字，笔者搜集到一百多个姓氏，它们是：阿、补、祁、席、童、李、伊、吕、张、白、王、苍、马、麻、东、董、秦、星、辛、刘、林、牛、鲁、解、唐、赵、姚、葛、刁、纳、苏、索、贺、黄、罗、杜、叶、兰、裴、杨、付、沙、贲、乔、全、穆、胡、程、常、梁、康、季、脱、孟、耿、何、汪、冶、甘、陈、车、严、彦、那、邢、卜、昝、许、鲍、文、吉、聂、喇、冯、达、温、保、宋、孙、侯、贾、关、周、卫、金、田、高、徐、钱、扈等等。从字面上看，土族的这些姓氏绝大多数都可以在汉族姓氏中找到，但并非都是汉姓。有的姓氏的确就是与汉族通婚后直接转化而来的，但有的姓氏则又有其独特的形成过程。

那末，土族最早的姓氏形成于何时？卫惠林在《青海“土人”的婚姻与亲族制度》一文中认为：“土人之贵族土司久受汉化，土人之土司多为突厥族或蒙古族，本来无姓，其先世自魏晋至隋唐间，逐鹿中原或建朝边陲时，已相效汉化，用汉姓，通汉文，乃其最具体之表现。土人为青海各族中最汉化之一支，大约受其统治民族之影响，其汉化之程序自上而下，由贵族及于平民乃极其自然之事。现土人之姓多袭用土司贵族，如李姓、祁姓、白姓等皆为明证”。[①] 黎小苏在《青海之民族状况》一文中也认为：“土司为封建时代之遗物，前清时，甘

① 卫惠林：《青海“土人”的婚姻与亲族制度》，见《青海土族社会历史调查》，青海人民出版社 1985 年版，第 143 页。

肃改省，以各土司有捍卫之劳，无悖逆之事，仍旧设置，故今日青海、甘肃二省，仍有土司制度存在，现在杂居各县，部落甚多，相传为吐谷浑之后裔，大都为元后始行归顺，乃授封改姓，世袭其职，或从回教，或同番俗，或与汉人同化”。[①] 笔者以为，他们关于土族姓氏问题的观点是正确的。如果追溯民族的族源，从土族姓氏最早出现的时间断线上，推到吐谷浑时期，当是无疑的。公元 4 世纪初（西晋永嘉末年）吐谷浑立国时就已有自己的原始姓氏，并且“盖羡诸华为之”。[②] 这样，就为今日土族姓氏的形成掩埋了第一块基石。从那时起，土族的姓氏不断嬗变，不断增加，以致于由少到多、由小到大，从过去涓涓小溪汇集成今日姓氏的海洋。土族姓氏的来源，从笔者所掌握到的材料来看，有这样几个方面。

一、从吐谷浑先民之姓演变而来。吐谷浑是鲜卑族慕容氏的一支，原居于东北地区，魏晋时，该部拥马西行，逐渐融汇西羌民众后在今青海甘肃南部立国。当时，在鲜卑族中就有慕容、乙那蒌等姓氏。笔者以为，今日土族中的伊姓、穆姓、那姓就是从乙那蒌氏、慕容氏转化而来。而今日土族中的白姓更是直接从吐谷浑那里传承而来。在五代时，史书就已明确记载了吐谷浑中的白姓。新旧《五代史》记载：石晋（936—946 年）时，吐谷浑首领白承福等因不堪契丹苛暴率吐谷浑三千帐由辽境奔入五台山一带。公元 946 年，刘知远兵围吐谷浑，杀白承福、白可久、白铁柜等。[③] 今在土族中就有不少白姓。

二、从土司之姓传承而来。土司家族的后裔保持了土司的

① 黎小苏：《青海之民族状况》，《新亚细亚》1934 年第 2 期。
②《新唐书·西域列传·吐谷浑》卷二二一。
③《土族简史》，青海人民出版社 1982 年版，第 18 页。

原姓，土司所管辖的土民改用了土司之姓。据杨应琚《西宁府新志》的记载，宁郡有土司十六家，这十六个土司中除循化的两个韩土司是在撒拉族地区外，其他都是在土族地区。这十四个土司是：东李土司、西李土司、东祁土司、西祁土司、汪土司、纳土司、陈土司、吉土司、冶土司、甘土司、朱土司、辛土司、赵土司、阿土司，还有甘肃省境内的鲁土司。这些土司有土族，也有维吾尔族、汉族、蒙古族等，他们所管辖范围颇大，管理的土民颇多。这些土司中除陈土司是汉族，“陈”是本家姓氏外，其余大都是改用汉姓。李土司或认为是西域沙陀突厥李克用的后代，李姓是唐朝皇帝给李克用的赐姓。东祁土司本是维吾尔族，西祁土司本是蒙古族，祁姓是明洪武年间的赐姓。汪土司、纳土司、吉土司、阿土司，原都是蒙古族，都是在明以后，以汪、纳、吉、阿为姓的。甘土司是元帖木录的后代，朱土司是元乩铁木的后代，辛土司是元朵力乩的后代，赵土司是元赵朵只木的后代，他们都是土族，大都是在明以后改姓为甘、朱、辛、赵的。这些土司的后裔一直将其姓氏保留下来。由于“土司世官其地，世有其土，土民世耕其地，世为其民”，土司的土民也渐渐随从土司采用了土司之姓。在土司统治下的地区，就曾形成了以土司之姓为名的村庄。在祁土司的居地里就有南川祁家庄、甘沟祁家庄、河北祁家堡、胜番沟上下祁家庄；在李土司的居地就有李尔加庄、李家台庄、李九庄、李五堡、李家庄；在纳土司的居地就有东川纳家庄、南川纳家庄、西川纳家庄；在吉土司的居地就有东川吉家庄、西川吉家庄；在陈土司的居地就有陈小庄、北川陈家庄；在赵土司的居地就有胜番沟赵家湾庄、赵家寺庄、双塔沟赵家庄；在甘土司的居地就有美都川甘家庄；在朱土司的居地就有三川朱家堡；在辛土司的居地就有窝铁沟辛家庄；在喇土司的居地就有喇家庄、上喇庄等。[①]这些土司管辖的地方，与土司同姓氏的人数较多，并且又比较集中。总之，由于土司统治的政治、经济、文化等原因，这十四个土司的姓成为今天土族中的大姓。

三、从地名演变而来。青海黄南藏族自治州同仁县五屯是土族聚居的地区。五屯包括吴屯、加查玛、年都乎、郭玛日、尕沙日和脱加等六个自然村。这些村子在明清时被称作“四屯”或“四寨”，即吴屯、季屯、脱屯、李屯或吴寨、季寨、脱寨、李寨。而这些屯名、寨名渐渐演变成姓氏。现在同仁的土族中就有吴姓、季姓、李姓和脱姓。[②]

四、从民族的语言称谓上音转而来。互助东沟大庄地区的何姓人家，据说原是裕固族，是由甘肃裕固地区迁移来的，刁姓人家也是裕固族，是从乐都冲沙迁移来的；胡姓人家原是蒙古族，是由哈喇直沟川索布滩迁移来的；董姓人家原是藏族；麻姓人家原是蒙古族；牛姓人家原先就是此地的土族。何姓、刁姓是从裕固族语“藏林”“群沙”转化而来。胡姓是随着蒙古语“蒙呼尔”的音转化而来。董姓是从藏语的“尕娃”转化而来。麻姓是从蒙古语的“麻世郡”转化而来，意思是元朝军队的意思。牛姓是从土语的“拉西”转化而来。[③]而兰姓、吕姓、星姓、达姓的土族也都是来自藏族、蒙古族，其姓氏也大

---

①《青海历史纪要》，青海人民出版社 1987 年版，第 635—656 页。

②《同仁四寨子（五屯）土族历史考察》，见《青海土族社会历史调查》，青海人民出版社 1985 年版，第 171 页。

③《互助土族自治县东沟大庄地区土族社会历史调查》，见《青海土族社会历史调查》，青海人民出版社 1985 年版，第 61 页。

都是从藏语、蒙古族语言转化而来。[①]

五、从汉语姓氏上转化而来。明初曾有一批汉族人民从山西、江苏等地迁入民和三川地区和互助地区。清中叶又有许多汉族人民逃荒避难、做小生意或寻找零活等从四川、甘肃等地迁入互助地区。他们到这里安家落户，与土族杂居，互相通婚，逐步融合到土族之中。民和官厅土族张家、贾家的家谱称其祖先原系山西平阳府人；秦家家谱称其祖先原籍山西大柳树庄人。[②] 这样，这些与土族妇女通婚的汉族也将自己的汉姓转为土族之姓了。而今天，在土族与汉族、藏族、回族杂居地区，土族与其他民族的相互通婚，更是屡见不鲜。在互助五十乡的陈姓、刘姓、聂姓、邢姓、王姓的土族中，大多数是五十年代从河南、河北来青的移民与当地土族通婚后出现的姓氏。这就加快了土族姓氏的增加，土族今天人数较少的姓氏大都属于这种情况。

总之，土族的姓氏是在历史的发展中逐渐演变而成，而且是不断发展变化的。我们可以预言，今后随着各民族之间更加密切的交往，这种增长趋向还会不断呈高涨之势。

## 土族名字的特点

由于土族全民族信仰藏传佛教，在历史上没有本民族的文字，一般使用汉文或藏文，因此，其名字受到汉文化和藏文化的影响颇大。一般说来，土族的名字由于地区不同、年龄不同、性别不同、宗教信仰和受教育的程度不同，有这样一些差异：

① 《互助土族自治县红崖子沟地区土族社会历史调查》，见《青海土族社会历史调查》，青海人民出版社 1985 年版，第 89 页。

② 《土族简史》，青海人民出版社 1982 年版，第 33 页。

一、与汉族杂居和受汉文化影响较深的地区，冠、俗名合一，多取汉语名；与藏族杂居和受藏传佛教影响较深的地区，冠、俗名合一，多取藏语名。

二、纯土族聚居地区，经济、文化发达，冠、俗名合一，多取汉语名；经济、文化落后，冠、俗名合一，多取藏语名。

三、纯土族聚居的落后山区，老年男子冠、俗名合一，多用藏语名；中年以下的男子俗名用藏语名，冠名则多用汉语名。而绝大多数女子，不论年龄大小，冠、俗名合一，多用藏语名。现将互助松多十八洞沟村的男、女户主列名如下：

| 男户主 | 女户主 |
| --- | --- |
| **冠名　俗名** | **冠、俗名** |
| 李占寿（李得夸） | 李卓玛 |
| 李得祥（李达日杰） | 李俄毛措 |
| 李得贵（李喇嘛） | 李立木卡 |
| 李生成（李贡觉尼玛） | 李卡玛 |
| 李进生（李旦僧尼玛） | 李玛杰 |
| 李进祥（李青增） | 星玛四十才措 |
| 王成俊（王拉加西） | 李拉木卡 |
| 沙生寿（沙旦主） | 李作南措 |
| 李得生（李尕尼德） | 李切江措 |
| 李进宝（李扎才让） | 李三月姐 |
| 王成福（王夏多） | 李卓卡措 |
| 李生寿（李立木夸） | 李立忙措 |
| 李生彦（李桑结加） | 李俄毛措 |
| 林成祥（林加木全） | 李加木加措 |

四、土族的藏语名与藏族名字有所不同。土族的藏语名不管是冠名还是俗名，在名字前面都要加自己的姓氏。藏族则不同，一般不用姓，也没有姓。

土族名字的起名方法和特点有四个方面：

一是小孩出生后，抱去让活佛看相卜命，然后请活佛起个名字。或者由喇嘛说个吉祥的字，由家长起名。也有的家长凭着自己听说的藏语名进行仿效。比如像尖措（大海）、旦尖（佛名）、拉毛（仙女）、格西（学位）、扎西（吉祥）、卓玛（空行度母）等等。

二是小孩出生时正好赶上爷爷或奶奶的多少生辰，为了表示良好的祝愿，于是就起名六十三、七十八等等。如互助五十乡霍尔村有叫七十四让、黄塔有木措（土语，五十岁）的；互助松多乡十八洞沟村有叫李七十三的。

三是根据小孩所生月份起名，叫几月花或几月姐等等。如互助五十乡霍尔村就有叫李六月花的；互助东沟乡塘拉村就有叫麻九月花、乔六月姐的；互助松多乡十八洞沟村就有叫李三月姐的。

四是受过汉文化教育的家庭，从汉语字典、成语中查找汉字取名；或者未受过汉文化教育的家庭仿效汉名起名。

随着土族地区政治、经济、文化教育的发展，土族取名的自身特点渐渐不太明显，其发展倾向越来越趋于汉语化。

# 1987年

# 《晋书·四夷列传·吐谷浑》刍议 *

《晋书》是记载西晋、东晋及十六国历史的纪传体史书，共一百三十卷。其中本纪十卷、志二十卷、列传七十卷、载记三十卷。从唐太宗贞观二十年（646年）开修，到二十二年成书。房玄龄以宰相身份监修，故题其名。修撰时主要以南齐臧荣绪《晋书》为蓝本，再参酌群书，综合编写而成。《晋书》的史料价值如何呢？王树民在《史部要籍解题》中认为：晋书实际上的修撰工作不过就臧氏书在形式上略加改订，至于史实内容则很少改进，甚至留下许多漏洞，收入许多荒诞不经的东西。其积极方面，主要是在组织编排上比较严密，重要史实也能适当保存下来。西晋时期的重要史实，唯有《晋书》所保存的最为集中而有系统。李宗邺在《中国历史要籍介绍》中也认为，《晋书》的缺点是把杂著怪诞之说当作史实。由于西晋、南北朝这个时代私家修史盛行，所以唐史馆编撰《晋书》时，所凭借的史料很多，《晋书》却做到了体例组织谨严，载

---

* 本文发表于《青海师专学报》1987年第2期。

记条理清楚，集合众家之长，保存了一代史料。本文以为他们对《晋书》的评价是十分恰当的。

《晋书·四夷列传·吐谷浑》记载了吐谷浑西迁到树洛干称王这一时期的吐谷浑史，是我们研究吐谷浑历史的重要史料之一。但是，《晋书》“采异闻入史传”[1]，“鱼目混珠”，“良莠不齐”，因此，今天我们为了能正确地选用这些史料，指出该篇的“异闻”“怪说”和纰漏、误笔，是非常必要的。

一、《晋书》记载，吐谷浑在其父涉归在世时曾分得一千七百家人口。“吐谷浑，慕容廆之庶长兄也，其父涉归分部落一千七百家以隶之。”[2]但是，《魏书》《北史》《宋书》记载，只分得七百户。《宋书》记载说：“浑庶长，廆正嫡。父在时，分七百户与浑。”[3]《北史》记载说：“涉归死，若洛廆代统部落是为慕容氏。涉归之在也，分户七百以给吐谷浑，与若洛廆二部。”[4]《魏书》也记载说：“涉归之存也，分户七百以给吐谷浑。”[5]从这几部史书的记载来看，出现了两个数字，即“一千七百家”和“七百户”，而且这两个数字出入较大，相差整整一千家或一千户。那么，这两个数字究竟哪一个真实可信呢？从两个数字的数额来说，百位数额是一致的，问题在于《晋书》多出一千家，而《魏书》《北史》《宋书》则少了一千户。因此，对其错误进行判断的话，只有两种可能，不是《晋书》多加了一千的数额，就是《魏书》《北史》《宋书》遗漏了一千的字样。但是，本文从《魏书》《北史》《宋书》《晋书》的成书年代分析来看，认为

---

①《廿二史劄记》卷八。
②《晋书·四夷列传·吐谷浑》卷九十七。
③《宋书·鲜卑吐谷浑》卷九十六。
④《北史·吐谷浑》卷九十六。
⑤《魏书·吐谷浑》卷一百一。

“七百户”的说法较为可靠。《魏书》成书于北齐天保五年（554年），《北史》成书于唐贞观十七年（643年），《宋书》成书于齐永明六年（488年），而《晋书》成书于唐贞观二十二年（648年）。从几部史书的成书时间来看，《宋书》成书最早，《晋书》成书最晚。《晋书》尽管成书较晚，但在著书期间只是对其他史书、史料进行了综合，并没有对《宋书》《魏书》等史书、史料进行参酌和考订。所以，本文以为《宋书》成书早于《晋书》160年，且有《魏书》等佐证，因此，“七百户”的记载较为真实。另外，从当代许多史学家在研究吐谷浑历史时引用史料来看，也大都采纳了“七百户”的说法。①

二、当吐谷浑兄弟因为马斗相伤发生矛盾后，吐谷浑拥马西行，若洛廆悔之，遣人去劝还时，《晋书》记载：“遣其长史那楼冯及父时耆旧追还之。”②《魏书》《北史》记载：“遣旧老及长史七那楼追谢留之。”③ 而《宋书》记载：“遣父老及长史乙那楼追浑令还。”这里出现了三种说法，按《魏书·官氏志》记载，一那蒌氏后改为蒌氏，乙那楼是一那蒌之异译。因此，从姓氏上看，《宋书》乙（一）那楼的记载是正确的。《晋书》的那楼冯、《魏书》《北史》的七那蒌都是误笔，“七”是字讹。

三、关于叶延长子的名称，《魏书》《北史》《宋书》都记载叫碎奚，唯《晋书》记载为辟奚。从“碎”与“辟”的边旁笔画来看，这两个字是十分相近的，但不论现代还是古代，这两个字都没有通用的惯例。因此，从《魏书》《宋书》等的佐证来看，本文以为是《晋书》误字。

① 范文澜：《中国通史》第四册。
②《晋书·四夷列传·吐谷浑》卷九十七。
③《魏书·吐谷浑》卷一百一；《北史·吐谷浑》卷九十六。

四、《晋书》《北史》《宋书》等各史书都记载：叶延胸有大志，发誓振兴父业，性至孝，母病饭不下咽，叶延也是如此。但是《晋书》在时间长短的记载上与其他史书相悖。《魏书》《北史》记载："母病三日不食，叶延亦不食。"[①]《宋书》也记载："母病，三日不能食，叶延亦不食。"[②] 而《晋书》记载："母病，五日不食，叶延亦不食。"[③] 五日与三日的记载，有二日之差，哪个可信？本文以为五日与三日都是一个大概的时间概念，但是，三日较五日可信。因为，首先，三日的时间有不同的史书相互印证。其次，从现代医学来看，如果男女终日不食，生命所能维持的时间，一般男子短于女子，男子的极限为一周左右，如果一周不食，将会危及生命。那么，叶延五日不食，其性命一定危在旦夕，可是《晋书》对此并没有过多的渲染和描述。

五、《晋书》在叙述树洛干的情况时写道："树洛干九岁而孤"，"年十六嗣位"，"在位九年"，"时年二十四"卒。[④]《晋书》在这里所说的嗣位年、在位年和时年是相互矛盾的，不论以虚岁计年，或者以实岁计年，如果树洛干十六嗣位，在位九年，那么，时年就应该是二十五，而不是二十四。不然，就是前面两位数字中的一位数字出了差错。

六、在记载吐谷浑的官制、服饰、婚姻、物产等情况时，《晋书》的记载与其他史书也有差异。在官制上，《魏书》记载的职官有王公、仆射、尚书、郎将、将军等，而《晋书》记载的职官仅仅有长史、司马、将军；在服饰上，《魏书》记载：丈夫衣服略同于华夏，《晋书》记载：其男子通服长裙；在婚姻

---

①《魏书·吐谷浑》卷一百一；《北史·吐谷浑》卷九十六。

②《宋书·鲜卑吐谷浑》卷九十六。

③《晋书·四夷列传·吐谷浑》卷九十七。

④《晋书·四夷列传·吐谷浑》卷九十七。

上,《魏书》记载：贫者不能备财者，辄盗女去,《晋书》记载：富家厚出娉财，窃女而去；在物产上,《魏书》记载：土出牦牛、马、鹦鹉、饶铜、铁、朱砂,《晋书》仅记载了出蜀马、牦牛。在这些方面,《宋书》没有记载,《隋书》的记载基本上与《魏书》相同。《隋书》记载说：吐谷浑“官有王公、仆射、尚书、郎中、将军”。“其器械衣服略与中国同”，“多牦牛、饶铜、铁、朱砂。”[①] 以后成书的《旧唐书》《新唐书》也多因袭了这种说法。《新唐书》:“其官有长史、司马、将军、王、公、仆射、尚书、郎中，盖慕诸华为之”。“婚礼，富家厚纳聘，贫者窃妻去。”“出小马、牦牛、铜、铁、丹砂。”[②] 从这些材料中，我们可以得知,《晋书》在记载吐谷浑官制、男子服饰和物产上不够明确和全面，也与其他史书载有出入。尤其是在记载吐谷浑婚姻习惯时发生了纰漏，因为富家厚出聘财，是针对穷家而言，如果下句不是穷家窃女而去，而是“窃女而去”，整个意思就变成了富家厚出聘财后，还要窃女而去。显然，这是不符合其本意的。从《魏书》等史书记载来看，贫者与富家是相互对应的。

以上我们考订了《晋书·四夷列传·吐谷浑》的“舛讹”“矛盾”和“错漏”。同时，在这里也值得一提的是《晋书》还保存了一部分吐谷浑历史的珍贵史料。《晋书》中关于“辟（碎）奚朝贡符坚”“视连通聘于乞休乾归”“乞伏乾归遣使给视罴封号”“视罴大败退保白兰”“乌纥堤大败保于南凉”等史料，在《宋书》《魏书》《北史》上都没有记载。关于“辟（碎）奚三弟专权”等史实,《宋书》《魏书》也只是寥寥数语，一笔带

① 《隋书·西域列传·吐谷浑》卷八十三。
② 《新唐书·西域列传·吐谷浑》卷二百二十一。

过，对诸大将共诛碎奚三弟的过程没有作详细的叙述。《魏书》在记载视罴时，仅写了“弟视罴立，死”一句话，[①]写到乌纥堤时，也仅写了“乌纥堤一名大孩，死。树洛干立”[②]两句话。《宋书》也仅仅写道：“视罴嗣立十一年，年四十二，子树洛干等并小，弟乌纥堤立，纥堤立八年，年三十五”。[③]对其生平事迹都着墨极少。《北史·吐谷浑》采纳了《魏书·吐谷浑》的史料，仅仅停留在原来的基础上，没有补阙和增加多少史料。之所以这样，《晋书》保存的《魏书》《宋书》《北史》中所没有的那部分史料才显得十分的珍贵。这些史料从其来源上看是可靠的，从其内容上看是可信的。虽然，《晋书》成书于唐贞观二十二年（648年），但《晋书》主要以南齐臧荣绪所撰一百一十卷《晋书》为蓝本，参酌十八家晋史史料综合而成。尽管由于臧荣绪的《晋书》早年佚失，其成书年不可考，但至少成书在南齐年间是确定无疑的。因此，在成书时间上臧氏《晋书》与《宋书》相差无几，所以，它的史料还是具有一定价值的。

综上所述，尽管《晋书》由于没有经过充分的选择、考核，致使史料中错讹不少，但作为一部正史保存了许多重要史料，因而它被列入我国二十四史也是当之无愧的。而《晋书·四夷列传·吐谷浑》记载了吐谷浑早期的历史，保存了许多其他史书所没有的珍贵史料，更是我们研究吐谷浑历史的必备资料之一。只要我们本着实事求是的精神，去粗取精，去伪存真，由此及彼，由表及里，以科学的态度对待它，就一定能使它放出应有的光彩，为我们的历史研究服务。

---

①《魏书·吐谷浑》卷一百一。

②《魏书·吐谷浑》卷一百一。

③《宋书·鲜卑吐谷浑》卷九十六。

# 1986年

# 我国少数民族的族称 *

## 历史上我国少数民族的各种称呼

我国各少数民族在其形成和发展的过程中，都经历了漫长的历史，各少数民族的族称，有自称，有他称，在历史上是发展变化的，往往不同的朝代，不同的时期，就有不同的称呼。下面我们先对历史上各少数民族的称呼作一简要的介绍。

**东北、内蒙地区：**

满族：先秦时称肃慎（忽慎、稷慎），后汉三国时称挹娄，北朝时称勿吉，隋唐时称靺鞨，辽金元明时称女真。①

朝鲜族：解放前曾称高丽族、朝族、鲜族。

赫哲族：解放前曾被称为鱼皮部、使犬部、奇楞、奇勒尔、栖林、麒麟、黑斤、黑金、黑甲、黑真、赫真等。②

蒙古族：唐时称蒙兀室韦，宋辽金时称萌古、毛褐、蒙古

---

* 本文发表于《青海社会科学》1986 年第 6 期。

① 占方：《黑龙江少数民族族名演变》，《黑龙江日报》1983 年 8 月 24 日。

② 占方：《黑龙江少数民族族名演变》，《黑龙江日报》1983 年 8 月 24 日。

里、盲骨子、朦骨、朦辅、鞑靼、达达等。

达斡尔族：明以前曾被称为达胡尔、达古尔、达糊里等。[1]

鄂温克族：明时称“北上”“乘鹿出入”的人，清时称索伦、雅库特和使鹿的“喀穆尼堪”。

鄂伦春族：清康熙时称摩凌阿鄂伦春、雅发罕鄂伦春。

**西北地区：**

回族：元时称回回。

东乡族：解放前称东乡回回、蒙古回回。

土族：隋唐时称吐谷浑，宋时称退浑。

撒拉族：元明清时称撒拉、撒喇、撒喇尔、沙剌、沙剌簇、萨拉、萨拉儿，解放前称撒拉儿、撒拉回、撒拉番回、番回和撒兰回回等。

保安族：解放前称保安回回。

裕固族：解放前曾称黄蕃、黄头回鹘、萨里畏吾、撒里畏兀儿等。

维吾尔族：公元前后称丁零、丁灵，南北朝隋朝时称赤勒、铁勒、袁纥、韦纥、乌护，唐时称回纥、回鹘，五代及宋辽时称西州回鹘、甘州回鹘、阿萨兰回鹘，元时称畏兀儿、辉和、畏吾、委兀、瑰古、伟兀、卫兀、乌欲、外五，清时称回回、威乌尔、乌衣古尔，国民党统治时称缠回。[2]

哈萨克族：解放前曾称为“老哈萨”。

柯尔克孜族：汉时称鬲昆、坚昆，三国时称纥骨、契骨，隋唐时称黠戛斯，辽宋时称辖戛斯、黠戛司，元时称乞儿吉思、吉利吉斯，清时称布鲁特。

---

① 占方：《黑龙江少数民族族名演变》，《黑龙江日报》1983年8月24日。

② 苏北海：《维吾尔族汉译名称源流考》，《新疆大学学报》1985年第3期。

锡伯族：历史上曾称为室韦、矢比、西僰、西北、席百、席北等。

塔吉克族：历史上曾被称为“回回”。

乌孜别克族：元时称月即别、月祖伯，明清时，对不同地区的乌孜别克人称撒马尔罕人、浩罕人、布哈拉人、安集延人等。

俄罗斯族：国民党统治时期曾被称为“归化族”“归化人”。

塔塔尔族：历史上曾称为鞑靼、保加尔人、奇卡察克人。

**西南地区：**

藏族：唐时称吐蕃、土蕃，宋元明时称西蕃、唐古特、图伯特，清时称乌斯藏、大藏、西藏。

门巴族：解放前被称为门巴、野蕃。

珞巴族：解放前自称博嘎尔、宁波、邦波、德根等，住不同地区的珞巴族还有不同的称呼。

羌族：解放前曾被称为“番民”。

彝族：汉时称邛都、昆明、劳浸、靡莫、滇，东汉、魏晋时称夷、爨，唐宋时称乌蛮，元明清时称罗罗、倮倮。

白族：唐时称白蛮、西爨白蛮，宋元时称白人、僰人、白爨，明清时称民家。

哈尼族：唐时称和蛮、和泥、禾泥。

傣族：汉晋时称越、僚、掸，唐宋元明清时称白衣、白夷、金齿白夷、摆夷、僰夷。

傈僳族：唐以后称栗粟、栗蛮。

佤族：汉时称濮人，唐时称望人、望蛮、望苴子、外喻，明清时称嘎喇、古喇、刮喇哈瓦、卡喇瓦、哈喇杠和卡瓦等。

拉祜族：明清时称倮黑。

纳西族：晋代以后称摩沙、磨些、磨蛮、些蛮、摩梭，唐代称磨些蛮。

景颇族：唐代称裸形蛮，元明称野蛮、野人，清代称大山、小山、浪速、茶山。

布朗族：西晋时称濮人，隋唐时称扑人、扑、蒲蛮、蒲满、蒲人等。

阿昌族：唐代称寻传，元明清称恶昌、俄昌、峨昌。

普米族：明清称西蕃或巴苴。

怒族：元时称路蛮，明清时称怒子、潞江出路蛮。

德昂族（崩龙族）：清以前称濮人、蒲、蒲蛮，清以后称崩龙。

独龙族：清时称曲子、俅子。

基诺族：清初称攸乐人。

苗族：汉、三国时称五溪蛮、武陵蛮。

布依族：唐宋时称蛮、苗、夷，元明以后称仲苗、青仲、仲家，清时称布仲、布衣。

侗族：秦汉时称驼越，魏晋以后称僚，唐宋时称峒蛮，元明清时称洞蛮、洞尼、峒人。

水族：秦汉时称驼越，隋唐时称溪洞，民国以后称水家、仲家。

仡佬族：唐宋元明时称葛僚、仡僚、佶僚、革老、仡佬等，统称僚。

**中南、东南地区：**

壮族：秦时称越、百越、驼越、西瓯，汉晋时称乌浒、僚、俚僚、鸠僚，元时称绣面蛮、钟家部，明清时称浓、沙、土僚。

瑶族：秦汉时称武陵蛮，南北朝称莫徭，唐时称徭，宋以后称瑶。

仫佬族：晋代称濮僚，南北朝称木笼僚，宋时称穆佬，元时称木娄族，明清时称木佬、姆佬、木老苗、伶、伶人等。[①]

毛难族：从宋代开始称茆难、茅难、冒南、毛南等。

京族：解放前曾称为越族、安南人。

土家族：秦汉时称武陵蛮、五溪蛮，宋以后称土丁、土人、土民和土蛮。

黎族：西汉时称驼越，东汉时称里、蛮，隋唐后称俚、僚、黎。

畲族：隋唐时称蛮、蛮僚、峒蛮、峒僚，南宋时称畲民。

高山族：三国时称夷州人、山夷，隋时称流求人，宋元时称流球、土人，明时称东番夷，郑成功收复台湾时，称土番、土民，清时称番族、番人。日本占领期间称高砂族、蕃族，国民党统治期间称山地同胞、山胞、原住民、先住民等。

## 我国少数民族的自称他称及其含义

任何一个民族的称呼究其本质都不外乎是自称和他称两种状况而已，只是出现的时间会有所不同。随着时间的推移，自称和他称会有所变化，有的本民族的自称被其他民族认同了，有的其他民族的他称却被本民族所接受了。我们权且以清代作为一个时间的断线，可以发现，清代以前各少数民族以自称和他称作为民族族称的，其主要依据来源于历史古籍的载记，而

---

① 张介文、韩肇明：《仫佬族族源探讨》，《学术论坛》1981年第2期。

清代以后各少数民族自称和他称作为民族族称的，主要是口头流行于当地各民族地区对本民族和他民族的不同称呼。

**自称的民族：**

满族：1635 年（明崇祯八年）皇太极下谕令定族名为满州，简称满族。满州是皇太极时，女真族的一个部落名称，后来又衍变成地名。

朝鲜族：是从 19 世纪从朝鲜大批迁移而来的，其族名由古族名演绎而来。

赫哲族：自称赫哲、奇楞、那乃，他称鱼皮部、鱼皮鞑子、黑金，赫哲是表示松花江、黑龙江、乌苏里江“下游人”的意思。另一种说法认为含有“森林茂密之处”之意。①

达斡尔族：自称达斡尔蒙古，达斡尔是“耕耘者”“居民处”的意思。

鄂温克族：自称鄂温克，通古斯语有“山林之家”之意，他称索伦、雅库特，有“步行”和“招安”之意。

鄂伦春族：自称鄂伦春，鄂伦春有“使用驯鹿的人”“山岭上的人”“被招安的民族”的含义。②

撒拉族：撒拉族人追忆先民撒鲁尔部落，自称撒拉尔，简称撒拉。撒拉尔是撒鲁尔的变音。③

保安族：自称保安，保安是由其先人原来住青海同仁境内隆务河两岸的保安三庄而得名。

裕固族：自称尧乎尔、西拉玉固尔，1953 年经群众协商，取与尧乎尔音近的“裕固而”定名，兼取汉语富裕巩固之意。

---

① 郭燕顺：《赫哲族的名称》，《社会科学战线》1981 年第 4 期。
② 乌力吉图：《鄂伦春族源考略》，《内蒙古社会科学》1984 年第 5 期。
③ 晓洋：《撒拉族历史札记三则》，《青海社会科学》1985 年第 6 期。

维吾尔族：自称维吾尔，1933年在维吾尔人民的要求下，新疆地方政府正式发布文告，定名维吾尔。维吾尔原意含有“联络、联合、团结、协助”的意思。

柯尔克孜族：自称柯尔克孜，含有“四十个部落”或“四十个姑娘”的意思，也有人认为有“草原人”之意。

锡伯族：自称锡伯，对锡伯的解释一说是带钩，一说是地名。

塔吉克族：自称塔吉克，民间传说塔吉克是王冠的意思。

乌孜别克族：自称乌孜别克，来源于地名，最早来源于14世纪蒙古帝国的组成部分、四大汗国之一的金帐汗国的乌孜别克汗。乌孜别克意思是“自己的领袖”。

俄罗斯族：是18、19世纪从俄国迁来我国新疆的民族，自称俄罗斯人，其名从基辅罗斯演绎而来。

塔塔尔族：自称塔塔尔、达达等。其族名是15世纪伏尔加河中游及卡玛河一带的喀山汗国为借用蒙古人的威武名称，自称是鞑靼或鞑旦（蒙古人）的后代而得其名。

彝族：由于方言、地区不同，有许多不同的自称和他称。云南哀牢山、无量山及开远、文山、马关一带的彝族自称密撒、腊苏、罗罗、濮拉泼、尼濮等。四川大、小凉山、贵州西部、云南昭通、武定、禄劝、弥勒、石屏一带的彝族自称诺苏、纳苏或聂苏。解放后，经广大彝族人民民主协商，以鼎彝之“彝”作为统一的民族自称。“彝”字意味着有米又有丝，有吃又有穿。

白族：自称白尼、白子，1956年根据白族人民的意愿正式定名白族。白族人民尚白，白意味着纯洁、干净。

哈尼族：自称哈尼、雅尼、碧约、卡多、豪尼、峨努等。

哈尼是从唐时的旧称和蛮、和泥演变而来。

傣族：自称傣泐、傣那、傣雅、傣绷等。傣是取其傣族人民自称的第一个字。傣语中的傣音具有和平、自由、光荣、昌盛的意思。

佤族：自称佤、巴饶、布饶、阿瓦、勒佤，他称大佧瓦、小佧佤，佧在傣语中是奴隶，含有贬义。解放后为了体现民族平等和团结正名佤族。佤源于古老的自称，其含义是“住在山上的人”。

拉祜族：自称拉祜纳、拉祜西和拉祜普，即黑拉祜、黄拉祜、白拉祜。拉祜的含义是“在火上烤老虎肉吃”。

纳西族：自称纳西、纳、纳恒、纳汝、阮可、马皇马沙、邦西等。解放后，根据本民族多数人的意愿，取其一种自称，统一定名为纳西。纳西有“尊贵的人”“尊贵的民族”的含义。

景颇族：自称景颇、载佤、喇期、浪莪等。景颇取其一种自称，有“山头上的主人”之意。

布朗族：自称布朗、乌、翁拱、阿瓦、瓦，他称濮曼。布朗是取其一种自称作为民族统称，含有“山上的人”之意。

阿昌族：自称阿昌、蒙撒、蒙撒掸、衬撒、汉撒、峨昌等。阿昌是取其一种自称作为民族统称，含有“本地人”的意思。

普米族：自称普英米、普日米、培米等。普米是从自称中演变而来，1960年根据本民族的意愿，统一正名为普米族，普米是白人的意思。

怒族：自称怒苏、阿怒、阿龙。自认为是怒江和澜沧江的古老居民，怒族以居住怒江而得名。怒族人尚黑，怒苏即是黑人的意思。

德昂族（崩龙族）：自称崩龙、昂、岭、梁、布雷、纳安诺买等。崩龙取其一种自称，意为“山上的人”。1985 年又改名为德昂族。

独龙族：自称独龙，居于独龙河流域，故得其名。

基诺族：自称基诺，基诺人的先民传说迁来时居留在基诺山而得其名，基诺是“舅舅”的意思。

布依族：自称布依、布仲、布饶、布曼，布依是取其一种自称作为族称。布依是“我们”的意思。①

侗族：自称卡姆、扎姆，侗是根据侗语翻译过来的汉文，卡姆、扎姆都是“峒里人”的意思。侗族的族名是由居住地的特殊地理环境而得名的。②

水族：自称水家，水语水族自称中那个单音节的，近似汉语水字的族称，本意是“梳子”的意思。③

壮族：自称壮、布壮、布越、布雅伊、布衣、布土等。原在汉文中写为撞、僮，解放后统一写成“僮”。1965 年 10 月 12 日根据周恩来提议，由国务院正式批准把僮族的“僮”改为强壮的“壮”字，赋予了健康的意思。

京族：京族祖先约公元 16 世纪初陆续由越南涂山等地迁移而来。原称越族，由于其民族语言、习俗等与越南京族基本相同，故于 1958 年春正式改称京族。

土家族：自称比兹卡、比基卡、密兹卡、比基、比兹等。比兹卡是“土家人”或“本地人”的意思，是针对外来的客家

---

① 马贤能：《布依族》，《西南民族学院学报》1981 年第 4 期。

② 洪寒松：《侗族族称、族源初探》，《贵州民族研究》1985 年第 3 期。

③ 邝福光：《水族族源初探》，《贵州师范学院学报》1984 年第 1 期。

而言，来说明本身的身份。[①]

**他称的民族：**

蒙古族：蒙古族自称鞑靼，蒙古是他称，最初只是蒙古诸部落中的一个部落名称，后来成为这些部落的共同名称。蒙古含有“永恒”和“长生”之意。

回族：他称回回人，指13世纪来我国的信仰伊斯兰教的中亚各族人，后来他们也以回回自称了。[②]

东乡族：他称蒙古回回、东乡回回、回回，东乡人自称撒尔塔，是商人、部落、穆斯林的意思。东乡族因居住甘肃河州的东乡而得名。[③]

土族：自称和他称有土民、土人、土户家、土昆、土达、达达、达尔达、白达番、多尔斗、达拉特、孟哥尔、察罕孟哥尔。土人、土达是汉族对土族的称呼。[④] 由于土族的语言、服饰等习俗非蒙、非藏、非回、非汉，故被称为土人，意思是本地人。

哈萨克族：他称哈萨克，13世纪，成吉思汗西征，其先民被迫西迁。15世纪60年代，锡尔河下游的部分牧民在其首领的率领下，返回故土。由于他们反抗和摆脱乌孜别克汗的压迫东走，因此得名“哈萨克”，意为“避难者”或“脱离者”。

藏族：他称藏族或藏人、西藏人等。藏族自称“博巴”，意为居住在博地方的人。居住不同地区的人有藏巴、卫巴、康巴、安多娃等不同的自称。由于清康熙六年（1667年）出现

① 王承尧：《古代的乌蛮与今天的土家族》，《中南民族学院学报》1984年第1期。
② 张绥：《也论“回族”的形成》，《宁夏社会科学》1984年第2期。
③ 马志勇：《“撒尔塔”与东乡族族源》，《西北民族学院学报》1983年第1期。
④ 李克郁：《土族族称辩析》，《青海社会科学》1985年第3期。

了西藏的称呼，民国元年（1912年）倡导“五族共和”时，就把青藏高原上的主人名之曰“藏族”了，意为住在祖国西边藏地区的民族。[①]

门巴族：他称门巴，意为住在“门地方的人”，后来也成为自称，渐演变成族称。[②]

珞巴族：他称珞巴，意为住在“珞地方的南方人”。珞巴族自称博嘎尔、宁波、邦波、德根等。

羌族：他称羌族、羌人。羌是对我国西部发现的最早的游牧民族的统称。羌族是古代羌人的后裔。羌的称呼，保持了对其古老先民的称呼。羌是牧羊人的意思。羌族自称尔玛、尔咩，意为本地人。

傈僳族：他称傈僳，唐代时就被称之为栗粟，千余年来此名一直沿用至今。

苗族：他称长裙苗、短裙苗、红苗、黑苗、高地苗、八寨苗等，统称苗人。苗的称呼在宋时就已经出现。苗族自称果雄、模、蒙等。用苗对苗族称呼，意味着与农业种植有关。

仡佬族：他称仡佬等，仡佬是对唐宋时僚、仡僚称呼的延续。仡佬意味着仡佬族与古代僚人有着继承关系。

瑶族：他称瑶，自称棉，瑶的族称由来说法不一，一说是由人名变化而来，一说是由某一族的分支名称或地名、国名演变而来，又一说是自称，另一说是由瑶族人民反抗封建统治阶级强加给他们的徭役得名而来。因为古称莫徭，可以解释为不负徭役。[③]

---

① 李玉成：《藏族的“藏”字源考》，《中央民族学院学报》1985年第2期。
② 张江华：《门藏历史关系刍议》，《西藏民族学院学报》1984年第1期。
③ 李维信：《试论瑶族族源问题》，《广西大学学报》1980年第1期。

仫佬族：他称仫佬，自称木，即仫佬语“人”的意思。仫佬是延续了古代的旧称，佬与僚同字，这一他称即意为僚人。

毛难族：他称毛难，自称阿难。毛难是延续了古代旧称。毛难因地名而得名。毛难意为“这地方的人”。

黎族：他称黎人，自称歧、尊、美孚、筛等。黎是从宋代延续下来的古称，意为“山中人”。

畲族：他称畲民、畲客等，自称山哈，意即居住在山里的客人。畲是从南宋末年延续下来的古称。

高山族：他称高山族，高山族的广义包括泰雅人、赛夏人、布农人、邹人、排湾人、鲁凯人、卑南人、阿美人、雅美人和平津人。高山是从高砂演变而来的。日本占领台湾时称台湾为高砂，称高山族为高砂族，1945 年抗战胜利后，祖国人民对台湾少数民族统称高山族。[①]

## 我国少数民族族称的起源及其规律

从上面对我国少数民族过去和现在族称的了解，我们可以归纳出这样一些规律来。

一、以本民族原始部落的名称作为族称。蒙古族、撒拉族都是以本民族原始部落的名称作为族称的，起初，这种称呼只是局部的，某一个阶段的称呼，但后来其所含内容渐渐增多，所辖范围渐渐增大，成为整个民族的共同称呼和统称了。

二、以民间的神话传说作为族称。拉祜族、柯尔克孜族的族称就是从神话传说而来。拉祜族神话说，从天神厄莎种的葫芦里出来九个民族的祖先，他们住在“纳拍巴卡”地方，共同

① 张崇根：《高山族的氏族与部落》，《国际政治学院学报》1984 年第 3 期。

打猎，平均分配食物。有一次，九兄弟共同猎获一只猛虎，大家在一起商量怎么吃，拉祜族祖先说："烧吃"。于是就把虎肉拿到火边去烤，一直烤到虎肉发出香味才吃。由这种烤肉方法而得名拉祜族。因为拉祜语称"虎"为"拉"，在火上烤肉叫"祜"。柯尔克孜族传说乌古斯的后代与汉地四十个姑娘结婚，繁殖的子孙就形成了柯尔克孜族。在柯尔克孜语中"柯尔克"是"四十"的意思。"克孜"意为"姑娘"（其中一种说法）。[①]

三、以居住地取名或以自然环境得名作为族称。怒族、基诺族、侗族、赫哲族、鄂伦春族、鄂温克族、保安族、东乡族、佤族、独龙族、崩龙族（德昂族）都是根据其民族所居住的地名或自然环境得名而命名的民族。怒族、独龙族以居住怒江、独龙江流域而得名，鄂伦春族、鄂温克族都是居住深山老林以打猎为生而得名，侗族则更为明显，由于所居地形多是山峒，故得其名为峒人，然后演变成侗族。

四、以吉祥的汉字取其民族自称的协音作为族称。水族、裕固族、维吾尔族都是根据其民族称谓的协音直译过来的族称，而且直译过来以后其族名都含有一定的意义。水具有深沉、博大浑厚之意。裕固具有富裕、巩固、昌盛之意。维吾尔具有维系你我、团结、友爱之意。

五、根据本民族意愿取吉祥文字作为族称。壮族、彝族都是解放以后，根据其民族意愿取壮、彝定名作为本民族族称的。原来对壮族的各种汉文称呼如"獞""僮"，显然带有民族歧视和污蔑的含义，为了消除民族歧视，实现民族平等，加强民族团结，就很有必要对其名称作一更改，壮表示壮大发展的

① 唐呐：《关于民族起源的神话初探》，《青海社会科学》1983年第5期。

意义。彝族原来自称他称因不同地区习俗、方言不同，称谓十分繁杂，而且有一些称呼也具有贬义，取名彝字，表示鼎彝和规矩的意义。

六、以自称和他称土著居民作为族称。土家族是以自称当地人作为本民族族称的人，而土族则是被其他民族称呼为本地的土人作为民族称呼，而这种民族称呼被其接受作为民族族称的。

七、以接受其他民族对本民族某种称呼作为族称。门巴族、珞巴族、仫佬族、黎族、畲族等民族都是接受了其他民族对本民族的某种称呼后作为族称的。门巴族、珞巴族起先都是藏族对他们的称呼，藏语称人为“巴”，门巴、珞巴即意为住在门隅、珞隅地方的人。后来这种称呼就渐渐被该民族所承受而作为族称了。

八、在反抗封建统治阶级的阶级剥削和民族压迫中得名作为族称。瑶族是在反抗封建统治阶级的徭役负担中而得名的民族。哈萨克族则是在反抗民族压迫的斗争中而得名的民族。

九、以继承祖先的名称作为族称。苗人、羌人都是在我国历史上远在商周时代就出现的民族，而他们虽在漫长的历史长河中上下沉浮，时大时小，时强时弱，但他们的名称终究被其一部分后裔完整地保留下来。

十、以民族的习俗作为族称。锡伯族的锡伯有多种解释。其中一种是解释为带钩，如果此说成立，显然，这个族称是与其民族的生活习俗分不开的。

十一、以生产工具作为族称。傣族就是以铁犁作为族称的。方国瑜在《元代云南行省傣族史料编年》中说：傣语称犁头为“夺克傣”，傣之意为犁，夺克为铁，现在用的铁犁称夺克傣。从傣为犁田的意思推测，傣族以农业部落而得名，区别于游牧社会，在农业定居时期已称为傣族。

十二、从民族旧称中演绎得名作为族称。高山族、普米族、仫佬族等都是从民族旧称中演绎出新名而作为族称的民族。这种演绎都还依稀可辨出旧有名称的残余。

十三、颁布谕令定名作为族称。满族是通过颁布谕令方式定名而作为族称的民族。1635 年（明崇祯八年）皇太极下谕令说:“我国原有满州、哈达、乌喇、叶赫、辉发等名，向者无知之人，往往称为诸申。夫诸申之号，乃锡伯超墨尔根之裔，实与我国无涉。……自今以后，一切人等，止（只）称我国满州原名，不得仍前妄称。”从此废除了诸申（女真）旧称，定族名为满州，简称满族。

十四、以借用其他民族的称呼作为族称。塔塔尔是借用了蒙古人自称而作为族称的民族。塔塔尔人的先民原是被蒙古人西征时所征服的其他民族的部落。在蒙古人统辖了一段时间以后，虽然后来蒙古人的统治分崩离析了，但是，被统辖民族想借重于蒙古人的威名以震四方，故称是鞑靼人的后裔，这样塔塔尔也就成了塔塔尔族的族称。

十五、在重大历史事件中以新的命名作为族称。辛亥革命推翻了长达数千年的封建帝制，结束了君主专制的统治。孙中山倡导和提出的五族共和制深入人心。在倡导五族共和当中，给居住在西藏地区的民族冠以新的名称，在辛亥革命中应运而生的藏族族名便作为民族的族称了。

十六、以历史上的人名作为族称。乌孜别克族就是以 14 世纪的乌孜别克汗的名字作为族称的。

十七、对本民族自称略加更改作为族称。纳西族、佤族等都是解放以后，根据民族意愿，对其民族自称略加改动以后作为族称的。佤族以前叫卡佤，卡是傣语奴隶的意思，显然，具有贬义。民族识别时就将卡去掉，以佤定名作为族称。

十八、从众多的民族自称或他称中选择一种称呼作为族称。景颇、布朗、阿昌、布依等民族都有众多的自称和他称，自称往往是因方言和地区不同名目繁多，为了统一族名，根据大多数人的意见，将一种较流行的、较容易为全民族接受的自称和他称作为本民族的族称。

十九、延续历史旧称作为族称。仡佬族的族名在历史上出现至少已有一千多年，一千多年来，一直经久不衰，称呼至今，解放后也就正式定名作为族称了。

# 我国少数民族丧俗浅谈 *

我国是一个多民族的国家，每个民族在其历史发展的过程中都形成了自己的丧葬习惯。这些丧葬习惯各式各样，充分反映了各个民族自身的特点，反映了各个民族在不同的社会阶段、不同的自然环境下形成和发展的历史过程。

我国少数民族的丧俗，从形式上可以分为：土葬、火葬、水葬、风葬、天葬、野葬、塔葬等几类形式；并在每一个大的形式下又有其具体的内容，或者在同一个丧葬形式里还有不同的做法，甚至还有几种形式兼收并蓄者。而这些不同的具体做法和兼收并蓄的多种形式，就构成了一个民族的丧俗与另一个民族的丧俗的区别。

我国少数民族中实行土葬的民族有：瑶族、苗族、壮族、佤族、京族、崩龙族（德昂族）、布朗族、景颇族、黎族、仡佬族、水族、侗族、布依族、基诺族、独龙族、阿昌族、锡伯族、达斡尔族、赫哲族、朝鲜族、满族、毛

* 本文发表于《青海民族学院学报（社会科学版）》1986 年第 1 期。

难族、仫佬族、傣族、普米族等二十六个民族，其中崩龙、布朗、景颇、独龙、阿昌、锡伯等民族对凶死者、患恶病死亡者、孕妇难产而死者则实行火葬或水葬。实行土葬的民族还有高山族、塔塔尔族、乌孜别克族、塔吉克族、柯尔克孜族、哈萨克族、维吾尔族、保安族、撒拉族、回族、东乡族等十三个民族。但是这些兄弟民族的丧俗是人死无棺椁，而有固定墓地。尤其是信仰伊斯兰教的民族，丧葬按教规举行，对死者“净身”缠以白布，挖偏洞埋葬。

实行火葬的民族有：彝族、土族、羌族、裕固族、普米族、哈尼族、白族、傈僳族、拉祜族、纳西族、怒族、土家族、畲族等十三个民族。其中土族、羌族、畲族、彝族、裕固族等并不是完全的火葬，他们将死者焚烧后还要将死者的骨灰收集起来装入小匣或瓦罐里，然后埋入茔地。可以说这是一种土葬和火葬两种形式兼而有之的丧俗。而且，从明、清以后，除彝族外，这些民族的大部分都逐渐改这种既土葬又火葬的形式为土葬。裕固族还实行土葬和天葬。

实行风葬的民族有：鄂伦春族、鄂温克族。这两个民族后来也都逐渐改为土葬。鄂伦春族对得恶病而死的青年及孕妇难产而亡者还实行火葬。

实行水葬的民族有：门巴族。该民族除实行水葬外，还实行土葬、火葬和天葬等形式。

实行天葬的民族有：藏族、门巴族、珞巴族。其中藏族除实行天葬外，还实行火葬、水葬、塔葬和土葬。

实行野葬的民族有：蒙古族。这里须要着重指出的是：藏族和蒙古族对暴力、凶杀、染病、孕妇死亡者实行水葬、火葬和土葬。含有洗刷人生罪过、在烈火中获得新生以及不能来生转世之意。此外，在王公、贵族、活佛、喇嘛阶层中还普遍实行火葬、瓶葬、塔葬等丧葬形式。高级活佛将尸体封干装入塔中。规格稍低一点的活佛或王公贵族则进行火葬，然后将骨灰匣、瓶供奉在香案上，或装到塔中封存起来。

以上是我国少数民族丧俗的大致分类。由于许多民族同时实行几种丧葬形式，所以分类肯定不会那样精确。那么这些丧葬形式的具体过程是怎样进行的？每一大类的丧葬形式里有哪些细微的区别？下面我们仅对一些具有代表性的丧俗，作一简要叙述。

土葬：土葬分有棺椁土葬和无棺椁土葬。有棺椁的土葬形式，大多数是报丧、洗身、换衣、入殓、停棺、葬礼、送葬、安葬这样几个过程。无棺椁的土葬形式，大多数是信仰伊斯兰教的民族。他们首先对死者净身，然后缠以白布，请阿訇念经超度，出殡，送往墓地，再诵古兰经，埋葬。在实行土葬的这些民族中，不管有无棺椁，每个民族都有自己的习惯和要求。赫哲族的土葬，没有固定的坟地，多在村屯附近找个地势较高的地方埋葬。早年没有棺材，挖个长方形的土坑，四周用圆木砌个槽子，将尸体放入其中，上面再搭个盖，然后堆起土堆。达斡尔族实行棺殓土葬，有本家族的共同墓地。人死了以后按辈依次，自北向南一代一代埋下去。并有杀马殉葬的遗风。殉葬品还有死者生前所用器物，如首饰、烟袋、茶壶、小锅、勺碗、筷和刀子等。满族不许在西炕和北炕上死人。人死后从窗子里抬出棺材，并在院子西边立一个一丈五尺高的杆子，上挂布幡。出殡时，亲友争相抢夺布幡，给自己的孩子做衣服，以避邪恶。朝鲜族人死后亲人三天内不准洗脸、理发，也不准吃干饭，而且必须着孝服，入殓时将旧衣服全部烧掉，选单日埋葬，让风水先生选墓地，墓地多选在山坡的阳面，头朝山顶脚朝下。埋葬后，坟前置供品叩首。以后要连续祭祀三天。基诺族挖独木为棺，葬死者于公共墓地，不留坟冢。并有殉葬死者生前生产、生活用品的习惯。墓表搭盖小草房，内置竹桌，家属一日三次供饭，连续一至三年。还有的守墓数月。数年之后，为了安葬死者，不仅可把原有草房拆除，甚至把死者的棺木尸骨挖出，抛撒于山野。水族人死后要给死者设祭堂开吊，唱歌跳舞，唱花灯戏，宰杀牲畜，择吉日安葬。仡佬族丧俗大多数与汉族相同。但遵义、仁怀等地仡佬族，在埋葬死者前，要举行“踩堂”仪式，跳踩堂舞，边跳边唱。大多数地区在安葬死者的前夕，要在灵前唱孝歌。亲戚来祭奠，丧家须敬酒致谢。安葬时一般不择日选地。但个别地区要请鬼师选日择地。念经做“道场”和“交牲”（向死者交纳牲口的仪式）。安葬后，一般不立碑，只在坟旁栽树留念。黎族人死后，鸣枪报丧，用独木棺葬于本村公共墓地。佤族要鸣枪敲锣报丧，有的村寨家族有公共墓地，有的则埋在自家住房的附近。葬后一般不垒坟。在停尸三日之内，请魔巴或佛爷驱鬼念经。寨内一家死了人，全寨都要忌生产一天，当事之家则要忌生产数日。壮族人死后，用柚子叶等芳香消毒植物熬汤给死者洗身，然后理发、穿衣、开路、入殓。随葬品主要是一个小罐子装些谷物，两枚铜钱让死者握在手心。还殉葬死者生前所用过的少量衣物和日用品。多数地方还实行二次葬。即埋棺数年之后，择吉日再挖坟开棺，把遗骨按人体骨骼构造的顺序置于一只瓦坛（又叫金坟）内，请风水先生选择风水好的地方第二次下葬。一时找不到有利的墓地，“金坛”就在避雨的山岩里数日数年地储放。二次葬的坟墓是永久性的，一般都立墓碑。少数地方只有一次葬，埋棺以后不再拾骨移葬了。只有下葬以后家里人畜遭灾，认为下葬“犯山”所致，才启棺拾骨小葬一次。个别地方还有停棺待葬、悬棺葬、火葬的风俗。苗族用木棺土葬，立石碑，没有陪葬品。葬后三天，由家里最亲的亲戚带着死者的儿女去上坟，把原来的坟堆加高，筑成一个大土堆，此后再不去上墓了。瑶族以鸣放土铳报丧，尸体屈膝安放在坐椅上，择日出殡，一路放鞭炮。入殓时，将尸体移放棺材内，用泥土盖掩成为长方形的坟墓。仫佬族、毛难族都有“买水”为死者沐尸的习俗。毛难族在下葬前，还要以鸡血淋其墓穴。布朗族、崩龙族、景颇族都有请佛爷或巫师念经驱鬼的习惯。独龙族土葬后不垒坟，棺材多用独木刻空而成。阿昌族在信仰佛教的地区，人死后，先请佛爷念经，然后择吉日出殡。出殡时，由佛爷用三四丈长的布系于棺木之上，手牵布幅走在前面，以示由老佛爷领路，让死者平安到达“天国”。棺木抬出门时，死者妻室儿女跪在两旁，棺木要从他们头上抬过，表示搭桥给死者过河。埋葬时忌用金属饰物陪葬，连齿上镶金也必须取下，认为这些东西会影响转世。

无棺椁丧葬者主要是信仰伊斯兰教的诸民族。一般说来，人死后须洗身，以白布缠身，请阿訇诵经。但在具体细节上又有所不同。塔塔尔族人死后，在尸体上要放一把刀或一块石头，亲人要穿孝服，男子在帽子上覆黑纱，女子头戴白纱布。出殡时，将死者放在“吉那孜”（清真寺公用抬尸架）上，放白布或白头巾以示男女区别。抬“吉那孜”出门先出脚再出头，然后改变方向送到墓地。送葬的每个人抓一把土，集中到一起放在死者胸前，诵古兰经，然后埋葬。乌孜别克族参加丧礼的人腰间要束一条白带，妇女在头上缠白布。塔吉克族人死后缠完白布后还要盖上死者的衣服。头部和脚部都要露在外面。男子的墓穴深约两米，女子则仅及胸前。送葬的女子不能接近墓地。客死异乡，遗体须运回安葬。柯尔克孜族举行丧礼时，亲友、妇女要穿黑衣、戴黑纱。子女在四十天服丧期内不能梳头理发。寡妇要用头巾将面部遮住。埋葬时头北脚南面向西方，由儿子、近亲和送葬者填土。每逢三、七、四十、七十、一百天和周年忌日，都要在死者生前住屋竖一小旗。哈萨克族人死埋葬后，第七、第四十天都要宰牲祭祀。死者生前骑乘的马在主人死后要剪去尾巴，其他任何人不能再用，搬家时要将死者的衣帽放在马背上与家人一起转移，一年以后再将马宰杀，以殉死者。维吾尔族人死后阿訇将“神水”滴在死者嘴上表示祝其“升天”，净身后缠白布，男性包三块，女性包五块，再在死者身上撒香料，然后用清真寺里的公用担架抬往墓地。

火葬：一般有二种形式。一种是聚薪而焚其尸，扬其灰。一种是尸体火化完以后聚灰装入小匣、瓦罐、金瓶中，有的埋入墓地，有的供奉起来，有的送到崖洞或公共“火坟”。畲族的火葬是人死即停棺于野外，经数年后，举行焚化，将其灰烬贮瓶内，埋入土中。裕固族的火葬是收尸成胎儿型放入一条白布袋中，然后焚烧，骨灰放入红布袋中，葬入坟地。哈尼族火焚是采松为架，焚而葬其骨。彝族的火葬是，在山林中将尸骨火化后埋入土中或存放于崖洞。有的用竹子包上白羊毛，缠绕红线，装在一个五寸长的有槽木棒内，再包以白布或麻布。有的以竹木刻成人形灵牌供于家中，待父母双亡三年以后，火焚或送往人迹罕至的山洞里安放。土族、羌族的火葬都是对死者火化以后，将骨灰装进小木匣里，埋在茔地或“火坟”里。土家族火葬时，请土老师念经，道士开路。拉祜族火葬出殡时，由妇女背上死者生前用物在前引路，送到集体火化场焚化。

风葬：风葬就是让尸体在野外风化掉。鄂伦春族、鄂温克族实行风葬葬俗。鄂伦春族人死后，将尸体装入用柞木钻成的棺内，运到离“仙人柱”以外四五百米远的树林中。死者头朝南，放在约二米高的树杈上，让其自然风化。

野葬：野葬就是陈尸于野外，让野兽将死者尸体吃掉。在我国少数民族中实行野葬的民族主要是蒙古族。蒙古族实行野葬的方法有二种。一种是将死者驮于马背上，用鞭抽马，任马在草原上尽情地奔驰，直至抛尸于野外。另一种是将死者置于破马车上，头枕经本，喇嘛诵经，然后让马拉的小车在野外奔跑，在颠簸中抛下尸体，老马识途，自行返回。陈列在野外的尸体，让野兽将它吞噬。数日后往视，食尽则喜，不尽则悲，请喇嘛再次诵经，引亡灵超度。

天葬：天葬是让飞禽吞噬尸体的一种葬俗，主要在藏族、珞巴族、裕固族中实行。这是藏族实行丧葬的一种最普遍、最正常的形式。藏族人死后，先由家属给死者脱光衣服，使尸体成蹲坐式，然后用氆氇裹起来，用绳子拢住。天不亮由家人、亲戚抬至或背到天葬场。用炒面、酥油和草生火，让袅袅轻烟上天，把苍鹰、秃鹫、兀鹫招引来。然后由喇嘛或家中的亲戚将死者尸体肢解，喂给老鹰。其顺序是先男后女。

我国少数民族在长期的历史发展过程中逐渐形成了具有自己民族特点的丧葬习俗，充分反映和体现了各自的精神风貌。我们历史地考察上述各兄弟民族的丧俗，可以得到许多启示：其一，每一个民族的丧葬习俗是与其民族的社会生产力和思想文化的发展水平分不开的。许多民族有殉葬的习惯，有的殉葬一些生产工具，有的殉葬一些生活用品。有的殉葬品极为奢侈，有的殉葬品极为俭朴。有的夫妻合葬，要求妇女必须向男子屈肢侧葬，反映了父权制的特征。另外许多民族信仰宗教，相信鬼神之说，所以在丧俗中加进许多宗教和迷信的色彩。其二，历史上各个民族的丧俗是发展变化的。在我国少数民族中，对其先民的习惯，一些民族保留得多一点，一些民族保留得少一点；一些民族则完全保留下来，一些民族则完全放弃了。据史料记载和考古发掘证明，藏族的先民在吐蕃时期，并不实行天葬，而完全实行的是土葬。土族的先民在吐谷浑时期，也不实行火葬，也完全实行的是土葬。而今天在我国南方的许多少数民族也只是到了明、清以后才开始改火葬为土葬的。因此，在我国许多少数民族中同时实行多种丧葬习惯。这无论从哪方面说都可以找到许多客观依据。这使我们看到任何一个民族旧的丧俗的存在或新的丧俗的出现，都有其历史的、社会的、地域的、宗教的作用和影响。

综览中国少数民族的丧葬习俗，我们可以从各民族现在所实行的丧俗中总结出几条规律性的东西来：

第一，在长期的历史发展过程中，各民族相互影响，使许多民族革旧布新，仿效其他民族的丧俗。这种仿效和学习，往往是小民族学习大民族，落后民族学习比较先进的民族，而且带有一定程度的盲目性。如怒族、纳西族、羌族、土族、白族、哈尼族、畲族、拉祜族、土家族、傈僳族、鄂伦春族、鄂温克族等都是在受到其他民族的影响以后，尤其自明、清以后方逐渐改变了本民族原来的丧俗，而从汉俗了。普米族的丧葬习俗更为明显。与纳西族、彝族杂居的宁蒗地区实行火葬，靠近白族的兰坪地区实行土葬，居住于维西县者，因介于上述两地之间，兼行火葬和土葬。

第二，信仰宗教的民族的丧俗普遍都打上了宗教的烙印。信仰伊斯兰教的回族、东乡族、撒拉族、保安族、哈萨克族、柯尔克孜族、塔吉克族、乌孜别克族、塔塔尔族、维吾尔族都要按照教规进行丧葬，“洗身”，用白布包身，不用棺材，诵古兰经，土葬。藏族、蒙古族、土族、傣族、佤族、锡伯族、阿昌族的活佛和喇嘛，由于受宗教的影响，死后则概行火葬。阿昌族、独龙族、景颇族、布朗族、崩龙族由于受宗教和其他民族的影响，对凶死、传染病死、难产死者也一律实行火葬和水葬。

第三，一些民族的丧俗继承了其先民的遗风。羌族、土族的先民上溯几千年，可以追溯到曾在西北舞台上扮演了主要角色的羌人时期。史书关于羌人丧葬的记载，是我国少数民族中实行火葬的最早记载。羌人的丧俗是人死焚其尸，扬其灰。在交战中被俘的羌人不怕杀头，单怕不焚其尸，因为不焚其尸就不能归西天。羌人的这种丧俗被羌族、土族等民族较多地保留下来，使其在发展过程中不断地得到完善。今天在羌族、土族聚居的地区，有的焚尸扬灰，有的则将骨灰用小匣盛之，葬于茔地。

第四，在长期的劳动生产中，各民族所处的地域为本民族丧俗的形成和发展提供了客观条件。实行天葬、野葬者，主要是处于青藏高原和北方草原的游牧民族；实行风葬的民族多处于原始森林地带；实行水葬的民族的居处多有大河大川。这一系列的地理环境为其丧俗的实行提供了便利条件。所以，适应于这种自然条件的丧俗便应运而生。而各民族丧俗的变化也都以自然环境的变化而变化，以客观条件的转移而转移。例如在青海黄河沿岸的藏族部落中，由于近年来人们对老鹰的大量捕杀，实行天葬已感困难，于是一些藏族就将死者尸体投入黄河，改行水葬。按照以往的规定，这是对非正常死亡者所实行的一种葬礼。但客观条件的变化，使得他们旧有的观念不得不发生变化，而实行水葬。鄂伦春族从山上下来实行定居以后，也就失去了实行风葬的条件，普遍改行土葬。傣族靠山的地区实行土葬，靠澜沧江边的地区则实行水葬。

任何一个民族的丧俗都是在一定的历史和自然条件下形成的，都不可能是一成不变的。随着社会的前进，历史的发展，各民族的相互影响，每个民族的丧俗都会发生变化。而一个事物细微的渐进的量变，在未达到质变以前，往往不容易被人们所察觉。我们可以预言，随着时代的发展，中国少数民族的丧俗是会逐渐发生变化的，而这种变化的实质性方向则是向着更简化、更文明、更符合现代人要求的方面发展。

# 1985 年

# 土族丧葬习俗渊源管窥*

我国是个多民族的国家，各民族在相互的接触、相互的交流中经历了兴衰、消长、流动、分合的复杂过程。在形成今天各民族所具有的共同语言、共同地域、共同经济生活以及表现于共同文化上的共同心理素质的稳定共同体中，经历了漫长的历史时期。在这个复杂的过程和漫长的历史时期，各民族因为形成的时间、地点不同，政治、经济、文化的发展水平以及宗教信仰等诸因素的不同，造成了不同的民族心理，也就形成各个民族不同的风俗习惯。今天我们对各个民族不同的风俗习惯进行研究，会对我们尽力找出各个民族形成和发展的历史轨迹大有裨益。抱着这一目的，本文想对土族丧葬习俗的渊源，作一些探讨。

土族勤劳、善良、勇敢、朴实，世代繁衍生息在祖国青藏高原东北部、层峦叠嶂的祁连山东南麓的广大地区，共有20多万人，聚居在青海互助、大通、民和、黄南以及甘肃天祝等

* 本文发表于《青海社会科学》1985年第6期。

地。在漫长的历史发展过程中，形成了本民族的语言、本民族的心理和本民族的风俗习惯。在土族的风俗习惯中丧葬习俗颇为奇特，很多地方与青海的其他民族都迥然不同。《土族简史》写道："土族丧俗各地不同，互助土族多实行火葬，民和土族除非正常死亡和夭折小孩火葬外，其余实行土葬。大通土族也有一部分行土葬。土族人家死了人，一般在三至七天内送葬，举行丧礼要请喇嘛念经三天，请本村的老人念嘛尼[①]。丧礼最后一天，亲朋来亡人灵前吊唁、献哈达、献馒头。人死以后，先脱去衣服，使成蹲状，双手合掌，两拇指撑于下颌骨，用五寸宽的长白布条捆住，上穿斗篷式'布日拉'（表示死者的衣服），下围布裙（老年人用黄布做，年轻人用白布做），然后入殓在木制的灵轿内。老年人的灵轿做的比较精致，大小以恰能蹲一人为宜，式样象一座'一间转三的庙宇'，上面有精心雕刻的'悬梁吊柱'、花卉图案，轿的顶端刻有日月模型，并着色油漆。火葬那天，送灵轿至火化现场，将死者面向西方，放入火炉内，用柏树枝点燃火，并砸碎灵轿，投入炉内同时焚烧。一般在火化的第三天，将骨灰装进一尺多长的木匣或瓷罐内，暂时埋在临时选定的地方，待来年清明节，再埋于祖坟墓地（非正常死亡者不能埋于祖坟地）。"[②]就是说土族的丧葬习俗既火葬又要将骨灰土葬，二者兼而有之，至于完全土葬，本文认为已非原来意义上土族的丧俗，只是近一二百年以来一些散居在其他民族地区的土族在葬俗上所发生的变化。应该说土族传统的丧俗是今天仍然在许多土族聚集区所实行的既火葬又

① 嘛尼，梵语，即六字真言。

②《土族简史》，青海人民出版社 1982 年版，第 105 页。

土葬的形式。20世纪30年代曾在青海互助当过县长的甘肃定西人马希元在他的《青海互助县土人调查记》中也说：土族的“丧葬之礼，人死后，贫者延僧嗙经，富者请寺院有名禅师大佛，嗙经超度，事毕抬之野外，以火焚之。名曰火葬”。[1]那么，土族的丧葬习俗是怎样形成的呢？是受了周围其他一些民族丧俗的影响还是继承了其先民的遗风呢？下面让我们先看看土族周围其他几个民族的丧葬习俗，然后看看他们是否对土族丧俗的形成产生过影响。

汉族、回族实行土葬，但回族不要棺椁。

藏族，实行天葬、水葬、土葬，以天葬为主。其主要形式是人死后喇嘛诵经，然后将死人抬到天葬场地，以酥油、糌粑和草生火，招来“神鹰”，然后让家人或僧侣人员处理遗体，让“神鹰”吞食，如食尽则喜，否则反复诵经。这是一般正常人死后所进行的丧俗；乞丐和鳏、寡、孤、独死后实行水葬。近年来，在黄河沿岸的一些农业区由于“神鹰”被大量捕杀，在这些地区居住的许多藏族改天葬为水葬。传染病患者死亡或犯有各种罪被处以死刑者实行土葬，意味着不能来生转世。

蒙古族，实行土葬、野葬。野葬的形式是喇嘛诵经，以马驮死者到远地沙漠中，委之地，左手中置藏经一本，枕以小枕，以白布单覆之而去，隔日往视，若为鸟兽食之且尽则大喜，不尽则忧，再诵经直到食完为止，或者将死者抬到破马车上，任马车在草原上奔驰，直到马车在颠簸中抛下尸体，老马识途自行返回，野外的尸体最后被禽兽所食，这种野葬与藏族天葬颇有些相像之处。土葬主要在蒙汉杂居地区实行，丧俗从

① 马希元：《青海互助县土人调查记》，《西北问题季刊》1934年第1期。

汉。藏族、蒙族除以上丧葬形式外也还有火葬和塔葬的形式，但只限制在个别人中间实行。藏族活佛、喇嘛死后撒香料以火葬之，余灰由其弟子藏在金银器中供奉，或将高级名僧的尸体封干，葬于塔中。但不许俗人模仿，否则就会背上亵渎神灵的罪名，惹出种种麻烦。蒙古族在王公贵族和活佛喇嘛中也行火葬，火葬者拾其遗骸，纳入喇嘛寺中，以骨灰和麦作饼，葬于圆形塔中。另外对一些妇女以及患病死者，无论贫富概行火葬。虽然，这不像藏族有违大忌，但显然含有没有赎清人生的罪恶，在烈火中获得新生之意，与藏族对非正常死亡者进行土葬有同等的意义。除此而外，汉族有没有在特殊情况下也行火葬的呢？据史料记载，汉族在内地一些地区历史上也曾有过火葬。1091 年，范纯仁镇太原的时候由于“河东地狭，民惜地不葬其亲”。范只好让其下属收拾无主尸烧掉。《宋史・礼志》中说：“至于贫下之家，送终之具，唯务从简，是以从来率以火葬为便，相习成风，势难遽革。”在明朝由于一些地方实行火葬，政府还下令倡导过“设义冢，进行土葬”。《明通纪》记载：“洪武三年（1370 年）令天下郡县设义冢，禁止浙西等处火葬水葬。凡民贫无地以葬者，所在官司择近城宽闲之地，立为义冢，敢有习徇元人焚尸骸者坐以重罪，命部著之律。”从上可知，汉人开始实行火葬是在北宋年间的一些狭窄乡域，在以后所实行火葬的汉人地区亦多是“贫无地以葬者”，都有其客观的历史原因。青海的汉族对青壮年暴死者实行火葬。那么，我们从土族族源蒙古说、阴山白鞑靼说、沙陀突厥说中能找到答案吗？回答也是否定的。本人认为吐谷浑说资料较多，比较可信。但对《土族简史》吐谷浑说方面的丧俗解释持有异议。《土族简史》说：“在丧俗方面，吐谷浑‘死者亦皆埋殡，其服制葬讫则除之’。现在土族地区有许多地方仍行土葬，仅部分土族用火葬，与吐谷浑旧俗不同，这是受了喇嘛教影响的缘故，但‘服制葬讫则除之’与吐谷浑完全相同。”这种解释是不符合历史事实的。因为，第一，大部分土族聚居区的土族都认为他们本民族的葬俗是火葬（即火葬后埋骨灰匣于坟地）。在一些民族杂居地区，由于种种原因到近一二百年期间才改变了葬俗。第二，虽然在藏、蒙民族中，尤其是在藏、蒙僧侣阶层中盛行火葬，但只是从佛教传入中国以后才开始的。但是土族并不是“受了喇嘛教影响的缘故”。我们知道藏、蒙、土族都信仰佛教（藏传佛教），正如我们刚才所述，藏、蒙族在普通平民中实行火葬，完全是一种非正式的葬礼，主要对象是非正常死亡者。与上层人物所实行的火葬又有着严格的区别。那么土族信仰藏传佛教竟然置教规于不顾，亵渎神灵，大破忌讳，从道理上是说不通的。所以，我认为这种说法是很难成立的。

土族丧葬习俗的源头到底在哪里呢？让我们按着历史发展的线索，追溯一下青藏地区最早的先民吧。翻开史书，青藏、西北地区最早的主人——羌人跃入我们的眼帘。羌字从羊，当是以畜牧为主的古代民族。殷商与羌就有往来，周武王伐纣羌人曾参与了武王的队伍。战国秦厉公以前的西羌“以射猎为主”，“所居无常，依随水草，地少五谷，以产牧为主”。其社会阶段是“氏族无定，或以父名母姓为种号，十二世后，相与婚姻。父没则妻后母，兄亡则纳嫠嫂”。“不立君长，无相长一”，“杀人偿命，无他禁令”。当无弋爰剑逃回到河湟之间就在这射猎为生的地方“教之田畜，遂见敬信，庐落种人，依之者日益众。……其后世世为豪”。爰剑曾在秦国为奴，受秦影响，故返回羌人部落后对生产有所推进，《后汉书·西羌传》

说："至爰剑曾孙忍时，秦献公初立，欲复穆公之迹，兵临渭首，灭狄、獂戎，忍季父卬畏秦之威，将其种人附落而南，出赐支河曲西数千里，与众羌绝远，不复交通，其后子孙分别各自为种，任随所之，或为牦牛种，越巂羌是也；或为白马种，广汉羌是也；或为参狼种，武都羌是也；忍及弟舞独留湟中，并多娶妻妇，忍生九子为九种，舞生十七子为十七种，羌之兴盛，从此始矣。"后来诸羌分几路分别向西、南方向迁徙。总之，在长达数百年的历史中，在青藏和西北这个舞台上，羌人曾扮演了主角，演出了有声有色的历史剧目。我们在研究青海少数民族的历史时，决不能遗忘他们。我们在研究羌人的丧葬习俗时惊奇地发现，羌人是我国历史上较早实行火葬的民族，在西北可为鼻祖。《吕氏春秋·义赏篇》说："氐羌之民，其虏也，不忧其系累，而忧其死不焚也"。《墨子·节葬》下篇记叙羌人葬俗时说："秦之西有仪渠（即指羌人地区）之国者，其亲戚死，聚柴薪而焚之，熏上，谓之登遐"。《太平御览》第一百九十四卷引《庄子》中也写道："羌人死，燔而扬其灰"。这都说明早在佛教传入以前在羌人中已经盛行火葬了。大概这种做法的产生，至少是对于大自然的生老病死等现象无法解释，认为人的灵魂不死，所以产生了一种迷信的心理，如死后"不焚"，便以为不能"登遐"了。大概当年羌人的火葬同今日藏、蒙进行"天葬""野葬"的性质是相同的，至少死后可以到一个"净土"世界。否则，不要说当年的羌人"忧之"，就连今日的许多藏、蒙族因其家人死尸不能被兀鹰和野兽吞噬而会有沮丧之感。至此我们逆流而上找到了土族丧葬习俗的渊源。那么人们会问，羌人与土族有什么必然的联系吗？我们说不仅有，而且十分密切，我们知道土族族源有一种吐谷浑说，如果此说成立，我们就可以说土族与羌人有着直接的渊源关系。吐谷浑的丧葬习俗据史书记载是土葬。《宋书·吐谷浑传》载吐延临死时语其大将绝拔渥曰："'吾气绝棺敛讫，便远去保白兰'。"《北史·吐谷浑传》："死者亦皆埋殡，其服制，葬讫则除之。"但是我们不能忽略这样一个历史事实：自永嘉至龙朔三年，吐谷浑立国达三百五十年之久。而吐谷浑立国是鲜卑族部落征服羌人并与之相融合的结果。因此我们对土族既火葬又土葬的葬俗就更不难理解了。

也许有人会问，历经几千年羌人的丧俗能这样完整地保留下来吗？我们说，或大或小肯定会有变化，但其火葬的性质没有变化，这点我们可以从今天羌族的习俗中得到启发。四川省岷江上游茂汶、理县、汶川三县有八万多羌族，他们就是在南下过程中仍然在名称、服饰习俗等诸方面较多保留了本民族特点的羌人后裔。在漫长的历史中，他们的丧葬习俗一直保持着火葬。从他们的宗教信仰来看，除个别地区外，大部分羌族并不信仰佛教，因此可以说他们的火葬习俗与宗教信仰并无关系。但是，羌族的火葬同土族十分相像，也是火葬后将其骨灰装入小匣，埋入坟中。而羌人的土葬也同土族情况相同，只不过是到了清朝受汉人影响以后才出现俗从汉人的土葬。《古今图书集成》卷593《成都府部》记载有这样一个事。清嘉庆二十二年（1817年）茂州属静州土司董法从武母死，改火葬习俗，"殓用棺椁，筑坟以葬，悉如华制，人羡其善变"。这可以说明这样一个问题，在这时火葬改土葬并不普遍。而今，许多人仍然保留其火葬习惯。

也许有人还会问，为什么羌人其他东西没有保存下来，惟保留了丧葬习俗呢？我们肯定地说，有保留。第一，互助土族自治县的佑宁寺有霍尔人首领的塑像，名万丹尕柔，俗称“尼羌”，意为当地的主人。至少成吉思汗的大将格日利特率兵在互助驻屯以前，这里的原始土著居民是霍尔人，这是被大家所公认的事实。在藏传佛教寺院里塑一个塑像，必定带有宗教色彩，究竟此人是否是霍尔人祖先，令人满腹狐疑。过去，土族没有用文字记载下来的历史，但根据土族人民世代相传的民间传说来看，“尼羌”作为霍尔人，即今天土族的祖先，是可信的。不过不应该是一个人，而应是当时羌人时期的一个部落组织。第二，在互助土族自治县东沟公社大庄大队有许多称为羌沙人、麻羌人的土族，从这些称谓上来看，无疑具有羌的民族成份。

综上所述，我们可以得知在人数较少的鲜卑族征服了人数较多的羌人以后，必然会带来政治、经济和风俗习惯变化的后果。正是吐谷浑立国以后虽然上层某些人在某些时候仍然实行土葬，但问题的实质是广大被征服者并没有完全接受这种形式。本文认为两种丧葬习俗在长期的历史发展中经历了交融的过程，正是由于融合的作用形成一种二者兼而有之的形式，而这种形式今天被吐谷浑的后裔土族所保留。羌人的火葬习俗是土族丧葬习俗的渊源，这就是本文的结论。最后让我们用恩格斯的一段话作本文的结束语吧。“每当一次文明较低的人民是战胜者的时候，经济发展的进程不言而喻地就被中断，大批生产力遭到破坏。可是在长期的征服中间，文明较低的征服者，在大多数的场合上，也不得不和那个国度被征服以后所保有的‘经济情况’相适应；他们为征服民族所同化，而大部分甚至还采用了他们的语言”。①

① 恩格斯：《反杜林论》，人民出版社 1961 年版，第 189 页。

**图书在版编目（CIP）数据**

曲青山论文精选 / 曲青山著. — 北京：中央文献出版社，2023.6
ISBN 978-7-5073-4939-9

Ⅰ. ①曲… Ⅱ. ①曲… Ⅲ. ①社会科学—文集 Ⅳ. ①C53

中国国家版本馆CIP数据核字（2023）第073955号

# 曲青山论文精选（上、下卷）

QU QINGSHAN LUNWEN JINGXUAN

**著　　者**：曲青山

**责任编辑**：杨　平　　叶　涛
**封面设计**：嘉胜时代&尽心斋

**出版发行**：中央文献出版社
**地　　址**：北京西四北大街前毛家湾1号
**邮　　编**：100017
**网　　址**：www. zywxpress. com
**销售热线**：010-83089394 / 83072509 / 83089319 / 83089404 / 83089317
**电子邮箱**：zywx5073@126.com
**排　　版**：北京中献唐人数字技术有限公司
**印　　刷**：北京中科印刷有限公司

787mm × 1092mm　16开　60.75印张　680千字
2023年6月第1版　　2023年6月第1次印刷

ISBN 978-7-5073-4939-9　定价：98.00元